UTB FÜR WISSEN SCHAFT

UTB 2269

Eine Arbeitsgemeinschaft der Verlage

Beltz Verlag Weinheim und Basel
Böhlau Verlag Köln · Weimar · Wien
Wilhelm Fink Verlag München
A. Francke Verlag Tübingen und Basel
Paul Haupt Verlag Bern · Stuttgart · Wien
Verlag Leske + Budrich Opladen
Lucius & Lucius Verlagsgesellschaft Stuttgart
Mohr Siebeck Tübingen
C. F. Müller Heidelberg
Quelle & Meyer Verlag Wiebelsheim
Ernst Reinhardt Verlag München und Basel
Ferdinand Schöningh Verlag Paderborn · München · Wien · Zürich
Eugen Ulmer Verlag Stuttgart
Vandenhoeck & Ruprecht Göttingen
WUV Wien

Richard Reschika

Philosophische Abenteurer

Elf Profile
von der Renaissance bis zur Gegenwart

Mohr Siebeck

Richard Reschika: Geboren 1962; Studium der Germanistik, Kunstgeschichte und Philosophie; 1988 M.A.; 1990 Promotion; 1991–94 Lektor beim Herder-Verlag; seit 1995 tätig als freier Lektor, (Rundfunk-)Autor und Übersetzer.
Publikationen, u.a.: E. M. Cioran zur Einführung. Monographie, Hamburg 1995; Mircea Eliade zur Einführung. Monographie, Hamburg 1997.

Meinen Eltern,
Elena Cornelia und Rudolf Franz Reschika,
in Liebe und Dankbarkeit gewidmet.

Die Deutsche Bibliothek – CIP-Einheitsaufnahme

Reschika, Richard:
Philosophische Abenteurer : elf Profile von der Renaissance bis zur Gegenwart / Richard Reschika. – Tübingen : Mohr Siebeck, 2001
(UTB für Wissenschaft ; 2269)
ISBN 3-8252-2269-5 (UTB) ISBN 3-16-147586-0 (Mohr Siebeck)

Einbandgestaltung: Atelier Reichert, Stuttgart.
Satz: niemeyers satz, Tübingen.
Druck u. Bindung: Hubert & Co., Göttingen.

ISBN 3-8252-2269-1 UTB Bestellnummer

Nach neuen Meeren

Dorthin – *will* ich; und ich traue
Mir fortan und meinem Griff.
Offen liegt das Meer, in's Blaue
Treibt mein Genueser Schiff.

Alles glänzt mir neu und neuer,
Mittag schläft auf Raum und Zeit –:
Nur *dein* Auge – ungeheuer
Blickt mich's an, Unendlichkeit!

Friedrich Nietzsche,
Lieder des Prinzen Vogelfrei/
Die fröhliche Wissenschaft

Vorwort

Vorliegende Philosophen-Porträts beruhen zum Teil auf Radioessays, die zwischen 1995 und 2001 vom Südwestrundfunk gesendet, für diese Buchausgabe jedoch erheblich ergänzt wurden: Profile rebellischer Ausnahmedenker von der Renaissance bis zur jüngsten Gegenwart, die sich gleichwohl weniger an Fachphilosophen als an alle geistesgeschichtlich interessierten Leser wenden. Eine Entdeckungsreise in die exotischen Gefilde jenseits des philosophischen *mainstream*, jenseits ausgetretener, vermeintlich sicherer Denkpfade und monotoner Klassiker-Beschwörung.

Im Mittelpunkt der Betrachtungen stehen jeweils Werk und Wirkung dieser philosophischen Abenteurer, wobei auch die wichtigsten Etappen ihrer Biographien Berücksichtigung finden. Stellt die Ideengeschichte der Philosophie doch immer auch einen nicht unwesentlichen Teil der Lebensgeschichte ihrer Urheber dar – und *vice versa*: »Das Produkt des Philosophen ist sein Leben – zuerst, vor seinen Werken!« (Nietzsche) Dem revolutionären Moment ihrer sich in spezifischen Denkfiguren und -stilen manifestierenden Philosophie und ihrer eminenten Bedeutung für uns Zeitgenossen wurde besondere Aufmerksamkeit geschenkt. Denn was alle hier präsentierten philosophischen Einzel- und Grenzgänger gemeinsam haben, ist ein extrem streitbares, konfrontatives Denken, das niemanden unberührt lassen wird, der sich kritisch mit elementaren Fragen nach Wirklichkeit und Sinn beschäftigen möchte.

Eher unwillkürlich kristallisierten sich drei thematische Schwerpunkte heraus, die noch im aktuellen philosophischen Diskurs eine herausragende Rolle spielen: die Auseinandersetzung mit der *Nihilismus-Problematik* (bei Max Stirner, den Schopenhauer-Schülern Eduard von Hartmann, Philipp Mainländer und Julius Bahnsen sowie bei E. M. Cioran), die brisante Kontroverse um Nutzen und Schaden der *Fortschritts- und Technikgläubigkeit* für die Menschheit (bei Julien Offray de La Mettrie, Ludwig Klages und Paul Virilio) und schließlich die urphilosophische, bis heute nicht abreißende Diskussion *metaphysisch-spiritueller Fragen* (bei Pico della Mirandola, Lew Schestow und Aldous Huxley).

Mein aufrichtiger Dank gilt Herrn Gerhard Adler, dem zuständigen SWR-2-Kultur-Redakteur und Betreuer der Sendereihen *Profile*, *Radioessay* und *RadioART* in Baden-Baden, sowie Herrn Georg Siebeck, meinem Verleger, für die Bereitschaft und Courage, auch der Darstellung randständiger Geister und Themen ein breites Forum zu geben. Herzlich bedanken möchte ich mich auch bei meinem Vater, Rudolf Franz Reschika, bei Dr. Thomas Knoefel und Dr. Matthias Thiemel sowie – *last but not least* – bei Frau Karin Breyer, die sich als anregende Gesprächspartner und aufmerksame Korrekturleser erwiesen haben.

Freiburg, im Mai 2001 R. R.

Inhalt

Einleitung: Jenseits des philosophischen Pantheons

»Am interessantesten ist die Innenseite der Außenseiter.«
Jean Genet

Keine Regel ohne Ausnahme – aber zuhauf Ausnahmen ohne zwangsläufige »Bestätigung«. Wie in jeder ordentlichen Zunft gibt es seit jeher auch in der geisteswissenschaftlichen Königsdisziplin, der Philosophie, eine Reihe notorischer Außenseiter, die entweder nicht ernst genommen oder zu Exzentrikern abgestempelt, deren unkonventionelle Ansichten hartnäckig diskreditiert werden. Vom Hin- und Herschwingen des »Pendels des Zeitgeistes«, das schon Heraklit erkannt haben wollte, blieben diese extremen Fälle bislang mehr oder weniger unberührt. Was erfolgreich unterdrückt war, muß bedauerlicherweise nicht automatisch wieder ans Licht der Öffentlichkeit treten. Bereits ein kursorischer Blick in philosophische Enzyklopädien verdeutlicht, daß, aus welchen kultur- und gesellschaftshistorischen Motiven, Äußerlichkeiten und Zufälligkeiten auch immer, nur ein paar Auserwählte Eingang ins sakrosankte »Pantheon der Philosophie«, in die *Philosophia perennis* gefunden haben, ihnen aber gerade von akademischer Seite her – *communi consensu* – um so devoter gehuldigt wird.

Während etwa Platon, Kant und Heidegger götter- oder zumindest heldengleich im lichten Tempel der Weisheit thronen, fristen andere Denker zum Teil seit Jahrhunderten ein larvenähnliches Schattendasein. Der Überschätzung weniger Geister, die schon zu Lebzeiten das Sagen und auch späterhin noch das Glück hatten, gelesen und diskutiert zu werden, entspricht eine fatale chronische Geringschätzung und Isolation vieler Denker, die offenbar unter einem Unstern geboren, deren – oftmals klischeehaft reduzierten – Werke verkannt und vergessen wurden. Von engstirnigen Zensurmaßnahmen, blindwütigen Autodafés und demütigenden Expatriierungen ganz zu schweigen! Für einen Querkopf gehalten zu werden, scheint das Berufsrisiko fast aller genialen Philosophen (gewesen) zu sein. Doch sind diese verachteten Menschen, wenn sie wirklich gut sind, nicht die besten? Birgt das Wortspiel »gescheit – gescheiter – gescheitert!« nicht eine tiefe Wahrheit in sich? Liefert die Geschichtsschreibung selbst nicht genügend prominente Beispiele dafür, daß philosophische Größe und historischer Wert nicht immer Hand in Hand mit öffentlichem Ruhm und Ansehen gehen müssen? Philosophische *Stars* von heute – man denke nur an Friedrich Nietzsche – könnten ein tristes Lied davon singen …

Es ist jedenfalls in Zweifel zu ziehen, ob ausschließlich die anerkannten, kanonisierten Geistesgrößen für das Denken ihrer und auch unserer Zeit repräsentativ sind. Die momentane Ausgrenzung vieler origineller Philosophen hängt sicherlich mit dem Umstand zusammen, daß sich die gegenwärtige Philosophie weitgehend von ihren alten zentralen Themen – wie der Kunst, zu leben *und* zu sterben – verabschiedet hat und nur noch selbstverliebt um Methodenfragen, Analytik, Hermeneutik und Wissenschaftslehre kreist: von der offenen, das Denken und Handeln tatsächlich anregenden Weltphilosophie zur gut verwalteten Schulphilosophie – einer Professorenphilosophie für Philosophieprofessoren!

Daß Philosophen wie Julien Offray de La Mettrie, Max Stirner oder Ludwig Klages als Außenseiter belächelt oder gar zu Spinnern und geistigen Parias erklärt wurden, mag mitunter an der explosiven Kraft ihren Schriften liegen, mit denen sie in besessener, lebensnaher Weise alte Gewißheiten zertrümmerten und neue, zumeist unbequeme »Wahrheiten« verkündeten. Keineswegs stellt dies jedoch einen hinreichenden Grund dar, sich nicht ernsthaft, *sine ira et studio* mit ihnen auseinanderzusetzen, ihre klandestine, subversive, wenngleich immense Wirkung und ideengeschichtliche Relevanz angemessen zu würdigen. Für diese verfemten, rebellischen Köpfe, die nicht von ungefähr ausnahmslos keine Fachphilosophen im engeren Wortsinn waren beziehungsweise noch sind, möchte nachstehende Darstellung eine Lanze brechen – in der Hoffnung, daß jene sowohl von der etablierten Philosophie, der zweifellos mächtigen *scientific community*, als auch von einem größeren Publikum stärkere Beachtung finden, ihr enormes Potential an Kreativität endlich zur Kenntnis genommen wird. Ilja Ehrenburgs Bonmot soll uns dabei als Leitsatz dienen: »Der Provokateur ist der größte Geburtshelfer der Weltgeschichte. Er bekämpft die Kultur mit den von ihr selbst gelieferten Waffen!«

Selbstredend erheben die folgenden Porträts keinen Anspruch auf Vollständigkeit, denn die Zahl schöpferischer, ja genialer Ausnahmedenker aus der »philosophischen Tundra« (Ulrich Horstmann) ließe sich *ad libitum* erweitern. Getrost könnte man etwa den »göttlichen« Marquis de Sade, den Erzanarchisten Mihail Alexandrowitsch Bakunin, den Kultur- und Geschichtspessimisten Theodor Lessing, den »Marcuse von rechts« Julius Evola oder den »Apokalyptiker« Albert Caraco in eine Sammlung verkannter Philosophen aufnehmen. Auch geht es – wohlgemerkt – nicht darum, neue Hierarchien bedeutender Philosophen aufzustellen ...

Warum nun gerade elf? Neben rein formalen Gründen, drängte sich ein kleiner – hoffentlich verzeihlicher – numerischer Manierismus geradezu auf: Stellt doch die Elf, dem Volksmund zufolge des »Teufels Dutzend«, im abendländisch-christlichen Symboldenken die Zahl der Sünde dar, da sie über die ordnungs- und totalitätsstiftende Zehn, die Zahl des Dekalogs, das heißt des heiligen Gesetzes, hinausgeht. So läßt Friedrich Schiller in seinem *Piccolomini*-Drama den Astrologen Seni sagen: »Elf ist die Sünde; Elfe überschreitet die zehn Gebote.« In einem gewissen Zusammenhang mit dieser Symbolik scheint aber auch die Behörde der sogenannten »Elfmänner« in Athen gestanden zu haben, der besonders die Verfolgung und Bestrafung von Verbrechen sowie das Gefängniswesen allgemein unterstand; sie setzte sich nämlich aus zehn eigentlichen Beamten und einem Schreiber zusammen! Dergestalt ist die Elf eine negativ geladene, vermeintlich destruktive Ziffer – mithin die Zahl der Ketzer, Skandaleure und Narren, welche sich bekanntlich die Freiheit herausnahmen, Verbotenes offen auszusprechen.

Eröffnet wird diese Galerie anstößiger Denker mit einem an der Schwelle zur Neuzeit stehenden, in seiner geistesgeschichtlichen Bedeutung gerade von Theologen immer noch weit unterschätzten oder verharmlosten Geist: Giovanni Pico della Mirandola (1463–1494). Was die Renaissance-Gelehrten in der Antike suchten, war vor allem ein neues, den mittelalterlich-christlichen Horizont übersteigendes Bewußtsein von der Würde des Menschen: *De dignitate hominis* wurde daher zum Lieblingsthema der Zeit und Titel zahlloser Traktate. Seinen wohl bedeutendsten Ausdruck fand dieses Leitmotiv in einer gleichlautenden Schrift des jung verstorbenen Grafen *Pico della Mirandola*, einem der wichtigsten Vertreter des Florentiner Neuplatonismus um Marsilio Ficino.

Picos originelle Pointe liegt darin, daß er diese Würde nicht, wie üblich, aus den bestimmt angebbaren Eigenschaften des Menschen ableitet, sondern gerade aus seiner Nicht-Eindeutigkeit, seiner ontologischen und metaphysischen Ortlosigkeit. In seiner Rede *Über die Würde des Menschen* (1486), die Jacob Burckhardt als »eines der edelsten Vermächtnisse der Renaissance« bezeichnet hat, weist Pico dem Menschen keinen determinierten, festen Platz in der göttlichen Ordnung zu, vielmehr stellt er ihn, den gänzlich ohne Ur- und Vorbild Geschaffenen, *außerhalb* der kosmologischen Hierarchie. Charakteristisch für den Menschen, den Pico mit einem die Farben ständig wechselnden Chamäleon vergleicht, ist seine Freiheit, Eigenmächtigkeit und Schöpferkraft, das zu sein und zu tun, was er will – im Guten wie im Bösen. Da der Mensch durch keine vorgegebene Form festgelegt sei, müsse er sich allerdings auch entscheiden, wozu er sich gestalten will. Dies ist möglich, weil der Mensch nicht nur erkennend an der Welt teilhat, sondern selbst substantiell alles, was die Welt ist, in sich enthält. Der menschliche Geist spiegelt nicht nur die Verhältnisse der Welt wider, vielmehr vollendet er die Welt erst kraft seiner schöpferischen Tätigkeit und schafft sich gleichsam immer neu.

Damit wird Pico, dessen Thesen vom Papst verboten wurden, zum Urheber einer modernen philosophischen Anthropologie, die weit über seine eigene Epoche hinauswirkt – bis hin zu Jean-Paul Sartres existentialistischer Maxime von der Verurteilung des Menschen zur Freiheit. Auch Picos Grundannahme, daß die verschiedenen Philosophien und Religionen, ob griechisch-antiker, jüdisch-kabbalistischer oder christlich-scholastischer Prägung, Anteil an der universalen Wahrheit hätten, birgt in sich schon den modernen Gedanken der religiösen Toleranz, wie er in der Aufklärung formuliert wurde. Und indem Pico dem fatalistischen Aberglauben der Astrologie eine deutliche Absage erteilt, kann man in ihm desgleichen einen bedeutenden Wegbereiter modernen naturwissenschaftlichen Denkens sehen.

»Einen in seinen Sitten und Anschauungen so verdorbenen Menschen schließe ich aus der Schar der Philosophen aus.« Denis Diderots denunziatorisches, ja vernichtendes Verdikt über den französischen Arzt, Philosophen und Satiriker *Julien Offray de La Mettrie* (1709–1751) hat sich bis in unsere Tage gehalten. Dabei assoziiert man den Namen La Mettries vor allem mit seiner berühmt-berüchtigten Kampfschrift *L'homme machine* (Die Maschine Mensch) von 1748. In ihr entwickelte der atheistische Aufklärer, der mehrmals ins Exil gehen mußte und dessen Bücher *coram publico* verbrannt wurden, das Bild des auf die mechanischen Funktionsabläufe reduzierten Menschen und begründete damit eine radikal materialistische Anthropologie und echte Antimetaphysik.

Ungeachtet der zweifellos ungebrochenen Aktualität der prophetischen Thesen La Mettries im Zeitalter zunehmender Maschinalisierung, Kybernetik und Gentechnologie, verdienen jedoch ebenso die anderen, weit weniger bekannten Bücher La Mettries Aufmerksamkeit. Vornehmlich die beiden weltlichen Traktate *Discours sur le bonheur* (Über das Glück oder Das Höchste Gut = Anti-Seneca) und *L'art de jouir* (Die Kunst, Wollust zu empfinden), die La Mettrie selbst zu seinen wichtigsten philosophischen Werken zählte: Provokante Schriften, in denen der nihilistische Hedonist La Mettrie, wie später auch Marquis de Sade, in der Tradition griechischer und römischer Eudämonisten allgemeine Überlegungen zu einer erfüllenden, von existentiellen Schuldgefühlen freien und gänzlich am Diesseits orientierten Lebenskunst anstellt. Eine *Ars vivendi*, bei der nicht nur das eigene, egoistische Glück maßgeblich ist, sondern auch – was allzu oft unterschlagen wurde – das Wohl der Mitmenschen Respekt findet.

Auch über Max Stirner (1806–1856) und sein rebellisches, einen radikalen Individualismus vertretendes Hauptwerk *Der Einzige und sein Eigentum* von 1845 scheint sich die Nachwelt wie bei kaum einem anderen Denker einig zu sein: »Der hohlste und dürftigste Schädel unter den Philosophen« (Karl Marx) – »Ein Ich-Verrückter, offenbar ein schwerer Psychopath« (Carl Schmitt) – »Aus der Armut und der Enge hervorgetriebenes Mittelmaß, ein rigoroser Monomane« (Jürgen Habermas) – lauten einhellig die Verdammungsurteile. Dennoch erstaunt die Tatsache, daß sich

Philosophen so unterschiedlicher Provenienz intensiv, zuweilen aber eher polemisch als sachlich-argumentativ, mit diesem Erzfeind aller Religion, Moral und gesellschaftlich-politischer Hierarchie auseinandersetz(t)en.

Dabei ist Stirners Einfluß zum Beispiel auf das anarchistische Schrifttum des 19. Jahrhunderts, auf die Literatur (Dostojewski, Jünger) sowie auf Nietzsche und den französischen Existentialismus nicht hoch genug zu veranschlagen. In Stirner lediglich einen philosophischen »Skandaleur«, eine bizarre Randfigur der Ideengeschichte zu sehen, wird ihm kaum gerecht. So kann Stirners Werk auch psychologisch-lebensbezogen gelesen werden, nämlich als Beschreibung des unaufhebbaren Konflikts, in dem das einzelne Ich zu allen anderen Mitmenschen steht. Hier scheint Stirners extreme Haltung in Vielem sehr ehrlich und wachsam: »Aber die *Eigenheit*, die will Ich Mir nicht entziehen lassen. Und gerade auf die Eigenheit sieht es jede Gesellschaft ab, gerade sie soll ihrer Macht unterliegen.« Dies gilt um so mehr in der heutigen (kapitalistischen) Massengesellschaft, in der es – allen scheinheiligen altruistischen Beteuerungen zum Trotz – ohne Egoismus, ohne »die Zärtlichkeit der Ellenbogen« (Norman Mailer), kein Überleben gibt.

Ein ähnliches Schicksal wie Stirner teilten auch Schopenhauers »wilde Söhne«. Ein philosophisches *Trio infernale* ohnegleichen: Der »Philosoph des Unbewußten« Eduard von Hartmann (1842–1902), der »Metaphysiker der Entropie« Philipp Mainländer (1841–1876) und der »Realdialektiker« Julius Bahnsen (1830–1881) zählen zu den bedeutendsten Vertretern der sogenannten »Schopenhauer-Schule«.

Obwohl heute fast in Vergessenheit geraten, erweisen sich diese vermeintlichen Schopenhauer-Epigonen bei genauerem Hinsehen als höchst eigenständige, originelle Philosophen, die in der buntschillernden Ideengeschichte des 19. Jahrhunderts ihren unverrückbaren Platz beanspruchen, ja noch viel mehr: Mit ihren »Systemen der Verneinung« (Rüdiger Safranski) reihen sie sich in eine denkerische Tradition, deren Einfluß gleichsam *subterran* bis weit ins späte 20. Jahrhundert reicht: von der Lebensphilosophie über den Existentialismus bis hin zu den postmodernen Kritikern historischer Teleologien aller Couleur.

Im Zentrum der Essays stehen jeweils ihre Hauptwerke: Hartmanns *Philosophie des Unbewussten*, Mainländers *Philosophie der Erlösung* sowie Bahnsens *Der Widerspruch im Wissen und Wesen der Welt*.

Lew Schestow? Wenngleich dieser Name den heutigen Lesern kaum etwas sagen dürfte, muß der jüdisch-russische Religionsphilosoph, der eigentlich Lew Isaakowitsch Schwarzmann hieß und von 1866 bis 1938 lebte, zu den freiesten und vorurteilslosesten Denkern des gerade zu Ende gegangenen Säkulums gerechnet werden. In Kiew geboren, emigrierte Schestow nach Lenins Putsch und übernahm eine Professur am Russischen Institut der Sorbonne in Paris, von wo aus er einen geheimen, aber deutlichen Einfluß auf viele Intellektuelle ausübte.

Von Pascal, Dostojewskij, Kierkegaard und Nietzsche ausgehend, bekämpfte Schestow den spekulativen Rationalismus und Positivismus in jeder Gestalt und Form und forderte ein adogmatisches Denken, das zu den Quellen des Seins zurückführen sollte. Der »Schrankenlosigkeit der objektiven Vernunft« stellte er seine *Apotheose der Abgründigkeit* entgegen – im festen Glauben, daß Leben, Wirklichkeit und Wahrheit über dem Denken liegen und sich nicht in Begriffe einschnüren lassen: »Das Ideale verabsolutieren bedeutet, jede Realität relativieren, ja sogar vernichten.« Schestow zufolge ist die Vernunft nur für die »mittleren Zonen«, nicht aber für die Randgebiete des Geistes zuständig. So überwindet Schestows in seinem Hauptwerk *Athen und Jerusalem* die akademischen Schranken seiner Zeit: »Athen« steht für die rationale Philosophie, »Jerusalem« für die Religion als Konstanten des Menschen, wobei Schestow einen Kompromiß zwischen dem Wahrheitsanspruch der Vernunft und dem offenbarten Glauben nicht für möglich hält. Neben seinem erwähnten *Opus magnum* setzte er sich in Großessays wie *Auf der Hiobswaage* und *Potestas clavium oder die Schlüsselgewalt* immer wieder mit den gleichen Geistern auseinander: Platon, Plotin, Spinoza, Kant, Hegel und Tolstoj. Ihn interessierte dabei fast ausschließlich, wie sich das persönliche Schicksal eines Menschen in seiner Philosophie beziehungsweise Religion äußert, was sie veranlaßt hat, sich gerade diesen zu widmen.

Schestows existentielles Denken beeinflußte unter anderem

Camus, Taubes, Bataille und Cioran, der von ihm sagte, daß er die »Philosophie als Philosoph verklagt« habe. Zu seinen illustren Freunden zählten Einstein, Husserl, Zwetajewa und Heidegger.

Der Lebensphilosoph Ludwig Klages (1872–1956) gehört zu den leidenschaftlichsten und zugleich umstrittensten deutschen Denkern des 20. Jahrhunderts. Als philosophische Prophetenfigur, als konservativer Revolutionär, als radikaler Vordenker der ökologischen Bewegung, aber auch als innovativer Psychologe, welcher der Charakterologie und Ausdruckskunde, insbesondere der anrüchigen Graphologie, wissenschaftliche Geltung verschaffte, hat Klages jenseits des akademischen *mainstream* ein Werk von beeindruckender Vielfalt und Spannweite hinterlassen, das in dem epochalen Opus magnum *Der Geist als Widersacher der Seele* kulminiert.

Seine rigorose Kultur- und Zivilisationskritik kreist um die Gefährdung des Menschen durch die zersetzende Übermacht des Geistes, das heißt vor allem des rationalen Zweckdenkens, das sich in lebensfeindlicher Wissenschaft und Technik, devotem Mammonsdienst, psychischer Selbstverstümmelung sowie weitreichender Umweltzerstörung äußert.

Obwohl heute kaum noch jemand Klages' Kassandra-Rufe zu belächeln wagt, da sich die meisten seiner eindringlichen Warnungen vor einer verhängnisvollen Zukunft unserer fortschritts- und machbarkeitsbesessenen Zivilisation längst erfüllt haben, tun sich viele Leser mit Klages' philosophischer Begründung, mit seiner sogenannten »biozentrischen Metaphysik« äußerst schwer.

Der Name *Aldous Huxley* (1894–1963) wird hauptsächlich mit seinem berühmtesten Buch, dem ironisch-satirischen Zukunftsroman *Brave New World* (Schöne Neue Welt) von 1932 in Verbindung gebracht. Der essentielle Huxley, der brillante philosophische Essayist, trat dabei völlig zu Unrecht in den Hintergrund des Interesses. Daran hat sich bis heute gerade in Deutschland nicht viel geändert. Eine Einseitigkeit, auf die früh Thomas Mann verwiesen hat, der Huxleys Essayistik einmal als »feinste Blüte westeuropäischen Geistes« bezeichnete. Denn noch deutlicher, weil direkter, als seine Romane spiegeln die Essays seine intellektuelle Entwicklung vom skeptischen Ästheten und Agnostiker zum engagierten Pazifisten und mystischen Gottsucher wider. Und wie kaum ein anderer Kulturschaffender im 20. Jahrhundert scheint Huxley aufgrund seiner wechselnden, extremen geistigen Positionen repräsentantiv für die postmoderne Epoche zu sein.

Der eklatante Bruch beziehungsweise Wandel in der Weltsicht Huxleys verdient besondere Beachtung. Wer und was veranlaßte den pessimistischen Zivilisations- und Kulturkritiker dazu, seine »Philosophie der Hoffnungslosigkeit« gegen ein religiös gefärbtes pazifistisch-humanistisches Engagement einzutauschen und mit Inbrunst zu verkünden: »Gott ist«? Wie mutierte Huxley vom Saulus zum Paulus?

E. M. Cioran (1911–1995) gilt als einer der größten Skeptiker und Kulturkritiker des 20. Jahrhunderts. In seinem essayistisch-aphoristischen Werk erweist sich sein Denken jedoch auch als skeptisch gegenüber dem Skeptizismus, als eines jenseits von Gott und Gottlosigkeit! So hält er sich frei von allen Geschichtsutopien und gesellschaftsverändernden Theorien. Zunächst in rumänischer, später jedoch in französischer Sprache erschienen Essay- und Aphorismussammlungen wie *Précis de décomposition* (Lehre vom Zerfall), *Syllogismes de l'amertume* (Syllogismen der Bitterkeit) oder *Le mauvais démiurge* (Die verfehlte Schöpfung).

Ohne dem Vorwurf des Eklektizismus ausgesetzt sein zu müssen, schöpft die Philosophie dieses Denkers der Extreme dabei aus den unterschiedlichsten Traditionen: aus fernöstlichen Weisheitslehren und antikem Skeptizismus, aus christlicher Mystik und französischem Moralismus, aus russischem Spiritualismus und deutscher Lebensphilosophie. Sie sind für Cioran keineswegs versiegte Quellen, sondern stets neu zu reflektierende Zeugnisse einer jahrtausendelangen verzweifelten Suche des Menschen nach der Beantwortung seines absurden Daseins.

In besonderem Maße weiß Cioran sich dabei der deutschen Lebensphilosophie verpflichtet, die aus dem Geiste der Romantik als Reaktion gegen die Absolutheitsansprüche der Vernunft entstanden ist und Denkformen enthält, die reicher und flexibler sind als diejenigen der formalen Logik und jedweder strengen Ontologie. Philosophische Reflexion hat nach Cioran nur dann einen Wert, wenn sie dem Leben dient, das heißt gelebte Philosophie ist. Mit den Lebensphilosophen teilt Cioran die Einsicht in die Unhintergehbarkeit des Erlebens, das Primat der Erfahrung und des Gefühls anstelle des oftmals wirklichkeitsverzerrenden und -entfremdenden Intellekts.

In Deutschland erst spät entdeckt, gewinnt Ciorans Werk vor dem Hintergrund der postmodernen Kritik am blinden Fortschritts- und Utopieglauben zusehends neue Brisanz.

Wer ist schneller? Wer ist dynamischer? Wer vervielfacht seine Kräfte durch Beschleunigung am wirksamsten? Die Frage nach der Geschwindigkeit stellt für den 1932 in Paris geborenen Philosophen Paul Virilio zugleich die Schlüsselfrage und das Kardinalproblem moderner Gesellschaften dar. Mit seinen in alle Weltsprachen übersetzten Großessays – wie *Vitesse et Politique* (Geschwindigkeit und Politik), *L'inertie polaire* (Rasender Stillstand) oder *L'art du moteur* (Die Eroberung des Körpers) – gehört Virilio zu den populärsten, aber auch umstrittensten Gegenwartsphilosophen. Während seine Anhänger ihn als neuen Jules Verne der Kultur- und Fortschrittskritik feiern, wird er von seinen Gegnern als konservativ moralisierender, übertrieben schwarzseherischer Geist christlicher Prägung angegriffen.

Von der Architektur und Stadtplanung kommend, entwickelte Virilio seit Mitte der 1970er Jahre eine neue Wissenschaftsdisziplin, die sogenannte *Dromologie* (= Lehre vom Wettlauf), die den Zusammenhang zwischen Mobilisierung, Geschwindigkeit, Medien und Krieg in der Menschheitsgeschichte erforscht. Den Ausgangspunkt seiner philosophischen und gesellschaftskritischen Reflexionen bildet mithin eine vermeintlich banale Feststellung: »Alles geht zu schnell!« Für den Diagnostiker unserer technokratischen Gesellschaft stellt sich Menschheitshistorie als fatal sich verselbständigender, destruktiver Beschleunigungsprozeß dar, der im Zeitalter gigantischer Informationsnetzwerke auf einen tödlichen Endpunkt zu rasen droht.

In seiner kulturapokalyptischen Geschichte der Geschwindigkeit unterscheidet Virilio dabei hauptsächlich drei Stadien: Nach der Überwindung des Raumes durch verschiedene Transportmittel (Eisenbahn, Auto und Flugzeug) folgt die Auslöschung der Zeit durch elektronische und optische Telekommunikationsmedien (Funk, Fernsehen und Computer), die in *Echtzeit* arbeiten, und schließlich die Tilgung des natürlichen menschlichen

Körpers mittels neuer Transplantationstechniken, prothetischer Chirurgie und mikrophysikalischer Stimulation: vom Herzschrittmacher, über künstliche Organe und gentechnologische Eingriffe bis hin zum aufgerüsteten Gehirn durch Implantierung von Schaltkreisen nach Art der Computer – vom *Homo sapiens* zum *Techno sapiens*!

Was dabei buchstäblich auf der Strecke bleibt, ist der Mensch selbst, der im lustvollen Rausch der Geschwindigkeit und Maschinenhörigkeit an der gewaltsamen Zerstörung seiner eigenen natürlichen Lebens-, Arbeits- und Erfahrungswelt arbeitet.

I. Von der Würde des Chamäleons – Pico della Mirandolas Freiheitslehre

»Der Mensch ist zur Freiheit verurteilt.«
Jean-Paul Sartre, Kritik der dialektischen Vernunft

»Die größte Gabe, die uns, schaffend, Gottes Freigebigkeit gab, und die seiner Güte zumeist entspricht, und die er schätzt am höchsten, ist unsres Willens Freiheit doch, mit welcher die sämtlichen vernünftigen Geschöpfe, und sie allein, begabt sind und waren.«[1] Der stolze Lobgesang, den der mittelalterliche Dichter der *Divina Commedia*, Dante Alighieri, auf die menschliche Willensfreiheit und – damit verbunden – auf ein neues Selbstbewußtsein anstimmt, stieß bei seinen Zeitgenossen zunächst auf taube Ohren. Vor allem Theologen, aber auch Philosophen wollten von einer derartig vermessenen, die göttliche Vorsehung und präskriptive Ordnung durchkreuzenden Autonomie des Menschen, wie sie auch von Francesco Petrarca, dem »Vater des Humanismus« und »ersten modernen Menschen«, gepredigt wurde, nichts wissen. Es sollten mehr als zwei Jahrhunderte ins Land gehen, bis diese neuzeitliche Idee ein breiteres Bewußtsein erreichen konnte.

Ein Camille Flammarion zugeschriebener Holzschnitt im Stil des frühen 16. Jahrhunderts, der die gängige mittelalterliche, aristotelisch geprägte Kosmologie darstellt, illustriert diesen Paradigmenwechsel mustergültig: Noch ist der Kosmos endlich. Ein Neugieriger, vielleicht ein Astrologe, steckt seinen Kopf durch den schalenförmigen, einem mächtigen Glassturz gleichenden Fixsternhimmel und versucht auf eigene Faust in die Geheimnisse des Weltalls, in das Unbekannte und Unendliche des Universums

---

1 Dante Alighieri, zitiert nach: Walter Andreas Euler, »Pia philosophia« et »docta religio«. Theologie und Religion bei Marsilio Ficino und Giovanni Pico della Mirandola, München 1998, S. 5.

mit seinen leuchtenden Planeten- und Kometenbahnen vorzudringen.

Doch auch an der theologisch-philosophischen Literatur ging dieser radikale Bewußtseinswandel an der Schwelle zur Neuzeit nicht spurlos vorüber. Eine Neudefinition des Menschen und seiner Stellung innerhalb des göttlichen Schöpfungswerkes war längst überfällig: »Wir haben dir keinen festen Wohnsitz gegeben, Adam, kein eigenes Aussehen noch irgendeine besondere Gabe, damit du den Wohnsitz, das Aussehen und die Gaben, die du selbst dir ausersiehst, entsprechend deinem Wunsch und Entschluß habest und besitzest. Die Natur der übrigen Geschöpfe ist fest bestimmt und wird innerhalb von uns vorgeschriebener Gesetze begrenzt. Du sollst dir deine ohne jede Einschränkung und Enge, nach deinem Ermessen, dem ich dich anvertraut habe, selber bestimmen. Ich habe dich in die Mitte der Welt gestellt, damit du dich von dort aus bequemer umsehen kannst, was es auf der Welt gibt. Weder haben wir dich himmlisch noch irdisch, weder sterblich noch unsterblich geschaffen, damit du wie dein eigener, in Ehre frei entscheidender, schöpferischer Bildhauer dich selbst zu der Gestalt ausformst, die du bevorzugst. Du kannst zum Niedrigeren, zum Tierischen entarten; du kannst aber auch zum Höheren, zum Göttlichen wiedergeboren werden, wenn deine Seele es beschließt.«[2]

Die gravitätischen Worte, die der Renaissance-Gelehrte Pico della Mirandola dem Schöpfergott höchstpersönlich in den Mund legt und an den Urmenschen Adam richten läßt, zeugen von einem neuen, den mittelalterlich-christlichen Horizont weit übersteigenden Seinsverständnis des Menschen. Sie entstammen seiner berühmten, 1486 verfaßten Rede *Über die Würde des Menschen*, deren eminente Bedeutung für die gesamte Neuzeit Jacob Burckhardt in seiner *Kultur der Renaissance in Italien* als einer der ersten klar erkannt hat: »Die höchsten Ahnungen auf diesem Gebiet spricht Pico della Mirandola aus in seiner Rede von der

---

2 Pico della Mirandola, Giovanni, De hominis dignitate/Über die Würde des Menschen, übersetzt von Norbert Baumgarten, herausgegeben und eingeleitet von August Buck, lateinisch-deutsch, Hamburg 1990, S. 5f.

Würde des Menschen, welche wohl eines der edelsten Vermächtnisse der Kulturepoche heißen darf.«[3] Und nach Egon Friedells *Kulturgeschichte der Neuzeit* markiert Picos Rede über die Menschenwürde, die den lateinischen Titel *De hominis dignitate* trägt, sogar den eigentlichen Beginn der Renaissance: »Dies ist offenbar der ursprüngliche Sinn der Renaissance: die Wiedergeburt des Menschen zur Gottähnlichkeit. In diesem Gedanken liegt eine ungeheure Hybris, wie sie dem Mittelalter fremd war, aber auch ein ungeheurer geistiger Aufschwung, wie er nur der Neuzeit eigen ist. In dem Augenblick, wo dieser Gedanke am Horizont erscheint, setzt die Renaissance ein.«[4]

Obgleich *De dignitate hominis* im Zeitalter der Renaissance und des aufkeimenden Humanismus zum Lieblingsthema und Titel zahlloser Traktate avancierte, fand dieses Leitmotiv in der gleichlautenden Schrift des jung verstorbenen Grafen Giovanni Pico della Mirandola, einem der wichtigsten Vertreter des Florentiner Platonismus, seinen wohl bedeutendsten Ausdruck. Was ist das Neuartige, Moderne, ja Revolutionäre an dieser Idee?

Picos originelle Pointe liegt darin, daß er die Würde des Menschen nicht, wie allgemein üblich, aus den bestimmt angebbaren Eigenschaften des Menschen ableitet, sondern gerade aus seiner Nicht-Eindeutigkeit und »metaphysischen Ortlosigkeit«. Er weist dem Menschen keinen festen, determinierten Platz in der göttlichen Ordnung zu, vielmehr stellt er ihn, den gänzlich ohne Ur- und Vorbild Geschaffenen, *außerhalb* der kosmologischen Hierarchie.

Der Mensch gilt Pico nicht mehr, wie der überlieferten Philosophie und Theologie, als Glied innerhalb des Kosmos, sondern ist ein in sich geschlossenes Ganzes, das als Mikrokosmos dem Makrokosmos selbständig und frei gegenübersteht. Die Würde des Menschen besteht in seiner Freiheit. In diesem Modell kommt

---

3 Burckhardt, Jacob, Die Kultur der Renaissance in Italien. Ein Versuch, durchgesehen von Walter Goetz, Stuttgart 1976, S. 330.

4 Friedell, Egon, Kulturgeschichte der Neuzeit. Die Krisis der europäischen Seele von der schwarzen Pest bis zum Ersten Weltkrieg, München 1979, S. 179.

Gott nurmehr die Aufgabe zu, die Voraussetzungen für die uneingeschränkte Entfaltung des Menschengeschlechts zu liefern. Es gibt fast keine Grenzen für die Tätigkeit des Menschen, alles liegt in seiner Hand, alles ist das Produkt seines freien Willens. Während mittelalterliche Menschenbilder festzustellen versuchten, was die unveränderte menschliche Natur sei, kommt mit dem Renaissance-Philosophen Pico der sich verändernde und in seiner Geschichtlichkeit offene Mensch in den Blick: Der Mensch, der seine Natur erst durch seine geistig-moralische Bildung entwerfen und verwirklichen muß.

Charakteristisch für den Menschen, den Pico mit dem griechischen, in vielerlei Rollen schlüpfenden greisen Meergott Proteus, einem Sohn des Okeanos und der Tethys, und an anderer Stelle mit einem die Farben ständig wechselnden Chamäleon vergleicht, sei seine Freiheit, Selbstmächtigkeit und Schöpferkraft, das zu sein und zu tun, was er will – im positiven wie im negativen Sinne, im Guten wie im Bösen. Der Mensch steht in der *Krisis*. Da er durch keine vorgegebene Form festgelegt ist, muß er sich allerdings auch entscheiden, wozu er sich gestalten will. Er ist Modelleur und Gestalter (*plastes et fictor*) seiner Lebensform. Dies ist möglich, weil der Mensch nicht nur erkennend an der Welt teilhat, sondern selbst substantiell alles, was die Welt ist, in sich enthält. Er besitzt die volle Freiheit, sich für das Materielle, das Tierische oder aber das Himmlische, die als die drei Seinsarten des Weltlichen auch im Menschen vorhanden sind, zu entschließen.

Der menschliche Geist spiegelt nicht nur geduldig die Verhältnisse der Welt wider, sondern vollendet die Welt erst kraft seiner schöpferischen Tätigkeit und schafft sich gleichsam immer neu. Hineingeworfen in einen Zustand furchtbarer Unentschiedenheit, durch keine Vorsorge geschützt, bedarf der Mensch zu jeder Selbstfestigung, insofern sie für ihn mit unwägbaren Risiken verknüpft ist, der mutigen Willenskraft, wie Volker Spierling in seinem kleinen Pico-Porträt schreibt: »Der Mensch kann alles sein, was er will, weil er von Geburt an zu jedweder Lebensform angelegt ist. (...) Die Eigenart des Menschen ist es, keine Eigenart zu haben. Er ist frei, sich zu sich selbst wie ein Künstler zu seinem Rohstoff zu verhalten und diesen nach seiner eigenen Vorstellung zu bearbeiten, zu modellieren, zu bilden. (...) Es ist der Freiheit des Menschen überlassen, die gewordene Welt dem Werden seiner kulturellen Selbstgestaltungen zu unterwerfen. Das Sein des Menschen folgt aus seinem Tun.«[5]

Damit wird Pico, der ins Exil gehen mußte und dessen provokante Thesen vom Papst verboten wurden, zum revolutionären Urheber einer modernen philosophischen Anthropologie, die weit über seine eigene Epoche hinauswirkt – bis hin zu Jean-Paul Sartres existentialistischer Maxime von der Verurteilung des Menschen zur Freiheit. Auch Picos Grundannahme, daß die verschiedenen Philosophien und Religionen, ob griechisch-antiker, jüdisch-kabbalistischer oder christlich-scholastischer Prägung, Anteil an der universalen Wahrheit hätten, birgt in sich schon den modernen Gedanken der religiösen Toleranz, wie ihn die Aufklärung späterhin formulieren sollte. Und indem Pico dem fatalistischen Aberglauben der Astrologie eine deutliche Absage erteilt, kann man in ihm desgleichen einen wichtigen Wegbereiter modernen naturwissenschaftlichen Denkens sehen.

Brachte Pico mit seiner philosophisch-theologischen Neudefinition des Menschen das geschlossene, von der Antike her übernommene Weltbild des Mittelalters zum Einsturz, so zertrümmerte Nikolaus Kopernikus rund ein halbes Jahrhundert später auf naturwissenschaftlichem Gebiet die alten kosmologischen Vorstellungen: Das geozentrische Weltbild wird vom heliozentrischen abgelöst. Die Erde ist nicht länger Mittelpunkt des Universums. Eine Erkenntnis, die durch Giordano Brunos Vision von der Unendlichkeit und Offenheit des Kosmos noch verschärft werden sollte ...

Wer war dieser im doppelten Wortsinn »anstößige«, an der Schwelle zur Neuzeit stehende Denker, der in seiner kulturhistorischen Bedeutung gerade von theologischer Seite her immer noch weit unterschätzt beziehungsweise verharmlost wird? Picos Neffe Giovanni Francesco, dem wir – neben einem Traktat *Über die Eitelkeit der Weltweisheit* – auch eine Biographie und die erste Ausgabe der Werke seines Onkels in zwei Bänden aus den Jahren

---

5 Spierling, Volker, Giovanni Pico della Mirandola: »Wir sind unter der Bedingung geboren, das zu sein, was wir wollen«, in: ders., Kleine Geschichte der Philosophie. 50 Porträts von der Antike bis zur Gegenwart, München/Zürich 2000, S. 161.

1495/96 verdanken, beschreibt sein Äußeres wie folgt: »Von Gestalt und Aussehen aber war er auffallend schön, hochgewachsen und stattlich, seine Haut war sanft und zart, sein Gesicht lieblich und schön, seine Farbe weiß mit hübschem Rot untermischt, seine Augen grau und schnellblickend, seine Zähne weiß und ebenmäßig, sein Haar blond, aber nicht gekünstelt.«[6]

Freilich faszinierte Pico, der Frühverstorbene, den viele Zeitgenossen als einen »Phönix der Geister«, ja als »Naturwunder« feierten und der wenig später mit keinem Geringeren als dem Mal-Genie Raffael verglichen wurde, nicht nur durch seine äußere Erscheinung. Pico, dessen Devise »*De omni re scibili*« – Über alles, was man wissen kann – lautete, wurde alsbald zum Synonym des Universalgelehrten. Und so schrieb der italienische Humanist Angelo Poliziano voller Enthusiasmus über Pico: »(Er war) ein einzigartiger Mensch, ein Held, überhäuft mit allen Glücksgütern der Seele und des Leibes, ein Jüngling mit fast göttlichen Formen und einer besonderen Majestät der Person, von schärfstem Geist und einem ausnehmend guten Gedächtnis, unermüdlich in den Studien und begabt mit einer klaren und reichhaltigen Rede.«[7]

Geboren wurde der aus dem Geschlecht der Grafen von Mirandola und Concordia stammende Giovanni Pico am 24. Februar 1463 in der am Po gelegenen Kommune Mirandola bei Modena, in der Emilia Romagna. Die erste humanistische Ausbildung in Latein und vielleicht auch in Griechisch hat Pico wohl schon in früher Kindheit erhalten. Nach dem frühen Tod des Vaters wurde Pico von seiner frommen Mutter für den geistlichen Stand und das Studium der Wissenschaften bestimmt. Bereits im Alter von zehn Jahren wurde der Junge zum apostolischen Protonotar ernannt. Mit vierzehn Jahren studierte er in Bologna kanonisches Recht und widmete sich 1479 in Ferrara dem Studium der Philosophie,

---

6 Vita, in: Giovanni Pico della Mirandola, Gian Francesco Pico della Mirandola, Opera Omnia (1557–1573), T.I., con una introduzione di C. Vasoli, Reprographischer Nachdruck, Hildesheim 1969 (Vita nicht paginiert), zitiert nach: August Buck, Einleitung, in: Giovanni Pico della Mirandola, De hominis dignitate/Über die Würde des Menschen, a.a.O., S.X.

7 Poliziano, Angelo, Opera, Lyon 1536, I, 697, zitiert nach: August Buck, Einleitung, in: Giovanni Pico della Mirandola, De hominis dignitate/Über die Würde des Menschen, a.a.O., S.IX.

das er von 1480 bis 1483 in Padua fortsetzte. Dort wurde er unter der Leitung von Nicoletto Vernia in den Aristotelismus und von dem jüdischen Averroisten Elia del Medigo in das arabische und hebräische Gedankengut eingeführt.

Während mehrerer Aufenthalte in Florenz, dem Zentrum des damaligen humanistischen Geisteslebens, lernte Pico den wiederbelebten Platonismus kennen und unterhielt als Mitglied der *Accademia Platonica* freundschaftliche Beziehungen zu Marsilio Ficino, Angelo Poliziano und Lorenzo de'Medici. 1485 reiste er nach Paris, wo er sich neun Monate lang an der Universität in das Studium der Scholastik vertiefte, kehrte jedoch ein Jahr später wieder nach Florenz zurück. Seine aristokratische Herkunft gestattete es ihm, finanziell unabhängig zu leben, viel zu reisen, private Lehrer zu engagieren und seine Bibliothek kontinuierlich zu erweitern.

Dennoch blieb auch er von Schicksalsschlägen nicht verschont: Auf dem Weg nach Rom, in der Nähe von Arezzo, verliebte sich Pico in eine verheiratete Frau und entführte sie mit ihrer Zustimmung. Ihr Mann ließ Pico verfolgen und die Frau nach Hause zurückbringen. Pico wurde verletzt und mußte sich für mehrere Monate in der Nähe von Perugia verstecken. Allein die Unterstützung von Lorenzo de'Medici bewahrte den jungen Grafen vor einer Verhaftung.

In dieser Zeit widmete er sich besonders dem Studium der Kabbala, der (früh)mittelalterlichen jüdischen Mystik, und bereitete eine öffentliche Disputation über 900 von ihm aufgestellte Thesen vor, die 1486 auch publiziert wurden. Darin vertrat Pico die Position, daß die verschiedenen Philosophien und Theologien, das heißt christliche, altorientalische, jüdische und islamische Denk- und Glaubenstraditionen, bestimmte allgemeingültige Wahrheiten – zumindest aber »Funken der Wahrheit« (*ille veritatis fulgor*) – enthalten, die jenseits aller Gegensätze universal und harmonisch zusammengefaßt und versöhnt werden könnten: eine *Pax philosophica*, ein philosophischer Friede im Zeichen der Einheit der Wahrheit, wobei das Christentum als unbestrittener Konvergenzpunkt aller bisherigen Überlieferungen erscheint.

Impulse zu diesem Unternehmen bekam Pico, der ein Musterbeispiel eines »Humanistentheologen«, das heißt eines Denkers abgibt, der sowohl Philosophie als auch Theologie zu vereinen trachtet, von zwei Seiten: Einerseits konnte er vom Konzept der natürlichen Religion ausgehen, das Ficino entworfen hatte, der eine Harmonisierung von Platonismus und Christentum anstrebte. Andererseits zeigt die Einbeziehung der mittelalterlichen Philosophie die starken Anregungen, die Pico von seinen scholastischen Studien erhalten hatte. Auch die Darstellungsform und der Gedanke, die Wahrheit könne in einzelne diskutable Sätze aufgelöst werden, weist auf die dialektische Grundstruktur scholastischen Denkens.

Picos Versuch einer philosophischen Friedensstiftung veranlaßte seine Freunde dazu, ihn – in Anspielung auf seine familiäre Herkunft – scherzhaft *Princeps concordiae*, Fürst der Versöhnung, zu nennen. Ein Titel, den er nicht zu Unrecht erhielt, wie ein Passus aus seiner *Oratio* belegt: »Ich aber habe mich dahin gehend unterwiesen, auf die Worte keines Meisters der Philosophie zu schwören, sondern meine Aufmerksamkeit auf alle auszudehnen, sämtliche Schriften zu durchforschen, alle Schulen kennenzulernen. Über sie alle hatte ich zu sprechen, um nicht als Verfechter einer einzelnen Lehre die übrigen hintanzusetzen und so den Anschein zu erwecken, auf die eine festgelegt zu sein. (...) Alle Philosophen der Antike achteten nämlich darauf, alle Arten von Schriftstellern zu studieren, keine erreichbare Abhandlung ungelesen zu übergehen (...). Und in der Tat zeugt es von Engstirnigkeit, wenn man sich immer nur innerhalb der Grenzen einer einzigen Säulenhalle oder Akademie aufgehalten hat. (...) Dazu kommt, daß es in jeder Schule etwas Besonderes gibt, das sie nicht mit den übrigen gemeinsam hat.«[8]

Um seine Thesen öffentlich zu verteidigen, lud Pico die bedeutendsten Gelehrten Europas zu einem philosophischen Weltkongreß nach Rom ein und versprach ihnen sogar die Erstattung der Reisekosten. Im Vertrauen auf eine offene Diskussion verständiger und toleranter Gelehrter, schrieb Pico: »Damit euch das nun, ehrenwerte Väter, wirklich offenkundig werde, damit meine Rede euren Wunsch nicht länger hemme, ihr hervorragenden Gelehrten, die ich nicht ohne großes Vergnügen bereit und gerüstet den

---

8 Pico della Mirandola, Giovanni, De hominis dignitate/Über die Würde des Menschen, a.a.O., S. 43.

Kampf erwarten sehe: Laßt uns nun, was glücklich und gesegnet sei, gleichsam unter Ertönen des Schlachtrufs das Gefecht beginnen.«[9] Doch zur Diskussion kam es erst gar nicht. Unter dem Vorwand ihrer Treue zum Glauben und aus religiösem Eifer hatten Picos Gegner 13 der insgesamt 900 Thesen bei der Kurie als häretisch denunziert. Beargwöhnt wurden im wesentlichen die Thesen über Christi Abstieg in die Unterwelt, über die Eucharistie, über die Rechtfertigung des Origenes, über Magie und Kabbala, über die Natur des göttlichen Intellekts und die Glaubensfreiheit.

Daraufhin setzte Papst Innozenz VIII. eine Untersuchungskommission ein, die sieben dieser 13 Thesen als ketzerisch und sechs für verdächtig deklarierte. Schließlich verwarf der Papst alle 900 Thesen und verbot die Diskussion, obwohl Pico eine Gehorsamserklärung unterzeichnet und sich bereit erklärt hatte, an den verurteilten Thesen nicht länger festzuhalten.

Pico, der sich von der Kirche bedroht fühlte, floh nach Frankreich, wo ihn Philipp von Savoyen aufgrund eines päpstlichen Haftbefehls in Vincennes einkerkern ließ. Als die Theologen der Sorbonne sich aber weigerten, dem Wunsch des Papstes gemäß, Pico wegen Häresie zu verurteilten, wurde dieser auf Fürsprache mächtiger Gönner, darunter Karl VIII., aus der Haft entlassen und folgte einer Einladung Ficinos nach Florenz. Dank der Protektion Lorenzo de'Medicis blieb Pico vor weiterer Verfolgung durch die Kirche verschont. Allerdings wurde die über ihn verhängte Exkommunikation erst 1493 durch Papst Alexander VI. aufgehoben.

In Florenz, wo Pico seine letzten Lebensjahre zurückgezogen verbrachte, verfaßte er mehrere seiner wichtigsten, zum Teil aber unvollendet gebliebenen Abhandlungen – darunter die *Apologia*, eine Verteidigung des christlichen Glaubens, den *Heptaplus*, eine Neudeutung des biblischen Schöpfungsberichts auf kabbalistischer Grundlage, sowie seine *Disputationes adversus astrologiam divinatricem*, eine Streitschrift gegen den Aberglauben der Astrologie.

Gegen Ende seines Lebens geriet Pico zusehends unter den Einfluß des fundamentalistischen und schließlich auf dem Scheiter-

---

9 Ebd., S. 67.

haufen verbrannten Dominikaners Girolamo Savonarola, dem er bereits während seiner Studienjahre begegnet war, und trug sich ernsthaft mit dem Gedanken, selbst dominikanischer Bußprediger zu werden. Von Savonarola sind folgende enthusiastischen Lobesworte an Pico während einer Unterredung in San Marco überliefert: »Du bist gegenwärtig der Einzige, der in der Philosophie der Alten wie in der christlichen Religion vollkommen Bescheid weiß und den größten Gelehrten der Vorzeit, einem Hieronymus und Augustin, Männern wie Basilius, Gregor von Nazianz und von Nyssa und Dionysius an die Seite treten darf.«[10]

Pico wollte all seine Besitztümer – darunter eine der umfangreichsten Bibliotheken seiner Zeit – verschenken und ein asketisches Wanderpredigerdasein führen. Was ihm jedoch versagt blieb. Vermutlich von seinem Sekretär vergiftet, starb Pico am 17. November 1494, am selben Tag, an dem Karl VIII. von Frankreich nach der Vertreibung von Piero de'Medici in Florenz einmarschierte. Pico della Mirandola wurde in San Marco beigesetzt.

Die Nachricht vom Tode des 31jährigen Philosophen, dessen intellektuelle Brillanz, tiefe Frömmigkeit und menschliche Liebenswürdigkeit alle Zeugnisse der Zeitgenossen übereinstimmend hervorheben, wurde allgemein mit großer Bestürzung aufgenommen. Wie sehr Pico seine Umwelt beeindruckte, verdeutlicht ein Brief, den Ficino etwa ein Jahr nach dem Tod des Grafen an dessen Neffen schrieb: »Gott scheint Giovanni Pico die geistigen und körperlichen Güter im größten Ausmaße gegeben zu haben, wenn er ihm nur eine längere Lebenszeit zugestanden hätte. Aber auch in diesem Fall ist es nicht erlaubt, die göttliche Vorsehung in Frage zu stellen. Denn wenn Gott ihn trotz seiner sehr kurzen Lebenszeit über die Kräfte der Natur hinaus schon zum Höchsten geführt hatte, so konnte er nicht mehr weiter fortschreiten.«[11]

---

[10] Savonarola, Girolamo, zitiert nach: Richard Walter Remé, Darstellung des Inhalts der »Disputationes in Astrologiam« des Pico della Mirandola (Buch I–III) und historisch-kritische Untersuchung, Dissertation, Hamburg 1933, S. 61.

[11] Ficino, Marsilio, zitiert nach: Walter Andreas Euler, »Pia philosophia« et »docta religio«, a.a.O., S. 30f.

In die Philosophiegeschichte eingegangen ist Pico vor allem durch seine Rede *Über die Würde des Menschen*, die zweifellos einen wesentlichen Beitrag zur abendländischen Geistesgeschichte darstellt, vergleichbar mit dem *Novum Organum* von Francis Bacon oder dem *Discours de la méthode* von René Descartes. Diese programmatische Grundschrift der humanistischen Anthropologie wurde als Ansprache zur Eröffnung des 1487 geplanten philosophischen Weltkongresses über Picos 900 Thesen verfaßt, jedoch erst postum publiziert.

Darin erklärt Pico im Anschluß an die Vergottung des Menschen im *Asclepius* – ein lateinischer Text aus dem bereits in der christlichen Ära entstandenen Corpus der hermetischen Schriften –, daß der Mensch ein »magnum miraculum et admirandum animal«, also ein großes Wunder und ein zu bewunderndes Lebewesen sei, das selbst himmlischen Geschöpfen, wie zum Beispiel der Schar der Engel, vorzuziehen ist.

Laut Pico erhalten alle anderen Wesen durch den Schöpfungsakt eine feste, unveränderliche Natur und stehen in einer von Gott bestimmten Rangordnung. Hingegen sei der Mensch vom Demiurgen – den Pico *Artifex* und *Optimus opifex* nennt – als letztes Wesen geschaffen worden, damit er dessen Werk beschauen, bewundern und lieben könne. Dabei beruft sich Pico sowohl auf biblische als auch auf antike Quellen: nämlich auf den Schöpfungsbericht der *Genesis* sowie auf den platonischen *Timaios*: »Schon hatte Gottvater, der höchste Baumeister, dieses Haus, die Welt, die wir sehen, als den erhabensten Tempel der Gottheit nach den Gesetzen verborgener Weisheit errichtet. Den Raum über den Himmeln hatte er mit Geistern geschmückt, die Sphären des Äthers mit ewigen Seelen belebt, die kotigen und schmutzigen Teile der unteren Welt mit einer Schar Lebewesen aller Art gefüllt. Aber als das Werk vollendet war, wünschte der Meister, es gäbe jemanden, der die Gesetzmäßigkeit eines so großen Werkes genau erwöge, seine Schönheit liebte und seine Größe bewunderte. Daher dachte er, als schon alle Dinge (wie Moses und Timaios bezeugen) vollendet waren, zuletzt an die Erschaffung des Menschen.«[12]

12 Pico della Mirandola, Giovanni, De hominis dignitate/Über die Würde des Menschen, a.a.O., S. 5.

Nach Pico sah sich der Schöpfergott bei der Erschaffung des Menschen jedoch vor ein schwerwiegendes Problem gestellt. Da es unter den Archetypen, also unter den Urformen und Mustern aller Wesen, keine mehr gab, nach dem er seinen »neuen Sproß« hätte bilden können, vermochte er dem Menschen auch kein *Proprium*, kein eigenes, festgelegtes Bild mehr zuzuweisen: »Alles war bereits voll, alles den oberen, mittleren und unteren Ordnungen zugeteilt. Aber es hätte nicht der väterlichen Allmacht entsprochen, bei der letzten Schöpfung gewissermaßen aus Erschöpfung zu versagen; es hätte nicht seiner Weisheit entsprochen, aus Ratlosigkeit in einer unumgänglichen Angelegenheit unschlüssig zu sein; nicht hätte es seiner wohltätigen Liebe entsprochen, daß der, der die göttliche Großzügigkeit an den anderen loben sollte, gezwungen wäre, sie in bezug auf sich selbst zu verurteilen. Endlich beschloß der höchste Künstler, daß der, dem er nichts Eigenes geben konnte, Anteil habe an allem, was die einzelnen jeweils für sich gehabt hatten. Also war er zufrieden mit dem Menschen als einem Geschöpf von unbestimmter Gestalt ...«[13]

Der Mensch ist demnach in seiner Natur nicht vorbestimmt, sondern besitzt die Möglichkeit, über sich selbst zu entscheiden, frei zwischen Tierheit und Gottheit zu wählen, sich der Begierde hinzugeben oder aber sich zur Gottähnlichkeit zu erheben: »Wenn du nämlich einen Menschen siehst, der seinem Bauch ergeben auf dem Boden kriecht, dann ist das ein Strauch, den du siehst, kein Mensch; wenn einen, der blind in den nichtigen Gaukeleien der Phantasie, wie denen der Kalypso, verfangen, durch verführerische Verlockung betört und seinen Sinnen verfallen ist, so ist das ein Tier, das du siehst, kein Mensch. Wenn einen Philosophen, der in rechter Abwägung alles unterscheidet, kannst du ihn verehren: er ist ein himmlisches Lebewesen, kein irdisches. Wenn du aber einen reinen Betrachter siehst, der von seinem Körper nichts weiß, ins Innere seines Geistes zurückgezogen, so ist der kein irdisches, kein himmlisches Lebewesen; er ist ein erhabenes, mit menschlichem Fleisch umhülltes göttliches Wesen.«[14] Ein Gedankengang, der auf Blaise Pascal vorausdeutet, welcher den Menschen zwi-

13 Ebd.

14 Ebd., S. 9.

schen Tier und Engel ansiedelt, ihm aber die Möglichkeit einräumt, zu höheren Seinsstufen aufzusteigen.

In dieser Freiheit bestünden die Macht und Vortrefflichkeit dieses »Chamäleons« der Schöpfung, das zu den erstaunlichsten Gestaltwandlungen fähig sei. Da der Mensch »keine eigene und angeborene Gestalt, dafür aber viele fremde und von außen kommende« bekommen hätte, ist er für Pico »ein Lebewesen von verschiedenartiger, vielgestaltiger und sprunghafter Natur«.

Aus diesem Grunde, meint Pico, sei der Mensch in den antiken Mysterien in der großen mythischen Figur des Prometheus versinnbildlicht worden. Gott habe den Menschen mit der Fähigkeit ausgestattet, seine Position im Universum frei bestimmen zu können – bis hin zum Aufstieg zur völligen Einheit mit dem höchsten Gott. Das von der biblischen Erbsünde unberührte Gefühl der Griechen für die Herrlichkeit des Menschen, für seine geistigen Fähigkeiten und seine spirituellen Möglichkeiten, erfüllt bei Pico erneut das Herz des Menschen: »Welch unübertreffliche Großmut Gottvaters, welch hohes und bewundernswertes Glück des Menschen! Dem gegeben ist zu haben, was er wünscht, zu sein, was er will. Die Tiere tragen gleich bei ihrer Geburt aus dem Beutel ihrer Mutter, wie Lucilius sagt, mit sich fort, was sie besitzen werden. Die höchsten Geister waren entweder von Anfang an oder bald danach, was sie bis in alle Ewigkeit sein werden. Im Menschen sind bei seiner Geburt von Gottvater vielerlei Samen und Keime für jede Lebensform angelegt; welche ein jeder hegt und pflegt, die werden heranwachsen und ihre Früchte in ihm tragen. Sind es pflanzliche, wird er zur Pflanze, sind es sinnliche, zum Tier werden. Sind es Keime der Vernunft, wird er sich zu einem himmlischen Lebewesen entwickeln; sind es geistige, wird er ein Engel sein und Gottes Sohn. Wenn er sich nun, mit keinem Los der Geschöpfe zufrieden, ins Zentrum seiner Einheit zurückgezogen hat, wird er, ein Geist mit Gott geworden, in der einsamen Dunkelheit des über allem stehenden Vaters alles überragen.«[15]

Zu Gott kann der Mensch nach Pico auf zwei Wegen gelangen: entweder durch das tätige oder aber durch das beschauliche Leben,

15 Ebd., S. 7.

wobei der Philosoph für den Vorrang des letzteren, der *Vita contemplativa* plädiert. Um diesen Weg und Prozeß der Reinigung mittels der Moral und der Philosophie zu veranschaulichen, bedient er sich des biblischen Gleichnisses von der *Jakobsleiter*, die dem Patriarchen Jacob im Traum erschienen war und an der die Engel auf- und niedersteigen: ein mächtiges Symbol der lebendigen Beziehung zwischen Gott und Mensch: »Also wollen auch wir, indem wir auf Erden dem Leben der Cherubim nacheifern, indem wir durch die Morallehre den Drang der Leidenschaften zügeln, durch die Dialektik die Finsternis des Verstandes vertreiben und so gewissermaßen den Schmutz der Unwissenheit und der Laster herauswaschen, unsere Seele reinigen, damit weder die Leidenschaften blindlings wüten noch der unkluge Verstand je zu rasen beginnt. Dann wollen wir unsere wohlgeordnete und geläuterte Seele vom Licht der Naturphilosophie durchfluten lassen, um sie schließlich durch die Erkenntnis der göttlichen Dinge zu vervollkommnen.«[16]

Um die Stufen dieser Himmelsleiter zu erklimmen, bedarf es – so Pico – verschiedener Voraussetzungen: Die Fußwaschung versinnbildlicht dabei die Reinigung des begehrenden Seelenteils, das Händewaschen die Reinigung der Gemütsbewegungen. Zur moralischen Reinheit gesellt sich die Klarheit schaffende Ratio des Menschen: »Denn wenn die Kräfte der Leidenschaften mit Hilfe der Ethik durch die nötige symmetrische Anordnung so auf den Rhythmus ausgerichtet sind, daß sie miteinander in sicherem Einklang harmonieren, und sich die Vernunft mit Hilfe der Dialektik beim Voranschreiten im Takt bewegt, dann werden wir, durch die Verzückung der Musen erregt, die himmlische Harmonie förmlich einsaugen.«[17] Der gelungene Aufstieg endet schließlich mit der sogenannten *Epopteia*, das heißt der beschauenden Vision der göttlichen Dinge: einem gleichsam ekstatischen, größte Seligkeit bereitenden Zustand.

Die Idee, daß die Philosophie zur glückseligen Schau Gottes führt, fand Pico bei Moses, Zoroaster und Pythagoras, bei den großen Philosophen, wie etwa Platon und Aristoteles, und in den

---

16 Ebd., S. 15.

17 Ebd., S. 25.

alten mystischen Lehren, das heißt im Delphischen Orakel, in den Chaldäischen Orakeln und in der jüdischen Kabbala.

Hiermit rechtfertigt Pico auch seine Liebe und Hingabe zur Philosophie, deren Methode die *Wissenschaft von den Zahlen* sein soll. Diese ist aber nicht einfach eine Technik der Berechnung und des Kalküls, vielmehr Zahlenmetaphysik nach der Art von Pythagoras und Platon, die sich in der *Magie* beziehungsweise *Theurgie*, der magischen Götterbeschwörung, vollendet als dem höheren Wesen, das auf den Verkehr mit himmlischen Geistern gründet und sich von der sogenannten *Goetheia* unterscheidet, die in Beziehung zu Dämonen steht und verwerflich ist. Scharf trennt Pico deshalb zwischen der weißen und der diabolischen schwarzen Magie: »Ich habe ebenfalls Lehrsätze zur Magie vorgeschlagen, in denen ich gezeigt habe, daß es eine doppelte Magie gibt. Die eine beruht auf dem Werk und Einfluß von Dämonen, eine bei Gott fluchwürdige und abscheuliche Sache. Die andere ist, wenn man sie auf dem rechten Weg verfolgt, nichts anderes als die absolute Vollendung der Naturphilosophie. (...) Die erste wird nicht nur von der christlichen Religion, sondern allen Gesetzen, jedem Staat mit guter Verfassung verurteilt und verdammt. Die zweite heißen alle Weisen, alle Völker, die sich um die himmlischen und göttlichen Dinge bemühen, willkommen und widmen sich ihr. Jene ist die betrügerischste aller Künste, diese ist sicher, zuverlässig und unerschütterlich.«[18]

Trotzdem rührt die eigentliche Bedeutung der Rede Picos weniger von ihrem philosophisch-synkretistischen Gesamtrahmen als von der Würdigung des Menschen her, die der Philosoph daraus gewinnt. In dem Bild oder der Vision des Menschen, der von Gott in die Möglichkeiten und Gefahren der Autonomie freigesetzt worden ist, finden die weltlichen Impulse der humanistischen Bildung und die Betonung der Vorherrschaft und Einzigartigkeit des Menschen eine grundlegende Gestalt, durch die Pico weit über das Zeitalter der Renaissance hinauswirkt.

Nach thematisch ähnlich gelagerten Abhandlungen von Bartolomeo Facio (*De excellentia et praestantia hominis* = Über die Erhabenheit und Vortrefflichkeit des Menschen, 1447) und Gian-

---

18 Ebd., S. 51 f.

nozzo Manetti (*De dignitate et excellentia hominis* = Über die Würde und Erhabenheit des Menschen, 1452) stellt Picos Rede *Über die Würde des Menschen* – die wegen ihres kunst- und ausdrucksvollen Stils, aber auch aufgrund ihres Reichtums an Bildern, Metaphern und Anspielungen zu Recht als sein literarisches Meisterwerk gilt – den Kulminationspunkt in der Verherrlichung des Menschen als Mikrokosmos dar. In ihr setzt Pico die humanistische Lehre vom Menschen gegen die mittelalterliche Tradition – vor allem gegen die biblisch geprägte pessimistische *Miseria-hominis*-Literatur, die nur das Elend und die Gebrechen des Menschen hervorhob – deutlich ab. Denn mit der Aufhebung des mittelalterlichen Ordo-Gedankens steht der neugewonnene *Homo faber*, als Handwerker und tätiges Wesen, außerhalb der Hierarchie des Seienden. Seine freiheitliche Subjektivität tritt als eigener Kosmos der Welt selbstbewußt gegenüber.

Ausgehend von der antiken Konzeption der drei Welten beziehungsweise Regionen – nämlich der intelligiblen, der himmlischen und der sublunaren oder materiellen Welt – bildet der Mensch für Pico eine eigene vierte Welt, die alle Naturen aller Welten in sich vereinigt und deren Kennzeichen die bedingungslose Freiheit ist. Dabei unterscheidet der Pico-Exeget Engelbert Monnerjahn insgesamt drei Elemente der menschlichen Freiheit im Sinne Picos, nämlich die Unbestimmtheit, die Freiheit der Wahl sowie das menschliche Schöpfertum: »Was der Mensch Gott verdankt, ist nur der Anfang. Das Dasein wurde ihm vom Schöpfer gegeben. Sein Wesen jedoch wurde im Akt seiner Erschaffung noch nicht festgelegt. Das Geschöpf, das aus Gottes Hand hervorging, ist nicht fertig; es ist gleichsam nur Materie, ungestalteter Stoff, der noch geformt werden muß. (…) Eine Fülle von Möglichkeiten steht ihm offen. Im Menschen ruht, vom Schöpfer in ihn hineingelegt, eine Vielfalt von Anlagen (…) Der Mensch ist Summe und Synthese des Universums der Anlage nach. Weil er nur ›Samenkörner‹ und ›Keime eines allartigen Lebens‹ in sich trägt und nicht von vornherein auf eine bestimmte Existenz festgelegt ist, darum ist er frei und Herr seines Schicksals. (…) Der Mensch besitzt die Freiheit der Wahl. Was er konkret wird, welche Richtung er einschlägt, ist ganz und gar ihm überlassen. (…) Da der Mensch vom Schöpfer nur angefangen wurde, formt er sich zum Voll-Menschen, zur vollendeten, seiner Bestimmung entsprechenden Person selbst durch eigenen Willensvollzug. So wird er zum Gestalter und Bildner seiner selbst.«[19]

Aufs engste verbunden mit Picos revolutionärer Freiheitslehre, wie sie in seiner *Oratio* zum Ausdruck kommt, sind seine sogenannten *Erörterungen gegen die seherische* – beziehungsweise *weissagende – Astrologie*, die unter dem Titel *Disputationes adversus astrologiam divinatricem* 1496 postum publiziert wurden: Das berühmteste und stoffreichste Werk, das jemals zur Verteidigung der menschlichen Willensfreiheit gegen die fatalistische Lehre von der Allmacht der Gestirneinflüsse geschrieben worden ist. Darin führt Pico mit äußerster Gelehrsamkeit alle damals bekannten astrologischen Schulen auf – von den Chaldäern über die Ägypter zu den Arabern, von Petosiris zu Ptolomäus, von Albumasar zu Manilius –, widersetzt sich aber der in seiner Zeit weit verbreiteten Vorliebe für die Astrologie. In offener Polemik zu vielen seiner astrologiegläubigen Humanistenfreunde – wie Pontano oder Ficino – bekennt sich Pico zu einem entschiedenen, für die damalige Zeit ungewöhnlichen Skeptizismus. So führte zum Beispiel noch Ficino sein melancholisches Temperament, seine psychischen Depressionen und zeitweiligen Schreibhemmungen auf die ungute Planeten-Stellung – auf die Konjunktion von Saturn und Aszendent – in seinem Geburtshoroskop zurück!

Das pathetische Vorwort zu Picos anti-astrologischem Traktat, das den »Liebhabern der Wahrheit« gewidmet ist, stammt von Picos Neffen Gian Francesco, dem Savonarola-Jünger und Freund Zwinglis: »(Picos Schrift hat) den unseligen Baum der Astrologie von der Wurzel bis zum Stamm, vom Stamm bis zu den Zweigen, von den Zweigen bis zu den Blättern mit dem glühendsten Feuer der wahren Philosophie und der wahren Theologie mit eigenen Erfindungen seines unvergleichlichen Geistes bis zum Grunde ausgebrannt.«[20]

---

19 Monnerjahn, Engelbert, Giovanni Pico della Mirandola. Ein Beitrag zur philosophischen Theologie des italienischen Humanismus, Wiesbaden 1960, S. 27ff.

20 Pico della Mirandola, Gian Francesco, Vorwort zu Pico della Mirandolas »Disputationes in Astrologiam«, zitiert nach: Richard Walter Remé, Darstellung des Inhalts der »Disputaiones in Astrologiam« des Pico della Mirandola (Buch I–III) und historisch-kritische Untersuchung, a.a.O., S. 14.

Die in zwölf Büchern konzipierte Absage an die Astrologie ist Picos letztes und umfangreichstes Werk, das darüber hinaus die mächtigste Wirkung auf seine Zeitgenossen ausübte. Nach Jacob Burckhard machte Pico durch seine berühmte Widerlegung in dieser Frage »wahrhaft Epoche«, zumal das »Gift« der Astrologie in der Renaissance Städtegründungen, politische und militärische Aktionen, ja selbst die Handlungen des päpstlichen Stuhls durchdrang: »(Pico) weist im Sternenglauben eine Wurzel aller Gottlosigkeit und Unsittlichkeit nach; wenn der Astrologe an irgend etwas glauben wolle, so müsse er am ehesten die Planeten als Götter verehren, indem ja von ihnen alles Glück und Unheil hergeleitet werde; auch aller übrige Aberglaube finde hier ein bereitwilliges Organ, indem Geomantie, Chiromantie und Zauber jeder Art für die Wahl der Stunde sich zunächst an die Astrologie wendeten. In betreff der Sitten sagt er: eine größere Förderung für das Böse gäbe es gar nicht, als wenn der Himmel selbst als Urheber desselben erscheine, dann müsse auch der Glaube an ewige Seligkeit und Verdammnis völlig schwinden. Pico hat sich sogar die Mühe gemacht, auf empirischem Wege die Astrologen zu kontrollieren; von ihren Wetterprophezeiungen für die Tage eines Monats fand er drei Viertel falsch. Die Hauptsache aber war, daß er (im IV. Buche) eine positive christliche Theorie über Weltregierung und Willensfreiheit vortrug, welche auf die Gebildeten der ganzen Nation einen größeren Eindruck gemacht zu haben scheint als alle Bußpredigten, von welchen diese Leute oft nicht mehr erreicht wurden. Vor allem verleidet er den Astrologen die weitere Publikation ihrer Lehrgebäude ...«[21]

Entgegen seiner früheren Begeisterung für esoterische Lehren nimmt Pico hier von der heidnischen Weisheit und der hermetischen Tradition eindeutig Abstand, widerlegt die »verkehrte Astrologie« kenntnisreich und detailliert und bekundet seine starke Bindung an die christliche Offenbarung. Den vermessenen Anspruch der Astrologie, durch die Deutung der Gestirne das Schicksal des Menschen voraussagen zu können, kritisiert Pico als illusorisch. Er verurteilt ihre lähmende, fatalistische Wirkung auf den menschlichen Willen und das tätige Leben. Die astrologische

---

21 Burckhard, Jacob, Die Kultur der Renaissance in Italien, a.a.O., S. 490f.

»Kunst« beruht für Pico auf einem dem Menschen angeborenen Laster der Neugier, einer allzu großen Liebe zu sich selbst, die das Schädliche und Nützliche der Zukunft abwenden beziehungsweise anziehen möchte, und veranlaßt, da mit blinder Begier zu suchen, wo nichts zu finden ist.

Zwar glaubt Pico an einen universalen Zusammenhang der himmlischen und irdischen Dinge (»wie oben, so unten«), doch auf der Grundlage seiner These von der Zentral- und zugleich Sonderstellung des Menschen im Kosmos bringt er das bereits neuzeitlich anmutende Prinzip zur Geltung, daß die Möglichkeit der menschlichen Erkenntnis zunächst auf die »nächstliegenden Ursachen« beschränkt sei. Was nichts Geringeres darstellt, als jenen Begriff der *Vera causa*, der wahren Ursache also, an den Kepler und Newton anknüpfen und auf den sich die Grundauffassung der wissenschaftlichen Induktionsmethode bis heute stützt.

Im Gegensatz zu der sonst von Pico aus dem Neuplatonismus tradierten Anwendung und Deutung von Mythen läßt er in seiner Streitschrift gegen die Astrologie einen eigentümlichen antimythischen Rationalismus erkennen. Pico betont die mathematische Himmelsberechnung und die enorme Sternenentfernung von der Erde. Hingegen verwirft er die Vorstellung von den willkürlich zu astrologischen Tierkreiszeichen angeordneten Himmelskonstellationen, in denen er lediglich menschliche Projektionen, pure Phantasiegebilde erkennt. »Leicht wird man glauben können, in einem so erhabenen und lichtvollen Schauspiel müsse man alles auf das Wahrste voraussehen können. Aber sobald man aufmerksamer betrachtet, sieht man, daß sich dieser Spiegel in so erhabener Höhe befindet, daß die Bilder der irdischen Dinge nicht dorthin aufsteigen und angesichts dieser Lichterfülltheit unsere Schwäche mit Dunkelheit bedeckt ist. Tritt man vollends ganz nah heran, so wird man die für Himmelsverhältnisse schmachvollsten Gestalten in jenen Mantel gehüllt erblicken, und Gestirne in Tiere verwandelt und den Himmel voller Märchen ...«[22]

---

22 Pico della Mirandola, »Disputationes in Astrologiam«, zitiert nach: Richard Walter Remé, Darstellung des Inhalts der »Disputationes in Astrologiam des Pico della Mirandola (Buch I–III) und historisch-kritische Untersuchung, a.a.O., S. 15.

Vom Menschen verlangt Pico, zusammenfassend gesagt, statt des astrologischen Scheinwissens, das seine Freiheit und Würde zu zerstören droht, einen höheren Verantwortungssinn, wie Ernst Cassirer in seinem *Individuum und Kosmos* betitelten Buch über den Renaissance-Philosophen Pico bemerkt: »Der Bannkreis der Astrologie ist hier mit einem Schlage gebrochen. (…) Wenn Pico in seiner Metaphysik, in seiner Theologie, in seiner Naturphilosophie noch durch unzerreißbare Bande mit der Vergangenheit verknüpft ist, so ist er in der Ethik zu einem der ersten Verkünder und Bahnbrecher des echten Renaissancegeistes geworden. Und auf diesem Fundament der ethischen Humanität baut auch seine Schrift gegen die Astrologie auf. Der Gedanke, der Picos Rede über die ›Würde des Menschen‹ beherrschte, findet in dieser Schrift seinen vollen und reinen Ausklang.«[23]

Picos Werk erschien kurz vor dem großen Aufblühen der Astrologie im 16. Jahrhundert, und selbst die vehementesten Verfechter der wiederentdeckten astrologischen Weisheit, wie zum Beispiel der große Johannes Kepler, erkannten die Bedeutung von Picos Widerlegung oder modifizierten zumindest ihre bisherigen Ansichten. Von modernen Wissenschaftsgeschichtlern wird Picos Traktat bis heute als Meilenstein im Kampf der Wissenschaft gegen den Aberglauben gepriesen, wie unter anderen Paul Oscar Kristeller unterstreicht. »Tatsächlich stellt Pico fest, daß die Sterne auf die sublunaren Dinge nur durch ihr Licht und ihre Wärme einwirken und nicht durch irgendwelche anderen okkulten Eigenschaften, die man ihnen beilegen möchte.«[24] Mit dieser Anschauung dringt Pico tatsächlich bis an das Tor der modernen Naturwissenschaft und des neuzeitlichen Materialismus, der die Dinge aufgrund ihrer eigenen Prinzipien erklären will.

Trotzdem darf nicht übersehen werden, daß der grundlegende Impuls von Picos vehementem Angriff auf die Astrologie eher ein religiös-ethischer als ein naturwissenschaftlicher war. Zumal sein Haupteinwand gegen die Astrologie gerade darin besteht, daß die

---

23 Cassirer, Ernst, Individuum und Kosmos in der Philosophie der Renaissance, Darmstadt 1963, S. 121 f.

24 Kristeller, Oscar, Pico, in: ders., Acht Philosophen der italienischen Renaissance. Petrarca, Valla, Ficino, Pico, Pomponazzi, Telesio, Patrizi, Bruno, übersetzt von Elisabeth Blum, Weinheim 1986, S. 58.

Sterne Körper und wir, die Menschen, Geistwesen seien und man mithin unmöglich zugeben könne, daß ein körperliches, also niedrigeres Sein, auf unser höheres Selbst einwirken und seine Freiheit einschränken könne. Mit den Worten Ernst Cassirers: »Das Pathos, das (Picos) Schrift gegen die Astrologie beseelt, ist seinem eigentlichen Ursprung nach nicht sowohl gedankliches als ethisches Pathos. Es ist die Grundanschauung seines ethischen Spiritualismus, die er der Astrologie immer wieder entgegenstellt. Die Astrologie annehmen, heißt nicht sowohl die Seinsordnung als vielmehr die Wertordnung der Dinge verkehren – heißt die ›Materie‹ über den ›Geist‹ erklären. (...) So sind es nicht in erster Linie empirisch-naturwissenschaftliche Gründe, so sind es nicht die neuen Methoden der Beobachtung und der mathematischen Rechnung gewesen, die das astrologische Weltbild überwunden haben. Der entscheidende Schlag war gefallen, ehe diese Methoden ihre volle Ausbildung erfahren hatten. Nicht die Anschauung der Natur, sondern die neue Anschauung vom Selbstwert des Menschen war das eigentliche Motiv der Befreiung. Die Kraft der ›Fortuna‹ tritt die Kraft der ›virtus‹, dem Schicksal tritt der seiner selbst gewisse und sich selbst vertrauende Wille gegenüber. Das, was im eigentlichen und wahrhaftesten Sinne als das Geschick des Menschen zu bezeichnen ist: das fließt ihm nicht von oben, von den Sternen herab, sondern es steigt aus den letzten Tiefen seines Inneren empor. Wir selbst sind es, die die Fortuna zur Göttin machen und sie an den Himmel anheften, während in Wahrheit das Schicksal die ›Tochter der Seele‹ ist.«[25]

Pico ist bestrebt, dem Himmel und der Erde ihre besondere Würde zu wahren, das heißt auch die obere Welt sich selbst zu überlassen und sich dem Unteren zuzuwenden. Für ihn hat alles, was auf der Erde geschieht, seine Wurzel dort und nicht im Himmel. Zwar sind die Gestirne Mitgeschöpfe und als Körperwesen sogar unendlich vollkommener als irdische Leiber. Aber in der Seele des Menschen ist eine Seinsstufe erreicht, die in keinerlei Verhältnis zum Himmel steht. Sie stellt vielmehr einen Bereich für sich dar, der in sich selbst das himmlische Sein weit überragt. Doch hören wir Pico selbst: »Ich leugne, daß irgend etwas auf der Erde

---

25 Cassirer, Ernst, Individuum und Kosmos in der Philosophie der Renaissance, a.a.O., S. 124ff.

so gewaltiges geschehe oder erscheine, daß es den Himmel zu seinem Urheber verdient. Denn wohl sind die Wunder der Seele (...) größer als der Himmel, die des Schicksals aber und des Körpers, wie groß sie auch sind, erweisen sich als nichts, mit dem Himmel verglichen. Nichts ist groß im irdischen Bereich als der Mensch, nichts ist groß im Menschen als Seele und Geist, erhebst du dich in ihrem Bereich, so überschreitest du den Himmel, sinkst du aber in den Umkreis der Körperlichkeit und blickst auf zum Himmel, so siehst du dich als Fliege und weniger als das.«[26]

In der Grundüberzeugung, daß der Mensch selbst die Fähigkeit besitzt, sein Schicksal, ja sein Wesen zu gestalten, wurzelt somit nicht nur Picos Rede über die menschliche Würde, sondern auch sein anti-astrologischer Traktat. Mit letzterem scheint das mittelalterliche Denken, wie es sich etwa bei Thomas von Aquin äußert, demzufolge die Himmelskörper noch die Ursache aller Geschehnisse auf Erden sind, ein für allemal überwunden zu sein.

Picos revolutionärem Gesamtwerk wurde bereits früh in verschiedenen europäischen Ländern großes Interesse entgegengebracht, wenngleich bis heute eine zusammenfassende Darstellung der Rezeption Picos fehlt. Ein merkwürdiges Paradoxon, auf das unter anderem Heinrich Reinhardt in seinem Pico-Buch *Freiheit zu Gott* hinweist: »Giovanni Pico della Mirandola ist zweifellos ein gut erforschter Autor. Seine Stellung in der italienischen und europäischen Geistesgeschichte ließe kaum eine andere Sachlage zu. Doch gleichzeitig ist auch der entgegengesetzte Befund richtig: Giovanni Pico ist, was seine spezifisch denkerische Leistung, seine Bedeutung als Systematiker angeht, ein gänzlich unerforschter Autor.«[27]

In Italien hat Tomaso Campanella, der Autor des utopischen *Sonnenstaates,* Picos *Dignitates*-Begriff in einer Kanzone erneuert: Darin beherrscht der nach dem Ebenbild Gottes erschaffene

---

26 Pico della Mirandola, »Disputationes in Astrologiam«, zitiert nach: Richard Walter Remé, Darstellung des Inhalts der »Disputationes in Astrologiam« des Pico della Mirandola (Buch I–III) und historisch-kritische Untersuchung, a.a.O., S. 56.

27 Reinhardt, Heinrich, Freiheit zu Gott. Der Grundgedanke des Systematikers Giovanni Pico della Mirandola (1463–1494), Weinheim 1989, S. 1.

Mensch die Erde und erhebt sich zu Gott. Campanellas Gedicht schließt mit der Aufforderung, an den Menschen zu denken, denn kraft seines Denkens sei der Mensch ein Gott gleicher schöpferischer Geist.

Außerhalb Italiens ist Picos Einfluß in Frankreich am stärksten gewesen. Und zwar einerseits wegen seines zweimaligen Aufenthalts und seiner persönlichen Beziehungen zu prominenten Vertretern des französischen Geisteslebens; andererseits aufgrund der allgemeinen Aufgeschlossenheit der französischen Intellektuellen gegenüber der Geisteskultur der italienischen Renaissance.

Eine originelle Weiterentwicklung erfuhr Picos Menschenbild durch den Philosophen Charles Bovilles, einen der tiefsinnigsten Denker der Renaissance, wie August Buck, der jüngste Herausgeber von Picos Rede über die Menschenwürde, weiß: »Der Weise – so argumentiert (Bovilles) in seinem *Liber de sapiente* – zeichnet sich dadurch aus, daß er sich in die Lage versetzt, sich selbst und die Welt zu erkennen, der er ›als ihr höchstes Auge‹ gegenübersteht. Wie Prometheus den von ihm aus Ton erschaffenen Menschen durch das den Göttern geraubte Feuer belebte, so bringt der Weise, der mittels der Meditation in den Himmel steigt, von dort das Feuer der Weisheit auf die Erde und ist nun imstande, die Welt zu durchdenken und ihr damit zu ihrem wahren Sein zu verhelfen. Die Welt, die vor ihrer Erschaffung Gedanke Gottes war, vollendet sich im Menschen, wo sie wieder Gedanke wird. Damit erhält der Mensch eine Funktion, die der Gottes analog ist, und zugleich den höchsten Rang, den ihm die Renaissance zugebilligt hat.«[28]

In England wurde Pico durch die Vermittlung englischer Humanisten bekannt, die sich am Ausgang des 15. Jahrhunderts in Italien aufhielten. Unter Picos Einfluß stand zum Beispiel Thomas Morus, der sich Picos theologischen Meinungen verwandt fühlte und in ihm das Ideal eines frommen Laien verkörpert sah. Zu den späteren englischen Autoren, die auf Pico zurückgriffen und sich wiederholt auf ihn beriefen, gehört auch Robert Burton, der Verfasser der viel gelesenen *Anatomy of Melancholy* von 1621.

---

28 Buck, August, Einleitung, in: Giovanni Pico della Mirandola, De hominis dignitate/Über die Würde des Menschen, a.a.O., S. XXIV.

Über Morus ist auch der Erzhumanist Erasmus von Rotterdam zu Pico gekommen, den er mehrfach in seinen Briefen erwähnt und ihn aufgrund der »fast göttlichen Fruchtbarkeit seines Geistes« zu den größten Autoritäten unter den Modernen zählt, die im Wetteifer mit der Antike mehr als einen ihrer Vertreter übertroffen haben.

Ein überzeugter Anhänger des Erasmus, der in den Niederlanden lebende größte spanische Humanist Juan Luis Vives, hat nach dem Vorbild von Picos *Oratio* im Jahre 1518 eine *Fabula de homine* verfaßt, deren Inhalt August Buck wie folgt resümiert: »In einer erfundenen mythologischen Erzählung agiert der Mensch als Schauspieler in wechselnden Rollen auf der Welt als Bühne vor den zuschauenden Göttern. Er ist das Ebenbild des höchsten Gottes und besitzt die schöpferische Freiheit, jede gewünschte Gestalt anzunehmen; eine Wandlungsfähigkeit, die Vives mit den von Pico gebrauchten Vergleichen (Chamäleon, Proteus) veranschaulicht. Indem Jupiter den Menschen in Anerkennung seiner bewundernswerten Leistungen dazu einlädt, an der Tafel der Götter Platz zu nehmen, vollzieht er symbolisch die Vergottung des Menschen als die höchste Steigerung der *hominis dignitas*, wie sie Vives aus Picos *Oratio* kannte.«[29]

Doch auch nach der Glaubensspaltung blieb das Interesse für Pico lebendig, wie die Reformatoren Ulrich Zwingli und Philipp Melanchthon bezeugen, die sich eingehend mit dem Renaissance-Philosophen auseinandersetzten. Und der Pico-Forscher Engelbert Monnerjahn unterstreicht die generell emanzipatorische Wirkung dieses Renaissance-Gelehrten in Glaubenssachen: »Pico della Mirandola stellte die absolute Norm der Kirche in Frage, nicht einmal so sehr durch seinen offenen Konflikt mit der Kirche, als durch sein Denken überhaupt. Er förderte eine Denkweise, die von der Autorität der Kirche hinwegführte. Der Mensch, den er verkündigte, war ein religiöser, ein christlicher, aber ein a-kirchlicher Mensch. Das Christentum, das Pico darstellte, war a-dogmatisch und a-sakramental. (...) Luther selbst übertrug, als er sich, den einzelnen Theologen, zum kompetenten Interpreten der Heiligen Schrift machte und sich über das kirchliche Lehramt

[29] Ebd., S. XXVI.

stellte, mit äußerster Konsequenz in die Tat, was bei Pico Literatur geblieben war. Luther ist der ausgeprägteste und folgerichtig handelnde Vertreter der individualistisch-subjektivistischen Geisteshaltung, wie sie vor ihm in Pico lebte.«[30]

Picos latenter Einfluß läßt sich bis ins 19. und 20. Jahrhundert verfolgen: So blieb seine Rede über die freie Selbstbestimmung des Menschen auch Friedrich Nietzsche nicht verborgen, der die Schrift wahrscheinlich durch die Vermittlung Burckhardts kannte. Trotz aller nicht zu leugnenden Unterschiede darf mithin Nietzsche als ein später Erbe der Picoschen Anthropologie gelten.

Desgleichen scheint es legitim, von Picos moderner Freiheitslehre einen weiten Bogen zu Jean-Paul Sartres Existentialismus zu schlagen, der in seiner *Kritik der dialektischen Vernunft* bekanntlich von der Verurteilung des Menschen zur Freiheit sprach. Obgleich Sartre im Gegensatz zu Pico ein erklärter Atheist war, betrachtet auch er den Menschen als ein freies Wesen, dessen Seinsmöglichkeiten nicht im vorhinein festgelegt sind. Der Mensch muß sich vielmehr in beständiger Neuschöpfung zu dem machen, was er ist, er muß sich ständig neu entwerfen. Und so lesen wir in Sartres philosophischem Hauptwerk *Das Sein und das Nichts. Versuch einer phänomenologischen Ontologie:* »Die erste Bedingung der Tätigkeit ist die Freiheit. (...) Das freie Sichentwerfen ist grundlegend, denn es ist mein Sein. (...) der grundlegende Entwurf, der ich bin, ist ein Entwurf, der nicht meine Zusammenhänge mit diesem oder jenem besonderen Gegenstand der Welt betrifft, sondern mein In-der-Welt-Sein als Ganzheit (...). Ich erwähle mich fortwährend (...), weil wir ganz und gar Wählen und Handeln sind ...«[31]

Selbstredend fanden Picos bahnbrechende Gedankengänge zur Freiheit des Menschen auch durch die moderne katholische Theologie eine beachtenswerte Bestätigung, wie ein Abschnitt mit dem Titel *Die hohe Bedeutung der Freiheit* aus dem II. Vatikanischen Konzil belegt: »Aber nur frei kann der Mensch sich zum Guten

---

30 Monnerjahn, Engelbert, Giovanni Pico della Mirandola. Ein Beitrag zur philosophischen Theologie des italienischen Humanismus, a.a.O., S. 194ff.

31 Sartre, Jean-Paul, Das Sein und das Nichts. Versuch einer phänomenologischen Ontologie, Hamburg 1982, S. 552ff.

hinwenden. Und diese Freiheit schätzen unsere Zeitgenossen hoch und erstreben sie leidenschaftlich. Mit Recht. Oft jedoch vertreten sie sie in verkehrter Weise, als Berechtigung, alles zu tun, wenn es nur gefällt, auch das Böse. Die wahre Freiheit aber ist ein erhabenes Kennzeichen des Bildes Gottes im Menschen: Gott wollte nämlich den Menschen ›in der Hand seines Entschlusses lassen‹, so daß er seinen Schöpfer aus eigenem Entscheid suche und frei zur vollen und seligen Vollendung in Einheit mit Gott gelange. Die Würde des Menschen verlangt daher, daß er in bewußter und freier Wahl handle, das heißt personal, von innen her bewegt und geführt und nicht unter blindem innerem Drang oder unter bloßem äußeren Zwang.«[32]

Den geistesgeschichtlichen Standort und die Bedeutung Picos für die Nachwelt auf den Punkt bringend, stellt Stéphane Toussaint in der jüngsten Publikation zu diesem Renaissance-Gelehrten fest: »Eine geniale Persönlichkeit des Quattrocento, die viele Züge des weisen Magiers der Renaissance mit einschließt, ragt Pico heraus durch seine Sicht des Ideals der Philosophie als Suche nach den verborgenen Ursachen, als Verwirklichung und Befreiung des Menschen. Er gehört sicherlich zu den ersten abendländischen Philosophen, die eine ›neue Philosophie‹ jenseits der Kanones der scholastischen Tradition anstrebten, wenngleich er diese in ihrer ganzen Komplexität auffaßt. (…) Überdies macht seine ans Wunderbare grenzende Aufnahmefähigkeit Pico zu einem Vorläufer des Enzyklopädismus, während seine ebenso bewundernswerte Fertigkeit im dialektischen Anordnen der Lehrmeinungen ihm (…) den ersten Platz unter den Erfindern einer ›Philosophia perennis‹ sichern. Als authentischer metaphysischer Geist zeichnet sich Pico durch die Formulierung eines Ideals aus: der fundamentalen Einheit alles menschlichen Wissens.«[33] Darüber hinaus darf Pico in philosophiehistorischer Perspektive zu-

32 II. Vatikanisches Konzil, Gaudium et Spes. Die hohe Bedeutung der Freiheit, zitiert nach: Walter Andreas Euler, »Pia philosophia« et »docta religio«, a.a.O., S. 106.

33 Toussaint, Stéphane, Giovanni Pico della Mirandola (1463–1494). Synthetische Aussöhnung aller Philosophien, in: Paul Richard Blum (Hg.), Philosophen der Renaissance. Eine Einführung, Darmstadt 1999, S. 74 f.

mindest als »sanfter Revolutionär« gelten, der mit seinen Schriften das geistige Fundament für Generationen von Denkern legte. Vor allem der Begriff der »Menschenwürde«, bis heute wesentlicher Bestandteil zahlreicher Verfassungen und universaler Menschenrechtskonventionen, erfuhr durch diesen Renaissance-Gelehrten eine folgenreiche, nicht hoch genug zu veranschlagende Neubestimmung und Qualität.

Literaturhinweise

Pico della Mirandola, Giovanni, De hominis dignitate/Über die Würde des Menschen, übersetzt von Norbert Baumgarten, herausgegeben und eingeleitet von August Buck, lateinisch-deutsch, Hamburg 1990.

Remé, Richard Walter, Darstellung des Inhalts der »Disputationes in Astrologiam« des Pico della Mirandola (Buch I–III) und historisch-kritische Untersuchung, Dissertation, Hamburg 1933.

Monnerjahn, Engelbert, Giovanni Pico della Mirnadola. Ein Beitrag zur philosophischen Theologie des italienischen Humanismus, Wiesbaden 1960.

Cassirer, Ernst, Individuum und Kosmos in der Philosophie der Renaissance, Darmstadt 1963.

Burckhardt, Jacob, Die Kultur der Renaissance in Italien. Ein Versuch, durchgesehen von Walter Goetz, Stuttgart 1976.

Kristeller, Oscar, Pico, in: ders., Acht Philosophen der italienischen Renaissance. Petrarca, Valla, Ficino, Pico, Pomponazzi, Telesio, Patrizi, Bruno, übersetzt von Elisabeth Blum, Weinheim 1986.

Reinhardt, Heinrich, Freiheit zu Gott. Der Grundgedanke des Systematikers Giovanni Pico della Mirandola (1463–1494), Weinheim 1989.

Buck, August, Einleitung, in: Giovanni Pico della Mirandola, De hominis dignitate/Über die Würde des Menschen, herausgegeben und eingeleitet von August Buck, lateinisch-deutsch, Hamburg 1990.

Euler, Walter Andreas, »Pia philosophia« et »docta religio«. Theologie und Religion bei Marsilio Ficino und Giovanni Pico della Mirandola, München 1998.

Paetzold, Heinz, Skizze der philosophischen Anthropologie in der Geschichte, in: Ekkehard Martens/Herbert Schnädelbach (Hg.), Philosophie. Ein Grundkurs, Band 2, Reinbek bei Hamburg 1998.

Toussaint, Stéphane, Giovanni Pico della Mirandola (1463–1494). Synthetische Aussöhnung aller Philosophien, in: Paul Richard Blum (Hg.), Philosophen der Renaissance. Eine Einführung, Darmstadt 1999.

Spierling, Volker, Giovanni Pico della Mirandola: »Wir sind unter der Bedingung geboren, das zu sein, was wir wollen«, in: ders., Kleine Geschichte der Philosophie. 50 Porträts von der Antike bis zur Gegenwart, München/Zürich 2000.

II. Julien Offray de La Mettrie oder Das maschinelle Glück

> *»Genießen und genießen lassen,*
> *ohne sich noch sonst jemandem zu schaden –*
> *das ist die ganze Moral.«*
>
> Chamfort, Maximes et anecdotes

Der vernunftorientierte Humanismus der Aufklärung forderte bekanntlich neben individueller Selbstbestimmung auch die größtmögliche Toleranz gegenüber Andersdenkenden und Andersgläubigen. Ironischerweise wurden diese hehren Prinzipien aber gerade seitens ihrer leidenschaftlichsten Verfechter immer wieder völlig bedenken- und gewissenlos durchbrochen und somit *ad absurdum* geführt. Doch liegt es – jenseits jeder postum diagnostizierten *Dialektik der Aufklärung* – nicht in der psychologischen Natur des Menschen selbst begründet, wie Friedrich Nietzsche in seiner *Morgenröte* mutmaßte, »den Gleichdenkenden (stets) höher zu achten als den Andersdenkenden« ...? Führt weniger Achtung nicht allzu häufig zu handfester Verachtung? So denunzierte Denis Diderot, immerhin eine Galionsfigur des *Siècle des lumières*, einen kongenialen Mitstreiter auf folgenschwere Art und Weise: »La Mettrie, sittenlos und schamlos, ein Narr und ein Schmeichler, war wie geschaffen für das Hofleben und die Gunst der Großen. Er ist gestorben, wie er sterben mußte: als Opfer seiner Maßlosigkeit und seiner Verrücktheit. Aus Unfähigkeit in der Kunst seines Berufes tötete er sich selbst. Dieses Urteil ist streng, aber gerecht, und es war schwer, dem Verteidiger des Lasters und dem Lästerer der Tugend gegenüber Maß zu halten. Ich erkenne den Titel eines Philosophen nur demjenigen zu, der sich stets bemüht, die Wahrheit zu suchen und die Tugend zu üben. Wenn ich einen in seinen Sitten und Anschauungen so verdorbenen Menschen aus der Gemeinde der Philosophen ausschließe: darf ich dann wirklich hoffen, daß die Feinde der Philosophie endlich schweigen werden? Nein!«[1]

---

1 Diderot, Denis, Seneca-Essay, zitiert nach: La Mettrie, Über das Glück

Diderots vernichtendes Verdikt über den französischen Arzt, Philosophen und Satiriker *Julien Offray de La Mettrie* (1709–1751) hält sich hartnäckig bis in unsere Tage, stigmatisiert diesen eminenten Querdenker, dessen skandalöser Ruf schon immer weiter verbreitet war als die tatsächliche Vertrautheit mit seinen Schriften, als Unperson und geistigen Paria. Dabei assoziiert man den Namen La Mettrie vor allem mit seiner berühmt-berüchtigten Kampfschrift *L'homme machine* (Die Maschine Mensch) von 1748. In ihr entwickelte der atheistische Aufklärer, der mehrmals ins Exil gehen mußte und dessen Bücher öffentlich verbrannt wurden, das allenthalben schockierende Bild des auf seine mechanischen Funktionsabläufe reduzierten Menschen und begründete damit – auf den nüchternen Erkenntnissen der neuen Wissenschaften (Galilei, Newton) fußend – eine radikal materialistische Anthropologie und Antimetaphysik: »Der menschliche Körper ist eine Maschine, die selbst ihre Triebfedern aufzieht – ein lebendes Abbild der ewigen Bewegung (...), ein Uhrwerk (...) Die Seele ist also ein leerer Begriff, von dem man keinerlei Vorstellung hat und den ein kluger Kopf nur gebrauchen darf, um den Teil zu bezeichnen, der in uns denkt. Setzt man nur das geringste Bewegungsprinzip voraus, so werden die belebten Körper alles haben, was sie brauchen, um sich zu bewegen, zu fühlen, zu denken, zu bereuen – kurz, um sich in der physischen wie in der moralischen Welt, die von jener abhängt, richtig zu verhalten.«[2] Aufgrund solcher und ähnlich ketzerischer Thesen provoziert La Mettrie bis heute nicht nur die Schar der eingefleischten Theologen und Verfechter einer spirituellen Weltanschauung, sondern auch all jene, die an das sich selbst setzende, freie und autonome Subjekt glauben – und dies trotz der offensichtlichen Aktualität und Relevanz seiner prophetischen Thesen im Zeitalter zunehmender Maschinalisierung, Kybernetik und Gentechnologie. Nicht von ungefähr rechnete Ernst Jünger in seinem essayistischen Spätwerk *Die Schere,*

---

oder Das Höchste Gut (Anti-Seneca), herausgegeben und eingeleitet von Bernd A. Laska, Nürnberg 1985, S. XVII.

2 La Mettrie, Julien Offray de, L'homme machine/Die Maschine Mensch, übersetzt und herausgegeben von Claudia Becker, französisch-deutsch, Hamburg 1990, S. 35 und 97.

obschon mit kritisch-distanziertem Unterton, La Mettrie zu den »Kirchenvätern der Moderne«.

Wer war dieser konsequenteste Repräsentant des französischen Materialismus, der sich späterhin den werbewirksamen Scherznamen »*Monsieur Maschine*« zulegte und sich als »*Democritus ridens*«, als lachender Demokrit, porträtieren ließ? Besagtes Konterfei stammt von dem preußischen Kupferstecher Georg Friedrich Schmidt, der den Philosophen während dessen Berliner Zeit mit imposantem Barett und schelmisch dreinblickenden Augen dargestellt hat. Der Stich ist mit einem trefflichen Epigramm des langjährigen La Mettrie-Freundes und Komödianten am Hofe Friedrichs II., Desormes, ausgestattet – in der deutschen Übersetzung:

> »*In diesen lebhaften Zügen siehst du den Meister*
> *Des Spiels, des Lachens und des Bonmots;*
> *Er war so kühn zu wagen, die Fragen des Seins*
> *Aus dem Chaos zu entschlüsseln.*
> *Ohne einen Weisen wäre er das Opfer der Dummen geworden.*«

In einem kleinen ironischen Text hat sich La Mettrie auch einmal selbst charakterisiert: »Monsieur Machine ist (wie die Enten des Herrn Vaucanson zu Paris) ohne Seele, ohne Geist, ohne Vernunft, ohne Tugend, ohne Unterscheidungsvermögen, ohne Geschmack, ohne Höflichkeit und ohne Sitten; alles an ihm ist Körper, Materie. Reine Maschine, der Mensch als Pflanze, der Mensch als Maschine, der Mensch mehr als eine Maschine; dies sind die Titel, die er begehrt, nach denen er strebt und derer er sich rühmt.«[3] Als Sohn eines Textilkaufmanns wurde Julien Offray de La Mettrie am 23. Dezember 1709 in der bretonischen Hafen- und Piratenstadt Saint-Malo geboren. Nach einem frühen Frömmigkeitsrausch, der bewirkte, daß der 15jährige Zögling der Jesuiten in Caen wurde, wandte er sich der bodenständigeren Medizin zu, erwarb mit 19 Jahren in Reims den Doktorhut und praktizierte einige Jahre lang.

---

3 La Mettrie, Epitre à Mademoiselle A. C. P., in Œuvres philosophiques, Fayard, Bd. II, S. 216, zitiert nach: Michel Onfray, Philosophie der Ekstase, aus dem Französischen von Eva Moldenhauer, Frankfurt a. M./New York 1993, S. 58.

Von Reims ging La Mettrie nach Leyden, in den Niederlanden, und studierte bei Herman Boërhaave, dem führenden Mediziner Europas, einem Vertreter der sogenannten »iatromechanischen Schule«, derzufolge der menschliche Körper rein nach Gesetzen der Mechanik und Hydraulik funktioniert. Danach ließ sich La Mettrie an seinem Heimatort als Arzt nieder und gründete eine Familie. Bald packte ihn jedoch die Abenteuerlust, so daß er 1742 Frau und Tochter verließ und nach Paris ging, wo er Leibarzt des Herzogs von Grammont wurde und in dessen Armeekorps diente.

Von 1743 bis 1745 nahm La Mettrie am Österreichischen Erbfolgekrieg teil und erlitt im Feldlager vor Freiburg im Breisgau einen heftigen Fieberanfall, unter dessen Eindruck er seine erste materialistische Schrift, die *Histoire naturelle de l'âme*, eine *Naturgeschichte der Seele* verfaßte, in der das bis dahin supponierte Eigenleben der Seele bestritten und der über alles erhabene Geist als bloße Funktion der Materie gedeutet wird. Über dieses richtungsweisende, seine philosophischen Anschauungen begründende Schlüsselerlebnis schrieb Friedrich II., an dessen Potsdamer Hof La Mettrie seinen allzu raschen Lebensabend verbringen sollte: »Während des Freiburger Feldzuges wurde Monsieur de La Mettrie von einem heftigen Fieber befallen: für den Philosophen ist eine Krankheit eine Körperschule; er glaubte zu erkennen, daß das Denkvermögen nichts anderes sei als eine Folge der Organisation der Maschine und daß eine Störung der Triebfedern erheblichen Einfluß auf jenen Teil von uns ausübt, den die Metaphysiker Seele nennen. Während seiner Genesung von diesen Ideen durchdrungen, trug er beherzt die Flamme der Erfahrung in die Finsternis der Metaphysik; mit Hilfe der Anatomie versuchte er, das feine Gewebe des Verstandes zu erklären, und fand dort, wo andere ein der Materie überlegenes höheres Wesen vermutet hatten, nur Mechanik.«[4]

Getreu seiner eigenen furchtlosen Maxime, man möge »so schreiben, als wäre man allein auf der Welt und habe von den Vorurteilen und Gehässigkeiten der Menschen nichts zu fürchten«,

4 Friedrich II., in P. L. Assoun, L'utopie de La Mettrie, Vorwort zu La Mettrie, L'Homme-machine, Denoel-Gonthier, S. 19f., zitiert nach: Michel Onfray, Philosophie der Ekstase, a.a.O., S. 59.

griff La Mettrie gleichzeitig in scharfzüngigen Pamphleten und Theaterstücken die veraltete, zum Teil korrupte Medizin seiner Zeit an – was nicht folgenlos blieb: 1746 wurden La Mettries Bücher wegen ihrer vermeintlich sittenwidrigen, die »heilige« Allianz von Kirche, Staat und Gesellschaft unterminierenden Tendenzen infolge der argusäugigen Zensur auf den Treppen des Pariser Parlaments verbrannt. Seines Lebens nicht mehr sicher, floh La Mettrie ins holländische Exil nach Leyden: »A journey of no return« – französischen Boden sollte er fortan nie wieder betreten.

1747 schrieb La Mettrie *L'homme machine*, worin er den Menschen rein physiologisch als sich selbst steuernde »lebende Maschine« auffaßt, den platonisch-christlichen Dualismus von Leib und Seele sowie die Willensfreiheit abermals leugnet und den Menschen mit den Tieren auf eine Stufe stellt. Doch das ging selbst den toleranten Holländern zu weit, zumal er diese Schrift ironischerweise dem allseits verehrten Albrecht von Haller in Göttingen dedizierte, einem anderen Boërhaave-Schüler, der wissenschaftlichen Empirismus mit christlicher Orthodoxie – allen inhärenten Widersprüchen zum Trotz – zu verbinden wußte.

Um nicht wie ein gewöhnlicher Verbrecher auf dem Schafott zu enden, mußte La Mettrie erneut außer Landes gehen und kam durch die gutherzige Vermittlung seines Landsmannes Pierre-Louis Moreau de Maupertuis, eines angesehenen Naturwissenschaftlers, an den preußischen Hof Friedrich des Großen, der dieses armselige »Opfer der Theologen und Dummköpfe« zum persönlichen Arzt, Vorleser und sogar zum Mitglied der Akademie ernannte. Hier, in »Sans Souci«, lebte La Mettrie vier Jahre, wurde aber eher als Verrückter, Possenreißer und besserer Hofnarr angesehen. Sein brisanter *Discour sur le bonheur* (Über das Glück oder das höchste Gut), der das System Epikurs, die hohe Kunst des Genießens, predigt und vor nutzloser Reue warnt, durfte nur als Camouflage, nämlich als Einleitung zu einer Seneca-Übersetzung erscheinen. Der König zensierte rigoros seine *Œuvres philosophiques*, Voltaire intrigierte aus Eifersucht gegen ihn und selbst der ebenfalls aus Saint-Malo stammende, langjährige Freund Maupertuis distanzierte sich schlußendlich von ihm.

Mysteriös sind die Umstände seines frühen Todes, als er am 11. November 1751, erst 42jährig, infolge eines tragikomischen »gastronomischen Unfalls« stirbt. Die Legende will, daß La Mettrie anläßlich eines rauschenden Festes in Berlin in prahlerischer Zurschaustellung seiner Genußfähigkeit und wohl auch im Trotz auf seine Gesundheit eine riesige getrüffelte Fasanenpastete verzehrt haben soll, worauf ihm sofort unwohl wurde und er an einem hitzigen Fieber unter heftigem Delirium starb. Ob dagegen ein »elender Frömmler« für La Mettries Tod verantwortlich war, läßt sich genauso wenig beweisen. Erstaunlich ist, daß La Mettrie selbst kurze Zeit vor seinem Ende die rhetorische Frage aufwarf, ob »nicht eines Tages auch für ihn der Schierlingsbecher der Lohn (seines) philosophischen Mutes sein würde«!

Unmittelbar nach La Mettries Tod ließ Friedrich II. eine von ihm selbst verfaßte »Eloge« verlesen, in der er seinem »Feuerkopf« und »Hofatheisten« mit Fug und Recht ein bleibendes Denkmal setzt und dem viel geschmähten, verteufelten Philosophen eine *Anima candida*, ein lauteres Gemüt attestiert: »Herr von La Mettrie war geboren mit einem unerschöpflichen Reservoir an natürlicher Heiterkeit; er hatte einen lebhaften Geist und eine fruchtbare Phantasie, die sogar im kargen Land der Medizin Blumen zum Wachsen brachte. Die Natur hatte ihn zum Redner und zum Philosophen bestimmt, aber das noch wertvollere Geschenk, das er von ihr erhielt, waren eine reine Seele und ein gefälliges Herz. All diejenigen, denen die frommen Verwünschungen der Theologen nicht imponieren, beklagen mit La Mettrie den Verlust eines rechtschaffenen Menschen und eines gelehrten Arztes.«[5]

Trotzdem wurde La Mettries Herzenswunsch, wenn schon nicht in seiner geliebten Heimat, so doch wenigstens auf dem Gelände der französischen Botschaft beigesetzt zu werden, einfach ignoriert, die Korrespondenz fast vollständig vernichtet und seine bedeutende Bibliothek versteigert. Heute noch erinnert sich die bretonische Heimatstadt Saint-Malo nur verschämt ihres großen verlorenen Sohnes: Die »Rue La Mettrie« ist kaum zwanzig Meter lang und endet symbolträchtig in einer Sackgasse! Ungeachtet der vielen Höhen und Tiefen seiner kurzen Biogra-

---

5 Friedrich II., Eloge du Sieur de La Mettrie, verlesen in der Berliner Akademie von seinem Sekretär Darget am 19.1.1752, zitiert nach: Ursula Pia Jauch, Jenseits der Maschine, Philosophie, Ironie und Ästhetik bei Julien Offray de La Mettrie (1709–1751), München/Wien 1998, S. 576f.

phie, bekannte La Mettrie an seinem Lebensabend: »Ich möchte auch ein zweites Mal nur so leben, wie ich gelebt habe; bei gutem Essen, in guter Gesellschaft, die Freunde, das Kabinett, die Galanterie; meine Zeit immer aufteilen zwischen den Frauen, dieser zauberhaften Schule der Grazien, Hippokrates und den Musen; stets sowohl Feind der Ausschweifung wie Freund der Wollust; schließlich ganz und gar jener zauberhaften Mischung aus Weisheit und Wahnsinn ergeben, die, sich gegenseitig anregend, das Leben angenehm, gewissermaßen prickelnder machen.«[6]

Obgleich La Mettrie, die »bretonische Schreibmaschine«, ein Gesamtwerk von über 5000 Druckseiten hinterließ, ist dem kollektiven Gedächtnis – diesem demütigen »Diener unserer Interessen« (Thornton Wilder) – nur sein »Maschinenmensch« in Erinnerung geblieben. Das wichtigste Anliegen dieser teils polemischen, teils sachlich-argumentativen Schrift formuliert La Mettrie – nicht ohne die ihm eigene, vor dem Hintergrund seiner Biographie durchaus verständliche Arroganz – gleich zu Beginn: »Es genügt nicht, daß ein Weiser die Natur und die Wahrheit erforscht; er muß auch wagen, sie auszusprechen zugunsten der kleinen Zahl derer, die denken wollen und können. Denn was die anderen betrifft, die freiwillig Sklaven der Vorurteile sind – ihnen wird es nicht mehr gelingen, die Wahrheit zu erreichen, als den Fröschen zu fliegen.«[7]

Als einzig verbindliche Methode, die wahre Natur des Menschen kennenzulernen, führt La Mettrie »Erfahrung und Beobachtung« an, für die sowohl der Empirismus und Sensualismus eines John Locke wie die neue experimentelle Medizin und die vergleichende Anatomie Pate stehen. So bezeichnet La Mettrie die Sinne als seine echten »Philosophen« und »sichersten Führer« zur Wahrheit – nach dem Motto: keine Sinne, keine Ideen! Denn dächte man sich einen Menschen von seiner ersten Jugend an in einem dunklen Keller ohne Gesellschaft mit anderen aufgewachsen, so würde dieser den Zustand völliger geistiger Leere re-

---

6 La Mettrie, Julien Offray de, Système d'Epicure, zitiert nach: Michel Onfray, Philosophie der Ekstase, a.a.O., S. 153.

7 La Mettrie, Julien Offray de, L'homme machine/Die Maschine Mensch, a.a.O., S. 21.

präsentieren – wie es die Isolation Kaspar Hausers ein halbes Jahrhundert später auf tragische Weise demonstrieren sollte. Daß alle Vorstellungen und geistigen Erkenntnisse letzten Endes auf Sinneserfahrungen zurückzuführen sind, belegten für La Mettrie vor allem seine Studien an Blinden und Taubstummen.

Den philosophierenden Medizinern, die »gleichsam im Durchgang durch die Organe die Seele zu entwirren« suchen, gibt La Mettrie dabei eindeutig Priorität – selbst vor den »größten Philosophen«, die gewissermaßen auf den »Schwingen des Geistes« doch nur zu spekulativen, weil *a priorischen* Ergebnissen gelangen. Da rein physiologisch betrachtet, zwischen Tier und Mensch nur ein gradueller, vor allem die feinere Gehirnstruktur betreffender Unterschied besteht (vgl. u.a. die aristotelische Definition des Menschen als *Animal rationale*), glaubt La Mettrie die cartesianische Lehre von den Tieren als bloßen seelenlosen Körperautomaten auch auf den Menschen übertragen zu können. Lange vor Charles Darwin beschreibt La Mettrie damit zugleich die unmittelbare evolutionäre Nähe zwischen Mensch und Tier und wird – was von seinen Gegnern allzu häufig verschwiegen wird – zu einem frühen Anwalt der Kreatur, indem er sich vehement gegen Vivisektion und Kasernierung empfindsamer, leidensfähiger Tiere wendet: »Der Übergang von den Tieren zum Menschen ist kein gewaltsamer; die wahren Philosophen werden darin übereinstimmen. Was war der Mensch vor der Erfindung der Wörter und der Kenntnis der Sprachen? Ein Tier seiner Art, das mit sehr viel weniger natürlichem Instinkt als die anderen – für deren König er sich damals noch nicht hielt – sich nicht mehr vom Affen und den anderen Tieren unterschied als der Affe selbst von diesen; ich meine durch eine Physiognomie, die ein größeres Unterscheidungsvermögen verrät (...) Man wende nur nicht ein, daß die Tiere meistens grausame Geschöpfe seien, welche nicht in der Lage seien, die Leiden, die sie verursachen, zu empfinden; können denn alle Menschen besser die Laster und die Tugenden unterscheiden? Es gibt in unserer Gattung Grausamkeit, ebenso wie in der ihrigen. Die Menschen, die aus barbarischer Gewohnheit das Naturgesetz brechen, werden davon nicht so gequält wie jene, die es das erste Mal übertreten und die die Macht des Beispiels nicht im geringsten abgehärtet hat. Bei den Tieren ist es wie bei den Menschen. Die einen wie die anderen können – je nach ihrem

Temperament – mehr oder weniger grausam sein, und sie werden es noch mehr im Zusammensein mit jenen, die es schon sind. (…) Der Mensch ist aus keinem wertvolleren Lehm geknetet; die Natur hat nur ein und denselben Teig verwendet, bei dem sie lediglich die Hefezusätze verändert hat.«[8]

Nach La Mettrie ist nicht nur das Tier eine Maschine, wie René Descartes die *Bête machine* definiert hatte, vielmehr seien auch »jene stolzen und eitlen Wesen, die sich mehr durch ihren Hochmut als durch die Bezeichnung Mensch auszeichnen, im Grunde – wie sehr sie sich auch erheben möchten – nur Tiere und aufrecht kriechende Maschinen«. Nichtsdestoweniger räumt La Mettrie dem Menschen aber hauptsächlich wegen seines differenzierten Sprachvermögens und seiner starken Einbildungskraft eine eindeutige Sonderstellung im Tierreich ein.

Während Descartes das Seiende und damit auch den Menschen noch in zwei grundverschiedene Substanzen zerlegte, das heißt zwischen ausgedehnter Materie (*Res extensa*) und denkendem Geist (*Res cogitans*) unterschied, plädiert La Mettrie für ein quasi monistisches Modell, das von einer grundsätzlichen Materialität und Mechanik des *ganzen, integralen* Menschen ausgeht. Die Ursachen allen Lebens sind rein körperlicher Art, das Organische geht fließend aus dem Anorganischen hervor und das Geistige ist wiederum durchaus abhängig vom Organismus. Descartes' pseudoreligiöse Hilfskonstruktion, die die Spiritualität des Menschen, seine vermeintlich immaterielle Seele, retten will, lehnt La Mettrie als »stilistische List« und grobe Inkonsequenz des mechanistischen Ansatzes ab. Bei La Mettrie erscheint der Cartesianismus gleichsam als halbiert und auf seinen naturalistischen Aspekt reduziert. Für La Mettrie existiert – wie im übrigen auch noch für die moderne Physik – nur die sich in ständiger Bewegung und in bestimmten Formen befindende und damit keineswegs »tote« Materie. Die ganze Welt scheint somit nichts anderes zu sein als eine bunte Ansammlung der Myriaden von Modifikationen, welche aus der Materie stets aufs neue hervorgeht. Alles, was existiert, muß den ehernen Naturgesetzen gehorchen, welche die Materie lenken. Die Reflexion, das Bewußtsein, die Meditation sind nichts anderes als pure Produkte des Gehirns, das La Mettrie

8 Ebd., S. 53, 75 und 77.

in einer erstaunlich modernen, noch von heutigen Neurobiologen gebrauchten Formulierung als »Organ des Denkens« bezeichnet. Dem Geist oder irgendwelchen anderen Ideen eine eigene Substantialität zuschreiben zu wollen, sei lediglich ein unerlaubter Übergriff der Metaphysik, eine willkürliche und falsche Abstraktion, mithin Täuschung, Irrtum, theologisches Hirngespinst.

Laut La Mettrie sind die mannigfachen menschlichen Seelentätigkeiten an die mechanischen Funktionen des Körpers, genauer gesagt, an das Gehirn und den angekoppelten Sinnenapparat gebunden. Die Empfindungen haften am Stoff, das Denken ist nur eine natürliche Funktion des Gehirns, durchaus abhängig von physiologischen Werten wie Körpersäften und Nerven. Körper und Seele sind nicht nur dem gleichen Prinzip unterworfen, sondern werden überdies in einem unauflösbaren Interdependenzverhältnis begriffen. Seele und Leib bestehen nur zusammen, können nur gemeinsam wirken; erstere wächst mit dem Körper und nimmt entsprechend mit ihm ab.

Die theologische Vorstellung einer immateriellen, gar unsterblichen Seele verweist La Mettrie zusammen mit allen anderen jenseitigen Dingen hingegen ins Reich der Phantasmen. Interessanterweise gibt er jedoch an einer anderen Stelle seines Werkes zumindest die Möglichkeit eines Weiterlebens nach dem Tode zu, da ja auch die Raupe nicht wisse, daß ein Schmetterling aus ihr werden soll. Ebenso mag ein Gott existieren; aber es sei letztendlich Torheit, sich um ein solches rein theoretisches, nicht überprüfbares Prinzip zu kümmern: »Da aber die Fähigkeiten der Seele so sehr von dem eigentümlichen Bau des Gehirns und des ganzen Körpers abhängen, daß sie offensichtlich nur dieser organische Bau selbst sind, so haben wir es mit einer gut ›erleuchteten‹ Maschine zu tun. (…) Folgerichtig ist die Seele nur ein Bewegungsprinzip bzw. ein empfindlicher materieller Teil des Gehirns, den man – ohne einen Irrtum befürchten zu müssen – als eine Haupttriebfeder der *ganzen* Maschine betrachten kann, die einen sichtbaren Einfluß auf alle anderen hat und sogar als erste geschaffen zu sein scheint; so daß alle anderen nur eine Emanation von ihr wären, wie man aus einigen Beobachtungen (…) ersehen kann …«[9]

[9] Ebd., S. 95 und 111.

Infolge dieses materialistischen Monismus, der von einer einzigen, wenngleich verschieden modifizierten Substanz im Universum ausgeht, bedarf es nach La Mettrie weder der Annahme eines besonderen Geistes oder einer Seele im Menschen noch der Behauptung Gottes, als eines die Welt in Gang setzenden und lenkenden transzendenten Prinzips! Wie die autonome menschliche Maschine, bewegt sich auch die Welt von selbst, vergleichbar einem »*Perpetuum mobile*«, das den Grund seiner Bewegung in sich selbst trägt. Zweifellos eine gewagte These La Mettries, der unter anderem die Philosophen Jean-Jacques Rousseau und Immanuel Kant wenig später heftig widersprechen sollten. Rousseau mit der kategorischen Feststellung, daß eine Maschine einfach nicht denkt, nicht denken *kann*, und Kant mit dem Hinweis auf die grundsätzliche Differenz von Organischem und Mechanischem: »In einer Uhr ist ein Teil das Werkzeug der Bewegung der andern, aber nicht ein Rad die wirkende Ursache der Hervorbringung des andern; ein Teil ist zwar um des andern Willen, aber nicht durch denselben da. Daher ist auch die hervorbringende Ursache derselben und ihrer Form nicht in der Natur (dieser Maschine), sondern außer ihr in einem Wesen, welches nach Ideen eines durch seine Kausalität möglichen Ganzen wirken kann, enthalten.«[10]

Mit der kühnen Behauptung, daß die Maschine Mensch sich von selbst bewegt und auch organisiert, unabhängig von einem vermeintlichen »ersten Beweger«, löst La Mettrie den Menschen zugleich aus seiner metaphysischen Verankerung, was der Philosoph jedoch als einen gesunden Akt der Befreiung begreift. Denn im religiösen Glauben, welcher Art auch immer, erkennt La Mettrie einen Störenfried, und zwar sowohl im Leben des einzelnen und der Völker, wie auch bei der wissenschaftlichen Erkenntnis der Natur. Religion erscheint ihm schlimmer als alle Laster – eine bewußte, absichtliche Täuschung: Priestererfindung und Priesterbetrug. La Mettrie setzt auf die Errichtung eines Atheistenstaates, der nicht nur möglich, sondern wohltätig ist und den Menschen zu ihrem wahren Glück verhilft: »(Die) Welt wird niemals glücklich sein, es sei denn, sie ist atheistisch. (…) Wenn der Atheismus (…)

10 Kant, Immanuel, Kritik der Urteilskraft, in: Wilhelm Weischedel (Hg.): Kant, Werke in zehn Bänden, Bd. 8, Darmstadt 1983, S. 293.

allgemein verbreitet wäre, dann wären alle Zweige der Religion zerstört und mit der Wurzel ausgerottet. Keine Glaubenskriege mehr, keine Religionssoldaten – schreckliche Soldaten – !, die von einem heiligen Gift verseuchte Natur würde ihre Rechte und ihre Reinheit wiedererlangen. Taub gegenüber jeder anderen Stimme würden die friedlichen Sterblichen nur den spontanen Ratschlägen ihres individuellen Ichs folgen; die einzigen, die man nicht ungestraft mißachtet und die allein uns auf den angenehmen Pfaden der Tugend zum Glück führen können. (…) Wer in seinem Herzen dem Aberglauben Altäre errichtet, ist dazu geboren, Götzen anzubeten und nicht die Tugend zu empfinden.«[11]

Wie avantgardistisch La Mettries antitheologisches Denken ist, zeigt ein Passus, in dem er sogar Martin Heideggers nihilistische These von der existentiellen »Geworfenheit« beziehungsweise Heimatlosigkeit des Menschen vorwegzunehmen scheint, wenn er zum Beispiel die Frage stellt: »Wer weiß übrigens, ob der Sinn der Existenz des Menschen nicht in seiner Existenz selbst liegt? Vielleicht ist er aufs Geratewohl auf einen Punkt der Erdoberfläche geworfen worden, ohne daß man wissen kann, wie und warum; sondern nur, daß er leben und sterben muß, jenen Pilzen ähnlich, die von einem Tag zum andern erscheinen, oder jenen Blumen, die die Gräber begrenzen und das Gemäuer bedecken.«[12]

Bei seinem Atheismus läßt sich La Mettrie auch von der Tugend der pyrrhonischen Zurückhaltung, der Skepsis, leiten, da wir letzten Endes über Gott nichts wissen, weil er uns in unserer sinnlichen Erfahrung überhaupt nicht zugänglich ist: »Verlieren wir uns nur nicht im Unendlichen, wir sind nicht dazu geschaffen, von ihm auch nur die geringste Vorstellung zu haben; es ist uns völlig unmöglich, den Dingen auf den Grund zu gehen. Im übrigen ist es für unsere Ruhe gleichgültig, ob die Materie ewig oder ob sie geschaffen worden ist, ob es einen Gott gibt oder ob es keinen gibt. Welche Verrücktheit, sich damit abzuquälen, was man unmöglich erkennen kann und was uns nicht glücklicher machen würde, würden wir es bewerkstelligen.«[13]

---

[11] La Mettrie, Julien Offray de, L'homme machine/Die Maschine Mensch, a.a.O., S. 93f.

[12] Ebd., S. 85f.

[13] Ebd., S. 87.

Aufgabe der Wissenschaft ist es nach La Mettrie daher auch, alle lebensfeindlichen Täuschungen zu zerstören. Es bedarf nur der richtigen Aufklärung, um die leidende Menschheit von der Last aller Vorurteile zu befreien und ein besseres, allein von der Vernunft regiertes Zeitalter allgemeiner Glückseligkeit heraufzuführen: »Zerbrecht die Kette eurer Vorurteile, bewaffnet euch mit der Fackel der Erfahrung, und ihr werdet der Natur die Ehre erweisen, die sie verdient, anstatt aus der Unkenntnis, in der sie euch gelassen hat, irgendwelche Schlüsse zu ihrem Nachteil zu ziehen. Macht nur die Augen auf und laßt es mit dem, was ihr nicht verstehen könnt, bewenden. (...) Was wissen wir mehr über unser Schicksal als über unseren Ursprung? Unterwerfen wir uns also einer unüberwindbaren Unkenntnis, von der unser Glück abhängt. Wer so denkt, wird weise, gerecht, sorglos über sein Schicksal und folglich glücklich sein. Er wird den Tod erwarten, ohne ihn weder zu fürchten noch herbeizuwünschen. Und weil ihm das Leben teuer ist, weil er kaum versteht, wie der Lebensekel in dieser Welt voller Freuden ein Herz verderben kann, weil er voller Ehrfurcht, voller Dankbarkeit, Anhänglichkeit und Zärtlichkeit gegenüber der Natur ist, je nach dem Glück und den Wohltaten, die er von ihr empfangen hat, weil er schließlich glücklich darüber ist, sie zu empfinden und bei dem bezaubernden Schauspiel der Welt anwesend zu sein, wird er sie zweifellos niemals in sich noch in anderen zerstören. Was sage ich! Voller Menschlichkeit, wird er ihr Wesen noch in seinen Feinden lieben.«[14]

Dabei muß nach La Mettrie diese atheistisch-materialistische Sicht der Welt keinesfalls automatisch in einen ethischen Nihilismus münden. Das Wesen der Sittlichkeit liegt – in einer Quasi-Vorwegnahme des kategorischen Imperativs von Kant – vielmehr darin, den anderen nicht das zuzufügen, was sie uns nicht tun sollen: »Da schließlich der Materialist – was immer ihm seine eigene Eitelkeit einflüstert – überzeugt ist, daß er nur eine Maschine oder ein Tier ist, wird er seinesgleichen bestimmt nicht schlecht behandeln (...) (er will) – kurz gesagt – keinem das antun, was er nicht will, daß man es ihm antut.«[15]

---

[14] Ebd., S. 133f. und 87.

[15] Ebd., S. 137.

Die Quintessenz seines ethischen Credos, das bei La Mettrie unmittelbar mit der elementaren Frage nach dem Glück des Menschen zusammenhängt, gibt der Philosoph in seinem berühmten *Discours sur le bonheur* (Über das Glück oder Das Höchste Gut = »Anti-Seneca«), den er selbst als sein eigentliches Hauptwerk ansah und den er wegen seines brisanten Inhalts nur getarnt als »Kommentar« zu einer Seneca-Übersetzung publizieren konnte. In der heidnischen Tradition griechischer und römischer Eudämonisten stellt der nihilistische Hedonist La Mettrie darin allgemeine Überlegungen zu einer erfüllenden, von existentiellen Schuldgefühlen freien und gänzlich am Diesseits orientierten Lebenskunst an. Indem er die Menschen vor allem dazu aufruft, die elementaren Bedürfnisse des Organismus zu (be)achten, statt mit Hilfe körperfeindlicher Askese auf ein ungewisses jenseitiges »Seelenglück« zu hoffen, knüpft er direkt an die Hauptvertreter des antiken Materialismus und ihrer Ethik des lustvollen Glücks an – an den lachenden Demokrit, den milden Epikur und den sanften Lukrez: »Die wahre Philosophie hingegen ist klüger und läßt nur ein zeitliches Glück gelten; sie streut Blumen auf unseren Weg und lehrt uns, sie zu nehmen. Ich weiß mich darin einig mit all jenen antiken Philosophen, aus deren freiem Denken ein kraftvoller Geist gedieh, und deren Geist, frei von Vorurteilen, wiederum die kühnsten Wahrheiten fand. Die Endlichkeit des Lebens ist der angemessene Rahmen, in dem sich der Weise, der wahre Philosoph mit seinen Wünschen und Hoffnungen bewegt.«[16]

Wie bereits im Titelschlagwort »Anti-Seneca« angedeutet, opponiert La Mettrie in seinem Traktat *Über das Glück oder das Höchste Gut* vornehmlich gegen Seneca, den Hauptrepräsentanten der römischen Stoa. Im krassen Gegensatz zu diesem, der den Menschen in elitärer Abgrenzung zum Tier hauptsächlich als Vernunftwesen definiert, das – will es denn glücklich sein – seine wilden Affekte beherrschen muß, ist der Mensch in La Mettries Augen vorrangig ein gefühlsorientiertes Wesen und das Glück

[16] La Mettrie, Julien Offray de, Über das Glück oder Das Höchste Gut (Anti-Seneca), aus dem Französischen übersetzt von Bernd A. Laska, unter Mitwirkung von Gertraud Busse, herausgegeben und eingeleitet von Bernd A. Laska, Nürnberg 1985, S. 36.

selbst eine natürliche, von Bildung, Tugend oder Reichtum völlig unabhängige Empfindung. Das Glück hängt vielmehr von der Organisation und Sinnlichkeit des jeweiligen Individuums ab. Deshalb fordert La Mettrie, nicht ohne Pathos: »Da wollen wir doch lieber Anti-Stoiker sein! Jene Philosophen sind freudlos, streng und hart; wir dagegen wollen heiter, milde und freundlich sein. Sie, ganz Seele, kümmern sich nicht um ihr körperliches Heil; wir, ganz Körper, wollen uns nicht um unser Seelenheil kümmern. Sie zeigen sich unempfindlich gegenüber Freud und Leid; wir wollen stolz darauf sein, beides zu empfinden. Sie stellen sich, indem sie verbissen nach dem Erhabenen streben, über die weltlichen Dinge und halten sich nur in dem Maße für wahre Menschen, in dem sie aufhören, Menschen zu sein.«[17]

Das Glück, schreibt La Mettrie – um geistreiche, witzige Vergleiche niemals verlegen –, sei ein seltener »Vogel«, der einem zudem nicht im Ganzen serviert werde. Ein Mensch müsse jedoch schon großes Pech haben, falls es ihm nicht gelinge, wenigstens einmal eine Keule oder einen Flügel davon zu erwischen. Was ist das Wesentliche an La Mettries Glückstheorie, an seinem originellen Konzept der Glückseligkeit? Für ihn gibt es hauptsächlich drei Arten von Glück: den »*Bonheur organique*«, also das organische Glück, den »*Bonheur accidentiel*«, das heißt das zufällige Glück, und schließlich den »*Bonheur imaginaire*«, das eingebildete Glück. La Mettrie zufolge haben alle Menschen bereits aufgrund ihrer Biologie und natürlichen Empfindungsfähigkeit nicht nur die gleiche Möglichkeit, sondern auch das gleiche Recht, glücklich zu sein: »Arme und Reiche, Unwissende und Gelehrte, Fromme und Gottlose, Wüstlinge, Wollüstlinge und Enthaltsame, Maßvolle und Schlemmer, Toren und Genies, Tiere und Menschen – sie alle haben Platz in diesem System. Alle belebten Körper haben eine berechtigte Option auf Glück: sei es, daß jemand ganz für die Nachwelt lebt, sei es, daß er im Dienst an der Gesellschaft aufgeht – und sei es, daß jemand auf diese beiden Ehren verzichtet. Warum sollten nicht alle, die die gleichen Organe und die gleiche Empfindungsfähigkeit haben, auch die gleichen Vorzüge genies-

17 La Mettrie, Julien Offray de, Über das Glück oder Höchste Gut, a.a.O., S. 18f.

sen? Der Natur kann man in dieser Hinsicht keine Ungerechtigkeit vorwerfen. Sie hat keinem Wesen das Tor zur Glückseligkeit verschlossen. Noch weniger hat sie irgendein Wesen stiefmütterlich mit einer Empfindungsfähigkeit bedacht, die ihm nur Qualen bereiten würde oder die es nicht für Freude ebenso empfänglich machte wie für Schmerz.«[18]

Diese gleichsam organische Quelle des Glücks nennt La Mettrie das »innere« oder »wesentliche Glück«. Obgleich der Philosoph einräumt, daß ein Mensch ein glücklicheres Naturell haben kann als ein anderer, hat die auf Empfindungsfähigkeit basierende Natur keine glücksindifferenten Subjekte geschaffen. Denn selbst der weltverdrossenste Mensch – der »essentiell Unglückliche« – kennt zumindest das Gefühl kurzzeitigen Glücks. Neben dem »organischen Glück« gibt es natürlich auch von außen an den Menschen herantretende Glücksmöglichkeiten. Zu diesem »zufälligen Glück« zählt La Mettrie in erster Linie Bildung, Reichtum und Ehre. Doch auch diese häufig allzu flüchtigen Glücksmöglichkeiten hängen letzten Endes von der organischen »Glücksgestimmtheit« des Subjekts ab, dem sie zufälligerweise gerade zukommen. So empfindet der »reiche Düsterling« beim Anblick seiner 500 mit Gold gefüllten Koffer nur das Unglück, daß es noch nicht deren 1000 sind, wohingegen jener Landstreicher, der unverhofft einen *Louis d'Or* findet, sich vorübergehend als wahrer Glückspilz vorkommt!

Viel wichtiger als das äußere, schicksalsbedingte Glück erscheint La Mettrie die persönliche Veranlagung des einzelnen, sein genetisch vorprogrammiertes Glücksempfinden, wobei dem »*Amour propre*«, der Eigenliebe, eine zentrale Rolle zukommt. Als »Motor all unserer Handlungen« bildet diese »Eigen- oder Selbstliebe« nämlich die unverzichtbare Voraussetzung für die Liebe zum Leben und zu den Mitmenschen: »Hier gibt es beneidenswerte Günstlinge der Natur! Ein solcher wird völlig zufrieden sein, wenn er nur das Notwendigste hat (...) Er ist von Natur aus großzügig, und diese Veranlagung reicht aus für sein Glück. (...) Der Geizhals hingegen argwöhnt stets, man wolle ihn bestehlen, und er fängt schon zu jammern an, wenn seine Truhe noch zur

[18] Ebd., S. 129.

Hälfte gefüllt ist. Wohl dem, der sein Glück im Blute hat! (…) Nichts beweist mehr, daß es anlagebedingtes Glück gibt, als die vielen glücklichen Dummköpfe, die jedermann kennt – zumal außerdem so viele Gebildete unglücklich sind.«[19] Nach La Mettrie können die akzidentiellen, also äußeren Glücksmöglichkeiten, je öfter man über sie verfügt, sogar desto seltener zu einem reellen Glück beitragen. Mit anderen Worten: Dem äußeren Glück – wie zum Beispiel dem Reichtum – haftet fast immer das unruhestiftende Moment des drohenden Verlustes an, das den menschlichen Geist zu einem negativen Glückskalkül führen kann.

Als eine weitaus verläßlichere Glücksform als die akzidentielle betrachtet La Mettrie – wohlgemerkt der erzmaterialistische Autor des *L'homme machine* (!) – hingegen die Imagination, das heißt die besondere Fähigkeit des menschlichen Geistes, durch Vorstellung, Traum und Illusion ein gewaltiges, häufig brachliegendes Glückspotential zu nutzen, das dem reellen Glück gleichwertig erscheint. Über einen schönen Tagtraum und die Verfeinerung seiner Sinne kann sich dergestalt ein Ästhet in das grenzenlose Reich des imaginären Glücks versetzen, das dem organisch-physiologischen in nichts nachsteht. Und ein Liebender vermag durch seine Phantasie und Vorfreude die Wirklichkeit, sozusagen »glücksmengenmäßig«, zu überflügeln. Auch durch die Einnahme von bestimmten stimulierenden Drogen ist es der »Imaginationsmaschine« Mensch möglich, dieses virtuelle Glück zu erreichen: »Sind gewisse Medikamente nicht ein weiterer Beleg für (diese) Art von Glück …? Ich spreche vom Opium und jenem süßen und befriedeten Zustand, in dem man eine Ewigkeit verweilen möchte: ein wahres Paradies der Seele, wenn er von Dauer wäre … Welch wunderbare Wirkung hat doch ein Körnchen dieses Narkotikums, wenn es sich über das Blut im ganzen Körper verteilt! Seine Zauberkraft vermittelt uns mehr über das Glück als alle Abhandlungen der Philosophen zusammen! (…) Man sieht also, daß selbst Illusionen, die durch Träume oder Medikamente herbeigeführt werden, in Wirklichkeit Sache unseres *maschinellen Glücks oder Unglücks* sind.«[20]

---

19 Ebd., S. 25 f.

20 Ebd., S. 27 ff.

Folglich stellt sich das Glück des Menschen für La Mettrie als eine Mischung der drei genannten Glücksquellen dar: ein *Mixtum compositum* aus organischem, zufälligem und imaginärem Glück. Wie bereits oben beschrieben, ist das akzidentielle Glück – etwa das des Reichtums – dabei gar nicht so wichtig, da von einem rein physiologischen Standpunkt aus betrachtet auch der Reiche nicht mehr genießen kann als der Arme: »Ihr habt das Notwendige zum Leben? Ihr seid gesund? Dann werdet ihr mir beipflichten in dem, was alles Freude macht: trinken, essen, promenieren, sich aufwärmen, sich abkühlen, ein Bad nehmen, lesen, ein gutes Buch verfassen, Ruhm und Ehre erwerben. Euch gefällt das Theater? Die Musik? (...) Die Freundschaft? Und die Liebe? Ja, die Liebe ... (...) Berauben wir den Menschen nicht seines Begehrens! (...) Wer das Begehren vom Glück trennt, der läßt das Glück verdorren; der macht aus einem lebendigen Körper ... eine Statue.«[21] Gemäß seiner sensualistischen Ethik sieht La Mettrie das Glück also allein in der Lust begründet, wobei auch die sogenannten geistigen Genüsse nur einen Sonderfall der allgemeinen sinnlichen Lust darstellen. Der Maxime seines Landsmannes Sébastien Roch Nicolas alias Chamfort hätte La Mettrie mit Sicherheit zugestimmt: »Genießen und genießen lassen, ohne sich noch sonst jemandem zu schaden – das ist die ganze Moral.«[22] Denn Erziehung und Recht haben für La Mettrie die Funktion, das Luststreben der einzelnen in vernünftige Bahnen zu lenken und dafür zu sorgen, daß es sich für das Individuum oder die Gesellschaft nicht schädlich auswirkt.

Höchstes Glück erlangt jedoch nach La Mettrie derjenige, der seine Kräfte in den Dienst des Allgemeinwohls stellt und dessen öffentliche Interessen dabei die privaten überwiegen. Das eigentlich Revolutionäre an La Mettries Glückstheorie ist jedoch seine Lehre von den Schuldgefühlen und Gewissensbissen, die den Menschen die sinnlichen Freuden des Lebens nachträglich nicht nur bereuen, sondern mitunter sogar von vornherein verschmähen

21 Ebd., S. 152 und 154.

22 Chamfort, Moralische Gedanken, in: Die französischen Moralisten, La Rochefoucauld, Vauvenargues, Montesquieu, Chamfort, übersetzt und eingeleitet von Fritz Schalk, Bremen 1980, S. 407.

lassen und somit die Summe der Unlust in der Welt um ein Vielfaches vermehren.

Rund hundert Jahre vor Max Stirners Buch *Der Einzige und sein Eigentum* und vor Friedrich Nietzsches *Genealogie der Moral* erklärt La Mettrie, daß es von Natur aus weder Gutes noch Böses gibt, daß alle ethisch-moralischen Werte mehr oder weniger kulturbedingt, das heißt gesellschaftspolitisch motiviert und folglich relativ sind. Eine religiös-transzendente Moralbegründung, wie sie die Spiritualisten, allen voran aber die christlichen Theologen propagieren, lehnt La Mettrie selbstredend mit guten Gründen kategorisch ab: »Als Philosoph sage ich, daß Laster und Tugend an sich nur Worte sind und nichts weiter. (...) Damit scheint mir deutlich genug gesagt, daß das Gute und das Böse keine spezifischen Merkmale haben, die sie eindeutig charakterisieren, und daß es einzig die Interessen der Gesellschaft sind, die das eine vom anderen unterscheidbar machen. (...) Die Notwendigkeit gesellschaftlichen Zusammenschlusses erforderte die Erfüllung von Tugenden und Lastern; ihr Ursprung ist also eine politische Institution. (...) Eine Tugend ist eine Tugend, wenn sie der Gesellschaft nützt, ansonsten nur ein Hirngespinst.«[23] Doch trotz dieses unverblümten Werterelativismus, ruft La Mettrie keineswegs zur Unmoral, zum fröhlichen Totschlag ohne Reue und zum Bösen an sich auf. Vielmehr plädiert La Mettrie eindringlich für die Schaffung vernünftiger und gerechter Gesetze, die das gesellschaftliche Leben regeln sollen: »Wenn es also das Verbrechen an sich auch gar nicht gibt (jede Handlung, jede Bewegung eines Menschen ist absolut indifferent), so gebührt dem Interesse der Allgemeinheit dennoch der Vorrang, denn es ist durchaus notwendig, die Narren einzusperren, die tollen Hunde zu erschlagen und die Schlangen zu zertreten. Der ganze Unterschied zwischen den Bösen und den Guten besteht also darin, daß die einen ihr besonderes Interesse über das allgemeine stellen (das ihnen schnell aus dem Blick gerät), während die anderen freiwillig und sogar freudig ihr eigenes Interesse dem eines Freundes oder dem der Allgemeinheit opfern.«[24]

---

23 La Mettrie, Julien Offray de, Über das Glück oder das Höchste Gut, a.a.O., S. 10, 45f. und 53.

24 Ebd., S. 72.

Doch wenn es weder Laster noch Tugend, weder Gut noch Böse, weder Gerechtigkeit noch Ungerechtigkeit in einem objektiven Sinne gibt, wenn all dies bloß von Menschen Hand gemacht sein soll, warum existieren dann überhaupt Schuldgefühle, welche die Menschen nach einer vermeintlich bösen Tat quälen? Wie später auch Sigmund Freud zur Erklärung seiner fundamentalen Über-Ich-Theorie, sucht La Mettrie die Antwort in der Erziehung: »Begeben wir uns zurück in unsere frühe Kindheit (...), und wir befinden uns dort, wo das Schuldgefühl entsteht. Dies war zunächst einfach irgendein Gefühl, das unbewußt und ungeprüft übernommen wurde und sich so leicht in das Gehirn eingeprägt hat wie ein Petschaft in weiches Wachs. (...) Schuldgefühle sind also nichts anderes als unangenehme Reminiszenzen; als das Aufleben alteingeschliffener Gewohnheiten des Gefühls. Sie sind, wenn man so will, alte Prägungen, die sich wieder zur Geltung bringen, somit antiquierte Vorurteile, die durch Lust und Leidenschaft nicht so weit zum Schweigen gebracht worden sind, daß sie sich nicht unvermittelt wieder melden können. Den ärgsten seiner Feinde trägt der Mensch also in seinem Inneren.«[25]

Den häufig – vor allem von theologischer Seite – vorgetragenen Einwand, daß Schuldgefühle und Gewissensbisse insofern von gesellschaftlichem Nutzen sein können, als sie zum Beispiel auf Kriminelle aller Art eine abschreckende, warnende Wirkung ausüben, läßt La Mettrie nicht gelten. Die Wirklichkeit spricht leider eine ganz andere Sprache, hält den Böswilligen, dessen verbrecherischer Charakter – dem Deterministen La Mettrie zufolge – ein angeborener ist, keineswegs von der Untat ab. Die Unterschiede im Denken, Wollen, vor allem aber im sittlichen Gefühl des einzelnen erklären sich im Anschluß an die damals noch aktuelle Humoralphatologie vielmehr aus dem Temperament (und anderen äußeren Einflüssen wie Klima, Luft usw.) als der spezifischen Mischung der »Körpersäfte«. In den Augen La Mettries ist der Verbrecher ein Kranker, um den sich eher geschulte Ärzte als moralinsaure Theologen und findige Juristen kümmern sollten. Mit dieser zu seiner Zeit progressiven Meinung erweist sich der Philosoph zugleich als ein Vorläufer des italienischen Kriminal-

---

25 Ebd., S. 53 f.

anthropologen Cesare Lombroso, dem zufolge es eine biologische Veranlagung zum Verbrecher gibt – eine zweifelhafte These, die in jüngster Zeit, vornehmlich in den USA, wieder ernsthaft von Fachleuten und auch in den Medien diskutiert wird.

Für La Mettrie stellen Schuldgefühle respektive Gewissensbisse eine reine »Schaufenstermoral« dar, die schnellstens abgeschafft gehört, da sie nicht nur ein untaugliches Mittel gegen die Unglücksfälle der Gesellschaft ist, sondern aus sinnlichen Menschen zerknirschte, unter religiösen Zwängen (Neurosen) leidende, dem Leben entfremdete Subjekte produziert, die von der jeweiligen politischen Macht obendrein leicht manövriert und manipuliert werden können: »Wir haben gesehen, daß Schuldgefühle ein untaugliches Mittel gegen Vorfälle sind, die das gesellschaftliche Leben bedrohen; daß sie weder menschliche Übel beseitigen noch menschliche Bestien besänftigen können; daß sie sogar, bildlich gesprochen, die klarsten Wasser trüben, ohne jedoch die trüben zu klären. (...) Machen wir also diese inneren Feinde endlich unschädlich! Führen wir nicht länger Krieg gegen uns selbst! (...) befreien wir uns endlich von den Schuldgefühlen! Auf daß die Narren die einzigen sind, die sie noch haben. Auf daß kein Unkraut mehr im Kornfeld des Lebens sei. Auf daß dieses grausame Gift endlich für immer verbannt sei – vor allem aus den Seelen jener liebenswerten Menschen, die nichts anderes tun als sich der reinsten Wollust hinzugeben. Wenn allerdings die natürlichen Freuden Verbrechen sind, dann besteht die Glückseligkeit des Menschen gewiß darin, Verbrecher zu sein.«[26]

La Mettrie selbst sah seine Lehre von den Schuldgefühlen als seinen originellsten und wichtigsten Beitrag zur Philosophie an, obgleich seine Zeitgenossen gerade für diese revolutionäre Theorie – gelinde gesagt – keinerlei Verständnis aufbrachten. Untrennbar damit verbunden ist auch eine andere Schrift, nämlich *L'art de jouir* (Die Kunst, Wollust zu empfinden): neben dem *Anti-Seneca* das vielleicht wichtigste philosophische Werk La Mettries. Ein darin enthaltener Textabschnitt scheint seine hedonistische, gänzlich am Diesseits orientierte Philosophie auf den Punkt zu bringen: »Der Wollüstige liebt das Leben, weil er einen gesunden

26 Ebd., S. 60f.

Körper und einen freien Geist ohne Vorurteile hat. Er liebt die Natur und bewundert ihre Schönheit, weil er ihren Wert kennt. Gefeit gegen den Überdruß am Leben, versteht er nicht, wie dieses tödliche Gift in die Herzen der Menschen dringen kann. Erhaben über die Launen des Schicksals, ist er selbst sein eigenes Schicksal. Erhaben über den Ehrgeiz, hat er selbst nur den einen: glücklich zu sein. Erhaben über die Fährnisse des Lebens, ist er, als epikuräischer Philosoph, frei von Furcht, vor Unheil und Tod. Der Baum verliert sein Laub, er aber bewahrt seine Liebe zum Leben. Der Strom erstarrt in der Kälte des Winters, er aber schürt die Gluten des Sommers.«[27]

Obgleich La Mettrie der wohl bedeutendste, da konsequenteste Repräsentant des französischen Materialismus genannt werden kann, wird die Wirkungsgeschichte dieses Ketzers und Provokateurs von Unkenntnis begleitet. Francois Marie Arouet Voltaire – sein größter Rivale am Hofe Friedrichs II. – bezeichnete La Mettries Schriften als »*mauvais livres*«, als schlechte Bücher, die weniger dazu dienten, die abergläubischen Vorstellungen auszutreiben, als die »Ketten der Tugend« und damit die festen Bande der Gesellschaft zu zerstören. Und selbst Paul Thiry d'Holbach – mit dessen 1770 erschienenen Schrift *System der Natur* er oftmals als Begründer des Materialismus in einem Atemzug genannt wird – wirft La Mettrie vor, den eminenten Unterschied zwischen Tugend und Laster geleugnet und damit dem allgemeinen Sittenverfall Vorschub geleistet zu haben. Theologen wie Freidenker waren sich einig in dem schweren Vorwurf der Immoralität, der La Mettrie lange Zeit zum *Enfant terrible* abstempelte. Kein Geringerer als Gotthold Ephraim Lessing unterrichtete eifrig in einem Brief seinen Vater über die angebliche »Abscheulichkeit« und »Porneutik«, das heißt soviel wie Hurenkunst der Anti-Seneca-Schrift La Mettries, von welcher »der König selbst zehn Exemplare (...) ins Feuer geworfen« habe.

[27] La Mettrie, Julien Offray de, Die Kunst, Wollust zu empfinden, aus dem Französischen von Alethejus Demetrius (1751), herausgegeben und eingeleitet von Bernd A. Laska, Nürnberg 1987, S. 80f.

Wenngleich bereits Georg Wilhelm Friedrich Hegel erstmalig sachlich und ohne Polemik den Geächteten philosophiegeschichtlich einzuordnen und zu würdigen wußte als wichtigen Vertreter des Übergangs der Philosophie zum Materialismus, ist es doch erst Friedrich Albert Lange in seiner 1866 publizierten einflußreichen *Geschichte des Materialismus und Kritik seiner Bedeutung in der Gegenwart* gelungen, La Mettrie wenigstens teilweise zu rehabilitieren: »(La Mettrie) ist einer der geschmähtesten Namen der Literaturgeschichte, aber ein wenig gelesener, wenigen, die ihn an geeigneter Stelle ebenfalls zu schmähen für gut fanden, auch nur oberflächlich bekannter Schriftsteller. Diese Tradition stammt schon aus den Kreisen seiner Zeitgenossen, um nicht zu sagen seiner Gesinnungsgenossen. La Mettrie war der Prügeljunge des französischen Materialismus im 18. Jahrhundert. Wer nur immer den Materialismus feindlich berührte, stieß auf ihn, als den extremsten dieser Richtung; wer selbst sich dem Materialismus in seinen Ansichten näherte, deckte sich den Rücken gegen die schlimmsten Vorwürfe, indem er La Mettrie einen Tritt gab. Es war dies um so bequemer, da La Mettrie nicht nur der extremste der französischen Materialisten war, sondern auch *der Zeit nach der erste*. Der Skandal war daher doppelt groß, und man konnte jahrzehntelang mit tugendhafter Miene auf diesen Verbrecher hinweisen, während man sich seine Ideen allmählich aneignete; man konnte ungestraft später als eigenes Produkt verkaufen, was man von La Mettrie gelernt hatte, weil man sich von ihm mit einer Einstimmigkeit und einer Energie losgesagt hatte, welche das Urteil der Zeitgenossen verwirrte.«[28] Schließlich distanzierte sich jedoch auch Lange ausdrücklich von La Mettries antimoralischer, »verwerflicher« Weltanschauung und ignorierte dessen Hauptlehre von den Schuldgefühlen komplett.

Wenngleich die Tradition des Materialismus im späteren 19. Jahrhundert fortgesetzt wurde – zum Beispiel von Ludwig Büchner und den Vertretern des »Dialektischen Materialismus« wie Marx und Engels, die zwar die mechanistische Betrachtungsweise durch die dialektische ersetzten, an dem materialistischen

28 Lange, Friedrich Albert, Geschichte des Materialismus und Kritik seiner Bedeutung in der Gegenwart, 1866, S. 494f.

Grundgedanken jedoch festhielten –, spielte La Mettrie keine nennenswerte Rolle. Erst seit der Mitte des 20. Jahrhunderts – genauer gesagt mit den Studien Aram Vartanians – hat man sich verstärkt und »ernsthaft« mit den Theorien La Mettries, vor allem mit jener von der Mensch-Maschine, auseinandergesetzt und ihren ideen-geschichtlichen Kontext systematisch zu erhellen und die Traditionslinien aufzuzeigen versucht. So sprach schon die medizinisch-physiologische Anthropologie im 17. Jahrhundert mit größter Selbstverständlichkeit vom menschlichen Körper als einer Maschine. Und der Philosoph Christian Wolff verglich bereits 1719, also noch vor La Mettrie, das Weltganze mit einer Maschine: »Eine Maschine ist ein zusammengesetztes Werk, dessen Bewegungen in der Art der Zusammensetzung gegründet ist. Die Welt ist gleichsam ein zusammengesetztes Ding, dessen Veränderungen in der Art der Zusammensetzung gegründet sind. Und demnach ist die Welt eine Maschine.«[29]

Auch der Weg von der Maschine Mensch zur menschenähnlichen Maschine schien nicht mehr sehr weit zu sein. Man denke nur an die ersten künstlichen Geschöpfe aus Menschenhand wie die Androiden und Automaten des 18. Jahrhunderts. Die berühmtesten Beispiele hierfür sind der mechanische Flötenspieler Jaques de Vaucansons, der Schreiber von Pierre Jaquet-Droz und der Schachspieler von Wolfgang van Kempelen. Eine neuartige Automatenkunst, die ihre größte Resonanz jedoch im literarisch-künstlerischen Raum fand: von der Gestalt der Puppe Olimpia aus E. T. A. Hoffmanns spätromatischer Erzählung *Der Sandmann* über Mary Shelleys *Frankenstein* bis hin zu Gustav Meyrinks *Golem* und den Robotern in den Science-Fiction-Texten Stanislav Lems, von Fritz Langs Film *Metropolis* bis zu Oskar Schlemmers *Triadischem Ballett.*

Als zweiter eigentlicher Wiederentdecker La Mettries ist der griechische Philosoph Panajotis Kondylis anzusehen. Bei ihm avanciert La Mettrie vom affirmativen Theoretiker des Bösen zum konsequentesten Denker der Aufklärung, vom negativen Normativisten zum Nihilisten, wobei er in seinem 1981 veröffentlichten

---

[29] Wolff, Christian, Gesammelte Werke, I. Abt., Bd. 2, Hildesheim/Zürich/New York 1983, S. 337.

Buch *Die Aufklärung im Rahmen des neuzeitlichen Rationalismus* La Mettrie an die Seite eines anderen Skandaleurs stellt: Die Rede ist – man ahnt es schon – von Marquis de Sade, dessen Entdeckung als *Philosoph des Boudoirs* auch erst in die jüngere Zeit fällt und einigen surrealistischen und existentialistischen Denkern sowie Vertretern der Frankfurter Schule um Max Horkheimer und Theodor W. Adorno zu verdanken ist.

Auf die geistige Verbindung La Mettrie/de Sade – letzterer war im übrigen der einzige, der La Mettrie ausdrücklich als seinen Lehrmeister anerkannte (und von ihm sämtlich erhältliche Werke in seiner Bibliothek aufbewahrte) – macht auch der Gegenswartsphilosoph Arno Baruzzi aufmerksam. Doch stellt Baruzzi alle Materialisten der französischen Aufklärung in eine Reihe. La Mettrie erscheint bei Baruzzi am Anfang, de Sade am Ende dieser Linie: »La Mettrie versteht sich (…) ausdrücklich als Materialist und sieht die noch allein mögliche Philosophie nach den Verirrungen der Metaphysik im Materialismus. In der Reihe der französischen Materialisten ist La Mettrie der erste radikale und seiner selbst bewußte Materialist, ›vielleicht der entschiedenste Materialist, den die Geschichte der Philosophie kennt‹. Er wagt, seinen Materialismus offen auszusprechen.«[30]

Unter den jüngsten Arbeiten über La Mettries Philosophie ragen zwei verfaßte Studien hervor: Birgit Christensens Dissertation *Ironie und Skepsis. Das offene Wissenschafts- und Weltverständnis bei Julien Offray de La Mettrie* von 1996 sowie Ursula Pia Jauchs umfangreiches Buch *Jenseits der Maschine. Philosophie, Ironie und Ästhetik bei Julien Offray de La Mettrie* von 1998. Christensen würdigt vor allem die Modernität dieses verfemten Philosophen, sein antisystematisches, von Skepsis und Ironie geprägtes, gegen jede Form von Dogmatik ankämpfendes Denken: »Zentrales Moment in der von Gott befreiten Natur ist der Respekt, der sich über die Fähigkeit der Selbstschöpfung begründet und jedem Machtstreben entgegensteht. Als eigentliches Ziel aber, das La Mettrie verfolgt, muß der Versuch gelten, den Menschen

30 Baruzzi, Arno, La Mettrie, in: Aufklärung und Materialismus im Frankreich des 18. Jahrhunderts, herausgegeben von Arno Baruzzi, München 1968, S. 22.

vor der Entfremdung von der Natur, auch von seiner eigenen, zu bewahren.«[31]

Auch Jauch hebt in ihrem Buch vor allem den prospektiven Gehalt von La Mettries Denken, seine ungebrochene Aktualität und sogar noch weit ins Dritte Jahrtausend hinein reichende Bedeutsamkeit hervor: »La Mettries Denken ist in sehr vielen Punkten auf eine fast unspektakuläre Weise dem Charakter seiner Zeit enthoben. Wer seine Sätze liest, zweihundertfünfzig Jahre nachdem sie niedergeschrieben worden sind, hat nicht das Gefühl, im Staub von vorgestern zu wühlen. Was La Mettrie zu seiner Zeit an Systemdenken fehlte, läßt ihn heute gleichsam als *précurseur*, als Avantgardist, ja als Futurist mitten im 18. Jahrhundert erscheinen. (...) Sein Denken kreist um Fragestellungen, die dem heutigen Zeitgenossen des planetarischen *anything goes*, der zwar mit gebanntem Schrecken auf das apokalyptische neue Jahrtausend starrt, noch nicht abhanden gekommen sind. Man nehme die Stichworte ›künstliche Intelligenz‹ und ›neuronale Prozesse‹. Die Maschine hat als Erklärungsmodell für jene mentalen Prozesse der Bewußtseinssteuerung, die sich der Neurologie noch immer verschließen, durchaus noch nicht ausgedient ...«[32]

Neben La Mettries außergewöhnlicher Gabe, sein assoziatives Denken in einer brillant gehandhabten, zuweilen höchst poetischen Sprache auszudrücken, betont Jauch darüber hinaus den prozeßhaften, das heißt auf letzte Sätze und analytische Kurzformeln verzichtenden Charakter dieses dezidiert offenen Philosophierens: »Jede feste Position ist nur vorläufig, solange sie im La Mettrieschen ›Denkkolben‹ noch nicht durch eine bessere ersetzt worden ist. Und gerade diesen genuin experimentalphilosophischen Gehalt gilt es ernst zu nehmen. Gewiß, die Dinge sind bislang ›so‹ und ›so‹ erklärt worden. Wie aber, wenn man probehalber einmal in die andere Richtung denken würde?«[33]

Die allergrößte Bedeutsamkeit scheint das Maschinen-Denken La Mettries aber zweifellos vor dem Hintergrund der rasanten

[31] Christensen, Birgit, Ironie und Skepsis. Das offene Wissenschafts- und Weltverständnis bei Julien Offray de La Mettrie, Würzburg 1996, S. 13.

[32] Jauch, Ursula Pia, Jenseits der Maschine. Philosophie, Ironie und Ästhetik bei Julien Offray de La Mettrie (1709–1751), München/Wien 1998, S. 21.

[33] Jauch, Ursula Pia, Jenseits der Maschine, a.a.O., S. 22.

Entwicklungen in naher, nächster Zukunft zu haben. Denn es zeichnet sich unverkennbar die Tendenz ab, daß Roboter bald das Erbe der Menschheit antreten werden, wie etwa Hans Moravec in seinem Buch *Mind children* von 1988 prophezeit hat. Es werden Maschinen sein, die sich dem Menschen immer mehr angleichen: eine von Denkmaschinen beherrschte »postbiologische« Welt, deren Konsequenzen, vor allem in ethischer Hinsicht, heute kaum abzusehen sind.

Literaturhinweise

La Mettrie, Julien Offray de, L'homme machine/Die Maschine Mensch, übersetzt und herausgegeben von Claudia Becker, französisch-deutsch, Hamburg 1990.

La Mettrie, Julien Offray de, Über das Glück oder Das Höchste Gut (Anti-Seneca), aus dem Französischen übersetzt von Bernd A. Laska, unter Mitwirkung von Gertraud Busse, herausgegeben und eingeleitet von Bernd A. Laska, Nürnberg 1985.

La Mettrie, Julien Offray de, Die Kunst, Wollust zu empfinden, aus dem Französischen von Alethejus Demetrius (1751), herausgegeben und eingeleitet von Bernd A. Laska, Nürnberg 1987.

Lange, Friedrich Albert, Geschichte des Materialismus und Kritik seiner Bedeutung in der Gegenwart, 1866.

Baruzzi, Arno, La Mettrie, in: Aufklärung und Materialismus im Frankreich des 18. Jahrhunderts, herausgegeben von Arno Baruzzi, München 1968.

Baruzzi, Arno, Mensch und Maschine, München 1973.

Onfray, Michel, Philosophie der Ekstase, aus dem Französischen von Eva Moldenhauer, Frankfurt a.M./New York 1993.

Christensen, Birgit, Ironie und Skepsis. Das offene Wissenschafts- und Weltverständnis bei Julien Offray de La Mettrie, Würzburg 1996.

Jauch, Ursula Pia, Jenseits der Maschine. Philosophie, Ironie und Ästhetik bei Julien Offray de La Mettrie (1709–1751), München/Wien 1998.

III. »Mir geht nichts über Mich!« – Max Stirners Philosophie des absoluten Egoismus

»Der Individualist ist seinem Wesen nach ein Ketzer.«
Jean Cocteau

Will man dem Bonmot eines Anonymus' Glauben schenken, daß der größte Egoist jener sei, dem noch nie in den Sinn gekommen ist, daß er einer sein könnte, müßte man den Verfasser folgender Zeilen auf der Stelle rehabilitieren, ihn vom unerhörten Vorwurf, die Inkarnation des Egoismus selbst zu sein, lossprechen. Gleichwohl haben seine gewagten, von einem hohen Reflexionsgrad zeugenden Thesen auch nach rund anderthalb Jahrhunderten nichts von ihrer ethisch-moralischen Sprengkraft eingebüßt: »Ich hab' Mein Sach' auf Nichts gestellt. Was soll nicht alles Meine Sache sein! Vor allem die gute Sache, dann die Sache Gottes, die Sache der Menschheit, der Wahrheit, der Freiheit, der Humanität, der Gerechtigkeit; ferner die Sache Meines Volkes, Meines Fürsten, Meines Vaterlandes; endlich gar die Sache des Geistes und tausend anderer Sachen. Nur *Meine* Sache soll niemals Meine Sache sein. ›Pfui über den Egoisten, der nur an sich denkt!‹ (...) Das Göttliche ist Gottes Sache, das Menschliche Sache ›des Menschen‹. Meine Sache ist weder das Göttliche noch das Menschliche, ist nicht das Wahre, Gute, Rechte, Freie usw., sondern allein das *Meinige,* und sie ist keine allgemeine, sondern ist – *einzig*, wie Ich einzig bin. Mir geht nichts über Mich!«[1]

Mit diesem kühnen »Lobgesang« auf das Ideal des skrupellosen Egoisten, der sich selbstherrlich zum Maß aller Dinge erklärt, beginnt eines der berüchtigtsten Werke der Philosophiegeschichte, »das extremste, das wir überhaupt kennen« (Albert Lange, 1865) –

1 Stirner, Max, Der Einzige und sein Eigentum, herausgegeben von Paul Lauterbach, Leipzig 1892, S. 12.

Max Stirners Buch *Der Einzige und sein Eigentum*, dessen ursprünglicher Titel lakonisch, aber treffend *Ich* lauten sollte: Der einzige philosophische Text, in dem die Wörter *Ich* und *Mir* programmatisch und konsequent – nach Fürstenbrauch! – stets groß geschrieben werden und dessen Radikalität die Geister bis heute immer wieder aufs schärfste provoziert: »Stirner und nicht der Lebensphilosoph Nietzsche vertritt mit ›furchteinflößender‹ Folgerichtigkeit den nackten Willen zur Macht. (…) Der Tag, an dem Stirners Programm auch nur die Willensüberzeugung aller würde, (…) wäre der ›jüngste Tag‹ der Menschheit – und wird es vielleicht sein.«[2] Ludwig Klages steht mit seiner mahnenden Sichtweise Stirners als ich- und machtbesessenen Vorboten des schrecklichsten Unheils nicht alleine da. So warnte der Basler Philosophieprofessor Karl Joël Anfang der 1930er Jahre eindringlich vor der Unperson Stirner, diesem »Fanatiker des Egoismus«, der das »wildeste Ketzerbuch« aller Zeiten geschrieben und damit eine veritable »Teufelsreligion« begründet habe.

Über Stirner und sein rebellisches, einen extremen Individualismus vertretenden Hauptwerk *Der Einzige und sein Eigentum* scheint sich die akademische Nachwelt wie bei kaum einem anderen Denker einig zu sein. Denn viele halten ihn für den eigentlichen Inaugurator des modernen Nihilismus, für den wahren Ahnvater und »Metaphysiker« des Anarchismus. In sämtlichen heute erhältlichen Ausgaben, die mit kommentierenden Nachworten versehen sind, wird er rücksichtslos verrissen und aus dem »heiligen« Universum der Philosophen ausgeschlossenen. Wen nimmt es wunder? mag sich jeder vermeintlich zivilisierte und vernünftige Mensch angesichts solch ungeheuerlicher Aussagen wie der folgenden fragen: »Ich aber bin durch Mich berechtigt zu morden, wenn Ich Mir's selbst nicht verbiete, wenn Ich selbst Mich nicht vorm Morde als vor einem ›Unrecht‹ fürchte. (…) Ich bin nur zu dem nicht berechtigt, was Ich nicht mit freiem Mute tue, d.h. wozu *Ich* Mich nicht berechtige. Ich entscheide, ob es in *Mir* das *Rechte* ist; außer Mir gibt es kein Recht.«[3] Justifikation des

---

2 Klages, Ludwig, Die psychologischen Errungenschaften Nietzsches, Bonn 1989, S. 60.

3 Stirner, Der Einzige, a.a.O., S. 221.

Unrechts, der Unwahrheit und sogar des Mordes – niemals zuvor scheint Vergleichbares aus einer Philosophenfeder geflossen zu sein. Gegen Stirner wird selbst ein Niccolò Machiavelli zum harmlosen Provokateur.

Den meisten gilt Stirner als Inbegriff eines krankhaften Solipsisten, eines schonungslosen, größenwahnsinnigen Egoisten und ethischen Nihilisten, der zu einem vulgärdarwinistischen Kampf aller gegen alle aufruft – frei nach der thelemistischen Maxime »*Tu, was Du willst!*« beziehungsweise des (post)modernen Slogans *»anything goes!«* Etikettierungen, die dabei vergleichsweise noch harmlos anmuten: Karl Marx sah in seinem Zeitgenossen den »hohlste(n) und dürftigste(n) Schädel unter den Philosophen«. Für den rechtskonservativen Staatsrechtler Carl Schmitt war Stirner »ein verkommener Studiker, ein Knote, ein Ich-Verrückter, offenbar ein schwerer Psychopath«. Selbst in neuerer Zeit titulierte Jürgen Habermas aus linksliberalem Blickwinkel Stirners Werk als »aus der Armut und der Enge hervorgetriebenes Mittelmaß« (...), als Erzeugnis eines »rigorose(n) Monomane(n)«. Und wie soll man etwa Theodor W. Adornos kryptische Aussage interpretieren, daß Stirner derjenige gewesen sei, der »den Hasen aus dem Sack gelassen« habe!? Die Liste böswilliger Invektiven – Allmachtsrausch des Ichs, Haifisch-Philosophie, geistiges Kraftmeiertum, grobschlächtiges Faustrecht, *Advocatus diaboli* – ließe sich jedenfalls beliebig erweitern ... Ja, es fehlte auch nicht an seriös gemeinten Versuchen, Stirner regelrecht zu pathologisieren, seinen »Fall« psychiatrisch auszuschlachten.

Trotz dieser einhelligen Verdammungsurteile erstaunt die nicht zu leugnende Tatsache, daß sich Philosophen so unterschiedlicher Provenienz intensiv, aber eher polemisch als sachlich-argumentativ, mit diesem Erzfeind aller Religion, Moral und überkommener politischer Hierarchie auseinandersetzten. Daß Stirner lediglich ein philosophischer Skandaleur, ein *Philosophe maudit*, eine bizarre Randerscheinung der buntschillernden Ideengeschichte und sein Werk eine *Quantité négligeable* sei, ist angesichts seines immensen, wenngleich klandestinen Einflusses auf Denker, Literaten und Künstler überaus fragwürdig. Zumindest geht – wie es der Begründer der Phänomenologie Edmund Husserl einmal an entlegener Stelle formulierte – eine »versucherische Kraft« von diesem Denker aus, dessen Werk philosophiehistorisch wie ein erratischer Block wirkt, an dem sich die Leser immer wieder empfindlich stoßen.

Was der Philosoph Hermann Schultheiss Anfang dieses Jahrhunderts über Stirner sagte, dessen Werk, obwohl immer noch als »Geheimtip« gehandelt, allein in Deutschland rund eine Viertelmillion mal verkauft worden ist, gilt *grosso modo* nach wie vor: »Niemand weiß recht Bescheid über Stirner zu geben. Für die meisten tritt mit dem Schall seines Namens die vage Vorstellung von etwas Furchtbarem, fanatisch Zerstörendem, von höhnischem Lächeln und tempelschänderischen Händen auf. Andere haben das Gefühl, Stirner sei ein Kauz und nicht tragisch zu nehmen. Gern bleiben auch die Gelehrten gedankenvoll an dieser Stelle stehen und versuchen herauszubekommen, ob das Buch nicht etwa ironisch oder gar eine mit Bewußtsein angelegte Karikatur ist. Einigkeit ist noch nicht erzielt; aber die das Buch ernst nehmen, halten aus Furcht vor dem Düpiertwerden stets ein wissendes Lächeln in Bereitschaft. (...) Philosophische Gourmands treten getrost heran und studieren das Mirakel mit wachsender Freude: dieser Mann sagt ein Äußerstes, Kühnstes: eine Verrücktheit freilich, aber köstlich, aber von grandioser, furchtloser Konsequenz.«[4] Bemerkenswert ist dabei, daß das Ansehen seines Hauptwerkes im Ausland, etwa in Frankreich, England und Italien, stets größer war als in Deutschland, sich die alte Geschichte vom Propheten im eigenen Land abermals perpetuiert(e)!

Wer verbirgt sich hinter diesem geächteten Mitbegründer des Anarchismus, von dem es – sieht man von einer stilisierten, nach der Erinnerung angefertigten Skizze Friedrich Engels einmal ab (auch eine Zeichnung, wie er auf dem Totenbett lag, ging verloren) – kein authentisches Porträt gibt und der im wesentlichen mit nur einem Werk, einer radikalen philosophischen Affirmation des einzigartigen Ichs, in die Geistesgeschichte eingehen sollte? Stirners erster Biograph, der deutsch-schottische Dichter und Individualanarchist John Henry Mackay, hat Ende des 19. Jahrhunderts

---

4 Schultheiss, Hermann, Stirner. Grundlagen zum Verständnis des Werkes: »Der Einzige und sein Eigentum«, Leipzig 1922, S. 1–4., zitiert nach: Bernd A. Laska, Ein dauerhafter Dissident. 150 Jahre Stirners »Einziger«. Eine kurze Wirkungsgeschichte, Nürnberg 1996, S. 10f.

die spärlich überlieferten Fakten gewissenhaft zusammengetragen, obgleich er gelegentlich der hagiographischen Versuchung erliegt: »Sein Leben ist ein neuer Beweis dafür, daß nicht die lauten Lärmer des Tages, die Lieblinge der Menge, sondern die einsamen und rastlosen Forscher, die in stiller Arbeit dem Geschicke der Menschheit die Wege weisen, die in Wahrheit Unsterblichen sind. Unter ihnen steht Max Stirner (...) Alle Bände aller Bibliotheken der Welt könnten (sein Werk) nicht ersetzen, wäre es verloren gegangen. Alles vor und nach ihm Gesagte erscheint ihm gegenüber so ziemlich überflüssig.«[5] Nietzsches berühmtes, dem Stirnerschen Denken so eng verwandtes Zarathustra-Wort, daß man einem Lehrer nur schlecht vergilt, »wenn man immer nur der Schüler bleibt«, scheint Mackay offenbar nie in den Sinn gekommen zu sein ...

Stirners verhältnismäßig kurze Lebensspanne reicht von Napoleons Neuordnung Europas, über Restauration, Vormärz und die Revolution von 1848, bis zur postrevolutionären Reaktion. In philosophiehistorischer Perspektive überschneidet sich Stirners Lebensweg mit dem Aufstieg Hegels, über dessen wirkungsmächtige Schulbildung bis zur Spaltung und dem langsamen Niedergang der Hegelschen Schule. Die wichtigsten Stationen seines unerwartet einfachen, ereignislosen Lebens, das mit einem introvertierten Charakter korrespondiert, sind rasch erzählt:

Max Stirner ist das plastische Pseudonym für den Allerweltsnamen Johann Caspar Schmidt, der am 25. Oktober 1806 in Bayreuth als einziges Kind protestantischer Eltern geboren wurde. Sein Vater, ein Musikinstrumentenbauer, starb ein halbes Jahr später, und seine Mutter ging nach einer zweijährigen Trauerzeit eine neue Ehe ein. Kurz darauf verließ die dreiköpfige Familie Bayreuth und siedelte sich im westpreussischen Kulm an. Wahrscheinlich aus schulischen Gründen kehrte Johann Caspar jedoch im Alter von 12 Jahren allein in die Richard-Wagner- und Jean-Paul-Stadt zurück, wo er in der Familie seines Paten Aufnahme fand. Er besuchte das Gymnasium, das von Georg Andreas Gabler geleitet wurde, einem beflissenen Anhänger Hegels, der 1831, als dieser starb, sein Nachfolger auf dem Lehrstuhl wurde.

---

5 Mackay, John Henry, Max Stirner, Sein Leben und sein Werk, Reprint der dritten Auflage von 1914, Freiburg i.Br. 1977, S. 24.

1826 schrieb sich Schmidt an der renommierten Berliner Universität ein und studierte Philosophie und Theologie bei Hegel, Schleiermacher und anderen, heute weniger bekannten Koryphäen. Sein anfänglicher Elan ließ jedoch schnell nach, und vier Semester später verzichtete er schließlich vollends auf das Privileg, sich an jener »Hochburg des Welt-Geistes« zu bilden. Zwar versuchte er weiterhin, das Studium fortzusetzen, und schrieb sich für die folgenden Semester in Erlangen und Königsberg ein, ging aber schon bald, wie er in einem Lebenslauf schrieb, »auf eine längere Reise durch Deutschland«, über die jedoch wenig bekannt geworden ist.

Erst 1833 tauchte Schmidt wieder in Berlin auf, wo er unter allerlei Schwierigkeiten – er kümmerte sich zeitweise um seine geisteskranke Mutter – die formellen Bedingungen erfüllte, um schließlich im Alter von 33 Jahren und mit einer bedingten *Facultas docendi* ausgestattet, seine erste bezahlte Stellung antreten zu können: als Lehrer an einer Privatschule für höhere Töchter. Bereits seine Abschlußarbeit über *Schulgesetze* betont die Stärkung des Ichs und des Willens zur Ausbildung mündiger, souveräner Charaktere und trägt somit die Grundzüge einer freiheitlichen, zukunftsweisenden Anti-Pädagogik.

Ab Mitte 1841 verkehrte Schmidt bei den bohèmehaften Berliner »Freien«, die sich auch »*Athenäer*« nannten, einer lockeren Gruppierung von Jung- beziehungsweise Linkshegelianern um die Religionskritiker Bruno Bauer und Ludwig Feuerbach. Diese trafen sich in der Hippelschen Weinstube, zu deren Gästen auch Karl Marx und Friedrich Engels sowie die Dichter Georg Herwegh und Hoffmann von Fallersleben gehörten. Über die geistesgeschichtliche Bedeutung dieser illustren, bilderstürmenden Männerrunde schreibt der glühende Stirner-Anhänger und -Biograph Mackay: »In dieser Weinstube begann sich (…) ein Kreis von Männern allabendlich zu versammeln, der sich aus sehr verschiedenen Elementen zusammensetzte, die nur das Eine miteinander gemein hatten: mehr oder minder unzufrieden mit den bestehenden politischen und sozialen Verhältnissen ihrer Zeit zu sein und sie mehr oder minder heftig in der Öffentlichkeit zu bekämpfen. Diese ausgesprochene ›äußerste Linke‹ in der großen geistigen Bewegung der damaligen Zeit erhielt (…) den Namen der ›Freien‹ (…) und hat unter ihm in der Geschichte der vormärzlichen Zeit eine gewisse Berühmtheit erlangt. (Im) unablässigen Ringen nach Freiheit lag auch die Bedeutung des Kreises. Zu keiner Zeit war die Kritik, die Mutter allen Fortschritts, so angesehen, wie damals unter seinen Mitgliedern; nie war sie unerbittlicher gewesen und niemals vorher hatte sie sich so weit vorgewagt. Sie legte ihre Axt an Begriffe, die bis dahin unerschütterlich festgestanden hatten. Ihre Ehrlichkeit war so groß wie ihre Unerschrockenheit.«[6]

In dieser bewegten Zeit trat Stirner erstmals mit kleineren Beiträgen als Journalist und Schriftsteller hervor: teils anonym, teils bereits pseudonym als *Max Stirner* = jener, der die größte (lat. *maximus*) Stirn hat.[7] Denn so wurde er schon als Student von seinen Kommilitonen aufgrund seiner auffallend hohen Stirn genannt: ein *Nom de guerre*, dessen Bedeutung über das rein Physiognomische – man erinnere sich nur an Redewendungen wie *die Stirn besitzen, jemandem die Stirn bieten* – weit hinausreicht ... Bei den »Freien« lernte er auch seine zweite Frau, Marie Daehnhardt, kennen. Eine schöne, kluge Mecklenburgerin, die sich – Bier trinkend und Zigarren rauchend – für die Emanzipation der Frau einsetzte und in der Schrifstellerin George Sand ihr großes Vorbild sah. Mit dieser lebte er von 1843 bis 1846 zusammen und widmete ihr auch sein *Opus magnum*. Seine erste Frau, Agnes Clara Burtz, die Tochter seiner Hauswirtin, war 1838, nach einjähriger Ehe, im Kindbett gestorben.

Zwischen den Jahren 1843 und 1847 verfaßte Stirner seine wichtigsten Schriften. Sein Hauptwerk *Der Einzige und sein Eigentum* erschien Ende Oktober 1844. Kurz zuvor konnte Stirner durch das Vermögen seiner Frau die Unterrichtstätigkeit ganz aufgeben und sich als philosophischer Schriftsteller privatisieren. Das Buch war anfänglich ein Sensationserfolg, ein »Hit« im doppelten Wortsinn, geriet aber bereits vor der 1848er Revolution – für die sich Stirner politisch nicht engagierte – in weitgehende Vergessenheit. Zu den letzten Arbeiten Stirners zählen, neben kleineren journalistischen Beiträgen, Übersetzungen französischer

---

6 Mackay, Max Stirner, a.a.O., 57.

7 Vgl. Adam, Reinhardt, Zur Philosophie Max Stirners, in: Korrespondenz. Zeitschrift für freie Jugendarbeit und Sozialorganik, 16. Jahrgang, Dornach/ Schweiz 1986, S. 22.

und englischer Nationalökonomen wie Adam Smith und eine kompilatorische *Geschichte der Reaction.*

Eine ungeschickt realisierte, aber an sich gute, zeitgemäße Geschäftsidee – nämlich ein Milchvertrieb in Berlin – führte zum finanziellen Ruin des Ehepaars und bald darauf zur Trennung. Stirners restlicher Lebensweg verliert sich in wachsender Not, wiederholter Flucht vor Gläubigern – zweimal mußte er sogar in Schuldarrest einsitzen – und völliger Dunkelheit. Verarmt und verkannt, starb der Schöpfer des stolzen »Einzigen« am 25. Juni 1856 – Ironie des Schicksals? – vermutlich an den Folgen eines giftigen Mückenstichs in Berlin. Seine sterblichen Reste ruhen auf dem Sophienkirchhof zu Berlin. Lediglich der mit großen Lettern eingemeißelte Name ziert die schmucklose Grabplatte.

Überblickt man Stirners unspektakulären Lebensweg, fällt der starke Kontrast zwischen Mann und Werk auf, zwischen dem eher schüchternen, aber freundlichen Johann Caspar Schmidt, dessen einzige Leidenschaft im Zigarrenrauchen bestand, und der draufgängerischen Stirnerschen Traumfigur des freien Egoisten, der Züge von Nietzsches »Übermenschen« vorwegzunehmen scheint. Psychologen dürften hier ein klassisches Beispiel einer Kompensation, wenn nicht sogar einer Überkompensation erkennen. Doch »nicht dies unscheinbar verlaufene Leben kennzeichnet Stirner«, wie der Philosophiehistoriker Karl Vorländer bemerkt, »sondern eine in dieser Kühnheit vor ihm vielleicht nie oder nur von einzelnen griechischen Sophisten (und Kynikern, A. d. V.) verkündete Lehre«. Allein Marquis de Sades atheistisch-materialistische Thesen und seine Philosophie des absoluten Genusses jenseits aller Moralgesetze reihen sich vielleicht noch in diese häretische Traditionslinie ein.

Was ist die Botschaft des *Einzigen und seines Eigentums* in ihrer Essenz? Stirners Buch ist bestimmt durch Empörung, Protest und Kritik, die auch in einem durchweg sperrigen, eigenwilligen Stil ihren adäquaten Ausdruck finden. Es ist ein ganz und gar aufrührerisches Buch, das sich gegen jede Art von Herrschaft, gegen jedwede religiöse, staatliche oder moralische Gängelung wendet und für die totale Befreiung des Einzelnen kämpft, in der »Ich-Lehre« die Summe aller bisherigen Philosophie erkennt. Stirner stellt dabei nicht die platonische, die gesamte abendländische

Philosophie beherrschende Begriffs- und Wesensfrage »*Was* ist der Mensch?« Ihn interessiert vielmehr die »persönliche«, den Einzelfall betreffende Frage »*Wer* ist der Mensch?« Damit wird er zum Begründer einer modernen Antimetaphysik, die – vier Dezennien vor Nietzsche – eine »Umwertung aller Werte« propagiert.

Archimedischer Punkt der Stirnerschen Philosophie ist weder etwas Metaphysisches noch Gedanklich-Abstraktes, sondern allein das konkrete, autonome Individuum, das jeweils einzigartige, seiner selbst bewußte Ich des Menschen – in letzter Konsequenz der gottlose, gesetzlose Egoist, dessen blasphemisch wirkendes Bild Stirner am Schluß seines Hauptwerks zeichnet. Wie schon zu Beginn des Buches erkennt Stirner dabei in Goethes berühmter, einem Gedicht (*Vanitatis! Vanitatum Vanitas*) entnommener Formulierung »Ich hab' Mein Sach' auf Nichts gestellt« das Motto seiner Weltanschauung: »Man sagt von Gott: ›Namen nennen Dich nicht‹. Das gilt von Mir: kein *Begriff* drückt Mich aus, nichts, was man als mein Wesen angibt, erschöpft Mich; es sind nur Namen. Gleichfalls sagt man von Gott, er sei vollkommen und habe keinen Beruf, nach Vollkommenheit zu streben. Auch das gilt allein von Mir. *Eigner* bin ich meiner Gewalt, und Ich bin es dann, wenn Ich Mich als *Einzigen* weiß. Im *Einzigen* kehrt selbst der Eigner in sein schöpferisches Nichts zurück, aus welchem er geboren wird. Jedes höhere Wesen über mir, sei es Gott, sei es der Mensch, schwächt das Gefühl meiner Einzigkeit und erbleicht erst vor der Sonne dieses Bewußtseins. Stell' Ich auf Mich, den Einzigen, meine Sache, dann steht sie auf dem Vergänglichen, dem sterblichen Schöpfer seiner, der sich selbst verzehrt, und ich darf sagen: Ich hab' mein Sach' auf Nichts gestellt.«[8]

Selbstredend besitzen die meisten Menschen, Stirner zufolge, weder ein wirkliches Bewußtsein ihres singulären Ichs, das seiender als alles Sein ist, noch die nötige Kraft und damit die Freiheit, sich selbst zum alleinigen Mittelpunkt der Welt zu machen und nach eigenen, gänzlich egoistischen Werten zu leben. Vielmehr werden sie von einer Unzahl von irrationalen Mächten fremdbestimmt und unterdrückt. Zu den gespensterhaften Gebilden, die das Ich beherrschen, es zu einem buchstäblich Besessenen machen,

---

8 Stirner, Der Einzige, a.a.O., S. 429.

zählt nicht nur der naive Glaube an Gott und andere transzendente Wesenheiten. Auch die wertstiftende Autorität des Staates und anderer gesellschaftlich-institutioneller Zwingburgen, ganz gleich welcher Form und Prägung, wird kategorisch abgelehnt. Für Stirner sind dies lediglich »fixe Ideen«, oder – wie er selbst salopp formuliert – »Sparren« in den Köpfen der Leute, die ein emanzipiertes Denken und Handeln gänzlich verunmöglichen: »Mensch, es spukt in Deinem Kopfe; Du hast einen Sparren zu viel! Du bildest Dir große Dinge ein und malst Dir eine ganze Götterwelt aus, die für Dich da sei, ein Geisterreich, zu welchem Du berufen seist, ein Ideal, das Dir winkt. Du hast eine fixe Idee! Denke nicht, daß ich scherze oder bildlich rede, wenn Ich die am Höheren hangenden Menschen, und weil die ungeheure Mehrzahl hierher gehört, fast die ganze Menschenwelt für veritable Narren, Narren im Tollhause ansehe. Was nennt man denn eine ›fixe Idee‹? Eine Idee, die den Menschen sich unterworfen hat. Erkennt Ihr an einer solchen fixen Idee, daß sie eine Narrheit sei, so sperrt Ihr den Sklaven derselben in eine Irrenanstalt. Und ist etwa die Glaubenswahrheit, an welcher man nicht zweifeln, die Majestät z.B. des Volkes, an der man nicht rütteln (wer es tut, ist ein – Majestätsverbrecher), die Tugend, gegen welche der Zensor kein Wörtchen durchlassen soll, sind dies nicht ›fixe Ideen‹? Ist nicht alles dumme Geschwätz, z.B. unserer Zeitungen, das Geplapper vor Narren, die an der fixen Idee der Sittlichkeit, Gesetzlichkeit, Christlichkeit usw. leiden, und nur frei herumzugehen scheinen, weil das Narrenhaus, worin sie wandeln, einen so weiten Raum einnimmt? Man taste einem solchen Narren an seine fixe Idee, und man wird sogleich vor der Heimtücke des Tollen den Rücken zu hüten haben.«[9] Eine wahrlich weise Voraussicht des *Einzigen* und seines Schöpfers, der die tiefen Ressentiments seiner Zeitgenossen mehr als einmal zu spüren bekommen sollte …

Indem Stirner den naiven Glauben an einen transzendenten Gott als »Hirngespinst« im wahrsten Sinne des Wortes entlarvt, knüpft er indirekt an den atheistisch-materialistischen Flügel der Aufklärung (Julien Offray de La Mettrie, Claude Henri Helvetius, Paul Heinrich Dietrich von Holbach) und *direkt* an die Religions-

9 Ebd., S. 55.

kritik Ludwig Feuerbachs an, derzufolge theologische Ideen lediglich anthropomorphe Projektionen, bloße menschliche Wunschvorstellungen seien. Doch Stirner geht über den einflußreichen Linkshegelianer weit hinaus, da für ihn auch die heiligsten Güter der Aufklärung wie Vernunft, Humanität und Moral »fixe Ideen«, also versteckte religiöse Hypostasierungen sind, denen keine Wirklichkeit entspricht. Nicht bloß das Jenseits außerhalb des Menschen, sondern auch das Jenseits in ihm muß – Stirner zufolge – zerstört werden, denn alles »Heilige« ist letztendlich nur ein Band, eine Fessel. Stirner faßt somit die Hegelsche Entfremdungsproblematik des Menschen viel weiter auf als Feuerbach, der sie auf den rein religiösen, und als etwa Marx, der sie auf den sozialen Bereich beschränkte.

Stirner erweist sich nicht nur als Atheist und Materialist reinster Machart, sondern auch als radikaler »Nominalist«, das heißt als jemand, für den nur die konkreten Einzeldinge und die leibhaftigen Individuen real sind. Allgemeinbegriffe beziehungsweise Universalien wie »Wahrheit«, »Recht«, »der Staat« oder »der Mensch« sind in seinen Augen nur pure Abstraktionen, sprachliche Geschöpfe der denkenden Menschen, die sich, einmal in die Welt gesetzt, verselbständigen und bedingungslose Unterwerfung und gehorsamen Dienst verlangen: »Gott, Unsterblichkeit, Freiheit, Menschlichkeit usw. werden Uns von Kindheit an als Gedanken und Gefühle eingeprägt, die kräftiger oder flauer Unser Inneres bewegen, und entweder unbewußt Uns beherrschen, oder in reicheren Naturen zu Systemen und Kunstwerken sich darlegen können, immer aber nicht angeregte, sondern eingegebene Gefühle sind, weil Wir an sie glauben und an ihnen hängen müssen.«[10] Subtile Mechanismen des psychischen Apparats, die der Philosoph rund ein halbes Jahrhundert vor Sigmund Freuds Über-Ich- und Sozialisationstheorie klar erkannt und analysiert hat!

Um die Ursachen für die massive Unterdrückung des Ichs zu ergründen und eine erfolgversprechende Befreiungsstrategie zu entwickeln, mit Hilfe derer das geschundene Ich wieder zu sich selbst zurückfinden kann, entwirft Stirner eine dreistufige ontogenetische, das heißt die geistige Entwicklung eines jeden

---

10 Ebd., S. 79.

Individuums betreffende Skizze, die Hegels Anthropologie verpflichtet ist: »Das Kind war realistisch, in den Dingen dieser Welt befangen, bis ihm nach und nach hinter eben diese Dinge zu kommen gelang; der Jüngling war idealistisch, von Gedanken begeistert, bis er sich zum Manne hinaufarbeitete, dem egoistischen, der mit den Dingen und Gedanken nach Herzenslust gebart und sein persönliches Interesse über alles setzt.«[11] Dieses *Ein Menschenleben* genannte Schema, sozusagen eine Deszendenztheorie des individuellen Ichs aus den Wurzeln des Allgemeinen, parallelisiert Stirner sodann mit einem ebenfalls an Hegel orientierten dreistufigen Geschichtsmodell, wenngleich mit einem gänzlich verschiedenen Resultat. Die Trias der großen historischen Epochen wird dabei geprägt durch die »Alten«, die »Neuen« und die »Freien«:

Während die Menschen der Antike die Welt mit der wahrnehmbaren, natürlichen Welt der Dinge identifizierten, sich ihrer Ordnung einfügten und im »Geist« nur ein Mittel zum persönlichen Wohlergehen, zur eigenen Glückseligkeit sahen, entstand mit dem Aufkommen der Ideenlehre Platons und erst recht mit dem Christentum für den »neuen Menschen« eine scharfe, folgenschwere Trennung zwischen Welt und Geist: Dabei galt allein der Geist als Wahrheit und die Welt als ein Nichts. Diese dualistische Aufspaltung der Wirklichkeit wirkt – so Stirner – bis in die neuere Zeit hinein. In diesem Zusammenhang spielt nicht nur das Christentum allgemein, sondern der Protestantismus im besonderen eine fatale Rolle in der Geschichte. Denn erst durch ihn wurde der »Geist Gottes« verinnerlicht und übte gewissermaßen als »Stimme des Gewissens« seine unbeschränkte Herrschaft über den Menschen aus: »Dadurch, daß im Protestantismus der Glaube ein innerlicher wurde, ist auch die Knechtschaft eine innerliche geworden. (...) Der Protestantismus hat den Menschen recht eigentlich zu einem ›Geheimen-Polizei-Staat‹ gemacht. Der Spion und Laurer ›Gewissen‹ überwacht jede Regung des Geistes, und alles Tun und Denken ist ihm eine ›Gewissenssache‹, d.h. eine Polizeisache. In dieser Zerrissenheit des Menschen in ›Naturtrieb‹ und ›Gewissen‹ (innerer Pöbel und innere Polizei) besteht der

[11] Ebd., S. 23.

Protestant.«[12] Ob man die Welt wie Martin Luther durch den festen Glauben an den Gott zu heiligen sucht, ob man die richtige Erkenntnis der Welt wie René Descartes mit allgemeinen Vernunftwahrheiten oder wie Georg Wilhelm Friedrich Hegel mit der spekulativen Vernunft der Weltgeschichte begründet, ist letztendlich ganz einerlei: Jedesmal handelt es sich Stirner zufolge um einen verhängnisvollen Verrat am individuellen, sinnlich-natürlichen und wahrhaft freien Menschen.

Nach Stirner sind selbst die scharfen Religionskritiker Feuerbach und David Friedrich Strauß noch diesem traditionellen Denken verhaftet, da sie nie vom konkreten Einzelmenschen, vom individuellen Ich, ausgehen, sondern stets vom abstrakten »Wesen« der menschlichen Gattung sprechen, dieses zu einem neuen Heiligtum, einer neuen Religion, erklären. Für Stirner sind selbst diese »Atheisten« im Grunde nur »fromme Leute«, die den »Zauberkreis der Christlichkeit« niemals wirklich verlassen haben: »Fast zweitausend Jahre arbeiten Wir daran, den heiligen Geist Uns zu unterwerfen, und manches Stück Heiligkeit haben wir allgemach losgerissen und unter die Füße getreten; aber der riesige Gegner erhebt sich immer von Neuem unter veränderter Gestalt und Namen. Der Geist ist noch nicht entgöttert, entheiligt, entweiht. Zwar flattert er längst nicht mehr als Taube über Unseren Häuptern, zwar beglückt er nicht allein mehr seine Heiligen, sondern läßt sich auch von den Laien fangen usw., aber als Geist der Menschheit, als Menschengeist, d.h. als Geist *des* Menschen, bleibt er Mir, Dir, immer noch ein *fremder* Geist, noch fern davon, Unser unbeschränktes *Eigentum* zu werden, mit welchem Wir schalten und walten nach Unserem Wohlgefallen. Indes Eines geschah gewiß und leitete sichtlich den Hergang der nachchristlichen Geschichte: dies Eine war das Streben, den heiligen Geist *menschlicher* zu machen, und ihn den Menschen oder die Menschen ihm zu nähern. Dadurch kam es, daß er zuletzt als der ›Geist der Menschheit‹ gefaßt werden konnte und unter verschiedenen Ausdrücken, wie ›Idee der Menschheit, Menschentum, Humanität, allgemeine Menschenliebe‹ usw. ansprechender, vertrauter und zugänglicher erschien.«[13] Die schwere Geburt der Humanität aus

12 Ebd., S. 107.

13 Ebd., S. 113f.

dem heiligen (christlichen) Geist ... Lange vor Nietzsche schneidet Stirner mithin Wert- und Moralprobleme unter rein genealogischen Aspekten an.

In der demütigen Unterordnung unter die Menschheit beziehungsweise in der vermeintlich moralischen Forderung, sich an dem Menschen als solchen zu orientieren, sieht Stirner folglich eine massive Beeinträchtigung der Individualität, der Einzigartigkeit des Individuums, gegen die es sich vehement zu wehren gilt. Nicht »der Mensch«, sondern der Einzelne soll die alleinige Norm, der *Index veri et falsi* sein, keinem dienstbar als seiner eigenen Kritik und Willensentscheidung.

Da mit der säkularisierten Vorstellung, wonach der Mensch dazu geschaffen sei, ein *Zoon politikon*, ein Gesellschaftswesen im aristotelischen Sinne, zu werden, die Idee des Staates eng verbunden ist, greift Stirner auch letzteren aufs heftigste an, sieht in ihm nicht weniger als einen regelrechten »Todfeind« des freien, selbstbestimmten Ichs – ganz gleich, ob es sich hierbei um eine Despotie oder eine demokratische Republik handelt, das heißt, ob nur einer oder viele regieren: »Der Staat hat immer nur den Zweck, den Einzelnen zu beschränken, zu bändigen, zu subordinieren, ihn irgend einem *Allgemeinen* untertan zu machen; er dauert nur so lange, als der Einzelne nicht Alles in Allem ist, und ist nur die deutlich ausgeprägte *Beschränktheit Meiner*, meine Beschränkung, meine Sklaverei. Niemals zielt ein Staat dahin, die freie Tätigkeit der Einzelnen herbeizuführen, sondern stets die an den *Staatszweck* gebundene. (...) Jede freie Tätigkeit sucht der Staat durch seine Zensur, seine Überwachung, seine Polizei zu hemmen, und hält diese Hemmung für seine Pflicht, weil sie in Wahrheit Pflicht der Selbsterhaltung ist. Der Staat will aus den Menschen etwas machen, darum leben in ihm nur *gemachte* Menschen; jeder, der Er Selbst sein will, ist sein Gegner und ist nichts.«[14] Daß politische Gebilde wie der Staat zwangsläufig immer auch »Gewaltgebilde« darstellen, sollte wenig später sogar Max Weber in einem Schlüsseltext der politischen Philosophie, nämlich in *Politik als Beruf* (1919), einräumen ...

Neben dem Staat als starrem Herrschaftsgefüge kritisiert Stirner auch verschiedene politische Ideologien. Besonderes Augen-

---

14 Ebd., S. 264.

merk leiht der Philosoph hierbei dem Liberalismus als neuer Gesellschaftsform des aufkommenden Bürgertums, der Bourgeoisie, wobei der Philosoph drei verschiedene Arten unterscheidet: den politischen, sozialen und humanen Liberalismus, die alle für ihn bedrohliche Mächte konstituieren, welche dem einzigartigen Ich kalt und fremd gegenüberstehen, es von außen dominieren. Während der politische Liberalismus der Bourgoisie nur die Besitzenden privilegiert, die Nichtbesitzenden dagegen förmlich auszehrt, macht der soziale der Kommunisten alle zu besitzlosen »Lumpen«, statt zu stolzen »Egoisten«, und der humane Liberalismus verlangt schließlich ein gänzlich uninteressiertes Handeln des Einzelnen.

Daß die liberale Ideologie des Bürgertums eine Form der Herrschaft des Allgemeinen ist, zeigt sich nach Stirner darin, daß sie die Überordnung des Gemeinschaftsinteresses über das Privatinteresse, des allgemeinen Wohls über das Wohl des Einzelnen postuliert. Die Freiheit im Sinne des Liberalismus ist nicht etwa individuelle Freiheit, sondern enge Bindung an das Gesetz, so wie auch der wahre Eigentümer in diesem System nicht eigentlich der Einzelne, sondern das Volk, die Masse ist.

Der politische Liberalismus zeichnet sich nach Stirner ferner durch seinen unbeirrbaren Glauben an alles »Vernünftige«, Rationale aus. Sein erklärtes Ziel ist eine »vernünftige Ordnung«, ein »sittliches Verhalten«, eine »beschränkte Freiheit«: »Das Bürgertum bekennt sich zu einer Moral, welche aufs engste mit seinem Wesen zusammenhängt. Ihre erste Forderung geht darauf hin, daß man ein solides Geschäft, ein ehrliches Gewerbe betreibe, einen moralischen Wandel führe. Unsittlich ist ihr der Industrieritter, die Buhlerin, der Dieb, Räuber und Mörder, der Spieler, der vermögenslose Mann ohne Anstellung, der Leichtsinnige. Die Stimmung gegen diese ›Unmoralischen‹ bezeichnet der wackere Bürger als seine ›tiefste Entrüstung‹.«[15] Oder in Hoffmann von Fallerslebens berühmten Worten ausgedrückt: »Ohne Ruhe geht es nicht, Ruh' ist erste Bürgerpflicht ...«

Stirner entlarvt den liberalen Rechtsstaat als eine verlogene Macht, die ausschließlich die Besitzenden schützt, wohingegen die

---

15 Ebd., S. 134.

Proletarier und Besitzlosen nur die Nachteile dieser – ach, so wohltätigen! – Staatsmacht zu spüren bekommen. Den Arbeitern stellt sich die vermeintlich gut geölte »Staatsmaschine« nämlich in einem ganz anderen Licht dar: »Aber die Klasse der Arbeiter bleibt, weil in dem, was sie wesentlich sind, ungeschützt (...), eine diesem Staate der Besitzenden, diesem ›Bürgerkönigtum‹, feindliche Macht. Ihr Prinzip, die Arbeit, ist nicht seinem Werte nach anerkannt: es wird ausgebeutet, eine Kriegsbeute der Besitzenden, der Feinde. Die Arbeiter haben die ungeheuerste Macht in Händen, und wenn sie ihrer einmal recht inne würden und sie gebrauchten, so widerstände ihnen nichts: sie dürften nur die Arbeit einstellen und das Gearbeitete als das Ihrige ansehen und genießen. Dies ist der Sinn der hie und da auftauchenden Arbeiterunruhen. Der Staat beruht auf der – Sklaverei der Arbeit. Wird die Arbeit frei, so ist der Staat verloren.«[16]

Nichtsdestoweniger distanziert sich Stirner auch von der utopischen Vorstellung einer »Arbeitergesellschaft«. Sozialistische und kommunistische Ideen rechnet der Anarchist vielmehr zum »sozialen Liberalismus«, den er ablehnt, weil die Übernahme privateigentümlicher Herrschaftsstrukturen durch kollektive Steuerung wiederum nur zu einer Fremdbestimmung in anderem Gewand führt. Die kommunistische Gesellschaft würde sich als eine »neue Herrin«, als ein »neuer Spuk«, ein »neues höchstes Wesen« aufspielen, das uns »in Dienst und Pflicht nimmt«. Denn auch der Kommunist arbeitet im Grunde nicht für sich, sondern für »die Gesellschaft«, das heißt letztendlich für »die Menschheit«. Durch den Kommunismus ist lediglich eine fixe Idee, eine Macht durch eine andere ersetzt. Im hehren Kommunismus gibt der Einzelne seine Interessen auf zugunsten einer »heiligen Gesellschaft«, der er sich demütig unterordnet. Gerade dazu aber ist der echte Egoist nicht bereit – *kann* es nicht sein.

Desgleichen verdammt Stirner auch die dritte Spielart des Liberalismus, den sogenannten »humanen Liberalismus«, für den wiederum nicht der Einzelne mit seinen konkreten egoistischen Interessen, sondern das angeblich Menschliche, das »allgemeine Menschenrecht«, also ein pures »Phantom«, im Vordergrund

16 Ebd., S. 137f.

stehen: »In der ›menschlichen Gesellschaft‹, welche der Humane verheißt, soll überhaupt nichts Anerkennung finden, was Einer oder der andere ›Besonderes‹ hat, nichts Wert haben, was den Charakter des ›Privaten‹ trägt. Auf diese Weise rundet sich der Kreis des Liberalismus, der an dem Menschen und der menschlichen Freiheit sein gutes, an dem Egoisten und allem Privaten sein böses Prinzip, an jenem seinen Gott, an diesem seinen Teufel hat, vollständig ab, und verlor im ›Staate‹ die besondere oder private Person ihren Wert (kein persönliches Vorrecht), büßt in der ›Arbeiter- oder Lumpen-Gesellschaft‹! das besondere (private) Eigentum seine Anerkennung ein, so wird in der ›menschlichen Gesellschaft‹ alles Besondere oder Private außer Betracht kommen ...«[17] Wie sein Zeitgenosse, der russische Schriftsteller und Publizist Alexander Herzen, demaskiert Stirner den Liberalismus in all seinen Spielarten als eine durch und durch religiöse Anschauung.

Doch obwohl Stirner die staatliche Ordnung und Gesellschaftsformen wie den Liberalismus als den großen Feind *des Einzigen* betrachtet, lehnt er Revolutionen dezidiert ab, weil sie nur eine neue Ordnung an die Stelle der alten setzten. Als Egoist »empört« er sich vielmehr, erhebt sich über den allmächtigen Staat, indem er ihm nicht zu Diensten ist, sich einfach nicht mehr »einrichten« läßt, mit der bewußten Absicht, ihn dadurch absterben, verenden zu lassen. Scharf trennt Stirner hierbei »Revolution« von »Empörung« voneinander: »Revolution und Empörung dürfen nicht für gleichbedeutend angesehen werden. Jene besteht in einer Umwälzung der Zustände, des bestehenden Zustands oder Status, des Staates oder der Gesellschaft, ist mithin eine politische oder soziale Tat; diese hat zwar eine Umwandlung der Zustände zur unvermeidlichen Folge, geht aber nicht von ihr, sondern von der Unzufriedenheit des Menschen mit sich aus, ist nicht eine Schilderhebung, sondern eine Erhebung des Einzelnen, ein Emporkommen, ohne Rücksicht auf die Einrichtungen, welche daraus sprießen. Die Revolution zielt auf neue Einrichtungen, die Empörung führt dahin, Uns nicht mehr einrichten zu lassen und setzt auf ›Institutionen‹ keine glänzende Hoffnung. (...) Einrichtungen zu machen gebietet die Revolution, sich auf- oder emporzurichten

[17] Ebd., S. 151.

heischt die Empörung. Welche Verfassung zu wählen sei, diese Frage beschäftigt die revolutionären Köpfe, (...) verfassungslos zu werden, bestrebt sich der Empörer.«[18] Statt Empörer hätte Stirner natürlich auch Anarchist sagen können.

Wenn Recht, Staat, Moral und Menschheit nicht wirklich unabhängig vom Ich, sondern von diesem lediglich »ausgedacht« sind, dann bleibt nach ihrer Aufhebung nur das nackte Individuum mit seiner Macht und seinen Meinungen übrig. Dabei ist immer der *Einzelne* respektive *Einzige* gemeint, nicht etwa das weltschaffende »absolute Ich« im Sinne des Idealisten Johann Gottlieb Fichte, das zum Bereich allgemeiner, fiktiver Ideen gehört, sondern das individuelle Ich. Nicht »der Mensch« ist das Maß aller Dinge, *Ich* bin dieses Maß. Anstatt von einem Ich als solchem, von einem Denken im allgemeinen und einem Sein zu sprechen, betont Stirner das konkrete »Ich bin«. Das so verstandene Ich läßt sich auch nicht mehr vom *Common sense,* vom allgemeinen vernünftigen Denken leiten, es wird vom Einzigen geleitet. Es geht also nicht um den Menschen als Gattungswesen, sondern um das Ich in seiner vermeintlichen Konkretheit, die sich jedoch nicht begrifflich erfassen lassen soll: »Kein Begriff drückt Mich aus, nichts, was man als mein Wesen ausgibt, erschöpft Mich.«[19] Das Ich wird zum *Individuum ineffabile,* zu etwas Unaussprechlichem und Ungeheurem, das – wie einstmals der Gott der Theologen – in seiner Freiheit jenseits jeder Logik und selbst über der Wahrheit steht.

Vor diesem philosophischen Hintergrund wird auch deutlich, daß Stirner mit dem titelgebenden »Einzigen« und dessen »Eigentum« keineswegs nur den *Nervus rerum,* den Privatbesitz des bürgerlichen Individuums, seine gegenständliche, persönliche Habe meint. Stirners Eigentumsbegriff geht vielmehr über den materiellen (Geld-) Sinn des Wortes weit hinaus. Seine scharfsinnigen Überlegungen zum Begriff des »Eigentums« laufen darauf hinaus, daß »Eigentum« nichts anderes ist als Gewalt, die er durchaus gutheißt, weil man bekanntlich mit einer Hand voll Gewalt weiterkommt, als mit einem Sack voll Recht: »Was ist also *mein* Eigentum? Nichts als was in meiner *Gewalt* ist! Zu welchem

18 Ebd., S. 370f.

19 Ebd., S. 429.

Eigentum bin Ich berechtigt? Zu jedem, zu welchem Ich Mich – *ermächtige*. Das Eigentums-Recht gebe ich Mir, indem Ich Mir Eigentum nehme, oder Mir die *Macht* des Eigentümers, die Vollmacht, die Ermächtigung gebe.«[20] Stirners Eigentumsbegriff bezieht sich auf die unverwechselbare Eigentümlichkeit der individuellen Existenz, auf seine irreduzible »Eigenheit« und »Selbstangehörigkeit«, denn das egoistische Ich will letztendlich die ganze Welt zu seinem Eigentum machen. Erst wenn sich das Ich von allen blutleeren Abstraktionen und Fiktionen befreit, kann es sich selbst ganz und gar genießen, unbelastet von jedem hohen Ideal und von jeglicher vermeintlicher Berufung. Es braucht sich nicht mehr im Außen zu suchen, sondern hat das volle Eigentum seiner selbst bereits erreicht. Die klägliche Armut des Lohnarbeiters, der sein Leben und seine Energie aufwendet, um existieren zu können, ist nach Stirner nicht die äußerste; ärmer ist, wer meint, sich im Dienste eines idealen Ziels selbst suchen zu müssen und sich daher nicht selbst besitzt.

Spätestens jetzt wird man sich fragen müssen, ob und wie die »Egoisten«, sprich »Einzigen« im Stirnerschen Sinne überhaupt noch miteinander kommunizieren und sinnvoll agieren können oder ob sie notwendigerweise einsam, zu einem autistischen Schweigen verurteilt sind. Da nicht Isoliertheit oder das Alleinsein, sondern die Gesellschaft der ursprüngliche Naturzustand des Menschen ist, Stirner solidarisch geprägte Gemeinschaften aber ebenso ablehnt wie stabile Gesellschaftsstrukturen, schlägt der anarchische Philosoph einen eigenwilligen Mittelweg ein: Im Sinne eines minimalen Gesellschaftsvertrages plädiert er eindringlich für die Bildung von freien und beliebig kündbaren Vereinigungen von »Einzigen« zu »Vereinen von Egoisten«. Denn solche bieten sich schon als rationales Mittel der Arbeitsorganisation an, worin sich Kommunikation allerdings in bloßen Konsumbeziehungen erschöpft. Daß in diesem paradox anmutenden, die Idee eines Systemzwangs suggerierenden »Verein der Egoisten« nicht alles drunter und drüber geht, zum Chaos ausartet, dafür wird nach Stirner jedes einzelne Ich schon selbst sorgen, indem es sich nichts gefallen läßt: »In den Verein bringst Du deine ganze Macht, dein

20 Ebd., S. 299.

Vermögen, und *machst Dich geltend*, in der Gesellschaft wirst Du mit deiner Arbeitskraft *verwendet*; in jenem lebst Du egoistisch, in dieser menschlich, d.h. religiös, als ein ›Glied am Leibe dieses Herrn‹: der Gesellschaft schuldest Du, was Du hast, und bist ihr verpflichtet, bist von ›sozialen Pflichten‹ – besessen, den Verein benutzt Du und gibst ihn, pflicht- und treulos, auf, wenn Du keinen Nutzen weiter aus ihm zu ziehen weißt. Ist die Gesellschaft mehr als Du, so geht sie Dir über Dich; der Verein ist nur dein Werkzeug oder das Schwert, wodurch Du deine natürliche Kraft verschärfst und vergrößerst; der Verein ist für Dich und durch Dich da, die Gesellschaft nimmt umgekehrt Dich für sich in Anspruch und ist auch ohne Dich; kurz die Gesellschaft ist *heilig*, der Verein dein *eigen*: die Gesellschaft verbraucht *Dich*, den Verein verbrauchst *Du*.«[21]

Nur im losen »Verein« kann sich also der Einzelne reell behaupten und seine ganze Kraft geltend machen. Selbstverständlich soll der Einzelne dem »Verein der Egoisten« nur solange angehören, wie dieser ihm zur Erreichung der eigenen Ziele nützlich ist. Denn mit dem Schlüsselgedanken des Egoismus verbindet Stirner ein rein utilitaristisches Prinzip. Der Einzelne wird als jemand verstanden, dessen Lebenswirklichkeit in einer fortschreitenden Verwertung und Vernutzung der von ihm angeeigneten Welt besteht. Im »Verzehr« der von ihm angeeigneten Dinge verwertet und »verzehrt« sich der Einzelne als »vergängliches« und »endliches« Ich selbst: »Somit ist denn mein Verhältnis zur Welt dieses: Ich tue für sie nichts mehr ›um Gottes willen‹, Ich tue nichts ›um des Menschen willen‹, sondern, was Ich tue, das tue Ich ›um Meinetwillen‹. So allein befriedigt Mich die Welt, während für den religiösen Standpunkt, wohin Ich auch den sittlichen und humanen rechne, es bezeichnend ist, daß Alles darauf ein *frommer Wunsch* (...), d.h. ein Jenseits, ein Unerreichtes bleibt. So die allgemeine Seligkeit der Menschen, die sittliche Welt einer allgemeinen Liebe, der ewige Friede, das Aufhören des Egoismus usw. ›Nichts in dieser Welt ist vollkommen‹. Mit diesem leidigen Spruche scheiden die Guten von ihr und flüchten sich in ihr Kämmerlein zu Gott oder in ihr stolzes ›Selbstbewußtsein‹. Wir

21 Ebd., S. 366f.

aber bleiben in dieser ›unvollkommenen‹ Welt, weil Wir sie auch so brauchen können zu unserem – Selbstgenuß. Mein Verkehr mit der Welt besteht darin, daß Ich sie genieße und so sie zu meinem Selbstgenuß verbrauche. Der *Verkehr* ist *Weltgenuß* und gehört zu meinem – Selbstgenuß.«[22]

Dies gilt auch für die mannigfachen menschlichen Emotionen, vor allem für die Liebe, die jedoch nicht zum strikten Gebot erhoben werden darf, sondern wie jedes Gefühl ausschließlich Eigentum des Einzigen ist: »Ich liebe die Menschen auch, nicht bloß einzelne, sondern jeden. Aber ich liebe sie mit dem Bewußtsein des Egoismus. Ich liebe sie, weil die Liebe *Mich* glücklich macht, Ich liebe, weil Mir das Lieben natürlich ist, weil Mir's gefällt. Ich kenne kein ›Gebot der Liebe‹. Ich habe *Mitgefühl* mit jedem fühlenden Wesen, und ihre Qual quält, ihre Erquickung erquickt auch Mich.«[23]

Daß der Einzelne irgendein Ideal, sein »wahres Wesen« etwa, zu verwirklichen hätte, ist in den Augen Stirners ein fatales Mißverständnis. Stirner zufolge hat der einzelne Mensch keine über ihn selbst hinausreichende Aufgabe, ebensowenig wie es etwa für einen »Baum« oder einen »Hund« die Aufgabe gibt, das »Wesen des Baumes« oder des »Hundes« zu verwirklichen. Selbst »Freiheit« ist kein erstrebenswertes Ziel, denn der Freie ist im Gegensatz zum »Eigenen«, der um seine »Freiheit« weiß, nur der Freiheitssüchtige. Vielmehr gilt es seine persönliche Einzigartigkeit zu bewahren und sich durch nichts und niemanden fremdbestimmen zu lassen.

Das einzige Sollen, das Stirner gewissermaßen noch gelten ließe, wäre: Sei du selbst! Sei ein Egoist! Lebe dein eigenes Leben! Verfolge nur deine wirklichen Interessen! Mach dir keine Gedanken darüber, was die Gesellschaft von dir erwartet! Ganz im Sinne Oswald Spenglers, der in einem Nachlaßfragment die Formel prägte: »Je kühner das Leben, desto mehr ist es ›Ich‹.« Mit Stirners Worten: »Alle Wahrheiten *unter* Mir sind Mir lieb; eine Wahrheit *über* Mir, eine Wahrheit, nach der Ich Mich *richten* müßte, kenne Ich nicht. Für mich gibt es keine Wahrheit, denn über Mich geht nichts! Auch nicht mein Wesen, auch nicht das Wesen des Men-

22 Ebd., S. 373 f.

23 Ebd., S. 340.

schen geht über Mich! Und zwar über Mich, diesen ›Tropfen am Eimer‹, diesen ›unbedeutenden Menschen‹!«[24]

Einzigartig wie die kompromißlose Apotheose des Ichs ist auch die Wirkungsgeschichte des *Einzigen und seines Eigentums*, seine Re(pulsions- und De)zeptionsgeschichte (Bernd A. Laska). *Habent sua fata libelli* – zweifellos hat Stirners Buch eines der interessantesten Schicksale überhaupt gehabt. Sofort nach Erscheinen wurde das Werk 1845 in Leipzig durch die sächsische Kreisdirektion konfisziert. Kurz darauf hob der Minister des Inneren jedoch das Verbot mit dem Hinweis auf die vermeintliche Absurdität und den kompromittierenden Charakter dieser Schrift wieder auf: »Von dem Buch sei wahrhaftig keine nachteilige Wirkung auf die Leser zu erwarten, vielmehr zeige es die beklagenswerten Resultate der Philosophie, die der Verfasser selbst anwende, und es werde auf Abscheu stoßen. Die ›religiös-sittliche Ansicht des Lebens‹ könne kaum wirksamer gefördert werden als durch Bekanntmachung dieses niedrigen und beschränkten Standpunktes.«[25] Auch einige der ersten Kommentatoren wollten sich auf den Inhalt des »Einzigen« partout nicht einlassen: »Wer garantiert mir denn«, so schrieb ein früher Rezensent Stirners, »daß nicht (...) eine höhnische Lache über den Narren aufschlägt, welcher das Vorgebrachte für baaren Ernst des Wahrheitssinnes nimmt?«

Obgleich Stirners *Einziger* einen fulminanten Skandal erzeugte – vor allem unter den Junghegelianern –, geriet das anstößige Werk ebenso wie sein Verfasser seit 1848 wieder rasch in Vergessenheit. (Immerhin schrieb Feuerbach an seinen Bruder, daß Stirner »der genialste und freieste Schriftsteller« sei, den er kennengelernt habe!) Eine erste ausführliche Auseinandersetzung mit Stirner erfolgte durch Marx und Engels in der sogenannten *Deutschen Ideologie*: Eine vernichtende, an boshafter Polemik kaum zu überbietende, oberlehrerhafte Mammut-Kritik, deren Umfang allein das Buch von Stirner weit übertrifft und noch heute, etwa

---

24 Ebd., S. 415.

25 Zitiert nach: Wolfgang H. Pleger, Linkshegelianismus – Existenzphilosophie. Max Stirner, in: Ferdinand Fellmann (Hg.), Geschichte der Philosophie im 19. Jahrhundert, Reinbek bei Hamburg 1996, S. 129.

bei Peter Sloterdijk, nur Kopfschütteln erzeugt. Stirner ist für sie »Sankt Max«, ein verhinderter »Heiliger« beziehungsweise ein »ignoranter Schulmeister«, dessen einzelgängerische, privatistische, scheinrevolutionäre Protesthaltung ein Urbild des kleinbürgerlichen Egoismus darstellt. (Unverständlicherweise haut Rüdiger Safranski heute noch in dieselbe Kerbe, wenn er in seinem jüngsten Nietzsche-Buch (2000) Stirner »schließlich doch als Kleinbürger«, abtut, »dem das Eigentum alles bedeutet«.) Stirners »Einziger« sei eine typisch deutsche, nebelhafte Konstruktion ohne jeden Bezug zur wirklichen Geschichte. Die Kritik von Marx und Engels konzentriert sich im wesentlichen darauf, daß Stirner die realen Klassenkämpfe zu einer bloßen Geschichte von Ideen »verdünnt« habe und sein »egoistischer« Ansatz Ausdruck einer kleinbürgerlichen ökonomischen Denkweise sei, das heißt selbst jener Gesellschaftsstruktur angehöre, die sie kritisiert: »Der hohlste und dürftigste Schädel unter den Philosophen mußte die Philosophie damit ›verenden‹ lassen, daß er seine Gedankenlosigkeit als das Ende der Philosophie und damit als den triumphierenden Eingang in das ›leibhaftige‹ Leben proklamierte. (...) Sein einziges Verdienst hat er wider Willen und ohne es zu wissen: das Verdienst, der Ausdruck der deutschen Kleinbürger von heute zu sein, die danach trachten, Bourgeois zu werden.«[26] Marx und Engels zufolge bleibt Stirner dem Hegelschen Denken verhaftet oder dort, wo er dieses überschreite, dem Feuerbachs.

Allein ein Gegenargument der »historischen Materialisten« verdiente größere Beachtung: der Einwand, daß das Stirnersche »Ich« ebenso wie der Feuerbachsche »Mensch« keine feste Größe, sondern – wie später auch bei Friedrich Nietzsche und Sigmund Freud – nur eine abstrakte Hilfskonstruktion für ein komplexeres, die widersprüchlichsten Elemente notdürftig zusammenhaltendes Phänomen sein könnte. So bemühte sich schon Fritz Mauthner, den Stirners »dämonisches« Buch zeitlebens in wechselnder Intensität beunruhigte, in seinen *Beiträge(n) zu einer Kritik der Sprache*

---

26 Marx, Karl/Engels, Friedrich, Die deutsche Ideologie. Kritik der neuesten deutschen Philosophie in ihren Repräsentanten Feuerbach, B. Bauer und Stirner, und des deutschen Sozialismus in seinen verschiedenen Propheten, in: Karl Marx/Friedrich Engels, Werke, Band 3, Berlin (DDR) 1969, S. 435 und 395f.

(1901/02) nachzuweisen, daß das »individuelle Ich (nur) eine Illusion« ist.

Gleichwohl ist nicht allein wegen des weit über 300 Seiten zählenden furiosen Manuskripts (für das sich zunächst kein Verleger finden wollte!) nicht zu übersehen, daß Stirner für die Begründer des sogenannten »wissenschaftlichen Sozialismus« eine große Herausforderung, ja eine tiefgreifende Beunruhigung dargestellt hat, was sich am deutlichsten wohl an ihrer gemeinsamen Einstellung zur Gewalt-Frage zeigt. Als erwiesen gilt, daß Stirner zu Marx' eigener Entwicklung, das heißt zu seiner bewußten Ablösung von Feuerbach und zur freien Entfaltung seines Ideologiebegriffs, entscheidend beigetragen hat (vgl. Wolfgang Essbachs Publikationen zu Stirner).

Stirners eigenwillige Theorie der Herrschaftslosigkeit hat auch deutliche Spuren bei den Anarchisten hinterlassen, obgleich er sich selbst nie ausdrücklich zur geistesgeschichtlichen Strömung des Anarchismus geäußert hat und deren namhafte Theoretiker und Gründerväter – Pierre Joseph Proudhon, Mihail Alexandrowitsch Bakunin, Pjotr Alexejewitsch Kropotkin und Gustav Landauer – gegenüber Stirner in der Regel kritische Distanz wahrten. Warum Stirner, ein Klassiker des Anarchismus, für die meisten Anarchisten, die doch selbst von der Gesellschaft, von Bürgern wie Proletariern, oft als intellektuelle Parias angesehen wurden, ein (postumer) Paria war, wird wohl ewig ein Rätsel bleiben müssen. Lediglich bei den Vertretern des Individualanarchismus, bei Mackay und dem US-Amerikaner Benjamin Tucker, fiel Stirners revolutionäre Lehre auf mehr oder weniger fruchtbaren Boden. Max Nettlau, selbst ein erklärter Anarchist, resümiert 1925 in seiner großangelegten *Geschichte der Anarchie* das paradoxe Verhältnis der historischen Anarchisten zu einem Gleichgesinnten: »Max Stirner war nie vergessen, wurde aber meist mißverstanden, zu seiner Zeit und seitdem.«[27]

Nach vier Dezennien weitgehender Mißachtung erlebte Stirners Werk in den 90er Jahren des vorletzten Jahrhunderts

---

[27] Nettlau, Max, Geschichte der Anarchie, Band 1, Der Vorfrühling der Anarchie, zitiert nach: Markus Henning, Max Stirners Egoismus, in: Ich hab' Mein' Sach' auf Nichts gestellt. Texte zur Aktualität von Max Stirner, Berlin 1996, S. 39.

– begünstigt durch eine weitverbreitete von Paul Lauterbach herausgegebene Reclam-Ausgabe des »Einzigen« und die Stirnerbiographie von Mackay – eine erste Renaissance. Diese ist eng verbunden mit dem Namen Friedrich Nietzsches, der es zwar geradezu auffällig vermied, Stirner in seinem Werk auch nur namentlich zu nennen, dessen großer Einfluß jedoch zumindest der philosophischen Fachwelt nicht verborgen bleiben konnte. Ist Stirner »ein Nietzsche vor Nietzsche«? Nimmt Stirners Egoist nicht Nietzsches Übermenschen vorweg?! Erkannte der »Philosoph mit dem Hammer« (»Gott ist tot!«; »Ich, der erste Immoralist!«) – dessen Geburtsdatum sich frappanterweise mit dem Erscheinungstermin des »Einzigen« fast auf den Tag genau deckt – in Stirner gar einen kongenialen, um nicht zu sagen, radikaleren Vordenker, dessen Spuren es unbedingt zu verwischen galt? Sollte die Begegnung Nietzsches mit Eduard Mushacker 1865, der damals zum engsten Kreis um Bruno Bauer gehörte und mit Stirner befreundet gewesen war, etwa folgenlos geblieben sein? Nietzsches langjähriger Freund Franz Overbeck behauptet jedenfalls, daß Nietzsche seinen Schüler Baumgartner 1874 Stirners Werk von der Basler Bibliothek hat ausleihen lassen. Und Ida Overbeck, Nietzsches Seelenfreundin in den 1870er Jahren, berichtet von einem Gespräch mit Nietzsche, in dem dieser eine Verwandtschaft mit Stirner zugegeben und seine Angst vor etwaigen Plagiatsvorwürfen geäußert habe. Gegenüber Baumgarten soll Nietzsche – wiederum laut Ida Overbeck – Stirners Werk gar »als das Kühnste und Konsequenteste seit Hobbes« bezeichnet haben. Wie dem auch sei. Zu deutlich drängen sich die Übereinstimmungen im Denken der beiden Philosophen auf: Metaphysikkritik, Verdächtigung der Vernunft, des Denkens, des Allgemeinen überhaupt, die Religionskritik, die Verteidigung der Gewalt, die Betonung des Willens, der Gedanke, daß die Welt eine vom Ich produzierte sei, die Skepsis gegenüber Staat und Gesellschaft, der Perspektivismus – dies alles sind evidente Denkmotive, die den »großen Zertrümmerer« Nietzsche eng mit Stirner verbinden. Ja, das Verhältnis Nietzsches zu Stirner scheint regelrecht ein Paradebeispiel für die untergründige, aber um so nachhaltigere Wirkungsgeschichte des »Einzigen« zu sein.

Daß das Faszinosum Nietzsche, seine »neue Moral« im Ergebnis »keinesfalls etwas Neues (sei), sondern von Max Stirner (...)

schon im Jahre 1845 (...) in meisterhafter Form mit einer nichts zu wünschen übrig lassender Deutlichkeit und Offenheit dargelegt worden (war)«, bemerkte bereits Arthur Schopenhauers »wilder Sohn« Eduard von Hartmann. In seiner *Philosophie des Unbewussten* preist jener die »phantastische Kühnheit und das blendende Feuer Stirners«, dessen Buch »niemand, der sich für praktische Philosophie interessiert, angelesen lassen sollte«. Nach Hartmann muß Nietzsche Stirners Werk gekannt haben, da dieser in seiner zweiten *Unzeitgemäßen Betrachtung* just jene Passagen des Hartmannschen Werkes kritisiert, die eine explizite Zurückweisung der Stirnerschen Philosophie enthalten.

Auf die enge Verwandtschaft, ja sogar stupende Gleichheit von Nietzsches Weltanschauung mit der Stirners verwies überraschenderweise auch der spätere Begründer der Anthroposophie, Rudolf Steiner, der – als Autor kaum wahrgenommen – bis zur Jahrhundertwende noch dem Individualanarchismus nahe stand und jede Art von Okkultismus, Theosophie und Esoterik bekämpfte: »Ich finde bei Stirner eine Energie des Lebens, (...) eine Artisten-Heiterkeit und Artisten-Freiheit, die mir bei Nietzsche doch nicht vorhanden zu sein scheint. Bei Stirner atmet man in noch reinerer Luft als bei Nietzsche. (...) Es ist die Optik des Lebens, nach der Nietzsche strebt, bei Stirner verwirklicht.«[28] In einem anderen Brief, den Steiner zusammen mit einem Exemplar seines damaligen Hauptwerkes, der *Philosophie der Freiheit* an den Stirner-Biographen Mackay sandte, schreibt Steiner, daß sein Werk »in vollkommener Übereinstimmung mit den Ausführungen des Buches ›Der Einzige und sein Eigentum‹« stehe. Erstmals öffentlich bekannte sich Steiner dann 1895 in seiner Nietzsche-Monographie *Ein Kämpfer gegen seine Zeit* zu Stirner, »den freiesten Denker, den die neuzeitliche Menschheit hervorgebracht hat«. Und in einer weiteren Charakteristik Stirners schreibt Steiner enthusiastisch: »Die wertvollste Idee, welche der Mensch sich bilden konnte, ist gewiß die von einem Wesen, das genug Gehalt in sich hat, um sich alles in allem zu sein, das sich ein Ziel aus sich selbst setzen und nur diesem seinem eigenen Ziel in vollkommener Selbstgenügsamkeit folgen kann. Diese Idee ist eine

---

28 Steiner, Rudolf, Brief an Rosa Mayrder vom 20. August 1895, in: Rudolf-Steiner-Gesamtausgabe, Band 39, Dornach 1987, S. 253ff.

alte. Die Menschen haben sie immer gehabt. Aber sie haben nicht daran gedacht, daß sie, wenn sie alles aus sich herausholen, was in ihnen ist, selbst Wesen sind, die dieser Idee entsprechen. Sie haben sich für unwürdig, für zu schwach gehalten, solche Wesen zu sein. Deshalb haben sie andere Wesen sich erdacht, die würdiger sind, einen dieser Idee entsprechenden Charakter zu tragen. Stirner fordert die Menschen auf, jeden Einzelnen von ihnen, sich selbst zu betrachten, um zu sehen, daß die Wesenheit in ihm selber liegt, die er über sich wähnt. (...) Stirner will, daß die Menschen erkennen: sie seien selbst das und stellen es im Leben dar, was sie nur verehren und anbeten zu müssen glauben.«[29] Trotz all dieser Begeisterung sah sich Steiner von Stirner bald »vor einen Abgrund« geführt und wandte sich der Theosophie zu.

Äußerst interessant ist in diesem ideengeschichtlichen Zusammenhang, wie der von Stirner entwickelte Gedanke der »Verinnerlichung« des Gehorsams in Sigmund Freuds um die Jahrhundertwende aufgestellter Theorie des Über-Ichs und der Gewissensbildung wiederauftaucht: psychische Mechanismen, die später von der Psychoanalyse in ihrer ganzen Gewalt enthüllt werden sollten. Dabei erkannte ein anderer »Ketzer«, nämlich der Begründer der sogenannten »Orgon-Theorie«, Wilhelm Reich, als einziger Psychoanalytiker früh die Bedeutung Stirners als theoretischer Liquidator des vermeintlich »heiligen« Über-Ichs und seines unbewußt implantierten Wertecodex': »Wo Über-Ich, soll Ich werden!«. Daß letzteres auch einer echten Gleichberechtigung der Frauen im Wege steht, bemerkte die britische Suffragette Dora Marsden, die zu Beginn des 20. Jahrhunderts ihren militanten Feminismus ausdrücklich mit dem anarchistischen Gedankengut Stirners zu stützen suchte.

Von besonderer Bedeutung ist Stirners – vielleicht ebenfalls durch Nietzsche vermittelter – Einfluß dann auf die Existenzphilosophie im 20. Jahrhundert, namentlich auf den französischen Existentialismus. So bestimmt der Gedanke, daß der *Einzelne* ein Produkt seiner selbst sei, das Denken Jean Paul Sartres durchgängig. Sartres »Authentizität« und Stirners »Eigenheit« sind bis

---

[29] Steiner, Rudolf, (»Charakteristik Stirners« von 1898), zitiert nach: Karl Ballmer, Max Stirner und Rudolf Steiner. Vier Aufsätze, Siegen/ Sancey le Grand 1995, S. 43.

zu einem gewissen Punkt sogar gleich. Denn erst in der »Geworfenheit«, Endlichkeit und Faktizität erfährt sich der Mensch als Eigenheit und Möglichkeit. Erstaunliche Übereinstimmungen finden sich auch bei Albert Camus. In seinem Buch *Der Mensch in der Revolte* bestimmt dieser die »metaphysische Revolte« als eine Bewegung, mit der ein Mensch sich gegen seine Lebensbedingungen und die ganze Schöpfung auflehnt«, und ganz ähnlich wie Stirner behauptet er: »Um zu sein, muß der Mensch revoltieren.« Es war vor allem Henri Arvon, der in seinem Buch *Stirner an den Ursprüngen des Existentialismus* von 1954 letzteren an der Seite Kierkegaards zum Vorläufer einer akzeptierten Bewegung gemacht hat.

Ende der 60er Jahre des letzten Jahrhunderts gab es schließlich eine zweite Stirner-Renaissance. Ihr Hauptinitiator war erstaunlicherweise, wie einst der Herausgeber der Reclam-Ausgabe von 1892, Paul Lauterbach, wiederum ein entschiedener Gegner Stirners, doch alles andere als ein begeisterter Nietzscheaner. Die Rede ist von Hans G. Helms, einem dogmatischen Marxisten, der eine Ausgabe des »Einzigen« in hoher Auflage edierte und als ein Schüler Max Horkheimers und Theodor W. Adornos das umfangreichste Buch, *Die Ideologie der anonymen Gesellschaft*, vorlegte, das je über Stirner geschrieben wurde. Darin treibt Helms die Dämonisierung Stirners auf die sprichwörtliche Spitze und betont die aktuelle Gefährlichkeit dieses Philosophen. Er vertritt die hanebüchene These, »daß Stirnerianismus und Nationalsozialismus Variantenformen desselben faschistischen Ungeistes« seien und daß »ein Kontinuum der faschistischen Ideologie« bis in die Gegenwart der BRD bestehe. Für Helms ist Stirner ein Protofaschist, der Erzideologe aller Faschismen: »Es bereitet keine Schwierigkeiten, einen Katalog der Parallelstellen im ›Einzigen‹ und ›Mein Kampf‹ herzustellen. (…) »Er (Stirner) zeigt sich dem Leser als Demagoge, dessen Wort nichts gilt, wie Hitler.«[30] Auch mit dem denunziatorischen Hinweis, daß Benito Mussolini in jungen Jahren anarchistischen Neigungen huldigte und gern Stirner zitierte, versucht Helms, die Legende einer Wesensverwandtschaft

30 Helms, Hans G., Die Ideologie der anonymen Gesellschaft. Max Stirners »Einziger« und der Fortschritt des demokratischen Selbstbewußtseins vom Vormärz bis zur Bundesrepublik, Köln 1966, S. 5.

zwischen Stirner und den Nazis zu konstruieren. Allein die Tatsache, daß die von Stirner eingeforderte Selbstbestimmung und -entfaltung des Individuums im krassesten Gegensatz zur fanatischen Staats- und Führervergottung der Faschisten steht, führt die ideologisch verzerrte Sichtweise des Marxisten Helms auf Stirner *ad absurdum*.

Im Gegenzug wird Stirner von einigen Verfechtern des »Wild-West-Kapitalismus« als früher Kritiker eines totalitären Sozialismus beziehungsweise Kommunismus gelesen und zur Legitimationsfigur erklärt. Die ganze Ambivalenz der Wirkungsgeschichte dieses Autors, der eine willkommene Projektionsfläche für unterschiedlichste Ideologien abzugeben scheint, zeigt sich schließlich in dem ebenfalls nicht minder absurden Versuch, ihn mit den Aktivitäten der RAF in Verbindung bringen zu wollen – so geschehen bei Wolfram Hogrebe in seiner *Deutsche(n) Philosophie im XIX. Jahrhundert* von 1987.

In neuer Zeit haben Stirners Überlegungen zu einer antiautoritären Erziehung ihre konsequente Fortsetzung in der »schwarzen« Pädagogik eines Eduard von Braunmühl oder Alexander Sutherland Neill gefunden. So entwickelte Neill, der britische Gründer der Internatsschule »Summerhill« (1924), eine Form repressionsfreier Erziehung, welche die freie emotionale Entfaltung des Kindes durch Freude, Freiwilligkeit des Unterrichts und das Fehlen moralischer und religiöser Unterweisung zum Ziel hat: Ganz im Sinne Stirners wirft Neill der bisherigen Pädagogik und ihren Maßnahmen vor, daß sie eben nicht aufrechte Menschen, sondern Duckmäuser erzeugt habe: »Die Erziehung des kleinen Kindes ähnelt sehr der Dressur eines Hundes. Das geschlagene Kind wird wie das verprügelte Hündchen zu einem folgsamen duckmäuserischen Wesen. Und wie wir einen Hund zu unseren eigenen Zwecken abrichten, so erziehen wir auch unsere Kinder. Im Kinderzimmer wie im Zwinger: Die menschlichen Hunde müssen manierlich sein, sie dürfen nicht zu viel bellen, sie müssen der Pfeife gehorchen, sie müssen essen, wann es uns paßt.«[31] Von Stirners scharfer Religions- und Kirchenkritik scheint auch ein

---

31 Neill, Alexander Sutherland, Theorie und Praxis der antiautoritären Erziehung. Das Beispiel Summerhill, Hamburg 1969, S. 110.

geheimer Weg zu Karl-Heinz Deschners umfangreicher *Kriminalgeschichte des Christentums* zu führen.

Stirner beeinflußte aber nicht nur Philosophen. Eindeutige Spuren dieses Ausnahmedenkers finden sich desgleichen bei Künstlern und Literaten – so zum Beispiel bei den dem Anarchismus nahestehenden Russen Iwan Turgenew und vor allem Fjodor Michailowitsch Dostojewski, dessen unmoralische, von allen gesellschaftlichen Bindungen befreite Romanfigur Raskolnikow, laut Leszek Kolakowski, als Verkörperung von Stirners amoralischem *Einzigen* gelten kann. In der großen philosophischen Roman-Tragödie *Schuld und Sühne* läßt Dostojewski den areligiösen Mörder Raskolnikow eine Theorie über das unterschiedliche Recht der Durchschnitts- und Massenmenschen und der zu Höherem Berufenen entwickeln: »Die Zugehörigen der zweiten Klasse dagegen übertreten sämtlich das Gesetz; sie sind Zerstörer oder neigen wenigstens zur Zerstörung, je nach Maß ihrer Fähigkeiten. Die Verbrechen dieser Menschen sind selbstverständlich nach Grad und Art sehr verschieden; größtenteils verlangen sie, in sehr mannigfaltigen Erscheinungsformen, die Zerstörung des Bestehenden zum Zweck der Erreichung von etwas Besserem. Sollte aber ein solcher Mensch im Interesse seiner Idee es als nötig erkennen, selbst über Leichen und durch Blut vorwärtszuschreiten, so kann er nach meiner Ansicht sich innerlich, in seinem Gewissen, selbst die Erlaubnis erteilen, auch durch Blut dahinzuschreiten, jedoch nur in dem Umfang, wie es zur Verwirklichung der Idee erforderlich ist.«[32]

Auf französischer Seite stehen André Gide und André Breton, auf deutscher Seite Ernst Jünger unter der leuchtenden Strahlkraft Stirnerschen Gedankengutes. Jünger ließ sich in hohem Alter betont »*nonchalant*« und affirmativ auf Stirner ein, indem er etwa in seinem Roman *Eumeswil* nach dem Vorbild von Stirners »Eigner« die postive Figur des »Anarchen«, einen extrem aristokratischen Individualisten, entwirft: eine Fortbildung des solitären »Waldgängers«, ein »Freiherr unter allen Umständen«.

---

[32] Dostojewski, F. M., Schuld und Sühne, in: Sämtliche Romane und Erzählungen, aus dem Russischen von Hermann Röhl, Frankfurt a. M., zitiert nach: Dostojewski, Leben und Werk, von Wolfgang Kasack, Frankfurt a. M., S. 53.

Die Geschichte der widersprüchlichsten Stirner-Interpretationen Revue passieren lassend, die diesen Denker wechselweise zum Teufel oder Säulenheiligen erkor, lesen wir bei Herbert Scheit, einem Jesuiten: »Stirner ist da der pseudokritische Naivling, der allen anderen ihren Glauben an Gespenster ankreidet und gar nicht bemerkt, daß er in seinem ›Einzigen‹ dem Gespenst aller Gespenster aufgesessen ist. Stirner ist der Fall für den Psychiater, weil er, der behagliche Kleinbürger, sich als der allmächtige Schöpfer der Welt vorkommt. Stirner ist aber auch der kongeniale Vorläufer Nietzsches, der mit allen Werten aufräumt und im ›Einzigen‹ den Übermenschen predigt. Stirner ist der Vater des Existentialismus, weil er kein vorgegebenes Wesen kennt, sondern sich in jedem Augenblick neu aus dem Nichts schafft. Stirner ist aber der größte Denker aller Zeiten und der Verfasser des Buches schlechthin, das alle anderen (die Bibel eingeschlossen) aufwiegt und eine neue Zeit einläutet: im buchstäblichen Sinn! 1845, das Jahr, in dem sein Buch erschien, wurde nämlich von einigen Stirnerianern in den 1920er Jahren zum Anfang einer neuen Zeitrechnung gemacht: Für sie begann damit das ›Dritte Reich‹ – dabei waren diese gar keine Nazis. Stirner gilt aber auch als der Ideologe des kleinbürgerlichen Mittelstandes, ja als der geistige Nährvater Mussolinis und Hitlers, da sein ›Verein von Egoisten‹, der alle gesellschaftlichen Gebilde von der Familie bis zum Staat ablösen will, aus lauter ›Einzigen‹ besteht, aus Individuen, die bedenkenlos auf ihren Genuß aus sind und alle anderen Menschen als bloße Mittel hierfür ge- und verbrauchen.«[33]

Die wechselvolle, verwirrende Wirkungsgeschichte des »Einzigen« überblickend, kommt Bernd Laska in seinem Stirner-Buch *Ein dauerhafter Dissident* zu einem nicht minder irritierenden Ergebnis, indem er auf die mehr oder weniger bewußt ausweichende Haltung vieler Denker in bezug auf Stirner hinweist: »Viele dieser Materialien stützen (…) die Vermutung, daß der ›Einzige‹ (…) auf noch ungeklärte Weise eine verborgene Schlüsselstellung im neuzeitlichen politisch-philosophischen Denken einnimmt, (und) daß der ›Einzige‹ in seinem Kerngehalt bisher

[33] Scheit, Herbert, Max Stirners »Egoismus«: Eine Philosophie der »Gedankenlosigkeit«, in: Ich hab' Mein' Sach' auf Nichts gestellt, Texte zur Aktualität von Max Stirner, a.a.O., S. 98.

noch niemals wirklich rezipiert wurde, d.h., daß er so etwas wie ein *hapax legomenon* im Text der abendländischen Philosophie geblieben ist: ein Zeichen, dessen konkrete Dechiffrierung bisher unterblieb, mißlang oder/und sogar sabotiert wurde; ein Zeichen, das deshalb heute, richtig gedeutet, sowohl für die Interpretation des gesamten Textes als auch für die Beurteilung der aktuellen Lage von einiger Bedeutung sein müße.«[34]

Trotzdem bleibt die Frage: Wie soll man Stirners »Einzigen« lesen? Das Buch wegen seiner zum Teil historisch bedingten vehementen Angriffe auf Religion und Staat, Recht und Moral einfach als indiskutabel zu verteufeln wird ihm allein vor dem Hintergrund seiner mächtigen untergründigen Wirkungsgeschichte sicherlich ebensowenig gerecht, wie der einfältige Versuch, im Werk dieses Verkannten und Verfemten einen zukunftsweisenden, die Menschheit retten wollenden Geniestreich zu sehen – den *Einzigen und sein Eigentum* endlich zu rehabilitieren jedoch allemal! Auf ein zweifellos bleibendes Verdienst Stirners hat der Exeget Werner Petschko aufmerksam gemacht: »(Es) liegt im unnachsichtigen und unerbittlichen Aufstöbern all der Begriffsgötzen und des immerfort lauernden Abhängigkeitsgeistes, der uns unter den groteskesten Verkleidungen aufgeblasene Abstraktionen zum rechtmäßigen Herrn vorlügen will. Sein Kampf gilt der von allen für heilig gehaltenen, mumienhaft einbalsamierten verkehrten Welt: dem ›Staat‹, dem ›Recht‹, der ›Familie‹, der ›Freiheit‹, dem ›Eigentum‹, der ›Kirche‹, dem ›Gewissen‹, der ›Gewalt‹, dem ›Geist‹, der ›Vernunft‹, der ›Wahrheit‹, der ›Wirklichkeit‹, ›Gott‹ usw. (…) Er war sich der vielen Täuschungen und Verdrehungen bewußt, die durch den ›objektiven‹ Gebrauch der Abstraktionen möglich sind. (…) Er hat die geistige Gewalt des gegenständlichen, d.h. begrifflichen Denkens klar erkannt.«[35] Eine fundamentale Erkenntnis Stirners, die im übrigen auch von der wirkungsmächtigen – bewußt an der Lebenspraxis des Einzelnen orientierten – philosophischen Strömung des sogenannten »Pragmatismus« in den USA (Peirce, James, Dewey, Rorty) geteilt wird.

---

[34] Laska, Bernd A., Ein dauerhafter Dissident, a.a.O., S. 117.

[35] Petschko, Werner, Ich und Stirner, in: Ich hab' Mein' Sach' auf Nichts gestellt, Texte zur Aktualität von Max Stirner, a.a.o., S. 59.

Und zumindest kann man diesem Buch auch den besonderen Wert eines philosophisch-ethischen Experiments nicht absprechen. Denn der Standpunkt des Egoismus aus Prinzip ist in ihm zu klassischer Formulierung und Begründung gelangt. Niemals zuvor ist das eigentümliche Lebensgefühl stolzen rücksichtslosen Egoismus prägnanter zum Ausdruck gekommen, ist der Aufruf zum Selbstbewußtsein, zur Besinnung auf den eigenen Willen und die eigene Kraft nachhaltiger erfolgt. In dieser radikalen Version ist der viel geschmähte Solipsismus (dessen Anhänger Schopenhauer noch ins Tollhaus schicken wollte) außer von Stirner nie ernsthaft vertreten worden, und zwar nicht nur in erkenntnistheoretisch-metaphysischer, sondern auch in praktischer Hinsicht: einzig das subjektive Ich mit seinen Bewußtseinsinhalten wird letztendlich als real anerkannt, einzig die schrankenlose Durchsetzung des Ichs respektive des Selbst soll Gültigkeit besitzen.

Was immer man Stirner auch entgegenhalten mag – mangelnde Konsequenz im Denken kann ihm nicht vorgeworfen werden, denn hier wird die Aufklärung, vor allem deren atheistisch-materialistische Richtung, mit all ihren relativistisch-nihilistischen Implikationen so zwingend wie zu keinem Zeitpunkt vor und nach dem *Einzigen* zu Ende gedacht. Ob man diese radikale, einen echten Paradigmenwechsel begründende Position auch teilen will, steht auf einem ganz anderen Blatt … Ebenso wie die Behauptung, daß Stirner bereits »Wege jenseits des Nihilismus« (Bernd A. Laska) eröffnet hätte …

Eine weitere Möglichkeit liegt sicherlich darin, Stirner mehr psychologisch-lebensbezogen zu verstehen, nämlich als Beschreibung des unaufhebbaren Konflikts, in dem das einzelne Ich zu allen anderen Mitmenschen steht – einerlei, welcher Gesellschaftsform es angehören mag. Hier scheint Stirners extreme Haltung, seine Philosophie des dezidierten Egoismus, in Vielem sehr ehrlich und wachsam, zum Beispiel wenn er schreibt: »Aber die *Eigenheit*, die will Ich Mir nicht entziehen lassen. Und gerade auf die Eigenheit sieht es jede Gesellschaft ab, gerade sie soll ihrer Macht unterliegen.«[36] Dies gilt um so mehr in der heutigen kapitalistischen Massengesellschaft, in der es – allen scheinheiligen, oftmals

---

36 Stirner, Max, Der Einzige und sein Eigentum, a.a.O., S. 359.

religiös oder doch *humanistisch* motivierten, altruistischen Beteuerungen zum Trotz – ohne Egoismus, ohne »die Zärtlichkeit der Ellenbogen« (Norman Mailer), kein Überleben gibt. »Jeder ist sich selbst der Nächste!« und »Das Ich und Mich, das Mir und Dein, regiert die Welt allein«. Sollten sich am Ende nicht doch diese alten, dem Stirnerschen Denken so eng verwandten, die Heuchelei der Menschen entlarvenden deutschen Sprichwörter bewahrheiten? Sind nicht »alle Diskussionen zwischen Egoismus und Altruismus *Babytalk*«, wie Ludwig Marcuse mutmaßt, weil das Ich »nicht an den Fingerspitzen und den Fußnägeln« aufhört?

Für den Stirner-Forscher Markus Henning liegt die eigentliche Bedeutung dieses verschütteten Denkers, allen genannten moralischen Vorbehalten zum Trotz, auf einem ganz grundsätzlichen Gebiet: »Es ist das von ihm in rabiater Konsequenz zum Ausdruck gebrachte Bestehen auf den Rechten des Individuums, das radikale Zuendedenken eines individualistischen Standpunktes, der äußere Ansprüche allein von der Blickwarte des einzelnen her beurteilt. (...) ›Der Einzige und sein Eigentum‹ geizt mit fertigen Antworten, provoziert aber jede Menge Fragen. Fragen an das eigene Selbst, an andere, an die Verfaßtheit der Gesellschaft und an die Wege zur Freiheit. Das ist das Wichtige an diesem Buch. Stirners Egoismus ist der zeitlose Aufschrei des individuellen Freiheitsdranges.«[37] Eines unbändigen Freiheitsdranges, der – so Albert Camus in seinem *Tagebuch eines Moralisten* – heutzutage gerade deshalb als unmoralisch gilt, weil er des Menschen letzte Leidenschaft ausmacht.

Literaturhinweise

Stirner, Max, Der Einzige und sein Eigentum, herausgegeben von Paul Lauterbach, Leipzig 1892.

Stirner, Max, Der Einzige und sein Eigentum, herausgegeben von Hans G. Helms, München 1968.

---

37 Henning, Markus, Max Stirners Egoismus, a.a.O., S. 39.

Stirner, Max, Parerga, Kritiken, Repliken, herausgegeben von Bernd A. Laska, Nürnberg 1986.

Stirner, Max, Kleinere Schriften und seine Entgegnung auf die Kritik seines Werkes »Der Einzige und sein Eigentum«, Faksimile-Neudruck der 2. Auflage, Berlin 1914, herausgegeben von John Henry Machay, Stuttgart-Bad Cannstatt 1976.

Marx, Karl/Engels, Friedrich, Die deutsche Ideologie. Kritik der neuesten deutschen Philosophie in ihren Repräsentanten Feuerbach, B. Bauer und Stirner, und des deutschen Sozialismus in seinen verschiedenen Propheten, in: Karl Marx/Friedrich Engels, Werke, Band 3, Berlin (DDR) 1969.

Mackay, John Henry, Max Stirner. Sein Leben und sein Werk, Reprint der dritten Auflage von 1914, Freiburg i.Br. 1977.

Ruest, Anselm, Max Stirner. Leben – Weltanschauung – Vermächtnis, Berlin 1906.

Schultheiss, Hermann, Stirner. Grundlagen zum Verständnis des Werkes: »Der Einzige und sein Eigentum«, herausgegeben von Dr. Richard Dedo, Leipzig 1922.

Arvon, Henri, Aux Sources de l'Existentialisme: Max Stirner, Paris 1954.

Helms, Hans G., Die Ideologie der anonymen Gesellschaft. Max Stirners »Einziger« und der Fortschritt des demokratischen Selbstbewußtseins vom Vormärz bis zur Bundesrepublik, Köln 1966.

Laska, Bernd A., Ein dauerhafter Dissident. 150 Jahre Stirners »Einziger«. Eine kurze Wirkungsgeschichte, Nürnberg 1996.

Pleger, Wolfgang H., Linkshegelianismus – Existenzphilosophie. Max Stirner, in: Ferdinand Fellmann (Hg.), Geschichte der Philosophie im 19. Jahrhundert, Reinbek bei Hamburg 1996.

Knobloch, Jochen/Peterson, Peter (Hg.): Ich hab' Mein' Sach' auf Nichts gestellt. Texte zur Aktualität von Max Stirner, Berlin 1996.

Seiber, Thomas, Existenzphilosophie, Stuttgart/Weimar 1997.

Reschika, Richard, »Der Einzige und sein Eigentum. Max Stirners Philosophie des Egoismus, in: Der blaue Reiter. Journal für Philosophie, Nr. 11, Thema »Geld«, Stuttgart 2000, S. 74–78.

Schopenhauers wilde Söhne

Sein Licht auch einmal hell aufleuchten zu lassen, es nicht tugendhaft-verschämt unter den sprichwörtlichen Scheffel zu stellen, war und ist vor allem Privileg der Jugend – und zuweilen sogar mehr als legitim: »Mein Werk ist ein neues philosophisches System: aber neu im ganzen Sinn des Wortes: nicht neue Darstellung des schon Vorhandenen: sondern eine im höchsten Grad zusammenhängende Gedankenreihe, die bisher noch nie in irgendeines Menschen Kopf gekommen. Das Buch, in welchem ich das schwere Geschäft, sie anderen verständlich mitzuteilen, ausgeführt habe, wird, meiner festen Überzeugung nach, eines von denen sein, welche nachher die Quelle und der Anlaß von hundert anderen Büchern werden (...) Der Vortrag ist gleich fern von dem hochtönenden, leeren und sinnlosen Wortschwall der neuen philosophischen Schule und dem breiten glatten Geschwätze der Periode vor Kant: er ist im höchsten Grade deutlich, faßlich, dabei energisch und ich darf wohl sagen nicht ohne Schönheit: nur wer ächte eigene Gedanken hat, hat ächten Stil.«[1]

Arthur Schopenhauer war dreißig Jahre jung, als er diese nicht gerade bescheiden anmutenden Briefzeilen über seinen frühreifen philosophischen Geniestreich *Die Welt als Wille und Vorstellung* (1819) an seinen später berühmten Verleger Friedrich Arnold Brockhaus schrieb. Trotzdem sollte der Philosoph mit seiner prätentiösen Selbstcharakteristik gleich doppelt Recht behalten: Zum einen bricht Schopenhauer in der Tat die wichtigen Brücken zur Philosophie radikal ab – an erster Stelle jene zum christlich-romantisch gefärbten Idealismus. So setzt er unter anderem dem dialektisch-rational begründeten (Geschichts-)Optimismus Georg Wilhelm Friedrich Hegels seine auch in stilistischer Hinsicht brillante »pessimistische Willensmetaphysik« entgegen, die in der ernüchternden Erkenntnis gipfelt, daß alles Leben, vorrangig

1 Schopenhauer, Arthur, Brief an Friedrich Arnold Brockhaus, in: Gesammelte Briefe, herausgegeben von A. Hübscher, Bonn 1978.

das des Menschen, wesentlich Leiden ist – wie es vor allem die Greueltaten der Historie nicht besser illustrieren könnten – und daß es, *horribile dictu*, im Endeffekt sogar besser sei, nicht zu sein als zu sein ... Daß Schopenhauer selbst sich gelegentlich für manche seiner Ergebnisse auf vorangehende Denker wie Platon, David Hume, Immanuel Kant und die indischen Weisen bezogen hat, ändert im übrigen wenig am revolutionären Gehalt seiner Philosophie.

Zum anderen sollten in der Folgezeit namhafte Denker, Künstler und Schriftsteller die überragende Bedeutung seiner Philosophie bestätigen, wenngleich Schopenhauer selbst erst in den letzten sechs Lebensjahren in den Vorgeschmack seines Ruhmes kommen durfte. Zu nennen sind unter den Künstlern und Schriftstellern, die sich ausdrücklich auf ihn und seine pessimistische Weltsicht, aber auch auf seine Mitleidsethik und Kunstphilosophie als »Erlösungsinstrument« berufen, vor allem: der Komponist Richard Wagner und der Dramatiker Friedrich Hebbel, die Dichter Leo Tolstoj, Thomas Mann, Wilhelm Busch, Christian Morgenstern, Hermann Hesse, Gottfried Benn und Samuel Beckett; sowie unter den Philosophen Wilhelm Wundt, Henri Bergson und Friedrich Nietzsche; in neuerer Zeit der Wissenschaftstheoretiker Karl Popper, der Mitbegründer der Frankfurter Schule Max Horkheimer, der Anthropologe Arnold Gehlen und der Kulturphilosoph Ludwig Marcuse.

Fast in Vergessenheit geraten ist bis dato hingegen jene kleine Schar von »Privat-Denkern«, die als erste in der zweiten Hälfte des 19. Jahrhunderts zu glühenden Anhängern Schopenhauers wurden, seine neue Lehre jedoch auf ihre individuelle Weise propagierten. Philosophiehistorisch werden sie, wenn überhaupt (!), gemeinhin zur »Schopenhauer-Schule« gezählt, obgleich es im strengen Sinne des Wortes nie eine gegeben hat. Es sind im einzelnen: der »Erzevangelist« und Schopenhauers literarischer Nachlaßverwalter Julius Frauenstädt, der Gründer der Schopenhauer-Gesellschaft Paul Deussen, allen voran aber der »Philosoph des Unbewußten« Eduard von Hartmann, der »Metaphysiker der Entropie« Philipp Mainländer sowie der pessimistische »Realdialektiker« Julius Bahnsen. Dem Andenken der drei letztgenannten »wilden Söhne« Schopenhauers und ihren hellsichtig-düsteren Philosophien sind die drei folgenden Essays gewidmet.

IV. Eduard von Hartmann – der Philosoph des Unbewußten

> *»Der Schlüssel zur Erkenntnis vom Wesen des bewußten Seelenlebens liegt in der Region des Unbewußten.«*
>
> Carl Gustav Carus, Psyche

Gegen Ende seiner versierten Biographie über *Schopenhauer und Die wilden Jahre der Philosophie*, die 1987 in Deutschland eine regelrechte Renaissance des Vaters der modernen Pessimisten zeitigte, streift Rüdiger Safranski auch Eduard von Hartmanns *Philosophie des Unbewussten* und Philipp Mainländers *Philosophie der Erlösung*: »Merkwürdige Aspekte des Schopenhauerschen Wirkens in der zweiten Hälfte des 19. Jahrhunderts sind mit den beiden Namen Eduard von Hartmann und Philipp Mainländer verbunden (...) Hartmanns ›Philosophie des Unbewussten‹ ist ein monströses Werk (...) und doch nimmt man seine große historische Perspektive der Selbstauslöschung der Menschheit heute, im Zeitalter der Bombe, mit einiger Beklemmung zur Kenntnis (...) Diese ausladenden ›Systeme der Verneinung‹ begleiten wie ein Schatten den gründerzeitlichen Aufbaueifer und ahmen dessen Imponiergebärden nach. Das eifernde Nein, das doch sehr tatendurstig klingt, ist heute herabgestimmt zum Zweifel, zur Skepsis. Man fragt sich, ob die Philosophie den Erfahrungen von Auschwitz und Hiroschima noch gewachsen ist.«[2] Gleich dem überwältigenden Gros der Schul- und Universitätsprofessoren billigt Safranski den beiden Schopenhauer-Adepten lediglich einen Sonderplatz im philosophischen Raritätenkabinett des letzten Jahrhunderts zu; über den Rang von patinaüberzogenen Kuriosa läßt auch er ihre Werke letztlich nicht hinauskommen. Und so verwundert es nicht, daß er Julius Bahnsen, einen weiteren bedeutenden Schopenhauer-Schüler (den von Ludwig Klages wiederentdeckten Begründer der »Charakterologie«), und dessen Haupt-

2 Safranski, Rüdiger, Schopenhauer und Die wilden Jahre der Philosophie. Eine Biographie, München/Wien 1987, S. 504ff.

werk *Der Widerspruch im Wissen und Wesen der Welt* überhaupt nicht erwähnt …

Der Gründe für die bis heute anhaltende extreme Randständigkeit dieser schwarzgalligen Philosophen, die sich auch in der spärlichen, verzerrenden Rezeptionsgeschichte widerspiegelt, sind viele, die schweren Vorwürfe dagegen durchweg stereotyp, wie Ulrich Horstmann, der zeitgenössische Ausnahme-Denker einer anthropofugalen, das heißt menschenflüchtigen Philosophie, nicht ohne Groll resümiert: »Pessimismus, Defätismus, Antihumanismus, Gewaltverherrlichung, Kollaboration mit dem Unheil, Nihilismus und viele andere ähnlich weitherzige Stempel werden dem aufgedrückt, der Menschheitsgeschichte zu Ende denken sucht und dabei das himmlische Jerusalem zu kartographieren vergaß. Arthur Schopenhauer ist es so ergangen, Giacomo Leopardi, Eduard von Hartmann, Philipp Mainländer, Ludwig Klages, Theodor Lessing, Albert Caraco, E. M. Cioran.«[3]

Nun sind, wie Safranski einräumt, die angeführten Werke dieser Schopenhauer-Schüler in der Tat »merk-würdig«, jedoch hauptsächlich im ursprünglichen Sinne des Wortes! In ihren Fällen ein wenig »philosophische Speleologie« zu betreiben, könnte manch überraschenden (verdrängten) Fund ans Tageslicht bringen. Um ein Teilergebnis dieser Expedition gleich vorwegzunehmen: Hartmann, Mainländer und Bahnsen sind weit davon entfernt, lediglich devot-wiederkäuende Schopenhauer-Epigonen zu sein. Bei genauerem Hinsehen erweisen sie sich als höchst eigenständige, originelle Denker, die die »reine Lehre« ihres Meisters nicht nur zu systematisieren und weiterzuentwickeln versuchten, sondern sie in erster Linie radikalisierten, indem sie sie etwa von ihren trostspendenden »idealistisch-theologischen« Restelementen befreiten. Dergestalt beanspruchen diese luziden Finsterlinge zu Recht in der bunt-schillernden Ideengeschichte des 19. Jahrhunderts ihren Platz, ja noch sehr viel mehr: Sie reihen sich in eine denkerische Tradition ein, deren Einfluß gleichsam *subterran* bis weit ins späte

---

[3] Horstmann, Ulrich, Endspiele. Todestrieb und apokalyptische Simulation, in: »Die modernen Pessimisten als décadents«. Von Nietzsche zu Horstmann. Texte zur Rezeptionsgeschichte von Philipp Mainländers Philosophie der Erlösung, herausgegeben von Winfried H. Müller-Seyfarth, Würzburg 1993, S. 161.

20. Jahrhundert reicht: von der Lebensphilosophie über den Existentialismus bis hin zu den postmodernen Skeptikern und Kritikern am blinden Fortschritts- und Utopieglauben unserer Tage.

Der berühmteste »wilde Sohn« Schopenhauers ist zweifellos Eduard von Hartmann. Wie auf kaum einen anderen Denker trifft die Erkenntnis Johann Gottlieb Fichtes über den Zusammenhang von Leben, Persönlichkeit und Weltanschauung auf diesen *Philosophen des Unbewußten* zu: »Der Mensch bildet seine wissenschaftliche Ansicht nicht etwa mit Freiheit und Willkür so oder so, sondern sie wird ihm gebildet durch sein Leben und ist eigentlich die zur Anschauung gewordene innere und übrigens ihm unbekannte Wurzel seines Lebens.«[4] Nach Fichte muß Philosophie Sache des ganzen Menschen sein, will sie nicht lediglich etwas bewußt Gemachtes, ein Erzeugnis kleinkluger Reflexion, bloßes Virtuosenwerk sein. Welches Menschenleben findet also im Denken dieses Philosophen unmittelbaren, authentischen Ausdruck?

Karl Robert Eduard von Hartmann wurde am 23. Februar 1842 in Berlin als einziges Kind eines Artilleriehauptmanns geboren. Berlin und Umgebung sollten sein ganzes Leben lang den Wohnsitz bilden. In der Zentrale des Preußentums und des deutschen Reiches unter Bismarck wuchs Hartmann auf. Als Soldatenkind lernte er früh das Praktische des Lebens, den Wert einer realistischen Weltsicht kennen. Schon auf der Schule trat Hartmanns besondere Begabung für das abstrakt-begriffliche Denken klar zutage. Doch beschäftigte sich der Gymnasiast auch viel mit den schönen Künsten, nahm Klavier- und Gesangsunterricht. Die Beherrschung der Kompositionslehre veranlaßte ihn sogar dazu, die Komposition einer Oper zu beginnen.

Da ihm die Schule aber im großen und ganzen als Last erschienen war, empfand Hartmann keine Neigung zum Studium und zur Gelehrtenlaufbahn, sondern wählte 1858 aus eigenem Antrieb die Offizierskarriere. Eine komplizierte Knieverletzung, von der er sich sein ganzes Leben lang nicht wieder erholen sollte,

---

[4] Fichte, Johann Gottlieb, zitiert nach: Otto Braun, Eduard von Hartmann, Stuttgart 1909, S. 13.

zwang den jungen Soldaten bereits nach drei Jahren, das Militär zu verlassen. Über seinen künftigen Beruf im unklaren, versuchte er sich zunächst als Maler, dann als Komponist, brachte es in seinen Produktionen nach eigener Aussage jedoch nur zu einer geschmackvollen Mittelmäßigkeit: »Mit einem nachgerade hoffnungslosen Leiden behaftet, vom Schicksal betrogen (wie ich damals wähnte) um die Anstrengungen der sechs besten Jahre meiner Jugend, abgeschnitten von der praktischen Wirksamkeit, der ich mein Leben aus freiem Entschlusse bestimmt, verlustig gegangen des beseligenden Glaubens an die eigene künstlerische Gestaltungskraft, – so war ich bankerott an allem, was sonst den Sterblichen groß und begehrenswert erscheint, – bankerott an allem, nur an Einem nicht: dem *Gedanken.*«[5]

Doch erst diese widrigen Umstände sollten ihn und seine eminente Begabung auf die richtige Bahn bringen. Durch sein Leiden mehr oder weniger abgeschnitten von der Teilnahme am aktiven Leben, wandte sich der 22jährige der Wissenschaft und Philosophie zu und begann 1864 sein Hauptwerk, die *Philosophie des Unbewussten*, niederzuschreiben, das er drei Jahre später vollendete. Hartmanns *Philosophie des Unbewussten* erregte großes Aufsehen und wurde – insbesondere beim deutschen Bildungsbürgertum – zu einem der meistgelesenen philosophischen Bücher des 19. Jahrhunderts. Mehrere Berufungen zum Universitätsprofessor mußte Hartmann aufgrund seines Leidens jedoch ablehnen. Nichtsdestoweniger griffen Fachphilosophie, Naturwissenschaft und Theologie den Philosophen mit dem Vorwurf des Ignoranten und Dilettanten auch an. Um seine Gegner loszuwerden, schlug Hartmann eine kühne Taktik ein: Er schrieb eine anonyme Schrift gegen sich selbst unter dem Titel *Das Unbewusste in der Physiologie und Descendenztheorie*, in der er die *Philosophie des Unbewussten* zu widerlegen suchte. Die Gegner taten sich viel zu gute auf diese Widerlegung und zitierten die Schrift häufig. Als die zweite Auflage dann mit dem richtigen Namen des Verfassers erschien, blieb ihnen nur noch das Mittel des Totschweigens, was am buchhändlerischen Erfolg der *Philosophie des Unbewussten* aber nichts änderte: »In allen gesellschaftlichen Kreisen bildete

---

5 Hartmann, Eduard von, Gesammelte Studien und Aufsätze, 1887, zitiert nach: Otto Braun, Eduard von Hartmann, Stuttgart 1909, S. 16.

dieses Buch ein beliebtes Thema, und auch die Damenwelt griff begierig danach«, schrieb Carl Heymons, der Verleger des Werks, und fügte hinzu, »es gehöre gewissermaßen mit zum guten Ton, dasselbe gelesen zu haben, wenn es auch oft vielleicht nur aus Neugierde geschah«.[6]

In den nachfolgenden Jahren sollten weitere Schicksalsschläge den Philosophen treffen: Dazu gehört der Tod seiner Gattin Agnes Taubert nach nur sechs Ehejahren sowie der Verlust eines Sohnes, den ihm seine zweite Frau, Alma Lorenz, gebar. Die Folgen eines Sturzes und mehrere Knieoperationen fesselten den Philosophen seit Anfang der 1880er Jahre schließlich an Rollstuhl und Bett. Zu den illustren Besuchern, die Hartmann in dieser Zeit (1889) aufsuchten, gehört der junge Rudolf Steiner, mit dem er ein »lebhaftes Gespräch« führte, das in einem regen Briefwechsel fortgesetzt wurde. Im Kreis seiner Familie und seiner Freunde führte Hartmann bis zu seinem durch ein schweres Darmleiden bedingten Tod am 5. Juni 1906 ein weltabgeschiedenes, aber nicht weltfremdes Leben: »Für mein Leben ist ja gerade charakteristisch, daß es sich im Arbeitszimmer, in der Familie und im engen Freundeskreise abspielt, also ganz privaten, intimen und stillen Ganges verläuft. Das Geräusch der Welt klingt wohl von außen durch Zeitungen, Journale, Besuche, Briefe und Literatur an mich heran; aber ich trete nie in dasselbe hinein, werde nie von ihm betäubt, angesteckt oder mitgerissen, sondern bewahre mir immer die ruhige Betrachtung aus dem stillen Winkel. Mein Interesse an den Dingen betätige ich ab und zu durch Aufsätze, aber ich spiele nicht mit unter den Handelnden …«[7]

Vor diesem biographischen Hintergrund, der starke Parallelen zu Schopenhauers asketischem Lebensstil aufweist, entstanden Hartmanns umfangreiche Spätwerke, unter anderem: die *Ästhetik; Das Grundproblem der Erkenntnistheorie;* die *Kategorienlehre;* die *Geschichte der Metaphysik* sowie das *System der Philosophie im Grundriß*. Sein grundlegendstes und populärstes Buch blieb

---

6 Heymons, Carl, Eduard von Hartmann. Erinnerungen aus den Jahren 1868–1881, Berlin 1882, S. 21. (Zitiert nach: Günter Gödde, Traditionslinien des Unbewußten. Schopenhauer – Nietzsche – Freud, Tübingen 1999.)

7 Hartmann, Eduard von, Gesammelte Studien und Aufsätze, 1887, zitiert nach: Otto Braun, Eduard von Hartmann, Stuttgart 1909, S. 23.

jedoch die *Philosophie des Unbewussten*, ein dreibändiges Werk, das er bereits im Alter von 27 Jahren (1869) veröffentlichte und desses Erfolg denn auch nicht lange auf sich warten ließ, wie Ludger Lütkehaus, der Herausgeber der Werke Hartmanns und zugleich sein Exeget in neuer Zeit, schreibt: »Es avancierte alsbald zu dem fürwahr raren Exempel eines metaphysischen Bestsellers. Und damit wurde auch der Begriff des ›Unbewussten‹, der bei Hartmann erstmals titelgebend ist, zu einem der zentralen Schlagwörter der Zeit. Es tobte geradezu ein ›Kampf ums Unbewusste‹ – und was könnte förderlicher für eine Begriffskarriere sein! Zwar folgte dem internationalen Riesenerfolg, der weder vor Rußland noch den USA haltmachte, bald eine zunehmende Vergessenheit. Und heute ist nur noch schwer vorstellbar, wie allgegenwärtig ›das Unbewusste‹ in den Diskussionen und auch Kontroversen der siebziger Jahre war: Daß der Begriff bereits um 1900 (in der Erscheinungszeit von Freuds ›Traumdeutung‹ und seiner ›Psychopathologie des Alltagslebens‹) wieder zu den durchsetzungsbedürftigen zählte, erscheint uns nur zu selbstverständlich (...) Ganz ohne Frage ist festzuhalten, daß der Einfluß von Hartmanns System als publizistischem Höhepunkt der vorfreudianischen Entdeckungsgeschichte des Unbewußten kaum überschätzt werden kann.«[8]

Was zeichnet dieses Werk, das ein zum Teil großartig geschlossenes metaphysisches System ist, im einzelnen aus? Hartmann gehört zu den philosophischen Denkern, die noch vom spekulativen Idealismus zehren, aber die Folgerungen aus seinen Grundeinsichten nur insoweit ziehen, als es die Rücksicht auf die Erfahrungswirklichkeit und auf die Ergebnisse der neueren Naturwissenschaft zuläßt. Seine *Philosophie des Unbewussten* trägt daher nicht von ungefähr den Untertitel: *Speculative Resultate nach inductiv-naturwissenschaftlicher Methode*.

Die einzelnen Bestandteile seines eklektischen, aber nicht minder originellen philosophischen Systems hat Hartmann selbst aufgezählt: »Soll die Stellung meines Systems in der Geschichte der Philosophie charakterisirt werden, so wird man sagen müssen:

---

8 Lütkehaus, Ludger, Tiefenpsychologie. Texte zur Entdeckung des Unbewußten vor Freud, Hamburg 1995, S. 39.

Dasselbe ist eine Synthese Hegel's und Schopenhauer's unter entscheidendem Uebergewicht des ersteren, vollzogen nach Anleitung der Principienlehre aus Schelling's positiver Philosophie und des Begriffs des Unbewussten aus Schelling's erstem System.«[9] Die entscheidenden Anregungen gehen in der Tat vom »philosophischen Dreigestirn« des 19. Jahrhunderts, nämlich von Hegel (vernünftige Zweckmäßigkeit), Schopenhauer (vernunftloser Wille) und Schelling (unbewußter Geist der späten »positiven Philosophie«) aus. Mit Schopenhauer ist sich Hartmann darin einig, daß das Absolute Wille ist, mit Hegel, daß es höchster Geist ist, mit Schelling, daß es seiner selbst unbewußt ist. Mit Hegel teilt Hartmann schließlich noch die Auffassung, daß der Weltprozeß das Zu-sich-selbst-Kommen des Geistes ist, wenn auch in einem negativen Sinne. Diese Denkansätze vereinigt Hartmann schließlich mit den naturwissenschaftlichen Erkenntnissen der zweiten Hälfte des 19. Jahrhunderts zu einem neuen metaphysisch-spekulativen System auf empirischer Basis. Für Lütkehaus kann Hartmann deshalb zu Recht »ein Meister der Kompromißbildung« genannt werden, der die gegensätzlichsten Impulse zusammenfaßt und dabei manche bis dahin für unmöglich gehaltene »Quadratur des Zirkels« zustande bringt. Hartmann kultiviert den Nihilismus und das allerpositivste Denken gleichermaßen, kombiniert den metaphysischen Pessimismus mit evolutionärem Optimismus, eine negative Ontologie mit unverdrossenen Fortschrittsgedanken: »Seine Synthese aus Schelling, Hegel, Schopenhauer mitsamt der zugehörigen mystischen und eurobuddhistischen Erbschaft hat der Grund-Frage eine so eklektische Form gegeben, daß seine Version schon wieder originell zu werden beginnt.«[10]

Eine materialistische Naturauffassung ablehnend, bekennt sich Hartmann – im Gegensatz zu seiner Zeit – zur philosophischen Strömung des Vitalismus, die hinter den Lebenserscheinungen die Wirkung einer besonderen Lebenskraft vermutet. Fundament, Träger der organischen Welt, aber auch der ganzen übrigen Wirk-

---

[9] Hartmann, Eduard von, Philosophie des Unbewussten. Speculative Resultate nach inductiv-naturwissenschaftlicher Methode, erster Teil: Phänomenologie des Unbewussten, Leipzig 1923, 12. Auflage, S. XIVf.

[10] Lütkehaus, Ludger, Nichts. Abschied vom Sein, Ende der Angst, Zürich 1999, S. 223.

lichkeit ist nach Hartmann das Unbewußte, das sowohl Wille als auch Vorstellung oder Intelligenz ist, also Schopenhauers blinden Willen und Hegels logische Idee umfaßt. Dieses verborgene Weltbegründende und Wirklichkeitschaffende ist das absolut Unbewußte. Den ersten Nachweis dafür erkennt Hartmann in der nichtmechanischen Natur des organischen Lebens, im Trieb- und Instinktleben und in den Regenerationserscheinungen. Die zweite Beweiskette für das Unbewußte geht aus vom menschlichen Seelenleben, da eine große Reihe von Phänomenen, darunter die plötzlichen Inspirationen der Künstler, nur durch die Annahme des Unbewußten erklärbar scheinen.

Wie Hartmann selbst in seiner Einleitung zur *Philosophie des Unbewussten* schreibt, nimmt er in seiner Konzeption des Unbewußten auch ausdrücklich auf Carl Gustav Carus als wichtigen Vorläufer Bezug. Doch habe Carus in seinem Hauptwerk *Psyche. Zur Entwicklungsgeschichte der Seele* (1846) das Unbewußte vornehmlich in seinen Beziehungen zum leiblichen und geistigen Leben untersucht: »Wie weit ihm dieser Versuch gelungen ist, und wieviel ich bei dem meinigen von ihm entlehnt haben könne, überlasse ich dem Urtheil des Lesers. Jedoch füge ich hinzu, dass der Begriff des Unbewussten hier in seiner Reinheit, frei von jedem unendlich kleinen Bewusstsein, klar hingestellt ist.«[11] Der Hauptmangel in Carus' romantischer Lehre vom Unbewußten bestehe in dem Fehlen einer Unterscheidung zwischen bloß physiologischem und psychischem Unbewußten.

Hartmann selbst unterscheidet im wesentlichen drei Formen des Unbewußten: 1. Das physiologische (körperliche) Unbewußte, das wichtige Funktionen für die Reflexbewegungen, die Naturheilkraft, das organische Wachstum, die Triebe (»Instinkte«), die Gewohnheiten und Fertigkeiten und für die Vermittlung der willkürlichen Bewegungen erfüllt. 2. Das relative (psychische) Unbewußte, zu dem Empfindungen gerechnet werden, die noch nicht stark genug geworden sind, um die Bewußtseinsschwelle zu überschreiten, sowie Vorstellungen, die schon wieder aus dem Bewußtsein entschwunden, aber noch nicht tief genug verklungen

---

11 Hartmann, Eduard von, Philosophie des Unbewussten. Speculative Resultate nach inductiv-naturwissenschaftlicher Methode, erster Teil: Phänomenologie des Unbewussten, a.a.O., S. 32f.

sind, mit anderen Worten: nicht das vitale, sondern das kognitive Unbewußte, und schließlich 3. Das eigentliche absolute (metaphysische) Unbewußte als das wahrhaft Seiende, das »Ansich« der empirischen Welt. Letzteres liegt nach Hartmann den körperlich und seelisch unbewußten Vorgängen zugrunde. Das gesamte Leben der Natur, die psychophysische Tätigkeit und auch das Bewußtsein des Menschen gehe aus diesem metaphysischen Seinsgrund hervor. (Zur prominenten Rolle Hartmanns als philosophischen Mitentdecker des »Unbewußten« sei an dieser Stelle auf Günter Göddes 1999 publizierte Analyse *Traditionslinien des Unbewußten. Schopenhauer – Nietzsche – Freud* verwiesen.)[12]

Doch das Unbewußte ist nach Hartmann nicht nur ein Weltfaktor, der in den Ablauf des physischen und des bewußten psychischen Geschehens eingreift, sondern auch dieses ganze Geschehen ist ein von ihm hervorgebrachtes Produkt. Wie Schopenhauer erkennt Hartmann in dieser Weltschöpfung einen höchst unvernünftigen Akt, und es wäre unendlich besser, wenn diese mit tiefen Mängeln behaftete Welt überhaupt nicht existiere, denn erfahrungsgemäß erzeugt der blinde, unersättliche, nie zu befriedigende Wille beziehungsweise sein Pendant, das Unbewußte, nachweisbar stets einen deutlichen Überschuß an Unlust: »So ergiebt sich das unzweifelhafte Resultat, dass gegenwärtig die Unlust nicht nur in der Welt im Allgemeinen in hohem Grade überwiegt, sondern auch in jedem einzelnen Individuum, selbst dem unter den denkbar günstigsten Verhältnissen stehenden.«[13] Hinzu komme, daß sich der Schmerz weit anhaltender und aufdringlicher als selbst die intensivste Lust bemerkbar mache. Und um seine »Weltunlustbilanz« zu stützen, führt Hartmann, von Schopenhauer einmal abgesehen, gleich eine ganze Reihe philosophischer Gewährsmänner höchsten Ranges an: von Platon, der in seiner *Apologie* dem empfindungslosen Tod, dem traumlosen Schlaf vor dem Tag des Lebens unverhohlen den Vorzug gab, über Kant, dem eine Lebensverlängerung ebensowenig

---

12 Gödde, Günter, Traditionslinien des Unbewußten. Schopenhauer – Nietzsche – Freud, Tübingen 1999.

13 Hartmann, Eduard von, Philosophie des Unbewussten. Speculative Resultate nach inductiv-naturwissenschaftlicher Methode, zweiter Teil, a.a.O., S. 352.

wünschenswert wie des Lebens Wiederkehr erschien, bis hin zu Fichte, der die Welt zur »allerschlimmste(n), die da sein kann« erklärte, und schließlich Schelling, der über die ganze Natur einen »Schleier der Schwermut« ausgebreitet sah, eine »tiefe unzerstörbare Melancholie allen Lebens« konstatierte: »In der Lebensbuchhalterei noch weit ökonomistischer als Schopenhauers Betriebsprüfung des unprofitablen Lebensgeschäftes, ohne je den grandiosen Ingrimm seiner Abrechnung mit der Nichtigkeit und dem Leiden des Lebens zu erreichen, rechnet Hartmann seine ›Bruto‹ und ›Netto‹-Bilanzen vor. Daß Lust und Unlust kommensurable Größen sind, die sich nur quantitativ, nicht qualitativ unterscheiden, ist für ihn unzweifelhaft. Das Ergebnis ist niederschmetternd: Unter dem Seinsstrich steht eine wahre Weltunlustbilanz«[14], wie Lütkehaus 1999 in seinem Buch *Nichts. Abschied vom Sein. Ende der Angst* schreibt.

Doch selbst wenn die Bilanz von Lust und Unlust ausgeglichen wäre, würde dies nach Hartmann nicht ausreichen, dem Sein vor dem Nichtsein den Vorzug zu geben: »Wenn ich die Wahl habe, entweder gar nichts zu hören, oder erst fünf Minuten lang Misstöne und dann fünf Minuten lang ein schönes Tonstück zu hören«, und gleiches gilt für den zum Himmel dringenden Gestank des Lebens oder seinen Wohlgeruch, seine Bitternisse und seinen Wohlgeschmack, »so werde ich mich auf alle Fälle zu dem Nichtshören, -riechen und -schmecken entscheiden.«[15]

Für Hartmann ist die Existenz der Welt gleich doppelt rätselhaft, weil das Unbewußte an sich höchst weise gedacht werden muß. Das Problem löst sich dahin, daß es nicht die Intelligenzseite des Unbewußten, sondern seine an sich unvernünftige Willensseite ist, der die Existenz der Welt zur Last fällt. Da aber das Unbewußte stets Intelligenz *und* Wille zugleich ist, so ist die Welt, so unvernünftig auch ihre Existenzsetzung gewesen ist, dennoch – frei nach Gottfried Wilhelm Leibniz berühmtem Bonmot – die bestmögliche. Infolge des intelligenten Charakters desselben ist die Welt von teleologischer Struktur. Alles Geschehen in ihr ist zweckbestimmt und hat den Sinn, sich selbst aufzuheben. Ziel ist,

---

14 Lütkehaus, Ludger, Nichts, a.a.O., S. 230.

15 Hartmann, Eduard von, Philosophie des Unbewussten, zweiter Teil: a.a.O., S. 303.

wenn auch in weiter Ferne, die Zurückführung zur Schmerzlosigkeit als dem größtmöglichen erreichbaren Glückseligkeitszustand – eine Erlösung vom Weltelend und letzten Endes auch die Erlösung Gottes.

»Wie viel wir auch grübeln und sinnen, wir können nichts ergründen, dem wir einen absoluten Werth beimessen könnten, nichts was wir als Selbstzweck betrachten könnten, nichts was das Weltwesen so im innersten Kern alterirt, als die Glückseligkeit. Nach Glückseligkeit strebt Alles, was da lebt, nach eudämonologischen Grundsätzen wirken die Motive auf uns, richten sich unsere Handlungen bewusst oder unbewusst (...) Das Streben nach Glückseligkeit ist der tiefwurzelndste Trieb, ist das Wesen des Befriedigung suchenden Willens selbst. (...) Und doch (müssen wir feststellen), dass dieses Streben verwerflich, dass die Hoffnung auf seine Erfüllung eine Illusion und daß seine Folge der Schmerz der Enttäuschung, seine Wahrheit das Elend des Daseins ist (...) So erscheint der Weltprocess als ein fortdauernder Kampf des Logischen mit dem Unlogischen (...) Wir aber, die wir in Natur und Geschichte nur einen einzigen großartigen und wundervollen Entwicklungsprocess erkennen, wir glauben an einen endlichen Sieg der heller und heller hervorstrahlenden Vernunft über die zu überwindende Unvernunft des blinden Wollens, wir glauben an ein Ziel des Processes, das uns die Erlösung von der Qual des Daseins bringt, und zu dessen Herbeiführung und Beschleunigung auch wir im Dienste der Vernunft unser Scherflein beitragen können.«[16] Der Weltprozeß, der einer Selbstaufhebung oder Vernichtung zustrebt, vollzieht sich nach Hartmann dabei um so rascher, je stärker der einzelne das Leben und damit das lebenauflösende Endziel bejaht. Nur muß diese Hingabe an den Weltprozeß zur Erlangung des Nichtseins *bewußt* erfolgen. So hat sich das Unbewußte zur Erreichung seines Zieles das Bewußtsein geschaffen. Dieses wiederum bringt als Mittel zur Vollendung seiner Selbstaufhebung die Kulturerscheinungen hervor: Religion, Sittlichkeit und Kunst dienen, metaphysisch gesehen, im Endeffekt der Vernichtung des Wirklichen, das durch den Willen geworden ist. Unter diesem Gesichtspunkt fordert Hartmann trotz

---

16 Hartmann, Eduard von, Philosophie des Unbewussten, zweiter Teil: a.a.O., S. 394 ff.

seines entschiedenen eudämonologischen Pessimismus bedingungslos eine aktive Teilhabe und Mitarbeit des Menschen am Kulturleben, mit anderen Worten: eine paradoxal wirkende »nihilistische Leistungsethik«. Denn ein feiges Zurückziehen würde den Erlösungsprozeß, die Stillegung des Willens in der Ruhe des Nichts nur unnötig bremsen. Und da der Philosoph fest an die Erreichung dieses Zieles glaubt, hat er sich auch mit einem gewissen Recht dagegen verwahrt, ein absoluter Pessimist genannt zu werden.

Hartmanns Pessimismus setzt wie Schopenhauer seine paradoxe Hoffnung auf die Verneinung des Lebenswillens und schöpft seine Zuversicht aus der zunehmenden Emanzipation des Vorstellens vom Willen. Im Gegensatz zu Schopenhauers Ahistorismus entwirft Hartmann jedoch eine an Hegel orientierte, geschichtsphilosophisch systematisierte Drei-Stadien-Theorie der Desillusionierung des Willens zum Leben, gleichsam einen »Grundkurs in der Weltenttäuschung« (Lütkehaus). Diese bildet das Herzstück seiner *Philosophie des Unbewussten*, wie wir sie im zweiten Band *Metaphysik des Unbewussten* unter dem programmatischen Kapitel *Die Unvernunft des Wollens und das Elend des Daseins* finden. Die drei Stadien dieser Phantasmata definiert Hartmann wie folgt: »Erstes Stadium: Das Glück wird als ein auf der jetzigen Entwicklungsstufe der Welt erreichtes, also dem heutigen Individuum im irdischen Leben erreichbares gedacht (...) Zweites Stadium: Das Glück wird als ein dem Individuum in einem transcendenten Leben nach dem Tode erreichbares gedacht (...) Drittes Stadium: Das Glück wird als in der Zukunft des Weltprocesses liegend gedacht. (...) Die Wahrheit vom ersten Stadium der Illusion war die Verzweiflung am gegenwärtigen Diesseits, die Wahrheit vom zweiten Stadium der Illusion war die Verzweiflung auch am Jenseits, die Wahrheit vom dritten Stadium der Illusion war die absolute Resignation auf das positive Glück.«[17]

Nach Hartmann wird im Leben der Menschheit das erste, gleichsam kindliche Stadium der Illusion durch die alte jüdische und griechisch-römische Welt und das zweite, sozusagen jugendliche Stadium vor allem durch die christliche Religion des Mittelalters repräsentiert. Im dritten, männlichen Stadium befindet sich

---

17 Ebd., S. 295 ff.

die Menschheit ungefähr erst seit Beginn des 18. Jahrhunderts: Kennzeichnend für diese letzte Stufe ist der Glaube an eine immanente Weltentwicklung, an eine kollektive Fortschrittsidee unter Erbringung individueller Opfer für das Ganze und die Gemeinschaft. Dem übermütigen modernen Progressionsgedanken jedoch hält Hartmann gleichsam »existentialistische« Argumente entgegen: »Wie weit auch die Menschheit fortschreitet, nie wird sie die grössten Leiden loswerden oder auch nur vermindern: Krankheit, Alter, Abhängigkeit von dem Willen und Macht Anderer, Noth und Unzufriedenheit. Wie viel Mittel gegen Krankheiten auch noch gefunden werden mögen, immer wachsen die Krankheiten (...) in schnellerer Progression als die Heilkunst. Immer wird die frohsinnige Jugend nur einen Bruchteil der Menschheit ausmachen und der andere Theil dem grämenden Alter zufallen. Immer wird der Hunger der in's Unendliche gehenden Vermehrung des Menschengeschlechts die Grenze durch eine grosse Bevölkerungsschicht ziehen, welche mehr Hunger hat (...), welche fortwährend zu einer grossen Procentzahl in dem bitteren Kampfe mit der Noth erliegt. (...) Die zufriedensten Völker sind die rohen Naturvölker und von den Culturvölkern die ungebildeten Classen; mit steigender Bildung des Volkes wächst erfahrungsmässig seine Unzufriedenheit.«[18]

Ähnlich dem spanischen Philosoph José Ortega y Gasset glaubt Hartmann, daß der Fortschritt nur darin bestehe, die bekannten alten Sorgen gegen unbekannte neue, noch kompliziertere Sorgen einzutauschen. So liegt für Hartmann nicht ein goldenes, sondern ein eisernes Zeitalter vor uns, bevor die Menschen schließlich erkennen werden, daß nur die Aufhebung des unseligen Wollens und damit des Weltdaseins Erlösung gewähre: »Bei Hartmann hat sich die Blickrichtung so sehr vom Sein auf das Nichts verschoben, daß das Nichts zum Selbstverständlichsten, die Existenz der Welt zum Inbegriff des Unlogischen und Sinnwidrigen geworden ist: Sie ist geradezu die Schädelstätte des ›Logos‹.«[19] (Lütkehaus)

Prophetisch warnt Hartmann vor einer fatalen Umweltzerstörung und Bevölkerungsvermehrung: »Auf der Erde sehen wir

18 Ebd., S. 376.
19 Lütkehaus, Ludger, Nichts, a.a.O., S. 227.

den Menschen immer mehr die übrigen Thiere und die Wälder verdrängen bis auf diejenigen Thiere und Pflanzen, die er für sich benutzt. Künftige, noch ungeahnte Fortschritte der Chemie und Landwirthschaft können die Vermehrung der Erdbevölkerung auf eine sehr bedeutende Höhe erlauben ...«[20]

In den viel gepriesenen Fortschritten auf künstlerischem und wissenschaftlichem Gebiet kann Hartmann letztendlich nur wahnwitzige Illusionen erkennen, erweist er sich als scharfer Kulturkritiker, der seiner Zeit voraus ist: »Die Fortschritte in der Kunst dürfte man nicht berechtigt sein, allzuhoch anzuschlagen; soviel wie der Inhalt unserer neueren Kunstwerke ideenreicher ist, soviel war die Kunstform im Altertum vollendeter, und die wiederauferstandenen Griechen würden unsere Kunstwerke auf allen Gebieten mit vollem Recht für höchst *barbarisch* erklären ...«[21] Es sollte in der Tat nicht mehr lange dauern, bis Hans Richter in *DADA – Kunst und Antikunst* ausrufen konnte: »Die Kunst ist ›zu Ende gedacht‹, in Nichts aufgelöst. Das Nihil ist alles, was übrig blieb.«[22]

Und über die Rolle der Wissenschaft lesen wir bei Hartmann die nach wie vor aktuellen Sätze: »Die wissenschaftlichen Fortschritte tragen in rein theoretischer Beziehung wenig oder gar nichts zum Glück der Welt bei (...) Den Einfluss der Wissenschaft auf moralischen Fortschritt muss ich für verschwindend klein halten, so wie er auch in politischer und socialer Beziehung nicht allzu hoch zu veranschlagen ist (...) Von unberechenbarer Wichtigkeit ist er dagegen auf die Fortschritte der *Technik*. Was leisten diese aber für das menschliche Glück? Offenbar nichts, als dass sie die Möglichkeit zu socialen und politischen Fortschritten gewähren, und die Bequemlichkeit und allenfalls auch den überflüssigen Luxus erhöhen! (...) Es hat sich mit den vermehrten *Mitteln* nichts weiter vermehrt, als die *Wünsche* und *Bedürfnisse*,

---

20 Hartmann, Eduard von, Philosophie des Unbewussten, zweiter Teil, a.a.O., S. 405.

21 Ebd., S. 383ff.

22 Richter, Hans, DADA – Kunst und Antikunst. Der Beitrag Dadas zur Kunst des 20. Jahrhunderts, mit einem Nachwort von Werner Haftmann, Köln 1978.

und in Folge davon die *Unzufriedenheit.*«[23] Mit einem Wort: Hartmann sah eine zwar materiell reiche, aber geistig arme Welt auf die Menschen zukommen.

Hartmann versteht Geschichte dessenungeachtet als Fortschritt der Menschheit – wenngleich unter negativem Vorzeichen, nämlich im Bewußtsein des Leidens. Er glaubt unerschütterlich an »die Kraft des pessimistischen Bewusstseins der Menschheit«, das früher oder später den »wahnwitzigen Karneval der Existenz«, die Welt – um mit E. M. Cioran zu sprechen – als »verfehlte Schöpfung« eines unzurechnungsfähigen, verrückten Gottes durchschauen würde: »Wenn aller Firnis vom Dasein hinweg ist; wenn der Weltunlustökonom seine Negativbilanz vorgerechnet, die Geschichtsphilosophie ihre Enttäuschungslektionen erteilt und der Metaphysiker die unaufhebbare Dissonanz im Welt-Willen- und Vorstellungswesen enthüllt hat, dann ist es keine Frage mehr, daß ›Das Nichtssein der Welt ihrem Sein vorzuziehen wäre‹.«[24] (Lütkehaus)

An die Erlösung vom grundlosen und unlogischen Willen sind nach Hartmann jedoch auch Bedingungen geknüpft, wobei die persönliche Willensverneinung – etwa in Form des Selbstmordes – von vornherein ausscheidet, da sie nur eine Erscheinung und nicht das Wesen des sich stets in neuen Individuen objektivierenden Willens berührt: »Die erste Bedingung zum Gelingen des Werkes ist die, dass der bei weitem *grösste Theil* des in der bestehenden Welt sich manifestirenden unbewussten Geistes in der Menschheit befindlich sei; denn nur dann, wenn die negative Seite des Wollens in der Menschheit die Summe alles übrigen in der organischen und unorganischen Welt sich objectivirenden Willens überwiegt, nur dann kann die menschheitliche Willensverneinung *das gesamte actuelle Wollen der Welt ohne Rest* vernichten, und den gesamten Kosmos durch Zurückziehung des Wollens, in welchem er allein besteht, mit einem Schlage verschwinden lassen. (…) Die *zweite* Bedingung für die Möglichkeit des Sieges ist, dass das Bewusstsein der Menschheit von der Thorheit des Wollens und dem Elend alles

23 Hartmann, Eduard von, Philosophie des Unbewussten, zweiter Teil, a.a.O., S. 383 ff.

24 Lütkehaus, Ludger, Nichts, a.a.O., S. 231.

Daseins *durchdrungen* sei, dass diesselbe eine so *tiefe Sehnsucht* nach dem Frieden und der Schmerzlosigkeit des Nichtseins erfasst habe, und alle bisher für das Wollen und Dasein sprechenden Motive so sehr in ihrer Eitelkeit und Nichtigkeit durchschaut sind, dass jene Sehnsucht nach der Vernichtung des Wollens und Daseins zur widerstandslosen Geltung als practisches Motiv gelangt. (...) Die *dritte* Bedingung ist eine genügende Communikation unter der Erdbevölkerung, um einen *gleichzeitigen gemeinsamen Entschluss* derselben zu gestatten. In diesem Puncte, dessen Erfüllung nur von Vervollkommnung und geschickterer Anwendung technischer Erfindungen abhängt, hat die Phantasie freien Spielraum. Nehmen wir diese Bedingungen als gegeben an, so ist die Möglichkeit vorhanden, dass die Majorität des in der Welt thätigen Geistes den Beschluss fasse, das Wollen aufzuheben.«[25]

Nur durch den Beschluß der Mehrheit der Menschen, also aufgrund eines kollektiven, nicht bloß eines individuellen Aktes, wäre die erreichbare Seligkeit der Schmerzlosigkeit gewährleistet. Der Weltprozeß ist gleichsam die Fleischwerdung, das Leiden und die Erlösung des Absoluten, ist in Wahrheit ein Weltvernichtungsprozeß. In Hartmanns Hamlet-Version: »To be *for* not to be!« – »Durchs Sein zum Nichts!« Dem Bewußtsein kommt dabei die Aufgabe zu, die Herbeiführung dieses Zieles zu beschleunigen: »Das Wollen hat seiner Natur nach einen Ueberschuss von Unlust zur Folge. Das Wollen, welches das ›Dass‹ der Welt setzt, verdammt also die Welt, gleichviel *wie* sie beschaffen sein möge, zur Qual. Zur Erlösung von dieser Unseligkeit des Wollens, welche die Allweisheit oder das Logische der unbewussten Vorstellung direct nicht herbeiführen kann, weil es selbst unfrei gegen den Willen ist, schafft es die Emancipation der Vorstellung durch das Bewusstsein, indem es in der Individuation den Willen so zersplittert, dass seine gesonderten Richtungen sich gegen einander wenden. Das Logische leitet den Weltprocess auf das Weiseste zu dem Ziele der möglichsten Bewusstseinsentwicklung, wo anlangend das Bewusstsein genügt, um das gesamte actuelle Wollen in das Nichts zurückzuschleudern, womit der *Process* und die *Welt aufhört*, und zwar ohne irgend welchen Rest aufhört, an welchem

25 Hartmann, Eduard von, Philosophie des Unbewussten, zweiter Teil, a.a.O., S. 405ff.

sich ein Process weiterspinnen könnte. Das Logische macht also, dass die Welt eine bestmögliche wird, nämlich eine solche, die zur Erlösung kommt, nicht eine solche, deren Qual in unendlicher Dauer perpetuirt wird.«[26]

Auf welche Art und Weise das Ende des Weltprozesses, die Aufhebung allen Wollens ins absolute Nichtwollen, mit dem alles Dasein verschwindet und aufhört, konkret zu denken sei, davon vermag sich Hartmann, wie er selbst zugibt, jedoch keine Vorstellung zu machen. Einem freiwilligen »Massenselbstmord«, einem »globalen Jonestown« (Lütkehaus) nach Art des Sonnentemplerordens scheint Hartmann jedoch nicht das Wort geredet zu haben: »Unsere Kenntnisse sind viel zu unvollkommen, unsere Erfahrungen zu kurz und die möglichen Analogien zu mangelhaft, um uns auch *nur mit einiger* Sicherheit von jenem Ende des Processes eine Vorstellung bilden zu können.«[27] Bis zur Universalwillensverneinung, zum kollektiven Rückzug ins Nichts beziehungsweise zum Widerruf der gesamten Schöpfung in der Apokalypse rechnete Hartmann noch mit Jahrhunderten, wenn nicht sogar mit kosmischen Zeiträumen, da der Wille sich erst einmal richtig »austoben«, das ganze Spektrum der hoffnungsvollen Selbsttäuschungen durchprobiert haben müsse. Die Atombomben von Hiroshima und Nagasaki und die anschließenden »waffentechnologischen Bravourleistungen« hat sich der Philosoph, so Ulrich Horstmann in seinem *Untier*, ebensowenig ausmalen können, wie die »militärischen Planspiele und Computersimulationen«, mit Hilfe derer man gegen Ende des 20. Jahrhunderts »wenn nicht den Welt-, so doch den Erduntergang«[28] bereits tausendfach durchprobiert haben würde ...

Den Lesern, die die Resultate seiner *Philosophie des Unbewussten* als trostlos empfinden und dem *Horror vacui* nicht gewachsen sind, hält Hartmann entgegen, daß es keinesfalls Aufgabe der Philosophie sei, Mut und Hoffnung zu spenden. Zu solchen Zwecken gebe es schließlich hübsche Religions- und Erbauungsliteratur ...: »Die Philosophie aber forscht rücksichtslos nach

---

26 Ebd., S. 410f.

27 Ebd., S. 404.

28 Horstmann, Ulrich, Das Untier. Konturen einer Philosophie der Menschenflucht, Wien/Berlin 1983, S. 53.

Wahrheit (...), ist hart, kalt und fühllos wie Stein; im Aether des reinen Gedankens schwebend strebt sie nach der frostigen Erkenntnis dessen, was ist, seiner Ursachen und seines Wesens. (...) Der Philosophie selbst aber ist das namenlose Elend des Daseins – als Zur-Erscheinung-Kommen der Torheit des Wollens – nur *Durchgangsmoment* der theoretischen Entwickelung des Systems.«[29]

Wie immer auch man über Hartmanns Philosophie denken mag – Nietzsche sah in ihr nur das Produkt eines dekadenten »Hegelphilisters« (*Zweite Unzeitgemäße Betrachtung*), obgleich er durchaus positive Impulse von diesem erhalten hatte –, unbestritten dürfte sein Beitrag im Gefolge Schellings, Schopenhauers, Carus' und Fechners zur Entdeckung des Unbewußten vor Freud und C. G. Jung sein, seine geniale Synthese verschiedenster Aspekte des Unbewußten. Daran ändert auch der Umstand nichts, daß Freud selbst – seine (philosophischen) Inspirationsquellen bewußt vertuschend und auf der Eigenständigkeit und Originalität seiner psychoanalytischen Forschungsarbeit beharrend – Hartmann mit größter Skepsis begegnete, ihn in seiner *Traumdeutung* abschätzig als »pessimistischen Philosophen« charakterisierte.

Literaturhinweise

Hartmann, Eduard von, Philosophie des Unbewussten. Speculative Resultate nach inductiv-naturwissenschaftlicher Methode, Erster, zweiter und dritter Teil: Phänomenologie des Unbewussten, Leipzig 1923.

Heymons, Carl, Eduard von Hartmann. Erinnerungen aus den Jahren 1868–1881, Berlin 1882.

Drews, Arthur, Eduard von Hartmanns philosophisches System, Heidelberg 1902.

Kappstein, Theodor, Eduard von Hartmann. Einführung in seine Gedankenwelt. Vorlesungen, gehalten an der Freien Hochschule Berlin, Gotha 1907.

Braun, Otto, Eduard von Hartmann, Stuttgart 1909.

Ziegler, L., Das Weltbild Eduard von Hartmanns, Leipzig 1910.

---

[29] Hartmann, Eduard von, Philosophie des Unbewussten, zweiter Teil, a.a.O., S. 390.

Schnehen, W. von, Eduard von Hartmann, Stuttgart 1929.
Horstmann, Ulrich, Das Untier. Konturen einer Philosophie der Menschenflucht, Wien/Berlin 1983.
Ellenberger, H. F., Die Entdeckung des Unbewußten, Zürich 1985.
Safranski, Rüdiger, Schopenhauer und Die wilden Jahre der Philosophie. Eine Biographie, München/Wien 1987.
Horstmann, Ulrich, Endspiele. Todestrieb und apokalyptische Simulation, in: »Die modernen Pessimisten als décadents«. Von Nietzsche zu Horstmann. Texte zur Rezeptionsgeschichte von Philipp Mainländers Philosophie der Erlösung, herausgegeben von Winfried H. Müller-Seyfarth, Würzburg 1993.
Lütkehaus, Ludger, Tiefenpsychologie. Texte zur Entdeckung des Unbewußten vor Freud, Hamburg 1995.
Lütkehaus, Ludger, Nichts. Abschied vom Sein, Ende der Angst, Zürich 1999.
Gödde, Günter, Traditionslinien des Unbewußten. Schopenhauer – Nietzsche – Freud, Tübingen 1999.

V. Philipp Mainländer – der Metaphysiker der Entropie

> *»Unter den großen Dingen,*
> *die unter uns zu finden sind,*
> *ist das Sein des Nichts das größte.*
> *... Das Nichts hat keine Mitte,*
> *und seine Grenzen sind das Nichts.«*
>
> Leonardo da Vinci, Tagebücher
> und Aufzeichnungen

Ein anderer bedeutsamer, heute weitgehend vergessener »wilder Sohn« Schopenhauers ist Philipp Mainländer, der Verfasser einer *Philosophie der Erlösung*, wie er sein zweibändiges, weit über tausend Seiten umfassendes Hauptwerk, eine wahre Apotheose des Nichts, titulierte. Der Arzt und Dichter Hans Carossa hat diesem mit zerstörerischer Konsequenz lebenden und denkenden Philosophen in seiner 1955 erschienenen Erzählung *Der Tag des jungen Arztes. Besinnliche Stunden im Bayerischen Wald* ein literarisches Denkmal gesetzt. Darin erinnert sich der Ich-Erzähler an seine erste Begegnung mit dem Werk dieses philosophischen Außenseiters und albträumerischen Denkers: »Durch Salzberger, einen jungen Apotheker, der in Landshut mein Mitschüler gewesen war, trat Philipp Mainländer in meinen Gesichtskreis, und eine Zeitlang rumorte die gefährliche weltabgewandte Lehre dieses Denkers in mir herum. Mainländers Weisheit, mit einem verführerischen Aufwand von Talent und scheinbar nüchterner Logik vorgetragen, lief im Grunde auf die hinterweltliche Schein-Erkenntnis hinaus, das wahre Ziel alles irdischen Seins wäre eigentlich das Nicht-Sein. Genau betrachtet war dies für unsereinen gar nichts Neues, und beim frühen Studium des Faust hatte man wohl gelächelt, wenn man las: ›... denn alles, was entsteht, ist wert, daß es zugrunde geht; drum besser wärs, daß nichts entstünde.‹ Man hatte gelächelt, weil man es in Goethes leichten ironisch-überlegenen Versen wie einen großartigen Spaß aufnahm, den man nicht ganz ernst zu nehmen brauchte. Nun aber lehrte es uns ein Philosoph, der mit jedem Wort bewies, daß er durchaus keinen Spaß verstand, und er war zu ganz anderen Schlüssen gekommen als Nietzsche, der sich das Heil der Welt vom Übermenschen versprach. Im schroffen Gegensatz zu ihm erhob Mainländer Forderungen, die wir eher bei den Schülern des heiligen Franz von Assisi gesucht hätten: der Mensch müsse nach Vervollkommnung streben, müsse in freiwilliger Armut und Keuschheit seinen irdischen Wandel vollenden. Als höchste aller Tugenden aber pries er das Mitleid, das Nietzsche ganz und gar verwarf; ja in dem ›herzzerreißendem Mitleid‹ mit den Menschen und mit der Kreatur erkannte er den höchsten Sinn des ›Auf-der-Welt-Seins‹. Den allen eingeborenen Trieb, sich das Leben möglichst angenehm zu machen, widerrät uns dieser unerbittlichste aller Wahrheitsfanatiker, und das Große des Evangeliums, es gehe eher ein Kamel durch ein Nadelöhr als ein Reicher in den Himmel, empfängt durch seine harte Auslegung ein unheimliches Gewicht. Nach buddhistischem Vorbild predigt er die Selbsterlösung; doch radikaler, ungeduldiger als die meisten Buddhisten erzwingt er sich am letzten Tage des März 1876 den Eingang ins Nirwana, indem er, unter ausdrücklicher Berufung auf seine Lehre, das Leben von sich wirft. Er schießt sich eine Kugel durch den Kopf, und wenn ich diese Art, in die Weltseele hinüberzugehen, auch als übermäßig grob, ja als geschmacklos empfand, so konnte ich diesem Mann, der es mit seiner Lehre so entsetzlich ernst nahm, ernster sogar als sein Meister Schopenhauer, doch meine Bewunderung und mein tiefes Mitgefühl nicht versagen.«[1]

Wer war Philipp Mainländer, der sich selbst einmal als »Kind ehelicher Notzucht« bezeichnete und zu dessen Wiederentdecker im 20. Jahrhundert keine Geringeren als Jorge Luis Borges (*Der Biathanatos*, 1952), E. M. Cioran, Ludwig Marcuse und Ulrich Horstmann zählen? Der Schöpfer des »vielleicht radikalsten Systems des Pessimismus, das die philosophische Literatur kennt«, eines Werkes, welches »wohl mehr Beachtung verdient

1 Carossa, Hans, Der Tag des jungen Arztes. Besinnliche Stunden im Bayerischen Wald (1955), zitiert nach: »Die modernen Pessimisten als décadents«. Von Nietzsche zu Horstmann. Texte zur Rezeptionsgeschichte von Philipp Mainländers Philosophie der Erlösung, herausgegeben von Winfried H. Müller-Seyfarth, Würzburg 1993, S. 161.

hätte, als (es) fand«[2], wie Theodor Lessing meinte, oder doch nur jemand, dessen Œuvre und Biographie unter rein pathologischen Aspekten, nämlich als skurrile Krankengeschichte interessiert? Ludger Lütkehaus zufolge könne man jedenfalls schwerlich »besseres Anschauungsmaterial für die Geburt einer Philosophie aus dem Geiste der Neurose« verlangen und Mainländer – nicht zuletzt wegen seiner engen, das ödipale Maß weit überschreitenden Mutterbindung – »getrost auf die Couch legen«[3] ... (Daß Mainländers radikale Philosophie auch radikale Reaktionen hervorgerufen hat und immer noch hervorruft, liegt auf der Hand. Fraglich bleibt jedenfalls, ob die Psychoanalyse die einzig richtigen Kriterien für die Stimmigkeit oder Unstimmigkeit eines philosophischen Systems zu liefern imstande ist. Schließlich käme ja auch niemand auf die Idee, eine naturwissenschaftliche Theorie nach den Kindheitserlebnissen ihres Gründers zu beurteilen!)

Hinter dem Pseudonym »Mainländer« verbirgt sich der am 5. Oktober 1841 in Offenbach am Main als Sohn eines Fabrikanten zur Welt gekommene Philipp Batz, aller Wahrscheinlichkeit nach ein entfernter Verwandter Goethes. Er war das jüngste Kind unter fünf – offenbar extrem »bionegativ« veranlagten – Geschwistern, von denen drei später Selbstmord begingen, zuletzt Mainländers älteste Schwester und Mitarbeiterin Minna, die ihren Bruder um viele Jahre überlebte und 1886 die Herausgabe des zweiten Bandes der *Philosophie der Erlösung* besorgte. Seine erste Bildung erhielt er auf der Realschule zu Offenbach. Der Vater bestimmte den Jüngsten zum Chemiker, ein Berufsziel, das aber zugunsten einer kaufmännischen Ausbildung verworfen wurde. So besuchte Philipp Batz – auf den Rat des Schriftstellers und Wortführers des *Jungen Deutschland*, Karl Gutzkow, der mit der Familie befreundet war – ab 1856 die Handelsschule in Dresden und ging zwei Jahre später nach Italien, um in Neapel in einem Handelshaus anzutreten. Hier lernte er Italienisch, vertiefte sich in Dante Alighieri, Francesco Petrarca, Giovanni Boccaccio, Ludo-

---

2 Lessing Theodor, Schopenhauer, Wagner, Nietzsche. Einführung in moderne deutsche Philosophie, München 1906, S. 180f., zitiert nach: »Die modernen Pessimisten als décadents«, a.a.O., S. 79.

3 Lütkehaus, Ludger, Nichts. Abschied vom Sein, Ende der Angst, Zürich 1999, S. 246.

vico Ariost, Torquato Tasso und vor allem in den schwermütigen Giacomo Leopardi. Hier verbrachte er die fünf glücklichsten Jahre seines Lebens, wie er rückblickend schrieb: »Ich habe (...) als Kaufmann die Welt gesehen, einen weltmännischen Blick gewonnen und blieb verschont vom giftigen Hauch der Philosophieprofessoren und einem trockenen wurmartigen Gelehrtentum, der Vielwisserei, wie *Heraklit* verächtlich zu sagen pflegte.«[4]

In Mainländers neapolitanische Zeit fiel auch die Entdeckung Arthur Schopenhauers. Die Lektüre seines Hauptwerks war dabei kein bloßes Bildungserlebnis, sondern traf den 19jährigen vielmehr mit der ganzen Wucht einer Offenbarung: »Im Februar 1860 kam der große, der bedeutungsvolle Tag meines Lebens. Ich trat in eine Buchhandlung und durchblätterte die frisch aus Leipzig eingetroffenen Bücher. Da finde ich Schopenhauers *Welt als Wille und Vorstellung*. Schopenhauer? Wer war Schopenhauer? Den Namen hatte ich noch nie gehört. Ich blättere in dem Werke, ich lese vom Verneinen des Willens zum Leben, finde zahlreiche mir bekannte Zitate in einem Text, der mich traumbefangen macht. Ich vergesse meine Umgebung und versinke. Endlich sage ich: ›Was kostet das Buch?‹ ›6 Dukaten.‹ ›Hier ist das Geld.‹ – Ich ergreife meinen Schatz und stürze wie ein Verrückter aus dem Laden nach Hause, wo ich den ersten Band in fieberhafter Hast aufschnitt und von vorne zu lesen anfing. Es war heller Tag, als ich aufhörte; ich hatte die ganze Nacht in einem fort gelesen.«[5] Nur fünf Jahre später sollte Friedrich Nietzsche in einem Leipziger Antiquariat eine ähnlich folgenreiche Erweckung mit Schopenhauer erleben ...

Mainländer faßte den unwiderbringlichen Entschluß, der »Paulus« dieses Querdenkers zu werden. Doch mußte er sich dafür erst das notwendige intellektuelle Rüstzeug aneignen – ein mühsamer Lernprozeß, der über ein Jahrzehnt beanspruchen sollte. Getrieben von »verzehrend glühender Vaterlandsliebe«, kehrte Batz

---

4 Mainländer, Philipp, in: Sommerlad, Fritz, Aus dem Leben Philipp Mainländers. Mitteilungen aus der handschriftlichen Selbstbiographie des Philosophen, 1898, in: Zeitschrift für Philosophie und philosophische Kritik, herausgegeben von R. Falckenberg, Leipzig 1898, Bd. 112, Heft 1, S. 74ff., zitiert nach: »Die modernen Pessimisten als décadents«, a.a.O., S. 96.

5 Mainländer, Philipp, in: Sommerlad, Fritz, Aus dem Leben Philipp Mainländers, zitiert nach: »Die modernen Pessimisten als décadents«, a.a.O., S. 98.

1863 über Rom in seine Heimatstadt zurück, arbeitete im Geschäft des Vaters und schrieb ein dreiteiliges »dramatisches Gedicht« mit dem Titel *Die letzten Hohenstaufen*, indem er sich mit der deutschen Geschichte des Mittelalters, vor allem mit den drei Söhnen – Enzio, Manfred und Konrad – des Staufer-Kaisers Friedrich II. auseinandersetzte. Zum literarischen Vermächtnis Mainländers zählen – neben lyrischen Versuchen – vor allem das Dramenfragment *Buddha*, die Novelle *Rupertine del Fino* (1875) sowie eine in Tagebuchform geschriebene, *Meine Soldatengeschichte* betitelte Autobiographie von 1875/76. Erst 1865, im Anschluß an die durch den Tod der über alles geliebten Mutter ausgelösten seelischen Erschütterung, sollte der philosophische »Dämon« in ihm erneut erwachen. Der 24jährige Autodidakt beschäftigte sich in den folgenden Jahren intensiv mit Schopenhauer, eignete sich aber auch die philosophischen Klassiker von Heraklit bis Etienne Bonnot de Condillac an.

1874 meldete sich Batz freiwillig zum schweren Reiterdienst. Mit einigen Kameraden besuchte er gelegentlich eine Kinderblindenanstalt – einschneidende Erlebnisse, die seinen radikalen Pessimismus genauso prägen sollten wie seine von Schopenhauer inspirierte Mitleidsethik: »Als ich diese unbeweglichen Augen sah, die noch nie den Reiz des Lichtes empfunden hatten, die noch nie Vater und Mutter, noch nie einen Sonnenuntergang, noch nie die Morgenröte gesehen hatten – da fasste mich der Menschheit ganzer Jammer an, (...) da schnitt (...) das entsetzliche Leid in dieser Welt so tief in meine Seele, dass ich mich nicht länger halten konnte und weinte wie ein Kind.«[6] Die kurze Zeitspanne, die ihm noch bis zur Einberufung blieb, verbrachte Mainländer dann in einer Art Schaffensrausch: »Nun begann ein zauberhaftes Leben, ein geistiges Blühen voll Seligkeit und wonniger Schauer (...) Dieses Leben dauerte vier volle Monate (...) Vollständig klar, konsequent und in sich abgerundet lag mein System in meinem Geiste, und ein Schaffenstrieb belebte mich, der die Peitsche des Gedankens nicht nötig hatte, daß ich am 28. September fertig sein *müsse*.«[7]

6 Ebd., S. 111.

7 Mainländer, Philipp, Meine Soldatengeschichte, herausgegeben von Walther Rauschenberger, Berlin 1925, S. 64f.

Das abgeschlossene Manuskript des ersten Bandes seiner *Philosophie der Erlösung* übergab er sogleich seiner Schwester, die sich um einen Verleger kümmern sollte. Mainländer selbst wurde zunächst Rekrut bei den Kürassieren in Halberstadt. Doch der überaus strapaziöse Dienst veranlaßte Mainländer bereits 1875 um seine vorzeitige Entlassung aus dem Militärdienst zu bitten. Er reiste nach Offenbach zurück, wo ein zweiter Kreativitätsschub seine verbliebenen Energien aufzehrte. In nur zwei Monaten »fieberhafter Tätigkeit« brachte er seine Lebenserinnerungen zu Papier und verfaßte den zweiten Teil seiner *Philosophie der Erlösung* – ein enormer Raubbau an seinen Kräften, der naturgemäß nicht folgenlos blieb. Ende Februar 1876 zeichnete sich dann der Zusammenbruch an, dessen Symptomatik in vielem dem geistigen Kollaps Nietzsches gleicht. Letzterer war im übrigen einer der wenigen Denker von Rang, die Mainländer überhaupt wahrgenommen haben, wenngleich er ihn zu den »modernen Pessimisten als décadents« zählte, ihn als »süßlichen Virginitätsapostel« diffamierte und sich sogar – möglicherweise aus Unkenntnis seines wirklichen Namens – die antisemitisch klingende Frage erlaubte, ob dieser nicht »zuletzt ein Jude gewesen« sei, denn »alle Juden werden süsslich, wenn sie moralisiren« (vgl. *Die Fröhliche Wissenschaft*, 1882, Aph. 357)

Mainländer war sich gegen Ende seines Lebens sicher, daß in ihm »die Gottheit (...) schreibe«, daß »der Geist, in dem ich vor der Welt war, ... meine Hand führt«. Auch glaubte er sich zum politischen Heiland berufen, zum Erben und Überwinder des Sozialisten Ferdinand Lassalles in einem und entwickelte ein erstaunlich fortschrittliches sozialreformerisches Programm, das aber im größeren Zusammenhang seines Pessimismus gesehen werden muß: »Die Rede, die mich sofort auf die höchste Woge der Partei heben wird, liegt in den Grundzügen vor mir und ihre Ausarbeitung verlangt nur zwei Tage. Ich brauche dann nur mit den Führern der heutigen Sozialdemokratie zwei Worte zu sprechen, dann eine Versammlung in Frankfurt zu berufen und am dritten Tag werden alle Zeitungen von mir reden und alle Arbeiter mit verzehrender Glut an meinem Munde hängen.«[8]

8 Rauschenberger, Walther, Aus der letzten Lebenszeit Philipp Mainländers. Nach ungedruckten Briefen und Aufzeichnungen des Philosophen, »Süd-

Doch dazu sollte es nicht kommen. Es gab nur eine kleine Notiz im Polizeibericht, demzufolge man Mainländer am Morgen des 1. April 1876 in seinem Zimmer erhängt (und nicht *erschossen*, wie Carossa meinte) aufgefunden hatte. Am Vortag waren die ersten, noch druckfrischen Exemplare der *Philosophie der Erlösung* eingetroffen. Sein Leben habe nun keinen Zweck mehr, soll der Empfänger geäußert haben.

Mainländers sterbliche Reste ruhen auf dem Friedhof zu Offenbach. Ein 1912 errichteter Gedenkstein steht heute noch im Offenbacher Park *Dreieichring*, was aber auch nicht verhindern konnte, daß selbst in Mainländers Geburts- und Sterbeort sein Name bis heute so gut wie unbekannt ist. (Rund ein halbes Jahrhundert später tat es ihm ein anderer, heute ebenfalls zu Unrecht vergessener Pessimist gleich: Im Gegensatz zu Mainländer vermochte Alfred Seidel, 1895–1924, das Erscheinen seines philosophischen Hauptwerks *Bewußtsein als Verhängnis. Fragmente über die Beziehungen von Weltanschauung und Charakter oder über Wesen und Wandel der Ideologien,* 1926, aber nicht mehr abzuwarten. Von schweren Depressionen geplagt, erhängte sich Seidel – dessen ganzes »Denken eine Art von sublimiertem Dauer-Selbstmord«[9] gewesen war, wie der Herausgeber seines Werkes, Hans Prinzhorn, bemerkte – in der Nähe einer Erlanger Heilanstalt.)

Was zeichnet Mainländers philosophisches »Testament« mit dem so christlich klingenden Titel aus? Wenngleich er sich darin als ein überzeugter Anhänger Schopenhauers zu erkennen gibt, wandelte er dessen Lehre, wie es auch Eduard von Hartmann und Julius Bahnsen getan haben, stark ab. In seiner *Philosophie der Erlösung* fordert Mainländer, daß die Philosophie sich nur auf die uns unmittelbar gegebene Welt der Erfahrung beziehen dürfe: »In der Philosophie, d. h. in der redlichen Philosophie, ist nur Küstenschiffahrt möglich: die Erfahrung muß immer sichtbar sein. Wer seinem Schiff nur die Richtung nach dem ›uferlosen Ozean‹ gibt,

deutsche Monatshefte« 9 (1911/12), S. 117–131, zitiert nach: Mainländer, Philosophie der Erlösung, Ausgewählt von Ulrich Horstmann, Frankfurt a. M. 1989, S. 15.

9 Seidel, Alfred, Bewußtsein als Verhängnis, aus dem Nachlasse herausgegeben von Hans Prinzhorn, Bonn 1927, S. 29.

fertigt schon sein Todesurteil als Philosoph mit eigener Hand aus. Die wahre Philosophie muß rein immanent sein, d.h. ihr Stoff sowohl als ihre Grenze muß die Welt sein. Sie muß die Welt aus Prinzipien, welche in derselben von jedem Menschen erkannt werden können, erklären und darf weder außerweltliche Mächte, von denen man absolut nichts wissen kann, noch Mächte in der Welt, welche jedoch ihrem Wissen nach nicht zu erkennen wären, zu Hilfe rufen.«[10]

Diesen Gedanken kompromißloser verfolgt zu haben als irgendein anderer Philosoph, rechnete sich Mainländer als besonderes Verdienst an. Die Scheidung des immanenten Gebietes vom transzendenten sei seine Tat und sein Trost im Leben und Sterben gewesen. Trotzdem kommt auch Mainländers philosophisches System nicht ganz ohne ein metaphysisch-transzendentes Element aus, nämlich dann, wenn es um den dunklen Ursprung der Welt, das große Mysterium der Schöpfung geht, denn auch er weiß: *de nihilo nihil ...!* »Ich habe in meinem Werk ein einziges Wunder: die Entstehung der Welt gelehrt und habe diesem Wunder dann alles Anstößige genommen. Dadurch ist die Welt selbst wunderlos geworden: sie ist durchgängig zweckmäßig geworden, ohne daß eine einfache Einheit hinter ihr oder in ihr säße und alle jene wunderbaren Handlungen hervorbrächte, von denen man uns so gemütvoll erzählt.«[11]

Die unüberschaubare Vielheit der Kräfte, die wir jetzt allenthalben in der Welt wirksam sehen, war nach Mainländer einst eine Einheit, und zwar in einem Ursein, das für uns gänzlich unerkennbar ist. Ein philosophischer Gedanke Mainländers, der an die moderne naturwissenschaftliche Urknall-Theorie von der Entstehung des Universums denken läßt: »Die einfache Einheit existierte: mehr können wir von ihr in keiner Weise prädizieren. Welcher Art diese Existenz, dieses Sein, war, ist uns ganz verhüllt. Wollen wir es dennoch näher bestimmen, so müssen wir wieder zur Negation unsere Zuflucht nehmen und aussagen, daß es keine Ähnlichkeit mit irgend einem uns bekannten Sein hat, denn alles Sein, das wir kennen, ist bewegtes Sein, ist ein Werden, während

10 Mainländer, Philipp, Philosophie der Erlösung, ausgewählt von Ulrich Horstmann, a.a.O., S. 33.

11 Ebd., S. 49.

die einfache Einheit bewegungslos, in absoluter Ruhe, war. Ihr Sein war Übersein.«[12]

Diese vorweltliche Einheit, die wir gemeinhin Gott nennen und persönlich denken können, existiert jedoch nicht mehr. Die Welt ist kein Kosmos, kein harmonisches, ewiges Übersystem, vielmehr eine gigantische Selbstzerstörungsmaschine, die – so der Philosoph Ulrich Horstmann – wie eine der autodestruktiven kinetischen Skulpturen von Jean Tinguely funktioniert. Lange vor Nietzsche lesen wir bei Mainländer vom Tod Gottes, seiner eigenen Exekution: »Diese einfache Einheit ist gewesen; sie ist nicht mehr. Sie hat sich, ihr Wesen verändernd, voll und ganz zu einer Welt der Vielheit zersplittert. Gott ist gestorben, und sein Tod war das Leben der Welt.«[13] Interessanterweise ein kosmogonisches Modell, das sich bereits in den unorthodoxen Spekulationen der Lurianischen Kabbala findet und das Hans Jonas 1984 in seinem Essay *Der Gottesbegriff nach Auschwitz. Eine jüdische Stimme* radikalisiert hat: »Um Raum zu machen für die Welt, mußte der *En-Sof* des Anfangs, der Unendliche, sich in sich selbst zusammenziehen und so außer sich die Leere, das Nichts entstehen lassen, in dem und aus dem er die Welt schaffen konnte. (…) Hierüber nun geht mein Mythos noch hinaus. Die Zusammenziehung ist total, als Ganzes hat das Unendliche, seiner Macht nach, sich ins Endliche entäußert und ihm damit überantwortet. (…) Verzichtend auf seine eigene Unverletzlichkeit, erlaubte der ewige Grund der Welt, zu sein. Dieser Selbstverneinung schuldet alle Kreatur ihr Dasein und hat mit ihm empfangen, was es vom Jenseits zu empfangen gab. Nachdem er sich ganz in die werdende Welt hineingab, hat Gott nichts mehr zu geben.«[14]

Dergestalt überhöht Mainländer den Pessimismus über den biologischen Bereich hinaus bis in die überirdischen Sphären der Kosmologie und Theologie zu einer originellen Metaphysik. Nach Mainländers eigener Kosmogonie wollte Gott selbst das absolute Nichtsein. Sein eigenes Wesen war dabei aber das Hindernis für

---

12 Ebd., S. 40.

13 Ebd., S. 40.

14 Jonas, Hans, Der Gottesbegriff nach Auschwitz. Eine Jüdische Stimme, in: ders., Gedanken über Gott. Drei Versuche, Frankfurt a. M. 1994, S. 47f.

den sofortigen Eintritt in das Nichtsein. So mußte das Wesen in eine Welt der unendlichen Vielheit zerfallen, deren Einzelwesen alle das unbedingte Streben nach dem Nichtsein haben. Und in diesem Streben hindern sie sich bis heute gegenseitig, kämpfen miteinander und schwächen auf diese Weise ihre Kraft. Dergestalt ging das ganze Wesen Gottes in veränderter Form, nämlich als eine bestimmte »Kraftsumme«, in die Welt über.

Philosophiehistorisch reiht sich Mainländer mit dem für sein Denken zentralen Begriff der »Kraft« in den sogenannten »Dynamismus« ein, eine in der Antike (seit Heraklit) wurzelnden Natur- und Weltanschauung, nach der alle Wirklichkeit als Kräftespiel oder Dynamik auftritt beziehungsweise darin gründet. Unmittelbarer Anknüpfungspunkt dürfte jedoch der naturwissenschaftliche Materialismus seit Mitte des 19. Jahrhunderts sein, wie ihn vor allem Ludwig Büchner, der Bruder des Dichters Georg Büchner, in seinem weite Bevölkerungskreise erreichenden Buch *Kraft und Stoff. Empirisch-naturwissenschaftliche Studien in allgemein-verständlicher Darstellung* von 1955 propagierte. Darin fordert Büchner wie Mainländer von der Philosophie eine Orientierung an den Naturwissenschaften. Im Gegensatz zu Mainländer lehnt Büchner, ein Wegbereiter des Darwinismus, aber eine transzendente Weltursache oder einen Schöpfergott ab, da »Kraft« und »Stoff« für ihn Ausdruck der ewigen, unzerstörbaren Materie und unabänderlicher Naturgesetze sind.

Doch zurück zu Mainländer: Einziges Ziel der ganzen Welt, des Weltalls ist – Mainländer zufolge – das Nichtsein, das es durch kontinuierliche Schwächung seiner »Kraftsumme« erreicht. Durch allmähliche Dezimierung seiner Kraft wird jedes Individuum in seinem Entwicklungsgang bis zu jenem Punkt gebracht, an dem sein Streben nach Vernichtung schließlich erfüllt werden kann: »Die Bewegung des Weltalls ist die Bewegung aus dem Übersein in das Nichtsein. Die Welt aber ist der Zerfall in die Vielheit, d.h. in egoistische, gegeneinander gerichtete Individualitäten. Nur in diesem Kampf von Wesen, die vorher eine einfache Einheit waren, kann das ursprüngliche Wesen selbst zerstört werden. Der Zerfall war die erste Tat, der Anfang der gedachten Bewegung (...) Die Weltbewegung ist also, in Beziehung auf den ersten Zerfall in die Vielheit, Bewegung aus dem für uns unbegreiflichen Ursein, d.h. relativen Sein, durch das wirkliche Sein in das absolute

Nichtsein.«[15] Die Welt funktioniert nicht nach dem »Wendeltreppen-«, sondern nach dem »Fleischwolfprinzip« (Horstmann), nicht stetige Höherentwicklung, sondern Vernutzung und Verschleiß sind angesagt und der Mensch ist nichts anderes als eine evolutionäre Sackgasse.

Was Mainländer als »universales Gesetz der Schwächung der Kraft« bezeichnet, nennen die Naturwissenschaften »Entropie«. Ein Konzept, das erstmals 1850 von dem deutschen Physiker Rudolf Clausius entwickelt und wenig später von Hermann Helmholtz »kosmologisiert« wurde. Die Analogien dieses naturwissenschaftlichen Modells zum philosophischen Weltbild Mainländers sind frappant, wenngleich der Philosoph wohl kaum die Überlegungen der Naturwissenschaftler gekannt haben dürfte: »Das Entropiegesetz ist gleich dem Zweiten Hauptsatz der Thermodynamik. Der erste Hauptsatz besagt, daß der Betrag der gesamten Materie und Energie des Universums konstant ist (...) Der zweite Hauptsatz stellt fest, daß Materie und Energie nur in eine Richtung verändert werden können, nämlich von einer *nutzbaren* Form in eine *nichtnutzbare*, von einer *verfügbaren* in eine *nichtverfügbare*, von einer *geordneten* in eine *ungeordnete*. Die Grundaussage des Zweiten Hauptsatzes ist, daß alles im Universum eine Struktur besaß und sich unwiderruflich auf ein Chaos zubewegt (...) Wann und wo immer auf der Erde oder im Universum eine geordnete Struktur geschaffen wird, geschieht dies nach dem Entropiegesetz auf Kosten einer größeren Unordnung in der jeweiligen Umgebung.«[16]

Dieses Entropie-Gesetz oder, mit seinen Worten ausgedrückt, das universale Gesetz der Schwächung der Kraft, beherrscht Mainländer zufolge die *ganze* Natur, das unorganische wie auch das organische Reich, wobei seine Wirkungen auf organischer Ebene weitaus am größten sind. Einige Textpassagen scheinen sogar Sigmund Freuds späte, bis heute umstrittene »Todestrieb-

[15] Mainländer, Philipp, Philosophie der Erlösung, ausgewählt von Ulrich Hortsmann, a.a.O., S. 40.

[16] Rifkin, Jeremy, Entropie. Ein neues Weltbild, Frankfurt a.M. 1985, S. 15f., zitiert nach: Mainländer, Philosophie der Erlösung, ausgewählt von Ulrich Horstmann: Der verwesende Gott. Philipp Mainländers Metaphysik der Entropie, Vorwort von Ulrich Horstmann, a.a.O., 24f.

Theorie« vorwegzunehmen: »Unter der Herrschaft dieses großen Gesetzes steht alles in der Welt, mithin auch der Mensch. Er ist im tiefsten Grunde Wille zum Tode, weil die seinen Typus konstituierenden und ihn, durch Ein- und Austritt, erhaltenden chemischen Ideen den Tod wollen. Aber da sie ihn nur durch Schwächung erlangen können und es kein wirksames Mittel hierzu gibt, als das Wollen des Lebens, so tritt das Mittel dämonisch vor den Zweck, das Leben vor den Tod, und es zeigt sich der Mensch als reiner Wille zum Leben. Indem er sich nun einzig und allein dem Leben hingibt, immer hungrig und begierdevoll nach Leben, handelt er im Interesse der Natur und zugleich in seinem eigenen; denn er schwächt die Kraftsumme des Weltalls und zugleich seinen Typus, seine Individualität, die, eine besondere Idee, halbe Selbstherrlichkeit hat. Er befindet sich auf der Bahn der Erlösung: darüber kann gar kein Zweifel sein; aber es ist eine lange Bahn, deren Ende nicht sichtbar ist.«[17]

Als »immanenter Philosoph« kann Mainländer nur eine einzige Endursache des Menschen und der Welt zugeben, nämlich das Nichts. Folgerichtig entwirft er eine Teleologie der vollständigen Vernichtung, gleichsam eine Mythologie der Verwesung: »Aber auf dem Grunde sieht der immanente Philosoph im ganzen Weltall nur die tiefste Sehnsucht nach absoluter Vernichtung (…) Der Zweck der ganzen Weltgeschichte, d.h. aller Schlachten, Religionssysteme, Erfindungen, Entdeckungen, Revolutionen, Sekten, Parteien usw. ist: der Masse das zu bringen, was einzelnen seit Beginn der Kultur zuteil wurde. Es handelt sich nicht darum, ein Geschlecht von Engeln zu erziehen, das dann immerfort, immerfort existierte, sondern um Erlösung vom Dasein.«[18]

In seiner *Philosophie der Erlösung* zeigt sich uns Mainländer aber nicht nur als Nihilist, sondern auch als scharfer Zivilisationskritiker und Staatstheoretiker, als Denker, der in der Geschichte, wie unter anderem auch Francois Marie Voltaire und Charles Maurice Talleyrand, nicht mehr als eine »Aufzählung der Verbrechen der Welt« beziehungsweise eine »Unfallchronik der

---

17 Mainländer, Philipp, Philosophie der Erlösung, ausgewählt von Ulrich Horstmann, a.a.O., S. 55f.

18 Ebd., S. 68f.

Menschheit« sieht: »Die Zivilisation ist nicht der Gegensatz zur Bewegung der Naturvölker; denn beide Bewegungsarten haben eine Richtung. Erstere ist nur eine beschleunigte Bewegung. Die Bewegung eines Naturvolkes ist der einer Kugel auf einer fast horizontalen Fläche, die Bewegung eines Kulturvolkes dagegen dem Sturze dieser Kugel in den Abgrund zu vergleichen. Bildlich geredet, hat nun die Zivilisation das Bestreben, alle Völker in ihren Kreis zu ziehen; sie hat die ganze Menschheit im Auge und übersieht auch nicht die kleinste Genossenschaft im verborgensten Winkel der Erde. Zu den Gesetzen, wonach sie hierbei verfährt, gehören das Gesetz der Fäulnis und das Gesetz der Verschmelzung durch Eroberung (...)«[19]

Für Mainländer steht fest, daß der Gang der Menschheit nicht die Erscheinung einer sogenannten sittlichen Weltordnung, sondern die nackte Bewegung aus dem Leben in den »absoluten Tod« ist ... Als Beispiele führt der Philosoph die paradigmatischen Dekadenzprozesse im alten Griechenland und Rom an. Rund ein halbes Jahrhundert vor Oswald Spenglers *Untergang des Abendlandes*, das den Gesetzen kultureller Fäulnis- und Verfallsprozesse auf der Spur ist, lesen wir bei Mainländer: »Jedes Volk, welches in die Zivilisation eintritt, d.h. in eine schnellere Bewegung übergeht, fällt und wird in der Tiefe zerschmettert. Keines kann sich in seiner männlichen Kraft erhalten, jedes muß altersschwach werden, entarten und sich ausleben. Es ist ganz gleich, wie seine dem absoluten Tode geweihten Individuen in die Vernichtung sinken; ob nach dem Gesetz der Fäulnis: verlottert, sich wälzend im Schlamme und Kot raffinierter Wollust; oder nach dem Gesetze des Individualismus: mit Ekel fortwerfend alle köstlichen Früchte, weil sie keine Befriedigung mehr geben, sich verzehrend in Überdruß und Langeweile, hin- und herschwankend, weil sie den festen Willen und klare Ziele verloren haben.«[20]

Trotz seiner sozialreformerischen Pläne, verwirft Mainländer letzten Endes auch die Idee einer klassenlosen und damit gerechteren Gesellschaft: »Sie (die niederen Klassen) glauben, das Leben habe Werth. Sie halten die Reichen für glücklicher, weil sie besser essen, trinken, weil sie Feste geben und Geräusch machen.

19 Ebd., S. 79.
20 Ebd., S. 81.

Sie meinen, das Herz schlage ruhiger unter Seide als unter dem groben Kittel. So *enttäuscht* sie; aber nicht mit *Redensarten*, sondern durch die *That.*«[21] Um diese naive Utopie eines Paradieses auf Erden zu diskreditieren, schlägt Mainländer, wie Rüdiger Safranski in seiner Schopenhauer-Biographie resümiert, eine besondere Taktik ein: »Damit man sich nicht in der Täuschung wiege, es seien nur die zu hoch hängenden Trauben, die man verwerfe, entwickelt Mainländer ein Programm der allgemeinen Volksbeglückung, das jedermann erkennen lasse, daß es mit den Gütern des Lebens nichts auf sich habe. Mainländers zur Zeit der Sozialistengesetze erschienene ›Philosophie der Erlösung‹ nimmt sich der ›Lösung der socialen Frage‹ an: Man muß diejenigen, die entbehren, enttäuschen, indem man ihnen gibt, was sie begehren. Dann werden sie sich selbst von der Nichtswürdigkeit des Lebens überzeugen, und dann wird endlich mit allem Schluß sein.«[22]

Für all jene, die das Leben *par tout* in einem günstigen Lichte sehen und den eigentlichen Zweck der Menschheits- und Kulturgeschichte in der Errichtung eines idealen Staates erkennen wollen, spielt der Philosoph die Idee einer solchen naiven Utopie durch: »(Der ideale Staat) umfaßt alles, was Menschengesicht trägt, er umfaßt die ganze Menschheit. Es gibt keine Kriege mehr und keine Revolutionen. Die politische Macht ruht nicht mehr in bestimmten Klassen, sondern die Menschheit ist ein Volk, das nach Gesetzen lebt, an deren Abfassung alle mitgewirkt haben. Das soziale Elend ist erloschen. Die Arbeit ist organisiert und drückt keinen mehr. Der Erfindungsgeist hat sämtliche schweren Arbeiten auf Maschinen abgewälzt und die Leitung derselben raubt den Bürgern nur wenige Stunden des Tages. Jeder, der erwacht, kann sagen: der Tag ist mein.«[23]

Doch Mainländer gibt zu bedenken, daß selbst nach der ohnehin wenig wahrscheinlichen Verwirklichung eines solchen idealen Staates, vier Hauptübel verbleiben, die durch keine menschliche Macht vom Leben getrennt werden können, nämlich Wehen der

---

21 Ebd., S. 91.

22 Safranski, Rüdiger, Schopenhauer und Die wilden Jahre der Philosophie, Eine Biographie, Reinbek bei Hamburg 1996, S. 505 f.

23 Mainländer, Philipp, Philosophie der Erlösung, Ausgewählt von Ulrich Horstmann, a.a.O., S. 83.

Geburt, Krankheit, Alter und Tod jedes Individuums. Die Gegenargumente der unverbesserlichsten Optimisten und Utopisten vorwegnehmend, schreibt Mainländer: »Wir nehmen an, daß die Geburt des Menschen in Zukunft ohne Schmerzen von statten gehe, daß es der Wissenschaft gelinge, den Menschen vor jeder Krankheit zu bewahren, schließlich, daß das Alter solcher beschirmter Menschen ein frisches und kräftiges sei, welchem ein sanfter schmerzloser Tod plötzlich ein Ende mache (Euthanasie). Nur den Tod können wir nicht fortnehmen, und wir haben mithin ein kurzes leidloses Leben vor uns. Ist es ein glückliches?«[24]

Für Mainländer – und das ist der eigentliche Clou seiner Antwort auf solcherart verstiegene Utopien – wären die Menschen es in der Tat, gesetzt den Fall, sie würden keine entsetzliche Öde und Leere, keine Langeweile in ihrem selbst gefertigten, erstickend schwülen Paradies empfinden: »Die Not ist ein schreckliches Übel, die Langeweile aber das schrecklichste von allen. Lieber ein Dasein der Not, als ein Dasein der Langeweile, und daß schon jenem die völlige Vernichtung vorzuziehen ist, muß ich gewiß nicht erst nachweisen. Und so hätten wir zum Überfluß auch indirekt gezeigt, daß das Leben im besten Staate unserer Zeit wertlos ist. Das Leben überhaupt ist ein ›elend jämmerliches Ding‹: es war immer elend und jämmerlich und wird immer elend und jämmerlich sein, und Nichtsein ist besser als Sein.«[25]

Der Bewegung der Menschheit nach dem idealen Staate wird Mainländer zufolge eine andere, nämlich eine aus dem Sein in das Nichtsein, folgen. Tritt aus der ersteren das Gebot der vollen Hingabe an das Allgemeine, so aus letzterer das asketische Gebot der Virginität, der Keuschheit, aus dem – wie Jahre später bei Otto Weininger in seinem Buch *Geschlecht und Charakter* – auch ein gewisser Haß auf das Sexuelle spricht: »Der den Willen zum Leben wirksam Verneinende erntet im Tode die volle und ganze Vernichtung des Typus. Er zerbricht seine Form, und keine Macht im Weltall kann sie neu bilden: sie ist für immer, in ihrer Eigentümlichkeit und der damit verbundenen Qual und Daseinspein, aus dem Buche des Lebens gestrichen. (…) Durch Enthaltung vom

---

[24] Ebd., S. 85f.

[25] Ebd., S. 87.

geschlechtlichen Genusse hat er sich von der Wiedergeburt befreit, vor der sein Wille zurückschaudert, wie der Rohe vor dem Tode. Sein Typus ist erlöst: das ist sein süßer Lohn.«[26] Nach Mainländer kämpft derjenige, welcher den blinden Geschlechtstrieb unterdrückt, einen Kampf, wodurch die Kraftsumme im Weltall insgesamt wirksamer geschwächt wird, als durch die vollste Hingabe an das Leben. Mainländer vertritt noch rigoroser als Schopenhauer und Hartmann die Forderung einer den Willen zum Leben verneinenden Ethik, denn zumindest *in puncto puncti* gilt: »Wenn das Individuum in heftigster Leidenschaft seine Zähne in das Dasein schlägt, (wird) im Taumel der Wollust (...) die Erlösung verscherzt.«[27]

So nimmt es nicht wunder, daß Mainländer sich – auch in diesem Punkte Schopenhauer nicht mehr folgend – als ein Apologet des Selbstmordes versteht. Denn in jedem Selbstmord vollzieht das Individuum nur das Selbstmordprojekt Gottes für sich: »Seit dem hellenistischen Philosophen Hegesias, der sich auf Grund seiner unwiderstehlichen Todesrhetorik den Namen eines ›Peisithanatos‹ (›der zum Tode überredet‹ oder gar ›vom Tode überzeugt‹) verdiente, ist nicht mehr so unverhohlen und suggestiv die Selbsttötung empfohlen worden. Mainländer ist der neue Hegesias. Hamlet wie jeder ›Lebensmüde, welcher sich die Frage stellt: Sein oder Nichtsein?‹, kann sie endlich entscheiden, ohne sich noch von irgendeinem unbekannten Sein schrecken zu lassen.«[28] (Lütkehaus)

Gleichwohl mildert Mainländer an einer anderen Stelle seines Werkes seine Aufforderung beträchtlich ab: »Die immanente Philosophie (...) fordert nicht zum Selbstmord auf; aber der Wahrheit allein dienend, mußte sie Gegenmotive von furchtbarer Gewalt zerstören (...) Jenseits der Welt ist weder ein Ort des Friedens, noch ein Ort der Qual, sondern nur das Nichts. Wer es betritt, hat weder Ruhe, noch Bewegung, er ist zustandslos wie im Schlaf, nur mit dem großen Unterschied, daß auch das, was im Schlafe

26 Ebd., S. 105.
27 Mainländer, Philipp, Philosophie der Erlösung, Erster Teil, S. 216f., zitiert nach: Lütkehaus, Ludger, Nichts, a.a.O., S. 252.
28 Lütkehaus, Ludger, Nichts, a.a.O., S. 253.

zustandslos ist, nicht mehr existiert; der Wille ist vollständig vernichtet.«[29]

Dieser Ausblick ins Nirwana bedeutet für Mainländer Trost und Erlösung zugleich. Das Nichts nimmt Züge des (negativ) Erhabenen an. Man fühlt sich stark an die Tradition der »schwarzen Frühromantik«, besonders an Bonaventuras alias Ernst August Friedrich Klingemanns berühmte *Nachtwachen* von 1804/05 erinnert, die in einer dreifachen Apotheose des *Nichts* kulminieren: »Ich streue diese Handvoll väterlichen Staub in die Lüfte und es bleibt – Nichts! Drüben auf dem Grabe steht noch der Geisterseher und umarmt Nichts! Und der Widerhall im Gebeinhause ruft zum letztenmale – *Nichts!* –«[30] Bei Mainländer heißt es: »Der Atheismus, wie ihn meine Lehre begründet, – zum ersten Male wissenschaftlich begründet hat, – gibt dem großen Problem der Entstehung und Bedeutung der Welt, mit der Lösung zugleich auch die Versöhnung. Er kennt vor dieser Welt keine Welt und keine nach ihr. Sie ist ihm ein einziger großartiger Prozeß, der weder eine Wiederholung ist, noch eine Wiederholung haben wird; denn vor ihm liegt das transzendente Übersein und nach ihm das *Nihil negativum*: Und dies ist keine eitle Behauptung. Die Deduktion ist durch und durch logisch, und alles in der Natur unterschreibt das Resultat, vor dem wohl ein schwacher Geist zitternd zusammenbrechen mag, der Weise aber freudig bis ins Innerste seiner Seele erbebt. Nichts mehr wird sein, Nichts, Nichts, Nichts! – O dieser Blick in die absolute Leere!«[31]

Um sich die ganze Radikalität dieses pessimistisch-nihilistischen Standpunktes, den Mainländer mit Hartmann und – wie wir noch sehen werden – auch mit Bahnsen teilt, plastisch vor Augen zu führen, mögen sich die Leser zum Kontrast zwei Gedanken des christlichen Metaphysikers Thomas von Aquin über das Nichts in Erinnerung rufen: Wenn Gott ein Wesen in das Nichts zurückführen wollte, so geschähe dies – dem großen Scholastiker in seiner *Summa theologica* zufolge – nicht durch ein Wirken, sondern

---

29 Mainländer, Philipp, Philosophie der Erlösung, ausgewählt von Ulrich Horstmann, a.a.O., S. 144f.

30 Bonaventura, Nachtwachen, Nördlingen 1987, S. 156f.

31 Mainländer, Philipp, Philosophie der Erlösung, augewählt von Ulrich Horstmann, a.a.O., S. 151.

dadurch, daß er aufhöre zu wirken. Und *Über die Macht Gottes* heißt es bei Thomas, daß zum Nichts zu streben, nicht die wesenseigene Bewegung der Kreatur sei; diese Bewegung ziele vielmehr ständig auf das Gute, das Streben ins Nichts sei nichts anderes als ihr Versagen.

Literaturangaben

Mainländer, Philipp, Die Philosophie der Erlösung, 2 Bände, mit einem Vorwort zur Neuausgabe von Winfried H. Müller-Seyfarth, Hildesheim/Zürich/New York 1996.

Mainländer, Philipp, Philosophie der Erlösung, ausgewählt von Ulrich Horstmann, Frankfurt a.M. 1989.

Mainländer, Philipp, Meine Soldatengeschichte, herausgegeben von Walther Rauschenberger, Berlin 1925.

Horstmann, Ulrich, Mainländers Mahlstrom. Über eine philosophische Flaschenpost und ihren Absender, in: Ulrich Horstmann, Ansichten vom Großen Umsonst, Gütersloh 1991, S. 105–114.

Müller-Seyfarth, Winfried H. (Hg.), »Die modernen Pessimisten als décadents«. Von Nietzsche zu Horstmann. Texte zur Rezeptionsgeschichte von Philipp Mainländers Philosophie der Erlösung, Würzburg 1993.

Safranski, Rüdiger, Schopenhauer und Die wilden Jahre der Philosophie. Eine Biographie, Reinbek bei Hamburg 1996.

Decher, F., Der eine Wille und die vielen Willen. Schopenhauer – Mainländer – Nietzsche, in: Nietzsche-Studien, 25, Berlin 1996, S. 226ff.

Gräfrath, B., Pessimismus, Egoismus, Sozialdemokratie. Philipp Mainländers »Philosophie der Erlösung«, in: Schopenhauer-Jahrbuch, 77, Frankfurt a.M. 1996, S. 211–240.

Müller-Seyfarth, Winfried, H., Apologie der Selbstauslöschung. Ethik und Metaphysik in Philipp Mainländers Theorie des Zerfalls, Diss., Witten/Herdecke 1996.

Lütkehaus, Ludger, Nichts. Abschied vom Sein, Ende der Angst, Zürich 1999.

VI. Julius Bahnsen – der tragische Realdialektiker

»Was ist mein Einzelschicksal, wenn ich recht die große Tragik des Lebens betrachte!«

Christian Morgenstern, Stufen

Bildete das große Nichts sozusagen die letzte Chance der Erlösung, der Nihilismus als existentielle »Desillusionierungswissenschaft« ein neues Evangelium für viele Philosophen in der zweiten Hälfte des 19. Jahrhunderts – zuvörderst für die dezidierten Propheten des Niedergangs, Eduard von Hartmann und Philipp Mainländer –, so blieb einem Denker selbst diese Verheißung und Ausflucht versagt: »Es gibt keine Hilfe, nicht einmal vom Nichts«, lautet nun die unfrohe Botschaft. Die Rede ist vom Entdecker des *Tragische(n) als Weltgesetz*, vom Realdialektiker Julius Bahnsen, dem dritten im Bunde der »wilden Söhne« Schopenhauers, dessen pessimistische Philosophie der Kontradiktion sich bewußt als unsystematische Darstellung einer Wissenschaft des realen Widerspruchs versteht: »Eröffnet Schopenhauer die Möglichkeit, daß der Wille sich verneine; läßt Hartmann seinen unbewußten Willen aus der Verirrung des ›Nichtnichtseins‹ immerhin in ein relatives Nichts zurückkehren, auch wenn dieses nicht gegen neue Seinsverirrungen gefeit ist; verheißt Mainländer gar den Bruchstücken des selbstmörderischen Gottes ein restloses Finale ins Nichts, so sperrt Bahnsen den entzweiten Willen für immer ins Seinsgefängnis ein: Philosophie der Nichterlösung, die nachchristliche Theorie der Hölle. Bahnsen hat sich ausdrücklich dieser düsteren Konsequenz seiner tragischen Realdialektik gestellt. Sie ist die negative Version jenes Erhaltungssatzes, den die optimistische Physik und Metaphysik der Zeit als Satz von der Erhaltung der Energie feiert und Mainländer mit seiner ›Metaphysik der Entropie‹ konterkariert.«[1] (Ludger Lütkehaus) In der

---

1 Lütkehaus, Ludger, Nichts. Abschied vom Sein, Ende der Angst, Zürich 1999, S. 271f.

gesamten Philosophie des 19. Jahrhunderts scheint die geistige Einheit des Lebens nirgendwo mit einer solchen Konsequenz zerrissen, die Aporie *und* Agonie der modernen Existenz auf eine tiefere Formel gebracht worden zu sein wie bei Bahnsen. Doch auch die Biographie dieses Philosophen des *Pantragismus* wurde – wie im Falle Nietzsches – von unauflösbaren Widersprüchen und Paradoxien bestimmt ...

Wer war dieser Philosoph, der getreu seiner festen Überzeugung ohne Glauben und Hoffnung gelebt und gestorben ist? – »Wohl ist es ein süßer Trost, an Gott zu glauben und Unsterblichkeit, aber größer ist es, ihn entbehren zu können.«[2] Julius Friedrich August Bahnsen wurde am 30. März 1830 als Sohn eines Pädagogen zu Tondern in Schleswig-Holstein geboren. Der frühe Verlust der Mutter veranlaßte Bahnsen später zu der Wehklage, »Mir ist die Kindheit ihr Paradies schuldig geblieben«[3], und infolgedessen zu einer lebenslangen romantisch-verklärenden Sichtweise alles Weiblichen, obgleich es gerade Frauen waren, die ihn enttäuschten und ins Unglück stürzten. Hingegen kam es zwischen Sohn und Vater des öfteren zu schwerwiegenden Auseinandersetzungen und schließlich sogar zum endgültigen Bruch. Von furchtbaren Depressionen gequält, soll der Junge noch vor seinem achten Geburtstag (!) mit dem Gedanken gerungen haben, sich auszulöschen. Auch eine unerwiderte Jugendliebe trieb den Schüler des Domgymnasiums in Schleswig beinahe zum Selbstmord und scheint ihm für immer den Glauben an ein Glück auf Erden genommen zu haben.

Gleich vielen Denkern vor und nach ihm, hatte Bahnsen in jungen Jahren ein unvergessenes philosophisches Schlüsselerlebnis: »Am 10. März 1847 war, als ich sinnend in meinem kleinen, düsteren Stübchen neben dem Ofen saß, der nihilistische Kerngedanke all meiner späteren Anschauungen in plötzlicher Intui-

2 Bahnsen, Julius, Beiträge zur Charakterologie, II Bände, Leipzig 1867, neu herausgegeben von Johannes Rudert, Leipzig 1932, II. Band, S. 303.

3 Bahnsen, Julius, Wie ich wurde was ich ward, herausgegeben von Rudolf Louis, München 1905, neu herausgegeben von Anselm Ruest, Leipzig 1931, S. 4.

tion mir vors Bewußtsein getreten.«[4] Wie der Philosoph ausdrücklich betont, verdankte sich die Geburtsstunde seines Denkens nicht irgendwelchen »räsonierenden Syllogismen« als vielmehr der Intuition seines erlebenden, von tiefem Schmerz erfüllten Gemüts. Diesem Authentizitäsgedanken entsprechend, wird auch künftig jede Zeile zuerst um der eigenen Klärung, Selbstbefreiung und Selbsterlösung willen geschrieben – und erst um vieles später für die Leserschaft, denn »Schicksalsmenschen sind Monologisten«[5] (*Pessimisten-Brevier*)!

Von 1848 an studierte Bahnsen in Kiel Philosophie und Philologie und ab 1851 in Tübingen, wo er beim Schopenhauer-Anhänger Jakob Friedrich Reiff Vorlesungen hörte und beim Hegel-Schüler Friedrich Theodor Vischer schließlich mit einer Arbeit über Ästhetik promovierte: *Versuch, die Lehre von den drei ästhetischen Grundformen genetisch zu gliedern nach den Voraussetzungen der naturwissenschaftlichen Psychologie*. Doch nach einer akademischen, seinen Talenten entsprechenden Laufbahn sollte sich Bahnsen bis zu seinem Lebensende vergeblich sehnen. Der junge Doktor sah sich zunächst gezwungen, das armselige Dasein eines Hauslehrers zu fristen, zunächst in Eutin-Schwartau, dann in Altona und Hamburg, wo erstmals seine charakterologischen Neigungen erwachten und er auch seine erste Frau, Minnita Möller, kennenlernte: Eine schicksalhafte Begegnung, die schon wenige Jahre später mit ihrem frühen Tod im Kindbett endete und sein Leben abermals erschütterte und auseinanderriß, was ihn aber nicht daran hinderte, 1856 in Kiel die Prüfung für höhere Lehramtskandidaten abzulegen.

Noch vor seiner ersten Anstellung als Lehrer 1858 in Anclam sollte ein Ereignis jedoch sein Leben von Grund auf verändern: die intensive Aufnahme der Schopenhauerschen Philosophie, deren Kerngedanke er in einem Brief als »Weltgesetz der Negativität« deutete. Nachdem alle Versuche, in einem anderen deutschen Staat eine Anstellung zu erhalten, gescheitert waren, stellte sich der Individualist 1858 dem Unterrichtsministerium des von ihm so verhaßten preußischen Polizeistaates zur Verfügung: der Beginn

4 Bahnsen, Julius, Wie ich wurde was ich ward, a.a.O., S. 20.

5 Bahnsen, Julius, Pessimisten-Brevier. Extractum vitae, Berlin 1881 (anonym).

der letzten unendlich grauen Lebensperiode Bahnsens, in der er bis zu seinem Tod das Amt eines Haus- und Gymnasiallehrer in Lauenburg, einer hinterpommerschen Provinzstadt, bekleidete. Eine zweite, 1868 geschlossene Ehe erwies sich als Martyrium und führte sechs Jahre später zu einem langwierigen Scheidungsprozeß, der ihn an die Armutsgrenze brachte und in tiefe Verzweiflung stürzte. Dessen ungeachtet erhielt Bahnsens schöpferische Tätigkeit einen neuen Anstoß, so daß er – neben kleineren Schriften – 1880/81 sein philosophisches Hauptwerk unter dem Titel *Der Widerspruch im Wissen und Wesen der Welt. Prinzip und Einzelbewährung der Realdialektik* publizieren konnte. Zu dieser Zeit verband Bahnsen eine enge Freundschaft mit Eduard von Hartmann, die aber, wie so vieles in seinem Leben, in Feindschaft endete.

Von der philosophischen Fachwelt verkannt, starb der isolierte und verbitterte Philosoph am 7. Dezember 1881 an einer (wahrscheinlich durch einen Schüler übertragenen) Diphteritis in Lauenburg. Die Worte, die er sich auf seinen Grabstein setzen ließ, »*Vita mea irritus labor*«, haben bis heute nichts von ihrer Gültigkeit eingebüßt: »Die mich kennen, haben gesagt, meine Schriften wären ich selber – so nehmt sie und lest«[6], hatte Bahnsen in luzider Vorausschau schon im Alter von 35 Jahren geschrieben ... Ihn und sein Werk endlich der Vergessenheit zu entreißen, scheint längst überfällig zu sein.

Seine pessimistisch-nihilistische Grundstimmung brachte der erst 17jährige in einem genialen, dem vielleicht radikalsten (Jugend-) Manuskript der gesamten Philosophiegeschichte des 19. Jahrhunderts (Heinz-Joachim Heydorn) auf die prägnante, mit seinem Namen fortan unzertrennliche Formel: »Der Mensch ist nur ein sich selbst bewußtes Nichts.«[7] Eine erzpessimistische Formel, der

6 Bahnsen, Julius, Appellation an Nachwelt, zitiert nach: Heinz-Joachim Heydorn, Julius Bahnsen. Eine Untersuchung zur Vorgeschichte der modernen Existenz, Philosophische Schriften, Band 5, 1952, Vaduz/Liechtenstein 1996, S. 40.

7 Bahnsen, Julius, Jugendmanuskript ohne Titel (1849/50), zitiert nach: Heinz-Joachim Heydorn, Julius Bahnsen. Eine Untersuchung zur Vorgeschichte der modernen Existenz, a.a.O., S. 63.

im abendländischen Denken freilich schon zahlreiche Variationen vorangegangen waren; erinnert sei hier nur an Gaius Petronius, den römischen Satiriker und Selbstmörder, und dessen ernüchternde Definition des Menschen aus seinen *Schelmengeschichten*: »Das ganze elende Menschlein ist ein Nichts.« Bahnsen versteht die Gesamtheit des Lebens als eine Fülle von Gegensätzen, die aber im Unterschied zu Hegel nicht mehr zur Synthese erhöht und damit als Momente eines Prozesses aufgehoben werden können, sondern als Gesamtresultat jenes Nichts ergeben, das den zentralen Begriff dieses Manuskripts darstellt. Damit wird auch das Absolute – als pures »Produkt der denkenden Phantasie ohne Notwendigkeit« – für immer aus dem Denken Bahnsens verbannt. Absolut, als Wirklichkeit tatsächlich vorhanden, sind lediglich die unversöhnlichen, wertneutralen Gegensätze, ist das sich in Widersprüchen ewig zerfleischende Leben.

Wie für Philipp Mainländer wurde auch Bahnsens Leben durch ein Ereignis von Grund auf verändert: durch die Lektüre der Schopenhauerschen Philosophie, der ein Briefwechsel und zwei unvergeßliche Besuche beim Meister in Frankfurt am Main folgten. Bahnsen erinnert sich: »Mir war dabei zumute wie im Vorzimmer eines Weltpotentaten. (…) Ich zog von dannen mit dem Bewußtsein, nicht nur einen Genius des Denkens, sondern auch einen Charakter echtester Erhabenheit von Angesicht zu Angesicht gesehen zu haben (…) so fühlte ich mich wie in ein neues Dasein entrückt – der Seligkeit des Nirwana zustrebend.«[8]

Zu dieser Zeit stand Bahnsen ganz im Banne der Schopenhauerschen Willensmetaphysik. Gleich seinem Lehrmeister erkennt er im blinden Willen beziehungsweise in dessen Unvernunft das Seiende, das Grundwesen der Welt. Im Gegensatz zu Schopenhauer, der auch von einem pantheistischen, »alleinen Willen« spricht, akzeptiert der Materialist Bahnsen jedoch nur wollende Individuen. Für ihn zerfällt das Wollen mithin in eine Vielheit von menschlichen Einzelwillen, von Willensatomen oder sogenannten »Willenshenaden«, deren jede in einer endlichen Persönlichkeit verwirklicht ist. In diesen Einheiten, die an die Leibnizschen

---

8 Bahnsen, Julius, Wie ich wurde was ich ward, zitiert nach: Heydorn, a.a.O., S. 47.

Monaden erinnern, sieht der Philosoph gleichsam selbständige Urpotenzen der Wirklichkeit, über die hinaus kein höheres Prinzip existiert.

Jeder dieser »Willen«, jedes Ich ist nach Bahnsen aber in sich selbst entzweit, ein »Congcrement unvereinbaren Zusammens von Ja und Nein«, und gerade darin besteht seine Unvernunft und seine Unseligkeit: »Es geht mit dem ersten Ich-Sagen ein tiefer Riß durch die Welt«[9], so Bahnsen in seiner *Charakterologie*. Der Definition des Ichs als »kleine(r) schmerzenden Stelle am ungeheuren Körper der Welt« – so der Aphoristiker Ludwig Goldschneider – hätte Bahnsen sicherlich zugestimmt: »(Das Ich) ist ein Meer von Widersprüchen und damit zugleich ein unausschöpflicher Abgrund von Schmerzen, selig nur, wo es sich selber verloren hat an die Unbewußtheit, sei es in der Form des Schlafes, der tiefen Ohnmacht, des sich selber verkennenden und an ein anderes Sein austauschenden Wahnsinns, der selbstvergessenen Hingebung (...)«[10]

Als Begründer der später »Charakterologie« genannten Wissenschaft machte Bahnsen es sich zur Aufgabe nachzuweisen, daß der menschliche Charakter mit unauflösbaren Widersprüchen grundiert ist, ja erst durch diese »Verschlingungen« innerlich zusammengehalten wird, wobei er gegen die grassierende »Schabloniersucht« seiner Zeit stets bemüht war, die Charakterologie in den Dienst der Aufzeichnung von Individualitäten zu stellen, die von der Mediokrität, vom Mittelmaß abweichen: »Ich habe mich nie versucht gefühlt, Charaktere zu zerstückeln oder analytisch zu zerpflücken, sondern mich nur bemüht, sie zu verstehen – freilich aus dem heraus, was andern gerade das absolut Unverständliche davon schien: der innerste Widerspruch ihres eigenen Wesens, als an welchem es, näher besehen, bei keinem *wahren* Charakter fehlen wird.«[11] In diesem Sinne verstand sich Bahnsen auch we-

---

9 Bahnsen, Julius, Beiträge zur Charakterologie, II Bände, Leipzig 1867, neu herausgegeben von Johannes Rudert, Leipzig 1932, I. Band, S. 283.

10 Bahnsen, Julius, Der Widerspruch im Wissen und Wesen der Welt. Prinzip und Einzelbewährung der Realdialektik, Berlin 1880/82, II. Band, S. 8/10.

11 Bahnsen, Julius, Mosaiken und Silhouetten. Charakterographische Situations- und Entwicklungsbilder, 1877, herausgegeben und eingeleitet von Winfried H. Müller-Seyfarth, Berlin 1995, S. V.

niger als Wissenschaftler der Pädagogik. Wie Max Stirner in seinen (frühen) anarchistischen Schriften – die Bahnsens Entwicklung nachhaltig geprägt hatten –, wollte er vielmehr der Verfasser eines Vademekums für die »seelsorgerliche« Praxis des Lehrers und Erziehers sein, welches für das Recht des *individuellen Charakters* streitet. Dabei hoffte der Philosoph vor allem auf die verständnisvolle »Frauenwelt«, denen noch nicht »im Getümmel des Marktes und der Praxis der Sinn sichtlich abgestumpft«[12] ist für solche ästhetische Betrachtung des Menschen.

Auch in seiner *Charakterologie* kommt Bahnsen immer wieder auf den tragischen Grundtenor der Welt zu sprechen. So zitiert er den ebenso schlichten wie berührenden »Seufzer« eines Schülers: »Der Mensch wird überall zu wenig gefragt, ob er mit dem zufrieden, was mit ihm vorgenommen werden soll: *er wird nicht einmal gefragt, ob er zur Welt kommen wolle oder nicht*, und das ist ein großes Uebel, denn man geräth in große Verlegenheiten oft blos, weil man auf der Welt ist, und andere Leute nehmen es einem noch dazu übel.«[13] Geradezu visionär muten im Zusammenhang mit diesem »Diktat der Geburt« Bahnsens Überlegungen hinsichtlich artifiziell hergestellter Menschen an, die zwar bewußt geplant, aber natürlich ebenso wenig gefragt werden, ob sie denn produziert werden wollen oder nicht. Denn für den Philosophen zeichnet sich schon 1867 (!) die Möglichkeit von »Kunstproducten« ab, wo mit »Sperma-Conserven im Glycerin« die Zeugung zum bedenkenlosen Herstellungsgeschäft, einem »bloßen business, einer bloßen teknopoiía« wird, wenn auch einstweilen »der chemisch producirte Homunculus noch auf sich warten läßt«.[14]

Doch zurück zu Bahnsens Philosophie der tragischen Kontradiktion. Der Widerspruch *per se* gehört zum Wesen des Willens, der sich als Ich manifestiert. Der Wille ist der »gesetzte Widerspruch«, und dies ist – im Unterschied zu Hegels System, zu seiner Begriffsdialektik – nach Bahnsen die wahre Dialektik, die sogenannte »Realdialektik«. Aber auch gegen Kants Dialektik des

---

12 Bahnsen, Julius, Mosaiken und Silhouetten, a.a.O., S. X.

13 Bahnsen, Julius, Beiträge zur Charakterologie, herausgegeben von J. Rudert, Leipzig 1932, Bd. I, S. 49.

14 Bahnsen, Julius, Der Widerspruch im Wissen und Wesen der Welt, a.a.O., II. Band, S. 146f.

Scheins grenzt sich Bahnsens Realdialektik scharf ab. Letzterer kommt es vielmehr darauf an zu beweisen, daß keine überwindende Aufhebung des Widerspruchs existiert, und so bestimmt Bahnsen im Anschluß an Schopenhauer den Widerspruch des Seienden als ewige Selbstentzweiung des Willens. Die logischen Elemente Hegelscher Dialektik läßt Bahnsen nur im Bereich des Abstrakten, des Denkens gelten, nicht im Bereich des Wirklichen, denn der Widerspruch ist für das logische Denken unfaßbar. Es handelt sich mithin um eine *Realrepugnanz,* das heißt um einen in der Wirklichkeit liegenden Widerstreit, im Unterschied zum bloß logischen, in den Begriffen liegenden Widerspruch. Deshalb ist alle Anstrengung, die der Wille macht, die Welt zu erkennen, letzten Endes vergeblich. Das logische Denken, das den Widerspruch ausschließt, ist gänzlich unfähig, eine Welt zu begreifen, die aus den in sich widerspruchsvollen Willen besteht – ja sich durch diese erst konstituiert.

Der harte Widerspruch zwischen der Welt und dem Intellekt macht selbst die partielle Erlösung, die Schopenhauer anerkannt hat, unmöglich. Der unzerstörbare Individualwille wird daher das Leid der Selbstzerfleischung in immer neuen Existenzen endlos zu erdulden haben. Für Bahnsen ist Leben Selbstzerstören, das sich nie aufhebt, sich nie aufheben *kann.* Eine Ausweglosigkeit, die der Philosoph einmal in einer drastischen, aber nicht minder poetischen Metapher gekleidet hat: »Der Schlingwürgerbaum, der zuletzt seine eigenen Stützen mit seinen Einschnürungen erstickt, ist die wahrhaftigste Versichtbarung des Willenswesens, das ewig Selbstzerstörung betreibt, ohne je Selbstvernichtung zu erreichen.«[15] Eine Erlösung der Willenshenaden wird genauso ausgeschlossen wie ein Ausweg aus dem Prozeß der ewigen Existenz. Eine Anschauung, die der indischen, buddhistisch-hinduistischen *Samsara*-Lehre vom ewigen Kreislauf der Existenz nahekommt, mit dem gravierenden Unterschied, daß der Antimetaphysiker und Atheist Bahnsen jede Art von Nirvana-Seligkeit negieren muß. Auch gibt es kein Erkennen des Sinns der Welt mehr, denn der Sinn der Welt besteht gerade darin, daß sie gar keinen besitzt.

---

[15] Bahnsen, Julius, Pessimisten-Brevier, Berlin 1879, zitiert nach: Heinz-Joachim Heydorn, Julius Bahnsen. Eine Untersuchung zur Vorgeschichte der modernen Existenz, a.a.O., S. 111.

Nach Bahnsen hat der Wille gleichzeitig Lust am Tode und am Leben, an Erneuerung und Untergang, Chaos und Vollendung, ohne jemals – wie in Schopenhauers metaphysischem System – erlöst werden zu können. Heinz-Joachim Heydorn, der mit Abstand bedeutendste Bahnsen-Forscher des 20. Jahrhunderts, macht in seinem umfangreichen Werk, *Julius Bahnsen. Eine Untersuchung zur Vorgeschichte der modernen Existenz* von 1952, auf weitere Unterschiede zwischen Bahnsens und Schopenhauers Willensbegriff aufmerksam: »Die Welt ist Wille, aber im Sinne jener metaphysischen Vereinzelung des Menschen in einer Gesellschaft, die in ihre Extreme auseinandergetreten ist. Der Optimismus, den die pantheistische Grundlage des Schopenhauerschen Systems noch immer enthielt, ist endgültig eliminiert. Der Mensch ist nur noch auf sich selbst gestellt in einer unheilvollen Welt, er ist einsam, er ist von allem getrennt. Damit ist er das Bild einer Ordnung geworden, die aus einer Vielheit von Form und Bindung, von einer Fülle der Gestalten, in die der Einzelne eingebettet war, in die Anonymität der Ichatome im Zeitalter der technischen Revolution hinübergewechselt. Der geistige Mensch ist das einsamste Atom, umbrandet von der Kollektivität der Willensverwirklichung, in der doch jeder einzelne Wille in dem unendlichen Meere verloren ist. Es gibt kein Dunkel, in das man wieder zurücktauchen könnte, keinen Weltwillen, der in aller Sucht nach Leben doch seine Kinder für einen Augenblick wieder zu sich nimmt, um sie in sich erlöschen zu lassen. Es gibt keine Logik des Weltgeistes, die Erlösung verspricht. Der Wille ist antirational, antiintellektualistisch, er ist des Versprechens bar. Er ist in seiner höchsten Form die Erkenntnis der Nichtigkeit, die er von Anfang an gezeugt hat.«[16]

Diesen blinden, sich selbst verzehrenden und wieder gebärenden Willen sieht Bahnsen auch in der gesamten Menschheits- und Kulturhistorie wirken. An eine säkulare Theologie der Geschichte, an eine wie auch immer geartete Utopie, die Frieden und Versöhnung verheißt, vermag der Philosoph – im Gegensatz zu den geschichts- und politikbesessenen Zeigenossen seines Jahrhun-

---

16 Heydorn, Heinz-Joachim, Werke, Philosophische Schriften, Band 5, Julius Bahnsen. Eine Untersuchung zur Vorgeschichte der modernen Existenz, a.a.O., S. 100.

derts, von Hegel bis Marx – nicht mehr zu glauben. Nach Bahnsen bleibt die Essenz des Willens unveränderlich. Zum irrationalen Weltgrund des Willens verhält sich alles Werden – damit auch das geschichtliche – als etwas rein Akzidentielles, Sekundäres.

Geschichte steht allen ethischen Zwecken beziehungslos gegenüber, ist – wie der englische Historiker Edward Gibbon schrieb – »nicht mehr als eine Aufzählung der Verbrechen, Narrheiten und Unglücksfälle der Menschheit«. Aufgrund der antagonistischen, widersprüchlichen Willensrichtungen ist ein echter Fortschritt – selbst allem kulturellen Raffinement der Hyperzivilisationen zum Trotz – letztlich nicht erkennbar, genauso wenig, wie man aus der Geschichte lernen kann, obgleich sich im Leben der Völker ähnliche Konstellationen wiederholen mögen. Geschichte ist keine erzieherische Macht, sie kann den Menschen nicht auf eine höhere Stufe des Daseins erheben, ihm höchstens das Bewußtsein der Nichtigkeit, oder wie es Bahnsen nennt, der »Nihilität« vermitteln: »Wer etwa sich darin gefällt, im Weltlauf einen Erziehungsgang für die Menschheit zu sehen, muß doch bald zu der Einsicht kommen, daß sich darnach die historische Weltordnung als eine recht sonderbare Schultyrannei präsentieren würde. Wessen Augen am Gang der Geschichte statt der Ideen nur Hirngespinste erblickten, dem Fallen die Opfer dieser Schädelstätte umsonst, zu welchen die Individuen sich und ihr Teuerstes ans Kreuz schlagen lassen.«[17]

Geschichte ist vielmehr die desillusionierende Lehre, daß die Menschen nichts gelernt haben. Nach Bahnsen waltet allenthalben ein Weltgesetz der Negativität, ein fürwahr »diabolisches Weltgesetz«. Auch über den Toren der Geschichte stehen Dante Alighieris Worte: »Lasset die Hoffnung hinter Euch.« Nicht vom Gesetz, aber vom Sinn her gesehen ist die Geschichte sinnlos, ein endloser Wechsel von Licht und Schatten, Werk und Zerstörung. So lesen wir in Bahnsens *Pessimistenbrevier. Extractum vitae* von 1881 die trostlosen Worte: »Weil der Umsturz dem Aufbau voraufgeht, darum ist der Schmerz endlos und die Welt unrettbar.«[18]

---

17 Bahnsen, Julius, Der Widerspruch im Wissen und Wesen der Welt, Berlin 1880/82, II. Band, S. 490.

18 Bahnsen, Julius, Pessimisten-Brevier, a.a.O.

Bahnsen zufolge kann in dieser Welt – im übrigen ein erzchristlicher Gedanke! – niemand leben, ohne früher oder später schuldig zu werden. Die beste Tat muß unweigerlich mit dem Übel, das sie bekämpft, das neue Übel erzeugen. Das ist die »Hoffnungslosigkeit und Unseligkeit alles historischen Ringkampfes«, aller Weltverbesserer und Utopisten. Im absurden Reich der Geschichte ist das Leben Raub, kann das Gute nur bestehen, indem es das Böse erzeugt: »Denn indem der Politiker sich Menschheit beglückende Ziele steckt, vergißt er einen Augenblick, sich umzuschauen, glaubt sich zuletzt schon am Ende der Bahn, bis er gewahrt: Er hat unbemerkt mitgewirkt zur Zerstörung desselben Friedens, der ihm als heißestes Sehnens Gegenstand in der Seele brannte.«[19]

Nach dem Gesetz der Vernichtung, das die Geschichte enthält, muß sie das Höchste erniedrigen, die Qual des Lebens endlos erneuern. Aber selbst ihre furchtbare Zersetzung vermag nicht den Tod als Erlösung zu wirken. Die Geburt frißt die Zeit, ohne sie zu beenden – ein Gedanke, der entfernt an Nietzsches Konzept von der »ewigen Wiederkunft« erinnert, aber mit dem diametralen Unterschied, daß Nietzsche darin die »höchste Formel der Bejahung« und nicht der absoluten Negation erkennt. Der Philosoph Heydorn bringt Bahnsens radikalen Geschichts- und Zivilisationspessimismus auf den neuralgischen Punkt: »Geschichte ist Notwendigkeit ohne Sinn, der Prozeß einer steigenden Verwirklichkung des Willens im Kampf ums Dasein, bis ihm die letzte Fragwürdigkeit bewußt wird, sie ist Aufstieg, Mittagsstunde und Fall, Ende und neuer Anfang. Sie ist keine Straße zum Ziel, sondern der Kreis, der sich schließt; Reise durch gleiche Stationen. Ihr liegt der irrationale Wille zugrunde, dessen leidvolle Dialektik alles sittliche Handeln wieder aufheben muß, dessen zeitbedingte Gestalt jedoch nur an den Faktoren seiner materiellen Schöpfung erkannt wird, die sein Schaffen in der Erscheinung bedingen. Hier ist eine große Synthese zwischen der Willensphilosophie und der Geschichte erreicht, zwischen Irrationalismus und Materialismus, Gesetz und dem Einzelnen, der in ihm seinen Ort hat. Die Strö-

---

[19] Bahnsen, Julius, Der Widerspruch im Wissen und Wesen der Welt, Band II, Leipzig 1882, S. 325f.

mungen des Jahrhunderts fließen in erregender Weise zusammen. Sie verdichten sich zu einer Philosophie, in der ihre tiefsten Gegensätze zu einem Weltgedanken vereint werden, in dem sich die Bodenlosigkeit aller Existenz wie ein Abgrund auftut. Das Leben ist auch Geschichte, ist auch Fortschritt, ist auch die Kraft der Ökonomie, die ihn bedingt. Es ist Kampf ums Dasein, es ist erst naturhistorisch ganz zu verstehen. Es geht wie eine Blume auf, um an dem sich neigenden Tag seinen Samen zu werfen, in dem Augenblick, da sich alle Differenzierung nach ihren Ursprüngen zurücksehnt, in dem es seine biologische Grenze erreicht. Somit scheint es Sinn zu sein, wenn nicht historische Vollendung, so doch Tod, der im Dunkel versöhnt. Aber hinter der Maske versteckt sich der Wille, ein irrsinniger, unsagbar leidender Wille, der sich selbst zerstört, ohne sich je zerstören zu können, der allen Sinn aufhebt. Die Nihilität ist erreicht. Das Jahrhundert ist das Jahrhundert der Bewußtwerdung, der Bewußtwerdung vom Wahnsinn der Existenz. Es hat seine eigene Existenz als Wahnsinn gedeutet. Hinter seinen Träumen lauert die Angst.«[20]

Dennoch muß der Mensch nach Bahnsen sein Schicksal annehmen, der Wirklichkeit furchtlos ins Auge schauen und das Wagnis des Menschseins heroisch eingehen, auch wenn er zu keinem trostspendenden Gott, zu keinen pantheistischen Verstecken mehr Zuflucht nehmen kann: »So wird Bahnsen zu einer Art von ›eisernem Kanzler‹ der Metaphysik. Es bleibt allenfalls ein stoisches Hinnehmen. Sich über gar nichts mehr, nicht einmal das Schlechteste, zu verwundern: das ist die Empfehlung, mit der die philosophische Verwunderung endet, die sich zum Erschrecken über den ›Schmerzgehalt des Daseins‹ gesteigert hat.«[21] (Lütkehaus) Doch selbst unter dem negativen Vorzeichen einer solchen Verzweiflung, die letztlich keine Erlösung kennt, fordert Bahnsen den Menschen zum bewußten sittlichen Handeln auf. Wie sein großer Lehrmeister Schopenhauer vertritt er eine Mitleidsethik, deren einfacher Sinn in der Leidensmilderung liegt: »Hier ist der

---

20 Heydorn, Heinz-Joachim, Julius Bahnsen. Eine Untersuchung zur Vorgeschichte der modernen Existenz, a.a.O., S. 149.

21 Lüdkehaus, Ludger, Nichts. Abschied vom Sein, Ende der Angst, a.a.O., S. 272.

sittliche Boden des Pessimismus, zeigt er sich als eine Haltung, die das Dasein der anderen mit Notwendigkeit einbezieht. Er will nicht nur auf das subjektive Erleben zurückgeführt werden, er enthält kein statisches Fazit von Lust und Unlust, ›beides muß, um volle Wahrheit zu besitzen, seine Ergänzung gefunden haben an der Voraussetzung aller praktischen Ethik, dem innigen Mitgefühl für fremdes Leiden‹.«[22] (Heydorn)

Eine weitere Möglichkeit, sich über das Tragische der menschlichen Existenz, in dem der Wille seine eigene Zerrissenheit erkennt, wenigstens für Augenblicke hinwegzusetzen, sieht Bahnsen – wieder an Schopenhauer anknüpfend – im Erlebnis des Schönen, in der ästhetischen Kontemplation, gegeben. Denn der Wille sättigt sich am Schönen, das seinerseits jedoch – im Gegensatz zu Schopenhauers Ästhetik – immer nur (postmoderne ästhetische Theorien antizipierend!) bloßer Schein, reines Spiel bleibt: eine vorgebliche Vereinigung des sich Widersprechenden und – damit verbunden – eine fingierte Beseitigung des Weltzwiespaltes. In der »Möglichkeit des Schönen« belügt sich der Wille gleichsam selbst über seine fundamentale Selbstentzweiung: »Aus ein paar Wonneaugenblicken, ungestört von dem die Realität seines ganzen Seins und Werdens durchziehenden Zwiespalt, träumt er sich im idealen Besitz eines seligen Genügens zurück in den Schoß einer vorweltlichen Kampflosigkeit.«[23]

Bahnsens Hauptaugenmerk gilt aber der *Vis comica*, der Kraft des Komischen, speziell dem Humor und dessen Verhältnis zum Tragischen: »Haben wir am Tragischen eine unmittelbare Wiedergabe des Weltwesens selber, sozusagen einen krystallinischen Ausschnitt seiner Urform, so rückt der Humor diesen nämlichen Willensgehalt in die Intellectualsphäre und verleiht ihm dabei den specifischen Charakter der sogenannten ästhetischen Interesselosigkeit. Es ist der seinen unmittelbaren Schmerzen entwundene Geist, welcher die Widersprüche der Gemüthserfahrung in die

---

22 Heydorn, Heinz-Joachim, Julius Bahnsen. Eine Untersuchung zur Vorgeschichte der modernen Existenz, a.a.O., S. 116.

23 Bahnsen, Julius, Das Tragische als Weltgesetz und der Humor als ästhetische Gestalt des Metaphysischen. Monographien aus den Grenzgebieten der Realdialektik (1877), herausgegeben und eingeleitet von Winfried H. Müller-Seyfarth, Berlin 1995, S. VII.

Abstraction erhebt und so jenen zweiseitigen Antinomien des Fühlens und Denkens den Stempel der Seelenbefreiung aufdrückt.«[24]

Darüber hinaus ermöglicht der Humor, neben dem Leid auch das ungeheuerlich Groteske und Komische dieses absurden Daseins zu erkennen und es damit auszuhalten, denn: »Seinen eigentlichen Platz hat der Humor am Endausgange des vollendeten Pessimismus, dessen Herzkammer die Tragik bewohnt. Mit dieser theilt er sich den Inhalt des Pessimismus: sie kehrt daran die Schmerzhaftigkeit, er die innere Nichtigkeit hervor. Er weiss: wo nicht alles verkehrt fällt, geht es nicht richtig zu nach dem Lauf der Welt, und wenn endlich das lang Erharrte kommt, siehe, so ist es damit auch nichts – denn mit all unserm Warten erwerben wir ja doch nichts als nur immer neue – Anwartschaften.«[25] Der spezifische Inhalt des Humors ist das unerbittliche Taxieren der Lebenswerte an dem Maßstab von Werten, die sich selbst als nichtig darstellen. Er beinhaltet die Möglichkeit ideeller Selbstnegation, die nicht einmal vor der eigenen Verneinung haltmacht – ein Konzept, das unter anderem an die romantische Ironie-Auffassung denken läßt: »Denn freilich: Götterrespekt kennt der Humor so wenig, daß er nicht einmal seine eigene Souveränität respektiert, sondern über sich selber hinausweist in Höhen, wo auch sein freies Spiel dem allgemeinen Verachtungsdekret unterliegt. Denn es sind gar wohl humoristische Selbstpotenzierungen des Humors denkbar, in denen dieser sich selber persifliert dadurch, daß er das Wesen des Humoristischen selber zum Gegenstand humoristischer Ironie macht.«[26] Diesen Gedanken zur Rolle des Schönen und Komischen innerhalb eines Weltbildes, das den absoluten Pessimismus postuliert, hat Bahnsen in seinem wohl bekanntesten Buch *Das Tragische als Weltgesetz und der Humor als ästhetische Gestalt des Metaphysischen* 1877 zusammengefaßt.

Trotzdem mangelte es Bahnsen zu Lebzeiten an gebührender Anerkennung, was sicherlich nicht nur mit seiner Weltbetrachtung

---

[24] Bahnsen, Julius, Das Tragische als Weltgesetz und der Humor als ästhetische Gestalt des Metaphysischen, a.a.O., S. 98.

[25] Ebd., S. 120f.

[26] Ebd., S. 126.

aus der »Pechvogelperspektive«, sondern auch mit dem schweren, komplizierten (stellenweise an Jean Paul orientierten) Stil seiner Schriften zusammenhängt. So bezeichnete Hartmann Bahnsens pessimistisches System als »Ergebnis einer pathologischen Verbitterung«[27]. Und Nietzsche, der »Gesunde«, konnte in Bahnsen nur einen »alten Brummkreisel (erkennen), der sich mit Wollust sein Leben lang um sein realdialektisches Elend« gedreht habe – so der Philosoph in seiner *Fröhlichen Wissenschaft*: »Ich empfehle anbei seine Schriften, wozu ich sie selbst gebraucht habe, als antipessimistische Kost, namentlich um seiner *elegantiae psychologicae* willen, mit denen, wie mich dünkt, auch dem verstopftesten Leibe und Gemüthe beizukommen ist.«[28] Bahnsens Philosophie als bloßes Laxativum? Wohl kaum! Im Gegenzug schrieb Nietzsche – in dessen Bibliothek sich alle Hauptwerke Bahnsens befanden – seinem Freund, dem Freiherrn von Gersdorff: »Wir müssen uns unsere philosophischen Freunde etwas zusammensuchen: Auch Bahnsen (...) steht auf der Liste.«[29] Der Philosophiehistoriker Wilhelm Windelband rechnete Bahnsen zu den Vertretern eines »Miserabilismus«[30], während Fritz Mauthner den Philosophen in seinem Werk *Der Atheismus und seine Geschichte im Abendlande* nur mitleidig als subalternen Schüler Schopenhauers bezeichnete und zu dem vernichtenden Fazit gelangte: »Kein Denker, der in der Geschichte der Philosophie mitzählt.«[31]

---

27 Hartmann, Eduard von, zitiert nach: Heinz-Joachim Heydorn, Julius Bahnsen. Eine Untersuchung zur Vorgeschichte der modernen Existenz, a.a.O., S.246.

28 Nietzsche, Friedrich, Die Fröhliche Wissenschaft, Kritische Studienausgabe, herausgegeben von Giorgio Colli und Mazzino Montinari, München 1988, Fünfter Band, S.601.

29 Nietzsche, Friedrich, Brief an Freiherrn von Gersdorff, zitiert nach: Winfried H. Müller-Seyfarth, Vorwort zur Neuausgabe, in: Julius Bahnsen, Mosaiken und Silhouetten, a.a.O., S.VI.

30 Windelband, Wilhelm, Lehrbuch der Geschichte der Philosophie, Tübingen (1892), 1993, S.562f.

31 Mauthner, Fritz, Der Atheismus und seine Geschichte im Abendlande, zitiert nach: Heinz-Joachim Heydorn, Julius Bahnsen. Eine Untersuchung zur Vorgeschichte der modernen Existenz, a.a.O., S.245.

Daß Bahnsens Bedeutung in der Geschichte der Philosophie bis heute unterschätzt wird, mag nicht zuletzt an Schopenhauers übermächtigem, seine seelenverwandten Zeitgenossen und deren Werke in den Schatten stellenden Geist liegen. Im Falle Bahnsens darf jedoch nicht übersehen werden, daß dessen philosophische Grundgedanken schon weitgehend feststanden, bevor er seinem großen Lehrer begegnet war! Zu Recht betont Bahnsen deshalb in seiner Autobiographie: »Aus Eigenstem nahm ich das früh schon anerlebte Gefühl einer wahrhaft unendlichen Nichtbefriedigung, der Bodenlosigkeit des rein auf sich selbst gestellten und in Reflexionen selber auf sich selbst stellenden Subjekts.«[32]

Von einer echten Rezeptionsgeschichte der Werke Bahnsens kann bis heute immer noch nicht gesprochen werden, obwohl die Theoreme Bahnsens Ausgangspunkt so unterschiedlicher Denker wie Ludwig Klages in der Charakterologie und Nicolai Hartmann für die Realdialektik/Aporetik waren und der Philosoph »mit der existentiellen Kraft seines Denkens und mit der Setzung seiner Probleme mitten in unsere Gegenwart hineingehört«[33] (Heydorn).

Philosophiehistorisch betrachtet, müssen wir Bahnsen – wie im übrigen auch Eduard von Hartmann und Philipp Mainländer – zu den verkannten Denkern des 19. Jahrunderts rechnen, deren Bild es »nach dem Untergang des Vernunft-Kosmos« (Ludwig Marcuse) gründlich zu revidieren gilt. Denn noch niemals in der Geschichte der deutschen Philosophie sind – vielleicht mit Ausnahme von Nietzsche – die Fundamente der menschlichen Existenz in gleicher Weise wie bei diesen drei Philosophen erschüttert worden, findet sich eine radikalere Kritik an den tradierten Termini der Metaphysik, am Wesens-, Wahrheits- und Geschichtsbegriff, die den Kern des platonischen und später noch des deutschen Idealismus ausmachten. Wir haben im Werk dieser Denker die extremsten pessimistischen Systeme vor uns, welche

---

[32] Bahnsen, Julius, Wie ich wurde was ich ward, herausgegeben von Rudolf Louis, München 1905, neu herausgegeben von Anselm Ruest, Leipzig 1931, S. 62.

[33] Heydorn, Heinz-Joachim, Julius Bahnsen. Eine Untersuchung zur Vorgeschichte der modernen Existenz, a.a.O., S. 1.

die Philosophiegeschichte kennt, und in ihnen die konsequentesten der Voluntaristen in der Nachfolge Schopenhauers. Ihre Werke stellen zweifelsfrei einen wesentlichen Beitrag zur Vorgeschichte und zum Verständnis der modernen Existenz dar. Prophetisch weisen sie auf die Einsamkeit, Verlorenheit und Fragwürdigkeit eines Subjekts hin, das im Laufe des 20. Jahrhunderts (fast) alle Illusionen verlieren sollte – einschließlich jener, daß die Menschheit besser sei als der Mensch ...

Die Trias der »wilden Söhne« Schopenhauers nimmt grundlegende Elemente der Lebensphilosophie eines Oswald Spengler, Ludwig Klages oder Theodor Lessing vorweg. Wie jene verwerfen diese Pessimisten die Absolutheitsansprüche der Vernunft und bekennen sich zur tragischen Endlichkeit der menschlichen Existenz. Aber auch Elemente des Existentialismus, vor allem des französischen, antizipieren diese Denker: eine atheistische Philosophie des Nichts, wie wir sie zum Beispiel bei Jean Paul Sartre finden, eine *Lehre vom Zerfall* und vom Lebensekel, wie sie E. M. Cioran propagieren sollte, oder die bittere Einsicht eines Albert Camus in den paradoxen, anti-logischen Charakter einer absurden Welt, die dem Menschen kalt, fremd und unverständlich gegenübersteht: »Mir selber fremd und dieser Welt, ausgerüstet mit keinem anderen Hilfsmittel als mit einem Denken, das sich selbst negiert, sobald es eine Behauptung aufstellt – was ist das für eine Situation, in der ich nur Frieden finden kann durch die Ablehnung des Wissens und des Lebens, in der die Eroberungslust an Mauern stößt, die ihren Angriffen trotzen?«[34]

Ja selbst Elemente postmoderner Philosophen – zu denken wäre an Gianni Vattimo, Jean-François Lyotard, Gilles Deleuze und Michel Foucault – tauchen bereits bei ihnen auf: Rund hundert Jahre vor jenen diagnostizierten diese Philosophen den totalen Zusammenbruch aller hochtrabenden Ideale und Ideologien, lehnten sie die historische Teleologie und die hegelianisch-marxistischen Geschichtsauffassung radikal ab, die Aufklärern, Rationalisten und Dialektikern noch bis vor kurzem als selbstverständlich und sakrosankt galt. Wie diese Denker der Postmoderne

---

[34] Camus, Albert, Der Mythos von Sisyphos. Ein Versuch über das Absurde, mit einem kommentierenden Essay von Liselotte Richter, übertragen von Hans Georg Brenner und Wolfdietrich Rasch, Hamburg 1984, S. 23.

verstehen sie Geschichte nicht mehr als Selbstverwirklichung des göttlichen oder menschlichen Subjekts, sondern als pure Addition von Ereignissen, die besser nicht stattgefunden hätten, erkennen sie im Telos der Geschichte entweder eine eitle Schimäre oder das absolute Nichts.

Literaturhinweise

Bahnsen, Julius, Beiträge zur Charakterologie, II Bände, Leipzig 1867, neu herausgegeben von Johannes Rudert, Leipzig 1932.

Bahnsen, Julius, Landläufige Philosophie und landflüchtige Wahrheit, Leipzig 1876.

Bahnsen, Julius, Mosaiken und Silhouetten. Charakterographische Situations- und Entwicklungsbilder, 1877, herausgegeben und eingeleitet von Winfried H. Müller-Seyfarth, Berlin 1995.

Bahnsen, Julius, Das Tragische als Weltgesetz und der Humor als ästhetische Gestalt des Metaphysischen. Monographien aus den Grenzgebieten der Realdialektik (1877), herausgegeben und eingeleitet von Winfried H. Müller-Seyfarth, Berlin 1995, S. VII.

Bahnsen, Julius, Der Widerspruch im Wissen und Wesen der Welt. Prinzip und Einzelbewährung der Realdialektik, II Bände, Berlin 1880/82. (Als Nachdruck herausgegeben von Winfried H. Müller-Seyfarth, Hildesheim 1997.)

Bahnsen, Julius, Pessimisten-Brevier. Extractum vitae, Berlin 1881 (anonym).

Bahnsen, Julius, Wie ich wurde was ich ward, herausgegeben von Rudolf Louis, München 1905, neu herausgegeben von Anselm Ruest, Leipzig 1931.

Hartmann, Eduard von, Bahnsens Realdialektik, in: Philosophische Monatshefte, 17, 1881, S. 227–260.

Ruest, Anselm, Julius Bahnsen, in: Schopenhauer-Jahrbuch, 19, Heidelberg 1932, S. 165–204.

Heydorn, Heinz-Joachim, Julius Bahnsen. Eine Untersuchung zur Vorgeschichte der modernen Existenz, in: Werke, Philosophische Schriften, Band 5, 1952, Vaduz/Liechtenstein 1996.

Heydorn, Hans-Joachim, Schopenhauer und Bahnsen, in: Schopenhauer-Jahrbuch, Band XXXVII., herausgegeben von Arthur Hübscher, Frankfurt a. M., 1956, S. 32–41.

Lütkehaus, Ludger, Nichts. Abschied vom Sein, Ende der Angst, Zürich 1999.

VII. »Apotheose der Abgründigkeit« – Lew Schestow als adogmatischer Denker

»Die Vernunft ist das größte Hindernis für den Glauben, weil alles Göttliche ihr absurd erscheint.«

Martin Luther, Tischreden

»Es steht geschrieben: ›Ich will zunichte machen die Weisheit der Weisen, und den Verstand der Verständigen will ich verwerfen.‹ Wo sind die Klugen? Wo sind die Schriftgelehrten? Wo sind die Weltweisen? Hat nicht Gott die Weisheit dieser Welt zur Torheit gemacht?«[1] Die mahnenden Worte des Heiligen Apostels Paulus aus seinem *Ersten Brief an die Korinther* fanden im Laufe der letzten zweitausend Jahre keineswegs nur bei christlichen Theologen und Missionaren ein offenes Gehör – zuweilen wurden sie auch von hochkarätigen Philosophen ernst genommen und mit äußerster Schärfe reflektiert: Die Weisheit dieser Welt sei vor Gott nur Torheit, da Gott gerade durch die vermeintliche »Torheit des Kreuzes« die Welt gerettet und ihre stolze Weisheit zuschanden gemacht habe.

Zu den wichtigsten, wenngleich heute weitgehend vergessenen Denkern des 20. Jahrhunderts, die das paulinische Credo von der Unzulänglichkeit menschlichen Wissens für die Erkenntnis Gottes leidenschaftlich befürworteten, zählt der jüdisch-russische Religionsphilosoph und Mystiker Lew/Leo Schestow: einer der tiefsten und radikalsten Skeptiker der Philosophiegeschichte. Schestow kämpfte sein Leben lang gegen die unumstößlichen »Selbstevidenzen« und Absolutheitsansprüche der Vernunft an und erblickte im spekulativen Rationalismus und Positivismus den größten Feind aufrichtiger metaphysischer Wahrheits- und Sinnsuche. Ein Ausnahmedenker, der sich selbst als »Philosoph des Untergrunds« bezeichnete und für den die akademische Philosophie eher ein »armer Diskurs« als eine »Superwissenschaft« oder »totale Weltanschauung« bedeutete.

1 Paulus, 1 Kor 1,19ff.

Der »Schrankenlosigkeit der objektiven Vernunft« stellte Schestow – von existentiellen Denkern wie Pascal, Dostojewski, Kierkegaard und Nietzsche ausgehend – seine »Apotheose der Abgründigkeit« entgegen. Denn das rationale, logisch-kausale Denken und mit ihm die Wissenschaft zu verabsolutieren heißt für Schestow letzten Endes, jede Realität zu relativieren, ja sogar zu vernichten. Es gelte vielmehr, sich von allen festen Voraussetzungen loszureißen, um zu erkennen, daß nicht die menschliche Vernunft die Grenzen von Möglichkeit und Unmöglichkeit bestimmt und daß das Gebiet des wahrhaft Seienden ein Gebiet unendlicher schöpferischer Freiheit ist: »Die Gewohnheit, logisch zu denken, ist der Tod der Phantasie. Der Mensch gelangt zu der Überzeugung, es gäbe nur *einen* Weg zur Wahrheit, nämlich den der Logik, und von diesem Pfade abzuweichen hieße mit Sicherheit, sich im Absurden zu verlieren. Außerhalb der Logik gibt es nur Irrtum, der um so verhängnisvoller wird, je mehr wir uns den letzten Fragen des Seins nähern. Hier hat sich das Ariadneknäuel der Logik längst abgewickelt, aber der Faden hält den Menschen fest und läßt ihn nicht weg. Er tritt auf der Stelle, ohne zu ahnen, daß er nur durch seine überflüssigen Vorsichtsmaßnahmen in diese dumme Lage geraten ist. Er hatte Angst, sich zu verirren! Aber dann bleibt man doch besser zu Hause. (...) Philosophie und Logik dürfen nichts gemein haben. Die Philosophie ist jene Kunst, die sich bemüht, die logische Kette der Schlußfolgerungen zu durchbrechen und den Menschen auf das uferlose Meer der Phantasie, des Phantastischen hinauszutragen, wo alles gleichermaßen möglich und unmöglich ist.«[2]

Im festen Glauben, daß Leben, Wirklichkeit und Wahrheit über dem vernünftigen, vom Widerspruchsgesetz geleiteten Denken liegen und sich nicht in abstrakte Begriffe einschnüren lassen, fordert Schestow ein adogmatisches, die »logische Kette der Schlußfolgerungen« durchbrechendes Denken, das zu den »Quellen des Seins« zurückführen soll. Ein noch nicht aufs Rationale reduzier-

2 Schestow, Lew, Aufzeichnungen eines Philosophen, zitiert nach: László F. Földény, Leo Schestow – Ein Philosoph des radikalen Optimismus, in: Sinn und Form, Beiträge zur Literatur, herausgegeben von der Akademie der Künste, 48. Jahr/1996/4.Heft, Berlin 1996, S.661 f.

tes, vor dem Diktat der Wissenschaftlichkeit kapitulierendes Denken, sondern eines, das die Wirklichkeit des Phantastischen, Mythisch-Märchenhaften und Wunderbaren mit einschließt und dem irrationalen Glaubensbedürfnis des Menschen Rechnung trägt. Mit anderen Worten: eine »Philosophie des Herzens«, die auch ein emotionales Weltverhältnis zuläßt, die sich mit der Endlichkeit und Vergeblichkeit unseres Lebens nicht einverstanden weiß, sondern für die »Verrücktheit« des Wünschens und Wunderglaubens plädiert. Gerade die nüchternen Wahrheiten der Vernunft und der aufgeklärten Schulweisheit würden aber das Denken versklaven, anstatt es zu befreien: »Je mehr positives Wissen wir erlangen, desto weiter entfernen wir uns von den Geheimnissen des Lebens. Je mehr sich der Mechanismus unseres Denkens vervollkommnet, desto schwieriger gelangen wir an die Quellen des Seins. Kenntnisse beschweren und binden uns, während das vollkommene Wissen uns in willenlose, unterwürfige Wesen verwandelt, die im Leben nur die ›Ordnung‹ und die durch die ›Ordnung‹ aufgestellten Gesetze und Normen zu suchen, zu sehen und zu schätzen wissen.«[3]

Dem Anti-Philosophen Schestow zufolge ist die menschliche Vernunft gleichsam nur für die »mittleren Zonen«, in denen Aristoteles herrscht, nicht aber für die Randgebiete des Geistes, vornehmlich für die sogenannten »verdammten« metaphysischen Fragen des Seins und des Denkens, zuständig: für Fragen, die beispielsweise den Sinn des Lebens, die Gerechtigkeit Gottes oder die Unsterblichkeit der Seele betreffen. »Die mittleren Zonen des menschlichen Lebens und des Lebens der Welt haben nicht die geringste Ähnlichkeit mit seinen Polen oder dem Äquator. Um über die Randgebiete des Seins urteilen zu können, muß man dort (gewesen) sein. Die irrtümlichste Schlußfolgerung wäre: Die Vernunft hat so viel getan, folglich vermag sie alles. Viel – bedeutet nicht alles: viel und alles sind verschiedene, nicht aufeinander rückführbare Kategorien.«[4]

---

[3] Schestow, Leo, Athen und Jerusalem. Versuch einer religiösen Philosophie, aus dem Russischen von Hans Ruoff, mit einem Essay von Raimundo Panikkar, München 1994, S. 487.

[4] Schestow, Lew, Spekulation und Offenbarung. Essays und Betrachtungen, aus dem Russischen von Hans Ruoff, Hamburg/München 1963, zitiert nach:

Für Schestow steht nicht die Rationalität als solche zur Debatte, sondern jene Vernunft, »die Anspruch erhebt auf unbeschränkte Rechte und die Macht an sich gerissen hat, eigenwillig zu bestimmen, wo die Möglichkeiten ein Ende nehmen und das Unmögliche beginnt«. Damit ist die Macht der Vernunft über »vieles« zur Macht über »alles« pervertiert – ein Vorgang, der in der Praxis des menschlichen Lebens Terror erzeugt und ihm Gewalt antut: »Die unüberwindlichen und unerträglichen Schrecknisse des Daseins entspringen gerade daraus, daß die Macht, die Grenzen des Möglichen zu bestimmen, voll und ausschließlich von der Vernunft an sich gerissen worden ist.«[5] Zwar könne man – so Schestow – in den Grenzen der reinen Vernunft Wissenschaft, hohe Moral, ja selbst Religion konstruieren, aber es sei nicht möglich, Gott zu finden. Dies träfe vor allem für das nüchterne und zugleich verantwortungslose 20. Jahrhundert zu, das sich aufgrund eines hybriden Rationalismus und Fortschrittsglaubens – weiter als alle früheren Zeitalter – von Gott entfernt habe.

Im Vorwort seiner religionsphilosophischen Schrift *Potestas clavium oder die Schlüsselgewalt*, die den Höhepunkt des antirationalistischen Denkens im Rußland des 20. Jahrhunderts markiert, bringt Schestow seine Kritik an der Selbstherrlichkeit der alles objektivierenden Vernunft auf den Punkt. Letzere würde ihre Allzuständigkeitsanmaßung selbst dann nicht aufgeben, wenn es um religiös-transzendente Fragen geht: »Jedesmal, wenn die Vernunft sich anschickte, das Dasein Gottes zu beweisen, machte sie die Bereitschaft Gottes zur ersten Bedingung, sich den ihm von der Vernunft vorgeschriebenen grundlegenden ›Prinzipien‹ unterzuordnen. Der bewiesene Gott, mit welchen Prädikaten immer – der Allmacht, der Allweisheit und der Allgüte – die Vernunft ihn ausstatten mochte, war ein Gott von Gnaden der Vernunft. Und darum war ihm naturgemäß das ›Prädikat‹ des *Lebens* genommen, denn die Vernunft kann nichts Lebendiges erschaffen, wenn sie es auch wollte – das ist nicht ihre Sache. Außerdem haßt die Vernunft ihrer Natur nach am meisten in der Welt das Leben, indem sie in ihm instinktiv ihren unversöhnlichsten Feind wittert. Seitdem die

---

Wilhelm Goerdt, Russische Philosophie. Zugänge und Durchblicke, Freiburg/München 1984, S. 592.

5 Ebd., S. 593.

Vernunft die historische Bühne betrat, war ihre Hauptaufgabe der Kampf mit dem Leben.«[6]

Wer war dieser exzellente Kenner der abendländischen Philosophie und Mitbegründer des Existentialismus, für den »alle verkörperten Wahrheiten nur verkörperte Irrtümer« darstellten und von dem E. M. Cioran sagte, daß er die »Insuffizienz der Philosophie« personifizierte und die »Philosophie als Philosoph verklagt« habe? Als Hauptquelle seiner Biographie kann das von seiner Tochter Nathalie Baranoff-Chestov geschriebene Buch *Leben des Leo Schestow. Der Mensch aus dem Kellerloch* gelten.

Lew Isaakowitsch Schwarzmann wurde am 12. Februar 1866 als Sohn einer Kaufmannsfamilie in Kiew geboren. Den Namen Schestow – das russische Wort meint einen »Stab«, mit dem man einen Kahn zugleich steuert und rudert – wählte er späterhin, um seine jüdische Herkunft zu verheimlichen. Sein Vater, ein Anhänger der zionistischen Bewegung, war so wohlhabend, daß Anarchisten den Zwölfjährigen in der Hoffnung auf ein hohes Lösegeld entführten. Obgleich der Vater, wohl auch auf Druck der zaristischen Regierung, nicht bereit war, zu zahlen, ließen die Kidnapper den Jungen schließlich nach sechs Monaten frei: Ein traumatisches Ereignis, über das Schestow, der sich lebenslang mit dem Problem der Krise und des radikal Bösen beschäftigte, merkwürdigerweise nie ein Wort verlor. Vielleicht kam diese wundersame Errettung vom Tode aber auch einem religiösen Urerlebnis gleich, das Schestows Glauben an das Unmögliche und Aussichtslose, ein Leitmotiv seiner Philosophie, künftig nachhaltig bestimmen sollte. Nach dem Besuch des Gymnasiums studierte Schestow Mathematik und Rechtswissenschaften an der Moskauer Universität, wandte sich aber nach Abschluß seines Studiums literarischen und philosophischen Themen zu und wurde Mitarbeiter verschiedener Zeitschriften.

Ein wohl noch wichtigeres Erlebnis als das erwähnte Kidnapping markierte ein schreckliches Erlebnis im Jahre 1895, ein Erlebnis absoluter Verzweiflung, eine Offenbarung des Todes

6 Schestow, Lew, Potestas clavium – Die Schlüsselgewalt, zitiert nach: Russische Religionsphilosophen. Dokumente, herausgegeben und übersetzt von Nicolai von Bubnoff, Heidelberg 1956, S. 375.

– wahrscheinlich anläßlich einer Hirnoperation –, von der sich seine Philosophie fortan inspirieren sollte, über das man jedoch nur Vermutungen anstellen kann, weil Schestow sich diesbezüglich mehr oder weniger ausschwieg, wie Günter Schulte in seinem Schestow-Essay *Rasende Reden* von 1999 schreibt: »Schestow wurde jedenfalls vom Tod, oder wie er selbst es ausdrückte: vom Todesengel heimgesucht. Er ist seitdem ein Eingeweihter in die zweite Dimension des Denkens, in ein zweites Sehen, eine Art Hellsehen, so daß ihm von hier aus die totale Kritik der Vernunft möglich wird: die Verurteilung der Vernunft als Anwältin des Todes.«[7] Noch im gleichen Jahr, 1895, ging Schestow nach Rom, heiratete heimlich – gegen den Willen seines Vaters – eine orthodoxe Medizinstudentin und zog drei Jahre später nach Bern, wo seine Schwester studierte.

Aufgrund seiner ausgeprägten musikalischen Begabung träumte Schestow zeitweise von einer Gesangsausbildung. Ein Versuch in dieser Richtung schlug jedoch fehl. Trotzdem sollte sich Schestows Musikalität in seinem von Nietzsche inspirierten glänzenden literarischen Stil niederschlagen. Und so war es kein Zufall, daß Schestow das verlainsche *»de la musique avant toutes choses«* oft zitierte und sein gesamtes Philosophieren als »höchste Musik« im platonischen Sinne betrachtete.

Im Jahre 1898 kehrte Schestow mit zwei abgeschlossenen Arbeiten wieder nach Rußland zurück: einer Schrift über Shakespeare, seinem eigentlichen »Lehrer der Philosophie« (!) und seinem ersten wichtigen Buch *Tolstoi und Nietzsche. Die Idee des Guten in ihren Lehren* – ein Werk, in dem Schestow mit dem Idealismus bricht und das Problem der Moral aufwirft, das für ihn in enger Beziehung zu dem Problem der Vernunft steht. Der entscheidende Satz dieses Buches ist der letzte: »Das ›Gute‹, die ›brüderliche Liebe‹ ist nicht Gott. (...) Man soll das suchen, was höher ist als das Mitleiden, höher als das ›Gute‹: Man soll Gott suchen.«[8] So gesehen, handelt es sich hierbei nicht um den morali-

---

[7] Schulte, Günter, Rasende Reden. Schestows radikale Vernunftkritik, herausgegeben von Ignaz Knips, Köln 1999, S. 18f.

[8] Schestow, Leo, Tolstoi und Nietzsche. Die Idee des Guten in ihren Lehren, aus dem Russischen von Nadja Strasser, mit Aufsätzen von Boris Groys, Gustav A. Conradi und Aleksej Remisow, München 1994, S. 257f.

schen Gott, den Nietzsche für tot erklärt hat. Die Suche nach dem, was jenseits von Vernunft und Moral liegt, sollte fortan auch das alles bewegende Zentrum der übrigen (insgesamt zehn) Schriften Schestows bilden: Glänzende, in einer klaren, zum Teil ironisch-kühlen, aber durchaus poetischen Sprache geschriebene Großessays und Aphorismen.

Bis zum Ersten Weltkrieg lebte Schestow abwechselnd in Rußland – wo er sich mit Vertretern der sogenannten russischen religiösen Renaissance, vornehmlich mit Nicolai Alexandrowitsch Berdjajew und Sergej Nikolajewitsch Bulgakow, anfreundete – und im Westen, vor allem in Deutschland und in der Schweiz. Die Kriegsjahre verbrachte er in Rußland, mußte es jedoch – wie viele russische Intellektuelle – nach Lenins Putsch 1918 und vermehrter Juden-Pogrome mit seiner Frau (sein einziger Sohn starb im Ersten Weltkrieg) verlassen. Schestow siedelte sich zunächst in Genf und ab 1920 in Paris an, wo er am Russischen Institut der Sorbonne eine Professur übernahm und einen geheimen, aber deutlichen Einfluß nicht nur auf die Philosophen des Existentialismus, sondern auch auf viele Schriftsteller und Künstler des Surrealismus ausübte.

Schestows Denken prägte Philosophen wie Albert Camus, Jacob Taubes, Georges Bataille und E. M. Cioran, aber auch Literaten wie Boris Pasternak. Darüber hinaus hatte Schestow in Frankreich zwei treue Schüler, die seine Lehre verbreiteten und kommentierten: den jüdisch-rumänischen, im KZ ermordeten Dichter Benjamin Fondane, seinen philosophischen Fortsetzer, und Boris Schloezer, seinen kongenialen französischen Übersetzer. Zu den illustren Bekannten Schestows zählten André Gide, Albert Einstein, Martin Buber, Marina Zwetajewa und Martin Heidegger. Mit Edmund Husserl, seinem »geistigen Gegenpol«, verband ihn sogar eine tiefe Freundschaft. Schestow starb am 20. November 1938, im Alter von 72 Jahren, in Boulogne-sur-Seine bei Paris.

Schestows Wesen hat der russische Religionsphilosoph Sergej Nikolajewitsch Bulgakow aus Kiew, sein Jugendfreund, einmal trefflich wie folgt charakterisiert: »Es war unmöglich, Schestow nicht zu lieben, sogar wenn man nicht seine Weltanschauung teilte, und nicht in ihm den kühnen Sucher der Wahrheit zu achten. Lew Schestow besaß einen persönlichen unwiderstehlichen Charme.

Es war unmöglich, sich nicht zu freuen über eine Begegnung mit ihm, wie ich das bei verschiedenen Personen beobachtete, die nichts Gemeinsames in der Weltanschauung mit ihm hatten. Das erklärt sich durch eine wirklich erstaunliche Herzensbildung, durch seine beeindruckende Güte und sein Wohlwollen. Es bildet den Grundton seiner Beziehung zu den Menschen, ohne das Vorhandensein persönlichen Wettbewerbs (was man selten in unserer Literaturwelt antrifft), aber das verband sich mit dem harten Kampf um seine geistigen Errungenschaften.«[9]

Worin besteht der Kern der geistigen Errungenschaften Schestows? Den Mittelpunkt seines Denkens bildet der unüberwindbare Gegensatz von Wissen und Glauben, von Spekulation, Geistschau und Vernunfterkenntnis einerseits und der den Inhalt des Glaubens begründenden religiösen Offenbarung andererseits. Einer Offenbarung Gottes, wie sie auf dem Berge Sinai und ein zweites Mal auf dem Ölberg bei Jerusalem stattgefunden hat: »Wir leben, umgeben von einer unendlichen Menge von Geheimnissen. Wie rätselhaft aber auch die das Sein umgebenden Geheimnisse sein mögen, so ist doch das Rätselhafteste und Beunruhigendste, daß das Geheimnis überhaupt besteht und wir gleichsam endgültig, ein für allemal von den Quellen und Anfängen des Lebens abgeschnitten sind. Von allem, dessen Zeugen wir auf Erden sind, ist dies offenkundig das Ungereimteste und Sinnloseste, das Allerfurchtbarste, ja fast etwas Widernatürliches, das uns unweigerlich auf den Gedanken bringt, daß entweder im Weltgebäude selber nicht alles wohlbestellt sei, oder daß die Wege, auf denen wir an die Wahrheit heranzukommen suchen, und die von uns an sie gestellten Anforderungen im tiefsten Grunde mit einem Fehler behaftet seien. (…) Hier aber ist ewiges Geheimnis, ewige Undurchdringlichkeit, als hätte noch vor Erschaffung der Welt irgend jemand beschlossen, dem Menschen ein für allemal den Zutritt zu dem zu verschließen, was für ihn das Allernotwendigste und Allerwichtigste ist. Was wir für Wahrheit halten, was wir durch unser *Denken* gewinnen, erweist sich in gewissem Sinne inkommensu-

9 Bulgakow, Sergej Nikolajewitsch, zitiert nach: Gustav A. Conradi, Leo Schestow oder das paradiesische Leben. Gedanken eines Schestow-Lesers, in: Leo Schestow, Tolstoi und Nietzsche, a.a.O., S. 268f.

rabel nicht nur mit der äußeren Welt, in die wir seit Geburt untergetaucht worden sind, sondern auch mit unserem eigenen inneren Erleben. Wir haben Wissenschaften, wenn man will sogar eine Wissenschaft, die nicht nur von Tag zu Tag, sondern sogar von Stunde zu Stunde wächst und sich entwickelt. Wir wissen sehr vieles, und unser Wissen ist ein klares und deutliches. Die Wissenschaft blickt mit berechtigtem Stolz auf ihre ungeheuren Errungenschaften und darf mit gutem Recht annehmen, daß niemand imstande sein würde, ihrem Siegeszug Einhalt zu gebieten. (...) Aber der ›Nebel‹ des Urgeheimnisses hat sich nicht gelichtet. Er hat sich eher noch mehr verdichtet.«[10]

Daß menschliche Vernunft und Wissenschaft – aller evidenten Leistungen und triumphalen Erfolge zum Trotz – denkbar ungeeignete Mittel darstellen, um die geheimnisvollen, letztlich irrationalen Quellen des Seins zu ergründen, macht Schestow gleich zu Beginn seines philosophischen, Anfang der 1930er Jahre verfaßten, Haupt- und Spätwerkes *Athen und Jerusalem* unmißverständlich deutlich.

Zentrales Thema dieses weit über fünfhundert Seiten starken *Opus magnum*, das den Untertitel *Versuch einer religiösen Philosophie* trägt, ist die programmatische Gegenüberstellung zweier menschlichen Konstanten: »Athen« steht hierbei für den Mittelpunkt des philosophischen Rationalismus, »Jerusalem« hingegen für die Hauptstadt der Religion, wobei Schestow einen Kompromiß zwischen dem Wahrheitsanspruch der Vernunft und dem offenbarten Glauben nicht für möglich hält. Vernunft und Glaube, hellenische Weisheit und jerusalemische Sehnsucht nach dem lebendigen Gott, schließen – entgegen der landläufigen Meinung – einander definitiv aus: »›Athen und Jerusalem‹, ›religiöse Philosophie‹ – das sind Ausdrücke, die fast dasselbe bedeuten und sich decken, zugleich aber sind es Ausdrücke, die ebenso rätselhaft wie durch ihren inneren Widerspruch für das moderne Denken aufreizend sind. Wäre es nicht richtiger, das Dilemma aufzustellen: Athen *oder* Jerusalem, Religion *oder* Philosophie? Wollten wir das Gericht der Geschichte anrufen, so wäre die Antwort eine bestimmte: die Geschichte würde uns sagen, daß die besten Vertreter des menschlichen Geistes im Laufe vieler Jahrhunderte jegliche

---

10 Schestow, Leo, Athen und Jerusalem, a.a.O., S. 43f.

Versuche von sich wiesen, Athen Jerusalem entgegenzustellen, daß sie stets das ›und‹ leidenschaftlich unterstützten, das ›oder‹ aber hartnäckig auszutilgen suchten. Jerusalem und Athen, Religion und rationale Philosophie lebten friedlich nebeneinander dahin, und in diesem Frieden erblickten die Menschen eine Bürgschaft für ihr tiefinnerstes, erfülltes und unerfülltes Sehnen. Kann man sich aber auf das Gericht der Geschichte verlassen?«[11]

Für Schestow besteht die Hauptaufgabe seines Buches vornehmlich darin, die »Wahrheitsansprüche der menschlichen Vernunft oder der spekulativen Philosophie nachzuprüfen«. Denn das Wissen sei weder das letzte menschliche Ziel noch rechtfertige dieses das Sein. Vielmehr müsse es selbst – ganz im Heideggerschen Sinne (!) – vom Sein seine Rechtfertigung bekommen: »Der Mensch möchte gern in den Kategorien denken, in denen er lebt, und nicht in den Kategorien leben, in denen er zu denken gewöhnt ist.«[12]

Im biblischen Mythos vom Sündenfall und der Vertreibung aus dem Paradies erkennt Schestow die erste Vernunftkritik der Welt. Alles Unglück des Menschen sei durch die Begierde nach Wissen, durch das Essen der vergifteten Früchte vom Baum der Erkenntnis gekommen. Hätte Adam, der erste Mensch, Gottes Worte – »Wenn ihr vom Baum der Erkenntnis esset, werdet ihr sterben« (Gn, 2,16f.) – beherzigt, wären ihm Unfreiheit und Angst erspart geblieben. Statt dessen hörte er aber auf Eva beziehungsweise die teuflischen Einflüsterungen der Schlange, die ihm durch die Vernunfterkenntnis dessen, was gut und böse sei, einen gottgleichen Status versprach. Doch bekanntlich log die Schlange. Mit der Vernunft gingen die Übel einher: das Todesbewußtsein, die Plackerei für den Lebensunterhalt, die Dominanz des Mannes über die Frau, deren Schmerzen beim Gebären sowie das Schamgefühl, das heißt die sexuelle Zwangsmoral der Triebkontrolle und -unterdrückung. An die Stelle Gottes trat der Zwang rationaler Natur- und Moralgesetze, triumphierte die Bestie Vernunft: »Gott ward aus der von ihm erschaffenen Welt vertrieben, während seine ganze Macht an die Vernunft überging, die, obwohl sie die Welt nicht erschaffen hat, dem Menschen gerade jene Früchte in un-

11 Ebd., S. 11.
12 Ebd., S. 33.

beschränkten Mengen anbot, vor denen der Schöpfer ihn gewarnt hatte.«[13]

Um die absolute, aber fatale Herrschaft der Vernunft in Frage zu stellen, unterzieht Schestow in seinem Buch die Theorien der bekanntesten Philosophen des Abendlandes – von Parmenides, Plato und Aristoteles über Descartes, Spinoza und Leibniz bis hin zu Kant – einer scharfen Kritik. Er versucht zu zeigen, daß die »großen Philosophen auf der Jagd nach dem Wissen das kostbarste Geschenk des Schöpfers – die Freiheit – verloren«. Über die Stellung von Aristoteles, der allein in der Vernunft beziehungsweise im Vernünftigwerden den natürlichen Sinn und Zweck des menschlichen Lebens sah, heißt es beispielsweise: »Aristoteles wußte mit Bestimmtheit: der Wahrheit ist die Macht gegeben, die Menschen, jeglichen Menschen ohne Unterschied – sei es nun der große Parmenides oder Alexander der Große, sei es ein unbekannter Sklave des Parmenides oder ein nichtiger Stallknecht Alexanders – zu nötigen, zu zwingen. Warum der Wahrheit Macht über Parmenides und Alexander, nicht aber Parmenides und Alexander Macht über die Wahrheit gegeben ist – diese Frage stellt Aristoteles nicht.«[14]

Nach Schestow will auch Spinoza mit seiner emotionslosen, an der Geometrie orientierten Philosophie letztlich nichts anderes, als der Vernunft einen Altar zu errichten und statt der besten die vermeintlich einzig wahre Philosophie zu schaffen. Die Aufgabe der Menschen bestünde darin, rational zu sein, das heißt »nicht lachen, nicht jammern, noch verwünschen, sondern verstehen«: »Um zu ›verstehen‹, muß man sich (Spinoza zufolge) von allem abwenden, womit unser Freuen und Trauern, unsere Zuversichten, Hoffnungen, Verzweiflungen und so fort verknüpft sind. Man muß auf die Welt und auf das, was in der Welt ist, verzichten. ›Von der Wahrheit selber gezwungen‹, kehrt sich Spinoza nach Vorgang der Antike und des Mittelalters von der vom Schöpfer erschaffenen Welt ab. (...) Er (Spinoza) war bestrebt, nicht die ›beste Philosophie‹ (*philosophia optima*), sondern die ›wahre Philosophie‹ (*philosophia vera*) zu schaffen, er versicherte allen und sich selber, daß der Mensch das ›Beste‹ überhaupt nicht brauche,

[13] Ebd.

[14] Schestow, Leo, Athen und Jerusalem, a.a.O., S. 45.

sondern daß es für ihn genüge, das ›Wahre‹ zu haben. (...) Er kümmer(t)e sich nicht im geringsten um die Nöte und Bedürfnisse der Menschen, denn die Menschen seien für ihn nichts anderes als Senkrechte und Dreiecke und verdienten es nicht, daß man sich zu ihnen anders verhalte als zu Dreiecken und Senkrechten ...«[15]

Die epochale *Kritik der praktischen Vernunft* von Kant analysierend, kommt Schestow zu einem ebenso überraschenden Ergebnis. Die von Kant gerechtfertigte Vernunftherrschaft sei eine Reduzierung unserer Welterfahrung und trete dadurch unser Denken auf der Ebene des versteinerten »es ist« platt. Bei Kant richte beziehungsweise herrsche die positive Wissenschaft über die Metaphysik, wo es doch gerade umgekehrt sein müsse! Was nach Schestow not tut, ist eine echte Metaphysik, die Kant jedoch für unmöglich erklärte, genauso wie ihm die Idee eines *Deus ex machina*, eines unerwarteten Helfers in kritischer Lage, an den Schestow glaubte, unsinnig erschien: »In der Tat – die Vernunft kritisieren: bedeutet das nicht ein Attentat auf ihre souveränen Rechte, das heißt die Begehung einer ruchlosen Majestätsbeleidigung? Wer hätte ein Recht, die Vernunft zu kritisieren? (...) Kant behauptete zwar, die Rechte der Vernunft eingeschränkt zu haben, um dem Glauben den Weg frei zu machen. Aber Kants Glaube war ein Glaube innerhalb der Grenzen der Vernunft, das heißt die Vernunft selber, nur mit verändertem Namen.«[16]

Schestow sagt in seiner Schrift *Athen und Jerusalem*, die zu seinen bekanntesten und am häufigsten aufgelegten zählt, allen spekulativen Denkern und ihren philosophischen Systemen den Kampf an, um den Primat der Offenbarung und die »gläubige Freiheit« herauszustellen. Der Mensch kann sich seiner Meinung nach aus dem Zwang der rationalen »ewigen Wahrheiten« nur mit Hilfe des Glaubens befreien – eines Glaubens, der sich »jenseits von Vernunft und Erkenntnis« befindet: »Jenseits von Geist und Erkenntnis, dort, wo der Zwang aufhört, wird der gefesselte Parmenides, nachdem er des Mysteriums des ewig Seienden und ewig Befehlenden teilhaftig geworden ist, die ursprüngliche Freiheit wiedererlangen und zu sprechen beginnen, nicht wie ein von der Wahrheit Gezwungener, sondern wie einer, der die Macht

15 Ebd., S. 32, 81 f.
16 Ebd., S. 153 f.

innehat. Dieses uranfängliche, durch nichts beschränkte Wollen, das in keinem ›Wissen‹ Platz findet, – ist jene einzige Quelle, aus der man die metaphysische Wahrheit schöpfen kann: auf daß die Verheißung erfüllt werde: ›nichts wird euch unmöglich sein‹.«[17]

Allein im religiösen Glauben findet Schestow also Rettung vor dem drückenden Joch der Vernunft, wie die versierte russische Schestow-Interpretin R. Galceva schreibt: »Von nun an nennt (Schestow) das Streben des Menschen nach Erkenntnis Sündenfall (der Mensch kostete die Frucht vom ›Baum der Erkenntnis des Guten und des Bösen‹ und zog somit dem Leben und der Freiheit das Wissen vor). Der traditionellen philosophischen Geistschau, die in Griechenland (das heißt in ›Athen‹) ihren Anfang nahm und die Kapitulation des gefallenen Menschen vor den abstrakten Wahrheiten zum Ausdruck brachte, setzt Schestow die Offenbarung des Alten Testaments (das heißt ›Jerusalem‹) entgegen. Dem ›Einzeldenker‹ Hiob gibt er (...) gegenüber dem griechischen ›Symposion‹, gegenüber Kant und Hegel entschieden den Vorzug. Da Gott mit der Idee des Logos, der für Schestow das ihm verhaßte Gesetz oder die Ordnung personifiziert, nicht verbunden ist, so erscheint er als das Urbild eines allmächtigen Eigenwillens. Und der Glaube an ihn (hier folgt Schestow dem lutherischen *Sola fide*) eröffnet dem Menschen Möglichkeiten, die weder auf den Bau des Seins noch auf die Normen der Sittlichkeit Rücksicht nehmen, stellt den Menschen ›jenseits von Gut und Böse‹.«[18]

Doch Schestow stellt nicht nur den Menschen »jenseits von Gut und Böse«. Als Vertreter des Irrationalismus verficht Schestow auch eine Gottesauffassung, die mit der landläufigen Vorstellung von Gott nichts gemein hat. Die Umrisse seines Bildes werden dabei vor allem in der Verneinung gängiger Gottesmodelle sichtbar, in einem Kreisen um das unsichtbare Zentrum, das vielleicht auch die Hauptanziehungskraft seiner Schriften ausmacht. Der Philosoph, der weder konfessioneller Jude noch Christ sein wollte, besteht auf einer negativen Bestimmung Gottes, auf seine

---

[17] Ebd., S. 142.

[18] Galceva, R., Lev Sestov, Philosophische Enzyklopädie, Moskau 1970, Bd. 5, S. 505f., zitiert nach: Helmut Dahm, Grundzüge russischen Denkens. Persönlichkeiten und Zeugnisse des 19. und 20. Jahrhunderts, München 1979, S. 239.

Transintelligibilität, weil bereits in der Benennung eine Anmaßung stecke, nämlich der Anspruch, im Besitz der Wahrheit zu sein.

Dem Pantheismus, der das All und die gesamte Natur zu Gott macht, steht Schestow vollkommen ablehnend gegenüber. Auch mit den abstrakten, blutleeren Gottesvorstellungen der meisten Philosophen weiß Schestow nichts anzufangen. So verdiene zum Beispiel das »*Primum movens immobile*« des Aristoteles keineswegs den Namen Gottes. Denn ein verzweifelter Mensch werde sich – so Schestow – in seiner Not doch nicht allen Ernstes an einen »unbeweglichen Beweger« wenden! Gegen Hegel argumentiert Schestow, daß sich Gott keineswegs in der Geschichte aufweisen lasse und daß die Geschichte auch gar keines Sinnes bedürfe. Ebensowenig sei Gott mit der Idee des Logisch-Vernünftigen oder der Sittlichkeit identisch, was letzten Endes auf eine rationale und humanistische Religion hinauslaufen würde, die in Schestows Augen pures Menschenwerk ist.

Für Schestow ist Gott indes vor allem uneingeschränkte Möglichkeit. Gott ist niemandem untergeordnet, weder dem Reich der Notwendigkeit noch der menschlichen Vernunft und Moral, ihm ist alles möglich – unbegrenzt. Und so liest man in Raimundo Panikkars Schestow-Essay: »Der Glaube ist die existentielle Offenheit des Menschen allem gegenüber, was außerhalb seiner selbst liegt; der echte Glaube braucht weder rationale Beweise, noch verfällt er in irrationalen Fideismus, sondern ist von völlig anderer Art.«[19] Am ehesten weiß sich Schestow noch dem biblischen Theismus, das heißt dem einen und persönlichen Gott des Alten Testaments nahe, der jedoch als freier und willkürlich handelnder Gott, sozusagen »als verkörperte Laune«, alle Garantien ablehne, wie Karel Bilek bemerkt: »So ist der wahre Glaube nach Schestow eine Haltung des Vertrauens Gott gegenüber, vielleicht könnte man von einem Urvertrauen sprechen. (…) Schestow kennt einen … Gott, von dem er sagt, daß er nur dort sei, wo es Freiheit gebe und keine Gesetze. Der Glaube kümmert sich laut Schestow weder um Verstehen noch um Beweise. Sein Sinn bestehe darin, daß er die Menschen auf eine unfaßbare Weise aus dem Schraubstock des Wissens befreie. Der Glaube ist nach Schestow

[19] Panikkar, Raimundo, Athen oder Jerusalem? Philosophie oder Religion?, in: Leo Schestow, Athen und Jerusalem, a.a.O., S. 514.

nie durch irgend etwas begründet, sondern will selber begründen. Der Glaubende gehe geradeaus, ohne zu fragen, wohin er gehe. Der Gelehrte halte erst Umschau, frage, ehe er sich von der Stelle rühre: er möchte vorher wissen, wohin er kommen werde. Nicht der Glaube, sondern die Philosophie fordere Gehorsam. Das Wissen habe das Wirkliche in ein Notwendiges verwandelt und uns gelehrt, was auch immer das Schicksal uns bescheren möge, hinzunehmen. Die Sünde besteht nach Schestow in diesem Hinnehmen.«[20]

Betrachtet man Schestows Begriffsbestimmung Gottes und des Glaubens, offenbart sich eine Haltung, wie sie für die sogenannte »negative Theologie« und die gesamte mystische Tradition des Abendlandes charakteristisch ist. Zu Recht stellt deshalb Bernhard Schultze fest: »Schestow gelangt zu Gott unmittelbar, kraft seines Glaubens ans Absurde. Zwischen ihm und Gott steht kein Vermittler, weder Christus noch die Kirche. Er stößt sich geradezu an der Tatsache eines Glaubens auf Grund äußerer Autoritäten.«[21] In diesem entscheidenden Punkt steht Schestow nicht nur den Mystikern, sondern auch der Lehre Martin Luthers von der Errettung durch den Glauben allein nahe. Mit dem Stifter des Protestantismus ist sich Schestow darin einig, daß »die Vernunft das größte Hindernis für den Glauben sei, weil alles Göttliche ihr absurd scheint«. Die innere Verwandtschaft Schestows mit Luther zeigt sich darüber hinaus in einer Vorliebe für das Paradoxe sowie für die Unmittelbarkeit des Glaubens, wie Bernhard Schultze resümiert: »Autorität und Glauben sind für Schestow die größten Gegensätze. Eine Kirche der Autorität, der Vermittlung – *die Petruskirche* – weckt in ihm die Vorstellung einer ›schlafenden Kirche‹. (...) Schestow muß – vom Standpunkt seiner Philosophie des Absurden aus – ... Kirche, Papsttum und Primat mit aller Entschiedenheit ablehnen. (...) Zu jenen, die das furchtbare Gericht

---

20 Bilek, Karl, Arthur Schopenhauer und Leo Schestow, in: Schopenhauer-Jahrbuch, 1912 begründet von Paul Deussen, 1937–1983 geleitet von Arthur Hübscher, 69. Band, 1988, herausgegeben von Rudolf Malter/Wolfgang Seelig/Heinz-Gerd Ingenkamp, Frankfurt a.M. 1988, S. 526f.

21 Schultze, Bernhard, Lev Sestov (Lev Isakovic Schwarzmann), in: ders., Russische Denker. Ihre Stellung zu Christus, Kirche und Papsttum, Wien 1950, S. 394f.

erwarten – allein, ohne Stütze, ohne Hilfe, ohne Vermittlung, insbesondere ohne Christus und Kirche; allein im paradoxen Glauben und Vertrauen auf den einen Gott, der selbst das Absurde zu wirken vermag – zu ihnen gehörte Lew Schestow.«[22]

Sein vielleicht zweitwichtigstes religionswissenschaftliches Buch veröffentlichte Schestow 1929 unter dem Titel *Auf der Hiobswaage. Über die Quellen der ewigen Wahrheiten.* In diesem Werk findet Schestows äußerst weitläufige Bildung – in philosophisch-theologischer, aber auch literarischer Hinsicht – ihren wohl unmittelbarsten Ausdruck. Mit großer Sachkenntnis führt Schestow hier einmal mehr seinen Kampf gegen den universalen Gültigkeitsanspruch der Vernunft anhand einer genauen Analyse der Theorien verschiedener Denker und Schriftsteller durch: »Wie dem immer sei, die Geschichte der Philosophie bezeugt uns, daß die Wahrheitssuche für den Menschen immer eine Jagd nach allgemeingültigen Urteilen war. Dem Menschen genügte es nicht, im Besitz der Wahrheit zu sein. Er wollte etwas anderes – wie ihm schien ›Besseres‹: daß nämlich die Wahrheit eine Wahrheit ›für alle‹ sei. Um dazu ein Recht zu haben, schuf er die Fiktion, daß er seine Wahrheit nicht selbst erschaffe, sondern sie als fertige empfinge und nicht von einem Wesen wie er selbst, daß heißt einem lebenden Wesen, das vor allem unbeständig, veränderlich und launisch ist, sondern aus den Händen eines Etwas, welches Veränderungen weder kennt noch will, da es überhaupt nichts will und sich weder um sich selbst noch um jemand anderes kümmert: aus den Händen dessen, welches uns lehrt, daß die Summe der Winkel eines Dreiecks gleich zwei Rechten ist. Wenn die Wahrheit einer solchen Quelle entspringt und unbedingt ein unbeseeltes Wesen ist, so erschöpft sich die Tugend in der Selbstverleugnung. Eine unpersönliche und leidenschaftslose Wahrheit einerseits und die Bereitschaft, sich einer solchen Wahrheit zu fügen andererseits, das war das sichtbare *primum movens* schon in der antiken Philosophie.«[23] Wie Schestow anschaulich zeigt, kapitulierten selbst die von der Bibel inspirierten Philosophen und Theologen fast von Anbeginn an vor dieser von den Griechen überkommenen vermeintlichen

---

22 Ebd., S. 396ff.

23 Schestow, Leo, Auf Hiobs Waage. Wanderungen durch das Seelenreich, zitiert nach: Russische Religionsphilosophen, Dokumente, a.a.O., S. 439f.

»Weisheit« und praktizierten in der Folge eine regelrechte Versöhnungspolitik zwischen östlicher Offenbarung und westlicher Wissenschaft: Eine »Versöhnung«, die in den Augen Schestows aber nur einem »Verrat« gleichkam.

Als einzige Ausnahme nennt Schestow den nordafrikanischen, im zweiten Jahrhundert wirkenden Kirchenvater Tertullian, dem der berühmte Ausspruch »*credo, quia absurdum*« (ich glaube es, gerade weil es widersinning ist) zugeschrieben wird. Dem frühchristlichen Apologeten gebühre das Verdienst, als Einziger erkannt zu haben, daß die Wahrheitskriterien der rationalen Philosophie sich nie und nimmer mit dem Offenbarungsgehalt des christlichen Glaubens vereinbaren lassen: »Er allein begriff, daß Athen, wie er sich ausdrückte, sich niemals mit Jerusalem verständigen könne. (...) Nur dieses eine Mal, einmal während der vergangenen zwei Jahrtausende, seit die westlichen Völker die Bibel zu lesen begannen, kam es einem Menschen in den Sinn, daß die von der Vernunft verherrlichten ›Unmöglichkeiten‹ uns das Notwendigste und Kostbarste raubten. (...) Alle halten es für ihre Pflicht, Jerusalem nicht nur mit Athen zu versöhnen, sondern von Jerusalem zu fordern, daß es zur Rechtfertigung und zum Empfang des Segens nach Athen gehe. (...) Zuerst war Athen und dann Jerusalem. Und das heißt, daß alles, was aus Jerusalem kommt, auf Athenischer Waage gewogen werden muß.«[24]

Neben Tertullian erwähnt Schestow noch den mittelalterlichen Kirchenlehrer Petrus Damiani, der sich ebenfalls weigerte, das Göttliche den menschlichen Vernunftgesetzen unterzuordnen, und die Ansicht vertrat, daß Gottes Allmacht selbst Geschehenes ungeschehen machen könne, genauso wie der Glaube der Propheten bekanntlich Berge zu versetzen imstande ist. Im Anschluß an Tertullian und Petrus Damiani war Schestow sogar der Überzeugung, daß es Gott, so er nur wolle, möglich sei, aus zwei mal zwei fünf zu machen und mithin Wunder jeder Art zu wirken ...

Der von Schestow gewählte Titel dieses Werkes, *Auf der Hiobswaage*, verdankt sich zweier Textstellen aus dem gleichnamigen alttestamentarischen Buch: »Wenn man doch meinen Kummer wägen und mein Leiden zugleich auf die Waage legen wollte! Denn nun ist es schwerer als Sand am Meer; darum sind meine

24 Ebd., S. 440f.

Worte noch unbedacht. (...) Gott möge mich wiegen auf rechter Waage, so wird er erkennen meine Unschuld.«[25] Gerade das Buch Hiob zeugt – so Schestow – von dem ununterbrochenen Kampf zwischen den Klagen des vielgeplagten Hiob und den vernünftigen Betrachtungen und Ratschlägen seiner Freunde. Dabei sehen die Freunde als die vermeintlich wahren Denker nicht auf Hiob, sondern bloß auf das Allgemeine. Doch Hiob will von diesem Allgemeinen gar nichts wissen, denn er weiß, daß das Allgemeine taub und stumm ist, daß man mit ihm nicht reden kann. Dieses Bestehen Hiobs auf der »Selbstheit« ist der »Aufruhr« der einsamen menschlichen Persönlichkeit gegen die ewigen Gesetze der All-Einheit des Seins, welche die Vernunft-Philosophie entwickelt – gegen die Spekulation, die den Teil dem Ganzen unterordnet, damit letzteres »ungestört funktioniere und ununterbrochen in der ein für allemal festgelegten Richtung sich weiterbewege«. Gott aber habe das untadelige, das heißt einzig richtige Denken der Freunde Hiobs abgelehnt und die Klagen Hiobs, das *Clamare de profundis*, den verzweifelten Schrei aus der Tiefe, beachtet.

Biblische Philosophie ist somit für Schestow existentielle, auf die Existenz des unberechenbaren Gottes und des lebendigen Menschen bezogene Philosophie, die den selbstevidenten Vernunftwahrheiten und Sittengesetzen nicht untergeordnet werden darf, welche nie an die Grenzen des Seins gelangen, geschweige denn sie zu transzendieren vermögen.

Um seine Überzeugung zum Verhältnis von Wissenschaft und wahrer Philosophie, das heißt für Schestow stets existentieller, *religiöser* Philosophie, zu äußern, bedient er sich eines einprägsamen Vergleichs: »Zum Kranken rufen wir den Arzt, zum Sterbenden – den Geistlichen. Der Arzt bemüht sich, den Menschen zum irdischen Leben zurückzurufen, der Geistliche gibt ihm das Geleite zum ewigen Leben. Und gleichwie zwischen der Tätigkeit des Arztes und derjenigen des Geistlichen nichts Gemeinsames ist, so ist auch nichts Gemeinsames zwischen der Philosophie und der Wissenschaft.«[26]

Eine weitere religionsphilosophische Schrift Schestows trägt den rätselhaften Titel *Potestas clavium oder die Schlüsselgewalt*:

25 Buch Hiob 6, 2–3.

26 Schestow, Leo, Auf Hiobs Waage, a.a.O., S. 450.

Ein Werk, das in den 1920er Jahren in russischer, deutscher und französischer Sprache erschien, in den folgenden Jahrzehnten jedoch selten aufgelegt wurde, obwohl sein Einfluß auf die Religionsphilosophie des 20. Jahrhunderts beträchtlich ist und die Kritiker es nie aus den Augen verloren.

Auf die Übergabe der göttlichen Schlüsselgewalt an Petrus im Matthäusevangelium anspielend, behauptet Schestow, daß die Idee der Schlüsselgewalt nicht vom Katholizismus erfunden wurde, sondern von Sokrates. Denn dieser habe als erster entdeckt, daß der Mensch über eine vermeintlich absolute Macht verfüge, nämlich über die Schlüssel zum Himmelreich. Die Nachfolger Petri – und zwar nicht nur die Päpste – hätten sich daher ein Prinzip der griechischen Philosophie angeeignet: den Grundsatz, daß der Mensch die Schlüssel zum Himmelreich auf Erden und nicht im Himmel suchen solle: »Aber die Idee der unbegrenzten Macht über Himmel und Erde ist dem Kopfe des Sokrates entsprungen. Und sie ist bis heute in den Seelen aller Menschen lebendig ohne Unterschied ihrer philosophischen Überzeugungen. Jedem scheint es, daß er die große Wahrheit gewonnen hat, jene Wahrheit, durch die man sich den Weg bahnen kann zum letzten Geheimnis und zur ewigen Seligkeit. (...) Vertieft euch in ein beliebiges philosophisches System – was ist sein Lebensnerv? Ein Philosoph, der so bescheiden wäre, daß er auf die *potestas clavium* verzichtete, würde sich der allgemeinen Verachtung ausliefern (...). Selbst wenn er sich damit einverstanden erklärte, diese große Macht dem Schöpfer zu überantworten! Wenn du diesen wundertätigen Talisman nicht hast – so schweige! Verbirg vor allen deine schmachvolle Armut! Die Menschen haben sich so an den Gedanken gewöhnt, daß in ihren Händen die ganze Fülle der Herrschaft über die irdische und über alle nur möglichen Seinsarten sei und sein solle, daß sie anscheinend nicht einmal den Gedanken ertragen können, nicht im Besitz dieser Herrschaft zu sein und sie niemals besessen zu haben.«[27]

Kein einziger Philosoph außer Platon – mit Einschränkungen – hätte aber nach der Ansicht Schestows Gott wirklich anerkannt. Statt dessen hätten die meisten Philosophen nichts anderes getan,

---

27 Schestow, Leo, Potestas clavium – Die Schlüsselgewalt, zitiert nach: Russische Religionsphilosophen, Dokumente, a.a.O., S. 402f.

als persönliche, ureigene Probleme zu verallgemeinern und als universelle Wahrheit auszugeben. Schestow interessiert bei der Lektüre der großen Philosophen deshalb fast ausschließlich, wie sich das jeweils private Schicksal und Geheimnis eines Menschen – sei es eine Krankheit oder ein anderes Schlüsselerlebnis – in seiner Philosophie äußert, was ihn dazu veranlaßt habe, sich gerade diesem beziehungsweise überhaupt der Philosophie zu widmen. Als Paradebeispiel führt Schestow die Existenz-Philosophie von Sören Kierkegaard an. Der russische Philosoph Boris Groys hat Schestows gleichermaßen originelle wie provokante Kierkegaard-Interpretation wie folgt zusammengefaßt: »Kierkegaard konnte Regina Olsen nicht heiraten, stellt Schestow nach der kurzen Analyse der Tagebücher Kierkegaards fest, weil Kierkegaard impotent war. Dieses persönliche Problem hat Kierkegaard aber verallgemeinert und daraus ein universelles, existentielles, allgemeinmenschliches Problem gemacht. Damit hat er sich seinem eigenen, rein persönlichen Problem entzogen und auf der anderen Seite alle anderen in Mitleidenschaft gezogen, die vielleicht gar nicht impotent sind und deswegen auch keine existentiellen Probleme haben müssen. (…) Kierkegaard will eigentlich nur mit Regina Olsen schlafen können und dadurch glücklich werden. Könnte er mit Regina tatsächlich schlafen, hätte er seinen ganzen Existentialismus – und überhaupt die ganze Philosophie – sofort vergessen, meint Schestow. (…) Die Heilung von der Impotenz wäre für Kierkegaard auch die Heilung von der Philosophie, genauso wie für Nietzsche Heilung von seiner Krankheit eine Rettung von der Philosophie wäre.«[28]

Wie läßt sich Schestows Denken, das von Anfang an dem Metaphysischen und Ethischen galt und soziale Fragen mehr oder weniger ausblendete, philosophiehistorisch einordnen? Wer eine Antwort auf diese Frage sucht, kommt nicht umhin, Schestows Stellung zunächst innerhalb der philosophischen Tradition Rußlands zu bestimmen – einer rund zwei Jahrhunderte währenden Tradition, die trotz ihrer schöpferischen Vielfalt und Originalität eindeutige Kontinuitäten aufweist, wie unter anderem der

28 Groys, Boris, Die Krankheit Philosophie, in: Leo Schestow, Tolstoi und Nietzsche, a.a.O., S. XVII f.

deutsche Schestow-Herausgeber und -Übersetzer, Nicolai von Bubnoff, betont: »Der Schwerpunkt der russischen Philosophie liegt in der Ethik, in der religiösen Metaphysik und Anthropologie und in der Geschichtsphilosophie. (...) Dagegen war das Interesse russischer Denker für logische und erkenntnistheoretische Probleme in der Hauptsache gering. Will man sich eines Schlagworts bedienen, so kann der immer deutlicher hervortretende Grundzug der russischen Philosophie als antirationalistischer Ontologismus bezeichnet werden. (...) Die russischen Denker sind in ihrer überwiegenden Zahl keine Systematiker, vielmehr sind sie jedem System gegenüber mißtrauisch. Sie betrachten es als Zwangsjacke für den Geist, als Fessel für die freie Entfaltung des Denkens.«[29]

Den eigentlichen Hintergrund dieser ausgesprochenen System- und Vernunftfeindlichkeit der russischen Philosophie bildet dabei die Theologie der griechisch-orthodoxen Kirche, die den russischen Denkern – von Wladimir Sergejewitsch Solowjow über Berdjajew bis hin zu Schestow – stets eine metaphysische, mystisch-religiöse Ausrichtung gab. Und dies ungeachtet der Tatsache, daß der die abendländische Philosophie durchziehende Kampf zwischen Vernunft und Glauben bereits im 19. Jahrhundert mit dem Sieg des Rationalismus endete. Deshalb ist es durchaus legitim, wenn Nicolai von Bubnoff in Schestow hauptsächlich einen »*religiösen* Denker« am Werk sieht: »(Schestow) ist leidenschaftlicher Gottsucher und vertritt den Primat des Glaubens und der Offenbarung vor dem Wissen. (...) Mit der Überzeugung des Primats des Glaubens vor dem Wissen hängt die Zuspitzung der antirationalistischen Einstellung bei Schestow zusammen, welche in der These gipfelt, daß die höchsten lebenswichtigen Wahrheiten jenseits des Vernunftbereiches liegen. Eine scharfsinnige Analyse der Voraussetzungen des Rationalismus ermöglicht diesem Denker eine konsequente Durchführung und sorgfältige Begründung des im eigentümlichen Wesen der russischen Geistigkeit verankerten Antirationalismus. Von seinem Standort aus führt Schestow einen erbitterten Kampf gegen die angebliche Tyrannei der sogenannten ›ewigen Wahrheiten‹ der Vernunft in der theoretischen

[29] Bubnoff, Nicolai von, Begleitwort, in: ders., Russische Religionsphilosophen. Dokumente, a.a.O., S. 10f.

Philosophie und gegen die unbedingte Geltung ethischer Normen. Seine geistvollen Paradoxien haben einen eigentümlichen Reiz auch dann, wenn sie nicht überzeugen und zum Widerspruch herausfordern.«[30]

Letzteres klar erkannt zu haben, ist vor allem Albert Camus zu verdanken, der in seinem berühmten philosophischen Großessay *Der Mythos von Sisyphos. Ein Versuch über das Absurde* Schestow – zusammen mit Kierkegaard – zum einflußreichsten Vorläufer des modernen Existentialismus deklariert, weil jener die irrationale Seite des menschlichen Daseins wie kaum ein anderer herausgestellt habe: »Schestow wiederum zeigt in einem bewundernswert eintönigen, unaufhörlich auf dieselben Wahrheiten ausgerichteten Werk immer wieder, daß auch das lückenloseste System und der umfassendste Rationalismus schließlich immer auf das Irrationale des menschlichen Denkens hinauslaufen. Ihm entgeht keine unabweisbare Ironie, kein lächerlicher Widerspruch, der die Vernunft herabsetzt. Ihn interessiert nur eins: die Ausnahme, ob sie nun der Geschichte des Herzens oder des Geistes entspringen mag. Dostojewskijs Untersuchungen über den zum Tode Verurteilten, die übersteigerten geistigen Abenteuer Nietzsches, die Verwünschungen *Hamlets* oder die bittere Vornehmheit eines Ibsen – dergleichen dient ihm nur dazu, die menschliche Auflehnung gegen das Unabwendbare zu verfolgen, aufzuhellen und zu verherrlichen. Er versagt der Vernunft seine Gründe und dringt mit einiger Entschlossenheit nur in jene farblose Einöde vor, in der alle Gewißheiten Stein geworden sind.«[31]

Des weiteren gebühre Schestow, wiederum Camus zufolge, das große Verdienst, die Absurdität des menschlichen Lebens, seine ganze Widersprüchlichkeit enthüllt zu haben – was vornehmlich für Schestows erste, eher negativ geprägte Periode seines Philosophierens gilt. So betonte dieser schon in der *Apotheose der Abgründigkeit*, seinem »philosophischen Manifest« von 1905, daß »der frühere Glaube an Sinn und Zweck des menschlichen Lebens,

---

30 Ebd., S. 19f.

31 Camus, Albert, Der Mythos von Sisyphos. Ein Versuch über das Absurde, Deutsch von Hans Georg Brenner und Wolfdietrich Rasch, mit einem kommentierenden Essay von Liselotte Richter, Hamburg 1998, S. 32.

den niemand sich bewußt machte und den jeder von uns als Geschenk entgegennahm, zusammengebrochen« sei. Der Existenz des Menschen würde keinerlei logisches Fundament mehr zugrunde liegen, sein Leben stünde der »Ungewißheit«, ja sogar der »Hoffnungslosigkeit« und »Verzweiflung« gegenüber.

Nichtsdestoweniger lehnt der französische Existentialist Camus die philosophisch-religiösen Konsequenzen, die Schestow – hauptsächlich in seiner zweiten, optimistischen Schaffensperiode – daraus gezogen hat, energisch ab: »Ein Kommentator überliefert uns einen interessanten Ausspruch (Schestows): ›Der einzig wahre Ausweg liegt genau da, wo es nach menschlichem Ermessen keinen Ausweg gibt. Wäre es nicht so – wozu brauchten wir dann Gott? Gott wendet man sich nur zu, um das Unmögliche zu erreichen. Für das Mögliche genügen die Menschen.‹ Wenn es eine Schestowsche Philosophie gibt, dann ist sie darin gewiß vollständig enthalten. Wenn Schestow nämlich am Schluß seiner leidenschaftlichen Analysen die fundamentale Absurdität des ganzen Daseins enthüllt, sagt er keineswegs: ›Hier ist das Absurde‹, sondern ›Hier ist Gott: auf ihn dürfen wir uns verlassen, wenn er auch in keine unserer Verstandeskategorien hineinpaßt.‹ Um jede Verwirrung zu vermeiden, läßt der russische Philosoph sogar durchblicken, daß dieser Gott vielleicht gehässig und hassenswert, unbegreiflich und widerspruchsvoll ist, daß er aber gerade da, wo sein Antlitz am scheußlichsten ist, am deutlichsten seine Macht offenbare. Seine Größe liegt in seiner Inkonsequenz. Seine Unmenschlichkeit ist sein Beweis. Man muß in ihn hineinspringen und sich mit diesem Sprung von allen rationalen Illusionen frei machen.«[32]

Was Camus dem russischen Philosophen vorwirft, ist die Tatsache, daß jener dem Absurden schließlich untreu geworden sei, dieses gleichsam zum hoffnungsvollen Sprungbrett in eine jüdisch-christliche Transzendenz umfunktioniert und dergestalt das *Sacrificium intellectus* gebracht habe. Im krassen Gegensatz zu Schestow will Camus aber mit stoischem Stolz in jenem immanenten Zustand des Absurden verharren, den Kierkegaard die gottferne Verzweiflung beziehungsweise – in Anlehnung an die

---

32 Ebd., S. 41 f.

Bibel – *Die Krankheit zum Tode* nennt, weil für ihn der Sprung in das religiöse Stadium nicht weniger als einem philosophischen Selbstmord gleichkommt.

Gerade in diesem kardinalen Punkt unterscheidet sich Schestow daher weitgehend von den Hauptvertretern des modernen, mehr oder weniger areligiösen philosophischen Existentialismus – auch wenn er selbst seine Philosophie als *existentialistisch* bezeichnet. Denn in scharfer Abgrenzung zu den meisten Existentialisten meutert Schestow weder gegen das Leben, das er als übernatürliches Wunder und schöpferisches Abenteuer begreift, noch gegen Gott, die positive Kraft und gnadenreiche Quelle alles Seienden, wie die Schestow-Forscherin Galceva hervorhebt: »So hält (Schestow) das Gleichgewicht zwischen der Bejahung des Seins (das als von Gott geschaffenes ›die Fülle des Guten‹ ist) und der existentialistischen Verneinung der Sinngrundlagen der Welt, die als das Ergebnis eines auf den Willen zur Erkenntnis beruhenden Sündenfalls betrachtet werden.«[33]

Selbstredend fehlte es auch in der Nachfolge Camus' nicht an Stimmen, die Schestow – aus jeweils unterschiedlichen Positionen – einer durchaus plausiblen Kritik unterzogen. So stieß die von Schestow auf die äußerste Spitze getriebene Polarisierung von Ratio und Religion, von Vernunft und Glauben, selbst bei eingefleischten Theologen nicht immer auf Zustimmung. Moniert wurde zum Beispiel, daß der erkenntnistheoretische Irrationalist scharf zwischen erleuchteten und verblendeten Menschen unterschied. Sergei A. Levizky hat in seinem Buch über die Gestalten und Strömungen des russischen Denkens die wichtigsten Einwände gegen Schestow zusammengetragen: »Schestow kann (und muß) man der Kritik unterziehen. Seine Idee, daß die ›vernünftige Notwendigkeit‹ der Erzfeind des Glaubens sei und eben dadurch der Feind der letzten metaphysischen Wahrheit, ist fragwürdig. Urteile von der Art wie 2 x 2 = 4 engen in keiner Weise unsere Freiheit ein, sondern schaffen die Voraussetzungen ihrer Vernünftigkeit. Die Freiheit von den logischen Gesetzen wäre törichte Freiheit. (...) Schestow hat recht, wenn er den Glauben über die Vernunft stellt; aber ein Glaube, der nicht durch die Prüfung der

33 Galceva, R., Lev Sestov, Philosophische Enzyklopädie, a.a.O., S. 240.

Vernunft gegangen ist, wäre blind. Es kommt nicht darauf an, die Vernunft zu beseitigen, indem man sie durch den Glauben ersetzt, sondern darauf, daß die Vernunft sich vor dem Absoluten beugt, indem sie dem Glauben Raum gibt.«[34]

Ein anderer häufig an Schestow herangetragener Vorwurf, der für den ausbleibenden Erfolg Schestows, selbst unter Fachphilosophen, mitverantwortlich sein dürfte, besteht darin, daß dieser »Monoideist«, das heißt von einer einzigen Idee besessen gewesen sei – und sich außerdem bei seinem Kampf gegen den Rationalismus paradoxerweise einer ausgesprochen rationalistischen Argumentation bedient habe. Ein Standpunkt, den – nach Albert Camus – in jüngster Zeit auch Boris Groys vertritt: »Die Texte Schestwos fallen vor allem durch ihre äußerste Monotonie auf. Ständig werden die gleichen Argumente für die gleiche Beweisführung benutzt. Ständig werden die gleichen Zitate im gleichen Kontext erwähnt. Ständig wird die gleiche – die einzige – Fragestellung wiederholt und ihre Relevanz mit immer gleichen Beispielen belegt. (...) Es gibt bei Schestow keine Logik der Entwicklung, keine schöpferische Evolution, kein Transzendieren, keine weitergehende Analyse, keine neue, tiefergehende Interpretation – kurzum, kein kulturelles Produzieren im üblichen Sinn dieses Wortes. Nur ständiges Re-Produzieren, nur Re-Kombination und Re-Formulierung der immer gleichen Elemente.«[35]

Ins Positve gewendet, stellt André Bédard hingegen fest, daß Schestows eigenwilliger, repetitiver Stil auch Ausdruck eines ernsten Zweifels an der Macht der Dialektik sein könnte. Denn Schestow bewege sich gerade nicht in dialektischen Spiralen, sondern in konzentrischen Kreisen: Er wiederholt, »bezaubert« lieber, als daß er dialektisch argumentiert.

Wie dem auch sei: Selbst wenn sich nicht leugnen läßt, daß bei Schestow Wiederholungen desselben Gedankengangs, gleichsam Variationen über dasselbe Thema, häufig vorkommen und den

---

[34] Levizky, Sergei A., Russisches Denken. Gestalten und Strömungen, Band 2, Die russische Philosophie nach Vladimir Solovev, übersetzt und herausgegeben von Dietrich Kegler, Frankfurt a.M./Bern/New York/Nancy 1984, S.201f.

[35] Groys, Boris, Die Krankheit Philosophie, in: Leo Schestow, Tolstoi und Nietzsche, a.a.O., S.XXVIf.

erwähnten Vorwürfen Vorschub geleistet haben, mindert dies nicht im geringsten die Originalität dieses Denkers und Meisterstilisten. Eines kühnen, ja anarchistischen Denkers, der – wie Günter Schulte folgert – »nicht für die Zerstörung der Vernunft überhaupt, wohl aber für ihre Entmechanisierung«[36] kämpfte. Seine feste Überzeugung war, daß die Vernunft über die dunklen Geheimnisse des Lebens nichts zu sagen habe: Was also wissen wir wirklich?

Literaturhinweise

Schestow, Leo, Tolstoi und Nietzsche. Die Idee des Guten in ihren Lehren (1900), aus dem Russischen von Nadja Strasser, mit Aufsätzen von Boris Groys, Gustav A. Conradi und Aleksej Remisow, München 1994.

Schestow, Lew, Potestas clavium – Die Schlüsselgewalt (1923), in: Russische Religionsphilosophen. Dokumente, herausgegeben und übersetzt von Nicolai von Bubnoff, Heidelberg 1956.

Schestow, Leo, Auf Hiobs Waage (1920–1926), Wanderungen durch das Seelenreich, in: Russische Religionsphilosophen. Dokumente, herausgegeben und übersetzt von Nicolai von Bubnoff, Heidelberg 1956.

Schestow, Leo, Athen und Jerusalem. Versuch einer religiösen Philosophie (1930–1936), aus dem Russischen von Hans Ruoff, mit einem Essay von Raimundo Panikkar, München 1994.

Camus, Albert, Der Mythos von Sisyphos. Ein Versuch über das Absurde (1951), Deutsch von Hans Georg Brenner und Wolfdietrich Rasch, mit einem kommentierenden Essay von Liselotte Richter, Hamburg 1998.

Schultze, Bernhard, Lev Sestov (Lev Isakovic Schwarzmann), in: ders., Russische Denker. Ihre Stellung zu Christus, Kirche und Papsttum, Wien 1950.

Bubnoff, Nicolai von, Begleitwort, in: ders., Russische Religionsphilosophen. Dokumente, herausgegeben und übersetzt von Nicolai von Bubnoff, Heidelberg 1956.

Galceva, R., Lev Sestov, Philosophische Enzyklopädie, Bd. 5. Moskau 1970.

Dahm, Helmut, Grundzüge russischen Denkens. Persönlichkeiten und Zeugnisse des 19. und 20. Jahrhunderts, München 1979.

Goerdt, Wilhelm, Russische Philosophie. Zugänge und Durchblicke, Freiburg/München 1984.

---

36 Schulte, Günter, Rasende Reden, a.a.O., S. 38.

Levizky, Sergei A., Russisches Denken. Gestalten und Strömungen, Band 2, Die russische Philosophie nach Vladimir Solovev, übersetzt und herausgegeben von Dietrich Kegler, Frankfurt a.M./Bern/New York/Nancy 1984.

Bilek, Karl, Arthur Schopenhauer und Leo Schestow, in: Schopenhauer-Jahrbuch, 1912 begründet von Paul Deussen, 1937–1983 geleitet von Arthur Hübscher, 69. Band, 1988, herausgegeben von Rudolf Malter/Wolfgang Seelig/Heinz-Gerd Ingenkamp, Frankfurt a.M. 1988.

Conradi, Gustav A., Leo Schestow oder das paradiesische Leben. Gedanken eines Schestow-Lesers, in: Leo Schestow, Tolstoi und Nietzsche. Die Idee des Guten in ihren Lehren, aus dem Russischen von Nadja Strasser, mit Aufsätzen von Boris Groys, Gustav A. Conradi und Aleksej Remisow, München 1994.

Groys, Boris, Die Krankheit Philosophie, in: Leo Schestow, Tolstoi und Nietzsche. Die Idee des Guten in ihren Lehren, aus dem Russischen von Nadja Strasser, mit Aufsätzen von Boris Groys, Gustav A. Conradi und Aleksej Remisow, München 1994.

Panikkar, Raimundo, Athen oder Jerusalem? Philosophie oder Religion?, in: Leo Schestow, Athen und Jerusalem. Versuch einer religiösen Philosophie, aus dem Russischen von Hans Ruoff, mit einem Essay von Raimundo Panikkar, München 1994.

Földény, László F., Leo Schestow – Ein Philosoph des radikalen Optimismus, in: Sinn und Form, Beiträge zur Literatur, herausgegeben von der Akademie der Künste, 48. Jahr/1996/4.Heft, Berlin 1996.

Schulte, Günter, Rasende Reden. Schestows radikale Vernunftkritik, herausgegeben von Ignaz Knips, Köln 1999.

VIII. Der tödliche Pfeil – Ludwig Klages' Kultur- und Zivilisationskritik

> *»Heute ist der Sinn des Lebens,*
> *Geschwätzwettbewerbe zu veranstalten,*
> *gigantische Krachmaschinen, Heulmaschinen,*
> *Geschwätzverstärkungsmaschinen*
> *Tag und Nacht in Betrieb zu erhalten.«*
>
> Hans Arp

Die prospektive Kraft mancher Denker grenzt mitunter regelrecht an Hellsicht: »Wir täuschten uns nicht, als wir den ›Fortschritt‹ leerer Machtgelüste verdächtig fanden, und wir sehen, daß Methode im Wahnwitz der Zerstörung steckt. Unter den Vorwänden von ›Nutzen‹, ›wirtschaftlicher Entwicklung‹, ›Kultur‹ geht er in Wahrheit auf *Vernichtung des Lebens* aus. Er trifft es in allen seinen Erscheinungsformen, rodet Wälder, streicht die Tiergeschlechter, löscht die ursprünglichen Völker aus, überklebt und verunstaltet mit dem Firnis der Gewerblichkeit die Landschaft und entwürdigt, was er von Lebewesen noch überläßt, gleich dem ›Schlachtvieh‹ zur bloßen Ware, zum vogelfreien Gegenstande eines schrankenlosen Beutehungers. In seinem Dienste aber steht die gesamte Technik und in deren Dienste wieder die weitaus größte Domäne der Wissenschaft.«[1] Was wie die schonungslose, nüchterne Kultur- und Zivilisationskritik eines verbitterten Zeitgenossen klingt, wurde bereits 1913, nur ein Jahr nach dem symbolträchtigen Untergang der »Titanic«, formuliert, und zwar in einem brillanten, der freideutschen Jugendbewegung gewidmeten Essay mit dem schlichten und doch prägnanten Titel *Mensch und Erde*. Sein Autor ist einer der originellsten, leidenschaftlichsten und zugleich umstrittensten Denker des 20. Jahrhunderts – Ludwig Klages.

---

1 Klages, Ludwig, Mensch und Erde. Elf Abhandlungen, Stuttgart 1973, S. 12.

Als philosophische Prophetenfigur, als konservativer Revolutionär, als Vordenker der ökologischen Bewegung, aber auch als innovativer Psychologe, welcher der Charakterologie und Ausdruckskunde, insbesondere der anrüchigen Graphologie, wissenschaftliche Geltung verschaffte, hat Klages jenseits des akademischen *mainstream* ein Werk von beeindruckender Vielfalt und Spannweite hinterlassen, das in dem epochalen Opus magnum *Der Geist als Widersacher der Seele* kulminiert: Das vielleicht am konsequentesten angelegte und durchgearbeitete Werk im Sinne einer umfassenden Wirklichkeitslehre, das die sogenannte »Lebensphilosophie« hervorgebracht hat. Die darin behandelte Problematik kreist um die Gefährdung des Menschen durch die zersetzende Übermacht des Geistes, das heißt vor allem des rationalen Zweckdenkens, das sich in lebensfeindlicher Wissenschaft und Technik, devotem Mammonsdienst, psychischer Selbstverstümmelung sowie weitreichender Umweltzerstörung äußert.

Obwohl heute kaum noch jemand Klages' Kassandra-Rufe zu belächeln wagt, da sich die meisten seiner eindringlichen Warnungen vor einer verhängnisvollen Zukunft unserer fortschritts- und machbarkeitsbesessenen Zivilisation leider längst erfüllt haben, tun sich viele Leser mit Klages' philosophischer Begründung, mit seiner sogenannten »biozentrischen Metaphysik« äußerst schwer. Doch schon früh geriet Klages' diesseitig-erdige Lebensphilosophie, wenn sie nicht gerade schweigend übergangen oder ins moderne Antiquariat verbannt wurde, ins Kreuzfeuer der Meinungen.

Gegner Klages' machten selbst vor beißendem Spott und Polemik nicht halt. Abwechselnd wurde er als schwärmerischer Naturmystiker, naiver Lebensanbeter und Primitivist, als genialer Wirrkopf und Vertreter eines ekstatischen und zügellosen Irrationalismus apostrophiert. So sah Thomas Mann in Klages' Lebenslehre ein gefährliches Stück spätromantischer Gegenaufklärung. Und Robert Musil karikierte Klages in seinem Jahrhundert-Roman *Der Mann ohne Eigenschaften* als »Professor Meingast«, eine anstößige Figur, die der Welt einen »kräftigen Wahn« verordnet. Während der schöngeistige Marxist Ernst Bloch – wohl in Anspielung auf Jean Jacques Rousseau – Klages als »kompletten Tarzan-Philosophen« diffamierte, der »auf Flaschen gezogenen Urwald« feilbiete, um seine Kundschaft zur Rückkehr auf die

Bäume zu animieren. Der orthodox-marxistische Literatursoziologe Georg Lukacs wollte in Klages sogar einen prominenten Vorläufer der »nationalsozialistischen Weltanschauung« entdecken, obwohl Klages nachweislich nie mit den barbarischen Nazi-Machthabern und ihrem *Furor teutonicus* sympathisiert hat – früh verglich er Hitler mit dem Verbrecher Stalin – und von diesen, etwa in Gestalt des führenden NS-Ideologen Alfred Rosenberg, stark angefeindet wurde. Einen Fauxpas leistete sich Klages lediglich mit einer 1940 verfaßten Einleitung zu nachgelassenen Schriften des erklärten Anti-Judaisten Alfred Schuler, seinem Jugendfreund aus dem Stefan-George-Kreis.

Hingegen gehörten Persönlichkeiten wie der Arzt und Philosoph Karl Jaspers, der Anthropologe Helmuth Plessner, der Dichter Hermann Hesse und der Politiker Theodor Heuss zu seinen großen Bewunderern. Der Psychologe Hans Prinzhorn, vor allem bekannt als Autor des Buches *Bildnerei der Geisteskranken*, sah im Kampf für Klages und dessen Lebensanschauung sogar seine eigentliche Lebensaufgabe. Und selbst auf Denker ganz anderer Couleur wie Walter Benjamin oder Theodor W. Adorno übte Klages einen nicht zu unterschätzenden Einfluß aus. (So ließ sich Benjamin, der Klages persönlich kannte, in seiner grundlegenden »Aura-Theorie« von Klages' Ausführungen im *Kosmogonischen Eros* inspirieren, und Adorno bezeichnete Klages zu Beginn der 1930er Jahre als einen der wichtigsten bürgerlichen Kulturkritiker!) Der Philosoph und Psychologe Erich Rothaker schrieb 1954 über Klages' Hauptwerk *Der Geist als Widersacher der Seele*: »Neben Heideggers ›Sein und Zeit‹ und Nicolai Hartmanns ›Grundlegung der Ontologie‹ ist dies die bedeutendste Leistung der Gegenwart.«[2] Und Ulrich Horstmann, das *Enfant terrible* unter den zeitgenössischen Kulturpessimisten und -satirikern, feierte Klages in seinem Buch *Das Untier. Konturen einer Philosophie der Menschenflucht* 1983 enthusiastisch als echten apokalyptischen Visionär: »Der so aus dem Pantheon der zeitgenössischen Philosophie entfernte Klages ist in Wirklichkeit neben E. M. Cioran einer der wenigen anthropofugalen, das heißt menschenflüchtigen Denker von Rang, die dieses Jahrhundert hervor-

2 FAZ, Frankfurter Allgemeine Zeitung, Frankfurt a.M., 7.8.1954.

gebracht hat.«[3] Auch E. M. Cioran, der Klages' Vorlesungen im Berlin der 1930er Jahre besuchte, machte aus seiner Faszination für diesen »herausragenden, explosiven, redegewandten und prophetischen, geheimnisvollen und zugleich hochgebildeten« Philosophen, der ihn an einen »protestantischen Pastor mit dem Temperament eines Condottiere« erinnerte, kein Hehl: »(Klages) ist der am meisten verwirklichte Mensch, dem ich bisher begegnet bin. Dieser Mann gleicht einem Magier, seinem Charme kann sich niemand entziehen.«[4]

Wer war dieser Ausnahmedenker, an dem sich die Geister bis heute scheiden, wirklich? Klages wurde am 10. Dezember 1872 in der Leibnizstadt Hannover als Sohn eines Textilkaufmanns geboren. Als seine Mutter starb, war Klages erst neun Jahre alt. Der Hang zum Tagträumen und eine lebendig sprühende Phantasie bildeten die fruchtbare Grundlage für ein früherwachtes Interesse an der Dichtung, vor allem an der deutschen Lyrik und Sagenwelt, die ihn auch zu eigenen poetischen Versuchen inspirierten. Mit dem später als Kulturpessimisten bekannt werdenden Theodor Lessing verband Klages eine enge Schulfreundschaft und von Anfang an eine gemeinsame, leidenschaftlich vertretene Idee: dem Geist, das heißt dem kalten Verstand als Totengräber des Lebens den Prozeß zu machen.

Ein vom strengen Vater aufgezwungenes Chemiestudium veranlaßte Klages 1891/92 nach Leipzig zu gehen, wo er an der Universität auch die Nebenfächer Physik und Philosophie belegte. Aus dem spätromantischen Dichter wurde der kühle Wissenschaftler und Denker, obgleich ihn zeitlebens beides fesselte, wie sein Biograph Hans Eggert Schröder zu berichten weiß: »Es lebten in ihm fast *unverbunden* zwei Naturen: die seelisch-rauschhafte, in magischem, mythischem und dichterischem Denken webend, und die dem dialektischen, mathematischen und physikalischen

[3] Horstmann, Ulrich, Das Untier. Konturen einer Philosophie der Menschenflucht, Wien/Berlin 1983, S. 81.

[4] Cioran, E. M., Prin universitatea din Berlin, in: Vremea, 3.12.1933, zitiert nach: Nicolas Tertulian, La période roumaine d' E. M. Cioran, in: La Quinzaine Littéraire 351, 1.7.1981, S.13. (Textpassus aus dem Französischen übersetzt von Richard Reschika)

Denken zugeneigte geistige. Seltsamerweise schon zu Beginn des 18. Lebensjahres stellte er fest: die geistige bilde ein furchtbares Hindernis der seelischen und *es sei seine Aufgabe,* die Formel zu finden, durch die sie für immer entmächtigt werde.«[5] 1893 kam Klages zur Fortsetzung seines Studiums nach München, genauer gesagt, nach Schwabing, das vor der Jahrhundertwende den Schauplatz einer exzentrischen Bohème bildete. Zu den prominentesten und geheimnisvollsten Zirkeln, in denen Intellektuelle, Künstler und Schwärmer ihr Wesen trieben, zählte die Runde der sogenannten »Kosmiker« um den Mystiker Alfred Schuler und die Dichter Karl Wolfskehl und Stefan George; ihnen schloß sich der junge Klages begeistert an. Für Georges berühmte Jugendstil-Zeitschrift *Blätter für die Kunst* verfaßte er sogar eigene Beiträge.

Aus Friedrich Nietzsches dezidiertem Kulturpessimismus, der romantischen Philosophie Carl Gustav Carus' und Johann Jakob Bachofens archaischem *Mutterrecht und Urreligion* entwickelten die Kosmiker eine Lehre, wonach die abendländische Kultur von Anfang an dem Verfall und Untergang geweiht sei, da sie die schöpferischen Urkräfte des Lebens verraten habe. Die Ursachen für diese Verderbnis sahen die Kosmiker vor allem im Juden-Christentum und in dem daraus resultierenden Rationalismus und Fortschrittsglauben. Allein eine Rückkehr zu den heidnisch-chthonischen, vor allem germanischen Ursprüngen hätte in ihren Augen eine echte Wende herbeiführen können. Auch wenn Klages sich später vom schwärmerischen Fanatismus der Kosmikerrunde, der teilweise auch antisemitische Züge annahm, distanzierte, sollten ähnliche Gedankenmuster sein Werk bis zum Schluß bestimmen. Klages' Kritik am Judaismus mit seinen unumstößlichen Dogmen, in die er die Christen stets einbezog, ließ ihn jedoch nie zu einem Anhänger der menschenverachtenden Nazi-Rassenlehre werden.

Eine große, aber unglückliche, ihn bis an den Rand des Selbstmordes führende Liebe empfand Klages um die Jahrhundertwende für die Schriftstellerin und *Femme fatale* Franziska Gräfin zu Reventlow, die in ihren Romanen (vornehmlich in *Herrn Dames*

---

5 Schröder, Hans Eggert, Ludwig Klages – Die Geschichte seines Lebens, Teil I: Die Jugend, Bonn 1966, S. 100.

Aufzeichnungen) die Münchner Künstler- und Gelehrtenkreise des Fin-de-Siècle auf sehr zutreffende und amüsante Weise schilderte. Die Begegnung mit dem Bildhauer und Graphologen Hans Busse veranlaßte Klages, sich intensiv mit der psychodiagnostischen Methode der Graphologie zu beschäftigen, die ihm in hervorragender Weise geeignet schien, tiefere Einblicke in das Wesen des Menschen zu erschließen. Als Mitbegründer der »Deutschen Graphologischen Gesellschaft« verfaßte Klages seit 1896 eine große Zahl graphologischer Gutachten.

1900 promovierte Klages in organischer Chemie, unter anderem bei seinem berühmten Lehrer Wilhelm Röntgen. Richtiggehend studiert habe Klages nach eigener Aussage jedoch nur Psychologie, und zwar bei Professor Theodor Lipps, dessen Wissenschaft der inneren Erfahrung und Ästhetik des Willens Klages Ausdrucksforschungen stark beeinflußte. Unter der mächtigen Wirkung des ausklingenden Fin-de-siècle und wohl auch seiner hellsichtigen Vorahnung der Katastrophe des Ersten »Maschinenkriegs« hatte Klages 1905 ein ihn und seinen Kultur- und Menschheitspessimismus tief prägendes Schlüsselerlebnis. Klages erinnert sich: »Seit dem Augenblick *wußte* ich: jetzt stehen schrecklichste Ereignisse bevor; Zerstörung wird auf Zerstörung folgen, und keine menschliche Macht wird dem Unheil Einhalt gebieten können (...) Wenn nicht durch alle, so doch durch die meisten meiner seit 1910 veröffentlichten Schriften klingt als Unterton hindurch: wir stehen am Ende der *geschichtlichen* Menschheit; dem aber wird früher oder später folgen der Untergang der *gesamten* Menschheit. Wann – das bleibt zweifelhaft. Früher rechnete ich mit einem Jahrtausend, heute eher mit einem Jahrhundert. Für mich persönlich ist das nicht etwa Vermutung, sondern *Gewißheit*.«[6] Interessanterweise fiel dieses Ereignis auch mit Klages' endgültigem Abschied von der Dichtung zusammen. Ab 1904 widmete er sich ausschließlich wissenschaftlichen Forschungen. Ein Jahr darauf gründete er das »Seminar für Ausdruckskunde«, das er nach seiner freiwilligen Übersiedlung in die Schweiz – zu Beginn des Ersten Weltkriegs – 1919 in Kilchberg bei Zürich, in der Villa Conrad Ferdinand Meyers, neu eröffnete. In dieser heillosen Phase schrieb Klages gegen die mathematisierenden,

6 Ebd., S. 397.

die Seele gleichsam austreibenden Tendenzen der akademischen Psychologie seiner Zeit mehrere Bücher über Charakterologie und Ausdruckswissenschaft, unter anderem: *Die Grundlegung der Charakterkunde* (1926), *Grundlegung der Wissenschaft vom Ausdruck* (1942) und *Die Sprache als Quell der Seelenkunde* (1948).

Als Privatgelehrter unternahm Klages von Kilchberg aus zahlreiche Vortragsreisen innerhalb ganz Europas, widerstand aber allen Rufen an eine Universität. Nach langen Jahren schweren Leidens – eine ihn schon seit seinem 21. Lebensjahr quälende Schlaflosigkeit konnte zum Schluß nur noch mit einem enormen Tabletten- und Alkoholkonsum bekämpft werden – starb Klages am 29. Juli 1956. Wunschgemäß wurde der Tote ohne christliche Begräbniszeremonie auf dem Kilchberger Friedhof im engen Kreis seiner Freunde beigesetzt. Klages waren viele unschöne Nekrologe beschieden. Vor allem der vermeintliche »Irrationalismus« seines metaphysischen Systems wurde zur Zielscheibe heftigster Kritik.

Was zeichnet Klages' Kultur- und Zivilisationskritik und, damit verbunden, sein eigentliches Welt- und Menschenbild im einzelnen aus? In »Fortschritt«, »Kultur« und »Persönlichkeit« erkennt Klages die drei stärksten Schlagworte zur Charakterisierung der Hauptströmungen seiner und – so darf man wohl hinzufügen – auch noch unserer Zeit, wobei der neuzeitliche, spätestens aber seit der Aufklärung sakrosankte Leitgedanke des stetigen, wenn nicht gar schrankenlosen Fortschritts, gepaart mit einer selbstherrlichen Arroganz, alle anderen dominiert: »(Unsere Zeit) meint also, sich überlegen zu fühlen so den Naturvölkern als nicht minder den ihr voraufgegangenen Geschichtsabschnitten, und hat auf die Frage, worauf sie das gründe, die Antwort bereit: die Wissenschaft stehe auf nie zuvor erreichter Höhe, die Technik beherrsche die Natur, vor der jede frühere Menschheit ratlos zurückgewichen sei, aus den unerschöpflichen Vorräten der Erde speise sie planmäßig das allgemeine Wohl, Raum und Zeit durchdringe mit der fernsprechenden Ätherwelle der Geist und sogar das grenzenlose Luftmeer habe nun endlich sein Erfindergenie ›erobert‹.«[7]

7 Klages, Ludwig, Mensch und Erde, a.a.O., S. 1.

Angesichts des rasenden Fortschritts – jenes verlockenden Apfels, von dem schon Dostojewski und Nietzsche gewußt haben, daß er wurmstichig ist, – kann Klages in den vorgebrachten Gründen jedoch lediglich ein bedrohliches Selbsttäuschungsmanöver entdecken. Während zum Beispiel für die gesamte heidnische Antike die »innere und äußere Menschenschönheit«, für das christliche Mittelalter das »Heil der Seele«, das heißt die spirituelle Erhebung zu Gott, und noch für die Menschen der Goethezeit die »Vollkommenheit der inneren Haltung« die erstrebenswerten Ziele waren, bestehe der Stolz des ruhelos von Erfindung zu Erfindung eilenden Fortschrittlers allein in einem erfolgsbesessenen Machtzuwachs, den er gedankenlos mit einem Wertezuwachs verwechsele und der ihn der ursprünglichen Natur entfremde, ihn gegen die strahlende Schönheit des Lebens blind mache: »Die Mehrzahl der Zeitgenossen, in Großstädten zusammengesperrt und von Jugend auf gewöhnt an rauchende Schlote, Getöse des Straßenlärms und taghelle Nächte, hat keinen Maßstab mehr für die Schönheit der Landschaft, glaubt schon Natur zu sehen beim Anblick eines Kartoffelfeldes und findet auch höhere Ansprüche befriedigt, wenn in den mageren Chausseebäumen einige Stare und Spatzen zwitschern. Rührt aber doch einmal vom Klingen und Duften der Landschaft (...) ein Hauch die verödeten Seelen an, so gibt es alsbald wieder wetterfeste Redensarten genug von ›wirtschaftlicher Entwicklung‹, Erfordernissen des ›Nutzens‹, unvermeidlichen Nöten des kulturellen Prozesses, um den mahnenden Vorwurf zu bannen.«[8]

Pure Nützlichkeit und Wirtschaftlichkeit zum obersten Prinzip allen Handelns zu machen, ist in Klages' Augen ein unverzeihlicher Irrtum mit verheerenden Folgen, zumal es dem Menschen bislang in keinem einzigen Falle wirklich gelungen sei, die Natur mit Erfolg zu korrigieren. Wer einen gravierenden Eingriff in das sensible bio-dynamische Fließgleichgewicht der Natur, in die organisch-anorganische Vernetzung allen Lebens vornehme, habe stets mit noch schlimmeren Rückschlägen der verwundeten und manipulierten Natur zu rechnen. Eine luzide Erkenntnis Klages', die heute zwar weitgehend von der modernen Ökologie und als sogenannte »Gaia-Hypothese« von der New-Age-Bewegung,

---

8 Ebd., S. 4.

nicht aber vom Gros der Politiker und Ökonomen geteilt wird – von den industriehörigen, an den Lebensgrundfesten herumbastelnden Gen- und Atomforschern gar nicht zu reden. Daß das vielzitierte Argument des bequemen Pragmatismus, des »alles rechenbar machenden Eigennutzens«, darüber hinaus nicht das mindeste mit materieller Existenzsicherung zu tun habe, veranschaulicht Klages überzeugend am Beispiel der weltweiten Abholzung der Wälder zu Zwecken einer völlig überflüssigen, im Endeffekt sogar schädlichen Papierbeschaffung: »Man beweise uns die Notwendigkeit, daß die Menschheit mit Milliarden schlechter Zeitungen, Schmähschriften, Schauerromanen überschwemmt werde; und wenn man es nicht kann, so ist die Rodung der Urwälder nackter Frevel.«[9] Selbstredend konnte Klages von den katastrophalen Auswirkungen der industriellen Urwaldabholzung auf das globale Klima noch nichts wissen. Desgleichen falle auch die Mehrzahl der Tiere einem widernatürlichen Genießertum und nicht minder perversen Geschäftssinn des gierigen *Homo consumens*, nicht aber dem eigentlichen Hunger der Menschen zum Opfer. Als besonders perfides Beispiel führt Klages hier, neben dem lukrativen Pelz- und Elfenbeinhandel, die Jagd auf Singvögel an, die bis zum heutigen Tag in einigen Gegenden zu Tausenden für sogenannte »Liebhaber von Delikatessen« auf grausame Art gefangen, gemordet und in andere Länder exportiert werden. Noch weit grauenvollere Verheerungen richtet nach Klages jedoch die Mode an, das heißt die egoistische Gewinnsucht einiger Schneider und Händler, die für die Exzesse eines absurden *Dernier cri* ganze Tiergeschlechter, einheimische wie exotische, auszurotten drohen: »Eine Verwüstungsorgie hat die Menschheit ergriffen, die ›Zivilisation‹ trägt die Züge entfesselter Mordsucht, und die Fülle der Erde verdorrt vor ihrem giftigen Anhauch. So also sehen die Früchte des ›Fortschritts‹ aus! (…) Wir brauchen es nicht zu entscheiden, ob das Leben über die Welt der Eigenwesen hinausreiche oder nicht, ob die Erde, wie es der Glaube der Alten wollte, ein lebendiges Wesen oder aber – nach der Ansicht der Neueren – ein unfühlender Klumpen ›toter Materie‹ sei; denn soviel steht fest, daß Gelände, Wolkenspiel, Gewässer, Pflanzenhülle und Geschäftigkeit der Tiere aus jeder Landschaft ein

9 Ebd., S. 6.

tieferregendes *Ganzes* wirken, welches das Einzellebendige wie in einer Arche umfängt, es verwebend dem großen Geschehen des Alls.«[10]

Auch die unheilvollen Wirkungen des technischen »Fortschritts« – des expandierenden Verkehrs und Bauwesens und der ruinösen Energiegewinnung – auf das Bild besiedelter Gegenden werden von Klages lange vor der Umweltschutzbewegung unserer Generation, die gegen profitorientierte Landschaftszersiedlung und Flurbereinigung zu Felde zieht, mit dem für ihn typischen Pathos der Anklage geschildert: »Zerrissen ist der Zusammenhang zwischen Menschenschöpfung und Erde, vernichtet für Jahrhunderte, wenn nicht für immer, das Urlied der Landschaft. Dieselben Schienenstränge, Telegraphendrähte, Starkstromleitungen durchschneiden mit roher Geradlinigkeit Wald und Bergprofile, sei es hier, sei es in Indien, Ägypten, Australien, Amerika; die gleichen grauen vielstöckigen Mietskasernen reihen sich einförmig aneinander, wo immer der Bildungsmensch seine ›segenbringende‹ Tätigkeit entfaltet (...) kurz, das Antlitz der Festländer verwandelt sich allgemach in ein mit Landwirtschaft durchsetztes Chicago!«[11] In diesem Zusammenhang kommt Klages auch auf die irreparablen Verwüstungen zu sprechen, die die aggressive Erschließung exotischer Landschaften und in ihrem Gefolge der Tourismus anrichtete, hinter dem er jedoch nichts als ein heuchlerisches Naturgefühl vermutet. Kaum auszudenken, was Klages über die last-minute-jettenden Horden der heutigen »Teilzeitnomaden« sagen würde.

Doch damit nicht genug. Die blinde Vertilgungswut des Menschen machte auch vor der eigenen Gattung nicht Halt. Bereits vor Ausbruch des Ersten Weltkriegs wehrte sich Klages vehement gegen die seinerzeit weitverbreitete sozialdarwinistische Behauptung, daß ein Volk, das zugrunde geht, auch zum Untergang reif war: »Daß jemals ein Volk aus Altersschwäche zugrunde gegangen, dafür bietet die ›Weltgeschichte‹ kein auch nur leidlich wahrscheinliches Beispiel, und wer es uns weismachen will, ist ein Anwalt des Teufels; wohl aber unzählige, daß Völker zugrunde

10 Ebd., S. 8f.
11 Ebd., S. 10.

gingen, weil sie ausgerottet wurden.«[12] Sarkastisch zählt Klages – von den todbringenden Kanonenkugeln einmal abgesehen – die schönen Geschenke des »Fortschritts« auf, darunter Drogen und Krankheiten wie Branntwein, Opium und Syphilis, die ganze Naturvölker, wie zum Beispiel die Indianer Nord- und Südamerikas oder die Ureinwohner Australiens, zu hoffnungslosem Siechtum in sogenannten Reservaten verurteilt haben.

Was die masochistische Selbstzersetzung des Menschentums anbelangt, so übertreffe hier die zu schreibende »Totenliste« die der Tiere bei weitem. Klages erinnert nur an den außergewöhnlichen Reichtum der traditionellen religiösen, aber auch profanen Feste, Bräuche und Riten der Menschen in aller Welt, die das ureigene Wesen des jeweiligen Volkes zum adäquaten Ausdruck brachten und jahrtausendelang eine nie versiegende Quelle für Mythos, Kunst und Dichtung darstellten. Statt natürlicher Entfaltung der Individualität grassiere allenthalben die künstliche Gleichmacherei des Fortschritts, wie sie sich noch am harmlosesten im abstrusen Modediktat der modernen Zivilisationen äußere: Uniforme Sakkoanzüge für die Herren, das Neueste der Pariser Mode für die Frauen, lautet die tyrannische Devise. Klages' Resümee des Zeitgeistes sieht düster aus. Zehn Jahre vor Oswald Spenglers Prophezeiung vom *Untergang des Abendlandes* spricht Klages vom unvermeidlichen »Untergang der Seele«: »So hätten wir denn beisammen die Früchte des ›Fortschritts‹! Wie ein fressendes Feuer fegte er über die Erde hin, und wo er die Stätte einmal gründlich kahl gebrannt, da gedeiht nichts mehr, solange es noch Menschen gibt! Vertilgte Tier- und Pflanzenarten erneuern sich nicht, die heimliche Herzenswärme der Menschheit ist aufgetrunken (…) Es blieb ein mürrischkalter Arbeitstag, mit dem falschen Flitter lärmender ›Vergnügungen‹ angetan. Kein Zweifel, wir stehen im Zeitalter des *Untergangs der Seele*.«[13] Als Folge dieses diagnostizierten »Untergangs der Seele«, der schon von Nietzsche vorausgesagten »wachsenden Wüste«, beklagt Klages – die Meister der Technik und die Talente in der Großindustrie einmal ausgenommen – auch den Mangel an echten schöpferischen

12 Klages, Ludwig, Die psychologischen Errungenschaften Nietzsches, Bonn 1989, S. 90.

13 Klages, Ludwig, Mensch und Erde, a.a.O., S. 14.

Persönlichkeiten auf kulturellem Gebiet, in der Literatur, Philosophie, Musik oder Politik. Klages gibt mahnend zu bedenken: »Die gescheiteste Maschine hat nur Bedeutung im Dienste eines Zweckes, nicht an sich selbst, und der umfangreichste Gewerbeverband der Gegenwart ist in tausend Jahren ein Nichts, indes die Gesänge Homers, die Weisheitsworte Heraklits, die Tonwerke Beethovens zum nie veralteten Schatz des Lebens gehören. Wie traurig aber sieht es jetzt mit unserem Denker- und Dichtertum aus (...) Leer ist es auf dem Parnaß, in der Politik und in der Weisheitslehre geworden, von der ganz verrotteten Kunst zu schweigen.«[14]

Doch selbst auf dem einfachen Alltagsplan der Menschen, in Beruf und Freizeit, enthüllen Klages zufolge die überstrapazierten Redensarten von »Persönlichkeit«, »Kultur« und dergleichen mehr ihre ganze Trivialität und Nichtigkeit, denn: »Die meisten leben nicht, sondern *existieren* nur mehr, sei es als Sklaven des ›Berufs‹, die sich maschinenhaft im Dienste großer Betriebe verbrauchen, sei es als Sklaven des Geldes, besinnungslos anheimgegeben dem Zahlendelirium der Aktien und Gründungen, sei es endlich als Sklaven großstädtischen Zerstreuungstaumels; ebenso viele aber fühlen dumpf den Zusammenbruch und die wachsende Freudlosigkeit. In keiner Zeit noch war die Unzufriedenheit größer und vergiftender. Gruppen und Grüppchen schließen sich rücksichtslos zusammen um Sonderinteressen, im zähen Erhaltungskampfe stoßen hart aufeinander Gewerbe, Stände, Völker, Rassen, Bekenntnisse und innerhalb jedes Verbandes wieder voll Eigensucht und Ehrgeiz die Einzelmenschen.«[15] Daß der somit zum ständigen Konkurrenzdenken verdammte Mensch auch in der Natur lediglich ein wüstes Ringen um Macht, einen »Kampf ums Dasein« zu entdecken glaubt, ist nach Klages nichts als eine anthropomorphe Projektion, eine ins Verderben führende Irrlehre, die genauso an der Wirklichkeit vorbeizielt wie das materialistisch-mechanistische Gleichnis von der Welt als großer Maschine oder die hybride, das ganze christliche Abendland prägende Anschauung des Menschen als goldene Mitte und »Krone« der Schöpfung.

---

14 Ebd., S. 15.

15 Ebd.

In ausgesprochener Gegnerschaft zur abstrakten Konkurrenz-, Anpassungs- und Selektionstheorie Charles Darwins und in ihrem Gefolge natürlich auch zum daraus abgeleiteten Sozialdarwinismus, weist Klages immer wieder daraufhin, daß die Natur gar keinen echten »Kampf ums Dasein« kennt, sondern nur den aus der wirklichen Fürsorge für das Leben – was einen gravierenden Unterschied ausmacht: »Was ein Tier das andre jagen und töten läßt, ist das Bedürfnis des Hungers, nicht Erwerbssinn, Ehrgeiz, Machtgelüste. Hier klafft ein Abgrund, den keine Entwicklungslogik je überbrücken wird. Nie wurden denn Arten durch andere ausgerottet, da jedem Zuviel auf der einen Seite alsbald der Rückschlag folgt, indem durch stärkere Lichtung der Beute dem Feinde die Nahrung ausgeht; sondern ihr Wechsel vollzog sich in riesenhaften Zeiträumen aus planetarischen Gründen und führte eine beständige Vermehrung der Unterformen herbei. Die Vertilgung Hunderter von Arten in wenigen Menschenaltern läßt keine Vergleichung zu mit dem Aussterben etwa der Saurier oder des Mammuts.«[16] Einer ähnlich falschen Anschauung sitzen nach Klages auch all jene Menschen auf, die den Sinn der »Weltgeschichte« bloß in den Leistungen des »reinen Verstandes«, des mathematisch-mechanistisch-technischen Denkens, das heißt vor allem des zählenden, wägenden und messenden Intellekts suchen. In Ihnen erkennt Klages nicht weniger als Besessene des Machbarkeitswillens, »Fanatiker des Rekordwahns, Marionetten am Drahte der Machtsucht, Narren der Erfolgsraserei, Rennmaschinen, geheizt und getrieben vom Irrsinn des Glaubens an das Idol der – größten Zahl!«[17] Sie alle unterliegen Klages zufolge der unumschränkten, willkürlichen »Monarchie der Zahlen«. Die fatale Konsequenz: eine Verschiebung der »Wertbetonung vom Qualitativen auf das Quantitative bis zur endlichen Verdrängung der Meisterschaft (welcher Art nun immer) durch den lebenswidrigen ›Rekord‹, der grundsätzlich nur für die höhere Zahl empfindlich ist, gleichgültig ob im Versemachen, Dauertanzen, Grasessen«[18].

---

16 Ebd., S. 16f.

17 Klages, Ludwig, Der Geist als Widersacher der Seele, Bonn 1981, S. 765.

18 Klages, Ludwig, Die psychologischen Errungenschaften Nietzsches, a.a.O., S. 118.

In den naturwissenschaftlich-technischen Erfindungen der Neuzeit etwas tatsächlich Höherstehenderes, Sinn- und Wertvolleres im Vergleich etwa zu den griechischen oder chinesischen Weisheitslehren und deren reichen künstlerischem Erbe erkennen zu wollen, grenze nicht nur an größenwahnsinniger Vermessenheit, sondern an Verblendung: »Wenn (die alten Kulturvölker) die Wissenschaft *nicht* besaßen, mit deren Hilfe man Kanonen baut, Gebirge sprengt, künstliche Butter macht, so liegt die Annahme näher, daß sie daran kein Interesse hatten. Hinter der Erkenntnisbemühung stehen fordernd und lenkend die Zwecke der Menschheit, und nur aus der Richtung dieser können wir jene verstehen.«[19] Darüber hinaus gibt Klages zu bedenken, daß zwischen der Einstellung des antiken und des neuzeitlichen Forscher- und Wissenschaftlertypus gegenüber der Natur ein unüberwindbarer Abgrund klafft, denn: »Der antike Forscher begegnet der Natur entweder fürchtend oder liebend und verehrend; der neuzeitliche begegnet ihr mit dem Auge des Eroberers, der sich grundsätzlich im Besitz überlegener Mittel glaubt, um ihre verschlossenen Pforten zu öffnen und sie zur Herausgabe ihrer Schätze an den Menschen zu bewegen. Während jenem ein Höheres, wo nicht Göttliches gegenübersteht, dessen Winke zu erlauschen, dessen Plan zu verstehen von Wichtigkeit sei, damit sich der Mensch bewußt darnach richte, so diesem zumal eine *Schranke* der Macht des Verstandes, den er seinerseits für das Höhere hält, das die Bestimmung habe, den Widerstand einer vernunftlosen Welt zu brechen.«[20]

Wie Recht Klages mit seiner tiefsinnigen Unterscheidung von antikem und neuzeitlichem Forschertypus hat, beweist nicht zuletzt ein entlarvender Ausspruch Francis Bacons. Dem englischen Begründer des modernen Empirismus und Bahnbrecher des naturwissenschaftlichen Denkens zufolge müßte die Natur nötigenfalls auf die Streckbank gelegt werden, um ihr auf diese Weise ihre Geheimnisse besser erpressen zu können. An dieser »Schergen«-Haltung scheint sich bis heute nicht viel verändert zu haben, zumal die technische Entwicklung immer noch nicht von einer entsprechenden ethischen Reife begleitet wird. So sieht

19 Klages, Ludwig, Mensch und Erde, a.a.O., S. 18.

20 Klages, Ludwig, Der Geist als Widersacher der Seele, a.a.O., S. 777f.

Klages in der Wissenschaft als Grundlage der Technik jenen fatalen menschlichen Erkenntniswillen am Werk, den er »Aneignungstrieb« nennt und den er – im Gefolge Max Webers – für die »Entzauberung der Welt« verantwortlich macht. In seinem wohl populärsten, 1921 veröffentlichten Buch, *Vom kosmogonischen Eros*, geht Klages daher der Frage nach, warum es letztendlich Verderben bringt, »den Schleier des Isisbildes zu heben«: »Wer das Weltgeheimnis erforschen will, der will sich seiner bemächtigen (entgegengesetzt dem Mysten, der sich hingibt und bemächtigt wird); und wessen der Geist sich bemächtigt, das ist unfehlbar entzaubert, und es ist mithin zerstört, wenn es dem Wesen nach ein Geheimnis war. Der geistige Bemächtigungswille ist Frevel am Leben, und darum trifft den Frevler der rächerische Rückschlag des Lebens. Dieser Satz wird wahr bleiben, solange es eine Menschheit gibt, und er wird sich furchtbar bewährt haben, wann die entartete Menschheit an der rationalistischen Entzauberung des Lebens schließlich verendet ist.«[21]

Für Klages ist es ebenso kein Zufall, daß technischer Fortschritt, vermeintliche Zivilisation und »Mammonismus«, wie er den Kapitalismus zuweilen auch zu nennen pflegt, Hand in Hand gehen. Hat die Ökonomie doch das simple Prinzip der Quantifizierung aller Qualitäten, in Form des Geldes, von den modernen Naturwissenschaften übernommen. Dem schönen Bonmot des Schriftstellers Peter Bamm, daß die Technik »das Kind eines wilden Zufalls, eines Konkubinats von Naturwissenschaft und Wirtschaft« sei, hätte Klages sicher Beifall gezollt: »Damit die fortschrittliche Forschung der Neuzeit einsetzen konnte, mußte der große Gesinnungswandel vollzogen sein, dessen Ausübungsweise man Kapitalismus nennt. Daß die glänzenden Errungenschaften der Physik und Chemie einzig dem Kapital gedient, darüber besteht für denkende Köpfe heute kein Zweifel mehr.«[22] Sieht Klages in Wissenschaft beziehungsweise Technik den eigentlichen Wegbereiter des Kapitalismus, so erkennt er in beiden eine konsequente Erfüllung des Christentums und des Kirche genannten Interessenverbandes: »Wenn schon ›Fortschritt‹, ›Zivilisation‹, ›Kapitalismus‹ nur verschiedene Seiten einer einzigen Willens-

21 Klages, Ludwig, Vom kosmogonischen Eros, Bonn 1988, S. 198.

22 Klages, Ludwig, Mensch und Erde, a.a.O., S. 18.

richtung bedeuten, so mögen wir uns erinnern, daß deren Träger ausschließlich die Völker der Christenheit sind. Nur innerhalb ihrer wurde Erfindung auf Erfindung gehäuft, blühte die ›exakte‹, will sagen die zahlenmäßige Wissenschaft und regte sich rücksichtslos der Erweiterungsdrang, der die außerchristlichen Rassen knechten und die gesamte Natur verwirtschaften will. Im Christentum also müssen die nächsten Ursachen des weltgeschichtlichen ›Fortschritts‹ liegen.«[23] Entsprechend dem geflügelten Bibelwort, »An ihren Früchten sollt ihr sie erkennen!«, mißt Klages das Wesen des Christentums (*Ecclesia militans!*) an seinen unleugbaren Taten, das heißt vorrangig an der Zerstörung des heidnischen Altertums, an den lodernden Hexenbränden und Autodafés, an der systematischen Ausrottung ganzer Kulturen durch Plünderungsfahrten und Kreuzzüge sowie an der Versklavung von Naturvölkern – mit dem für ihn folgerichtigen Endeffekt einer »Kapitalisierung der gesamten Oberfläche des Planeten«, wie Klages sie unter anderem in seinem originellen Buch über *Nietzsches psychologische Errungenschaften* 1926 prophezeit.

Wie der heute zumindest noch von der Amtskirche verketzerte Theologe Eugen Drewermann, erkennt Klages im Christentum, aber auch in den anderen monotheistischen Glaubensrichtungen, jene Religion, in der sich der hochmütig-zerstörerische Anthropozentrismus, das übersteigerte Ich-Bewußtsein und damit die geistesbezogene Abkehr des Menschen von der übrigen Lebenswelt am stärksten entwickelt hat. Der Glaube, daß der Mensch das Wichtigste in der Welt sei, die er zur Stätte seiner grenzenlosen Entfaltung oder gar seiner Heilsgeschichte deklariert, stellt sich zusehends als Illusion heraus: »Mit Menschheitsgeltung oder ›Humanität‹ verschleiert das Christentum, was es eigentlich meint: daß alles übrige Leben wertlos sei, außer sofern es dem Menschen diene!«[24] Belegt nicht schon der Schöpfungsbericht der Genesis selbst, der sich wie ein Freibrief zur Unterjochung der Natur durch den Menschen liest, Klages' Anthropozentrismus-Vorwurf an das Juden- beziehungsweise Christentum? »Und Gott segnete sie und sprach zu ihnen: Seid fruchtbar und mehret euch und füllet die Erde und macht sie euch untertan, und herrschet über die

23 Ebd., S. 19.
24 Ebd.

Fische im Meer und die Vögel des Himmels, über das Vieh und alle Tiere, die auf der Erde sich regen.«[25]

Für Klages stellt das Christentum jedoch nur eine Epoche innerhalb einer viel früher einsetzenden fatalen Entwicklung dar, die sich unter anderem im alttestamentarischen Mythos von der Vertreibung des sündigen Menschen aus dem Paradies spiegelt. Das Essen vom tabuisierten Baum der Erkenntnis und des Wissens deutet auch Klages, wenngleich weniger im theologischen als im lebensphilosophischen Sinne, als Vorgang, durch den sich die Menschen aus der harmonischen Einheit mit der Natur gelöst, ihre ursprüngliche Teilhabe am »Allgemeinleben der Welt« verloren haben: »Die Kraft nämlich, die aus dem Menschen sich gegen die Welt aufbäumt, ist genau so alt wie die – ›Weltgeschichte‹! Der ›Geschichte‹ genannte Entwicklungsgang, der aus der Kreisbahn des Geschehens hinausführt (…), beginnt in eben dem Augenblick, wo der Mensch den Zustand des ›Paradieses‹ verliert und unversehens mit entfremdeten Blicken in nüchterner Helle draußen steht, entrissen dem unbewußten Zusammenklange mit Pflanzen und Tieren, Wässern und Wolken, Felsen, Winden und Sternen (…) Im Jahrtausende vorher eingeleiteten Werdegang der Geistesentfaltung war das Christentum nur der letzte und entscheidende Schub, demzufolge die Entwicklung aus dem Zustand der noch ohnmächtigen Erkenntnis heraustretend – dem Zustand des ›gefesselten Prometheus‹, den Herakles frei machte! – nun auch den Willen durchdrang und in den mörderischen Taten, von denen seither die Geschichte der Völker ununterbrochen widerhallt, für jeden nicht völlig Verblendeten offenbarte: daß eine außerweltliche Macht in die Sphäre des Lebens einbrach.«[26]

Von welcher »außerweltlichen Macht« spricht Klages hier in dunklen Andeutungen? Im Unterschied zu vielen Kultur- und Zivilisationskritikern seiner und unserer Zeit begnügt sich Klages nicht mit einer bloß anklagenden Gesellschaftsdiagnose, sondern sucht nach zutreffenden Begründungen und Erklärungen – selbst auf die drohende Gefahr hin, der metaphysischen Spekulation und damit des verpönten Irrationalismus bezichtigt zu werden. So auch in seinem voluminösen, mehr als 1500 Seiten starken, zwi-

25 Gn, 1, 28.

26 Klages, Ludwig, Mensch und Erde, a.a.O., S. 21 f.

schen 1929 und 1932 publizierten philosophischen Hauptwerk *Der Geist als Widersacher der Seele*. In dessen Zentrum steht eine rätselhafte Kriminalgeschichte mythischer Provenienz: das tragische Ende des jugendlichen Helden Achill durch den tödlichen Pfeilschuß Apollons, der Licht-, Pest- und Todesgott in Personalunion war. Das griechische Sagenmotiv des wunden Punktes beziehungsweise der schwachen Seite, das in ähnlicher Form unter anderem auch in der germanischen Siegfriedsage wiederkehrt, wurde als sogenannte »Achillesferse« bis in unsere Zeit sprichwörtlich. Durch Klages erhält der geschilderte Mythengedanke um die »Achillesferse« eine auch in ihrem Pathos extrem formulierte philosophisch-kulturkritische Neuinterpretation: »Wir halten ihn (den Mythengedanken) für ein Sinnbild der verwundbaren Stellen des Lebens selbst im nicht mehr feuerentstammten Seelenträger der gerade anhebenden ›Weltgeschichte‹, die Tötung durch den hinterrücks erfolgenden Pfeilschuß aber für das Vorzeichen des Anhubs einer Ereignisfolge, in der je länger je mehr nicht die Naturgewalten, nicht Größe und Heldentum, nicht der ›Krieg‹ Heraklits, sondern Heimtücke, Hinterlist und Verrat entscheiden: die mörderischen Waffen des Geistes.«[27]

Der in der europäischen Kulturgeschichte lang vorbereitete und vieldiskutierte Gegensatz von Leben und Geist, Psyche und Ratio, Gefühl und Vernunft wird erstmals bei Klages im wahrsten Sinne des Wortes auf die schärfste (Pfeil-)Spitze getrieben – der Geist wird nicht nur zum Feind, sondern zum Meuchelmörder des naturhaft-unbewußten, lediglich von vitalen Urinstinkten, nicht aber vom zweckorientierten Willen gesteuerten Lebens. Um gleichsam dem arglistigen Täter und seinem niederen Motiv, aber auch dem unschuldigen Opfer und den daraus resultierenden Folgen für die Nachwelt auf die Spur zu kommen, sind genauere Indizien erforderlich.

In den philosophisch-anthropologischen Untersuchungen greift Klages auf bereits im Altertum bei den Vorsokratikern bekannte und später von den Romantikern übernommene Vorstellungen über das Wesen des Menschen zurück. Er geht – wenngleich mit vertauschten Vorzeichen – von der metaphysischen Annahme einer dreifachen Grundsubstanz des Menschen aus,

27 Klages, Ludwig, Der Geist als Widersacher der Seele, a.a.O., S. 1248.

nämlich von der Trias Leib, Seele und Geist. Seine anthropologische Hauptthese lautet daher: »Während man nämlich von Anfang an den Leib gewissermaßen als die Grundmauer, die Seele als das Mittelgeschoß, den Geist als Oberstock oder Giebel des organischen ›Gliedbaues‹ wenigstens der Menschheit aufzufassen pflegte, gedenken wir zu zeigen (...), daß Leib und Seele untrennbar zusammengehörige Pole der Lebenszelle sind, in die von außenher der Geist, einem Keil vergleichbar, sich einschiebt, mit dem Bestreben, sie untereinander zu entzweien, also den Leib zu entseelen, die Seele zu entleiben und dergestalt endlich alles ihm irgend erreichbare Leben zu ertöten.«[28] Für Klages gelten Seele und Leib als die aufeinander bezogenen »Pole der Lebenszelle«: Der Leib ist die Erscheinung der Seele, die Seele der Sinn des lebendigen Leibes. Dagegen bildet der Geist, genauer gesagt, das mechanistisch-deterministische Willens- und Zweckdenken, eine außerraumzeitliche, eine akosmische Macht, die an der Schwelle der Weltgeschichte den Menschen eben wie ein »Pfeil« getroffen hat beziehungsweise wie ein Keil in ihn eingedrungen ist und danach trachtet, das doppelpolige Erleben zu zerspalten. Die verhängnisvollen Folgen: die Entstehung des einsamen Ichs, das dramatische Zwischenspiel des denkenden, nach Erkenntnis und Taten hungernden Bewußtseins, das aber auch um seine eigene Endlichkeit weiß und daran leidet, der Beginn des historischen Menschen.

Es ist dabei kein Zufall, daß Klages sich eines Mythos bedient, um den brüsken Einbruch des Geistes in das Leben zu veranschaulichen, liegt doch dieses fatale, für den Philosophen bis an sein Lebensende selbst rätselhaft bleibende Ereignis in archaischem Dunkel: »Der Geist findet sich nicht in den Mikroben, nicht in den Pflanzen, nicht in den Tieren, und er findet sich endlich ebenfalls nicht im ›Menschen überhaupt‹ und seit je, sondern seit schätzungsweise zehntausend Jahren in denjenigen Menschengruppen, deren Lebensform früher oder später in den sogenannten geschichtlichen Prozeß eintrat (...) Da der Mensch höchstwahrscheinlich seit einer Million Jahre oder noch sehr viel länger auf der Erde vorkommt, verbietet sich die Annahme durchaus, es habe ein allmähliches Fortschreiten aus mehr oder minder

---

28 Ebd., S. 7.

tiernahen Zuständen bis zum geschichtlichen Zustand stattgefunden.«[29] Vielmehr fiel der dämonische Geist gleich einem antiken *Deus ex machina* blitzhaft in die Wirklichkeit und ins Leben der Menschen ein, die seitdem zum Schauplatz eines dramatischen, sich unaufhaltsam zuspitzenden Kampfes mit offensichtlich apokalyptischem Ausgang geworden sind: »Mit dem Einbruch des Geistes beschleunigt sich nach Maßgabe seiner Auswirkungen das Lebenstempo erheblich; aber erst dadurch, daß die motorischen Lebensvorgänge ihm botmäßig werden, tritt die fort und fort zunehmende Beschleunigung ein, die – vergleichbar dem immer schnelleren Rollen einer Kugel auf schiefer Ebene – dem völligen Zerfall der Lebenszelle zutreibt und dergestalt mit dem Untergange der Menschheit enden muß.«[30]

Der skizzierte Einbruch des Geistes ins Leben teilt die Menschheitsgeschichte mithin in zwei große Epochen: in einen gleichsam paradiesischen, das heißt geschichtslosen Zeitabschnitt, vor jenem unseligen Zwischenfall und in das geschichtliche, von Kultur und angeblicher Zivilisation geprägte Zeitalter danach. Während der ursprüngliche Mensch noch Träger eines bewußtlosen, vorbegrifflichen Schauens und elementaren Wirkens war, die Welt auf naiv-imaginative Art in Form ekstatischer Traum-Bilder erlebte – Klages spricht diesbezüglich vom Weltbild des »Pelasgertums« (= vorindogermanische Bevölkerung der ägäischen Welt) –, trat eine Menschengruppe aus dem geschichtslosen Zustand schrittweise in den der Geschichte und der rationalen, logisch-kausalen Weltbewältigung ein. Sich die zeitlichen Dimensionen dieser zwei großen Epochen vor Augen haltend, äußert Klages die wenig zuversichtliche Vermutung: »Verglichen mit der vieltausendjährigen Vorgeschichte und gar der mehrhunderttausendjährigen Geschichtslosigkeit dürfte die etwa siebentausend Jahre einigermaßen zurückverfolgbare Geschichte der Menschheit, die man die ›Weltgeschichte‹ zu nennen pflegt, selbst dann nur einen ungemein kurzen Zwischenzeitraum vom Charakter der Unterbrechung des kosmischen Verlaufs bedeuten, wenn sie noch ein oder zwei Jahrtausende fortgehen sollte, was wenig wahrscheinlich ist, da

29 Ebd., S. 1239.
30 Ebd., S. 1241.

viele Anzeichen dafür sprechen, daß wir schon jetzt mit wachsender Schnelle ihrem Ende zustreben.«[31]

Vor dem endgültigen Aus der Menschheit räumt Klages jedoch die Möglichkeit des Zwischenspiels einer »nachgeschichtlichen Menschheit« ein, die – außer von einem hektischen, sich stetig beschleunigenden Aktivismus – vor allem von einer totalen Automatisierung des Lebens, aber auch des Menschen selbst geprägt sein würde. Klages spricht in diesem Zusammenhang nicht nur prophetisch von der Hegemonie der »Rechenmaschine«, also von unserem heutigen Computer, sondern sogar vom »menschlichen Automaten« und vom Menschen als »bewußtlose(r) Maschine«. Angesichts der fortgeschrittenen Digitalisierung fast aller Lebensbereiche des Menschen, vom virtuellen Tele-Shopping bis hin zum Cyber-Sex, scheint Klages auch in diesem Fall Recht behalten zu haben. Lediglich die gentechnologische Vision des künstlich im Reagenzglas erzeugten Golems hielt Klages für unrealistisch …

So erlebten wir am Ende des 20. Jahrhunderts – wie es Paul Virilio, der scharfe Diagnostiker unserer technokratischen Gesellschaft, 1994 in seinem Buch *Die Eroberung des Körpers. Vom Übermenschen zum überreizten Menschen* beschreibt – nach der industriellen Revolution und Revolutionierung durch globale Informationsnetzwerke auch den Beginn der Transplantationstechnik und der prothetischen Chirurgie, dank derer man den menschlichen Körper auch auf mikrophysikalischer Ebene manipulieren kann. In der technischen Invasion des Menschen selbst, der stetig fortschreitenden Kolonisierung des Körpers, die natürlich weit einfacher zu realisieren ist als die weitentfernter Planeten, sieht Virilio, rund sechzig Jahre nach Klages' Schreckensvisionen, eine Entwicklung heraufziehen, die jenseits jeder Ethik und Moral auch den letzten Schonraum der menschlichen Individualität und Freiheit bedroht. Was übrigbleiben könnte, ist nach Virilio ein »seelenloser«, mit Klages' Worten, ein »unbewußter« Körper: »Die nachgeschichtliche Menschheit, die nach unserm Dafürhalten nahe vor der Türe steht, wird wiederum eine bewußtlose Menschheit sein, von der ungeschichtlichen Vorzeit jedoch dadurch unterschieden, daß es nunmehr der Schmarotzer mit Namen Geist ist,

31 Ebd., S. 766.

der den Körper seines Trägers ebenso sicher und ohne Bemühung des Denkens gängelt, wie es ehedem das Lebenszentrum, die Seele, tat. Wie lange die nachgeschichtliche Menschheit noch fortbestehen wird, weiß niemand; nur das eine wissen wir mit Bestimmtheit, daß sie überhaupt enden wird, und mit Wahrscheinlichkeit, daß es kraft rapider Entartung verhältnismäßig schnell geschehen dürfte, weil Abläufe parasitären Charakters aufzehrende Abläufe sind, denen früher oder später der ›Stoff‹ ausgeht.«[32]

Alarmierende Vorzeichen sieht Klages unter anderem in der wachsenden allgemeinen »Verblödung des Urteils«, in der unheimlich umsichgreifenden Borniertheit derer, die sich von einigen wenigen Machtbesessenen zu Marionetten degradieren lassen. Klages führt das Beispiel des Massenmediums Presse an, die – wie man heute weiß – keineswegs nur in totalitären, sondern auch unter demokratischem Deckmantel manipulierend wirken kann – und sei es durch das bloße Aussparen von Nachrichten und Informationen. Illustriert wird dies anhand des »Amerikanismus«, den Klages in seinen Schriften stets pejorativ als Synonym für den kapitalistisch orientierten Fortschrittswahn gebraucht. »Der sogenannte Amerikanismus (...), an dem wir stets die nächste Weltminute der Menschheit ablesen können, zeigt uns eine ans Idiotische streifende Hörigkeit der Einzelgeister gegenüber der ›öffentlichen Meinung‹, die ihrerseits hergestellt wird von der Presse. Die ›Volksseele‹ kocht heute oder kocht nicht, je nachdem eines oder das andre gestern in den gelesensten Tagesblättern gestanden hat, und der Schaffende, soweit es deren noch gibt, *hat* Wert oder keinen Wert, je nachdem eben die Presse es hinausbrüllt oder ›totschweigt‹; und das alles ereignet sich Tag für Tag, ohne daß die breitere Masse der solcherart ›Aufgezogenen‹ und ›Angeführten‹ (...) das mindeste davon merken würde – dank nämlich ihrer Borniertheit.«[33]

Die oft gestellte Frage, was die Menschheit heute tun könne und solle, beschäftigt Klages kaum. Ein pädagogisches Programm oder ethische Richtlinien zur Weltverbesserung aufzustellen, liegt ihm fern. Er verstand sich selbst in erster Linie als Diagnostiker, nicht als engagierter Therapeut gesellschaftlicher Zustände und

---

32 Ebd., S. 767.

33 Ebd.

menschlicher Verhaltensweisen. Hinzu kommt, daß eine zwanghafte Fixierung auf die Zukunft, die sich in Formeln wie »Fortschritt« oder »Prinzip Hoffnung« ausdrückt, nach Klages ja selbst zu den negativ bewerteten Wirkungen des »Geistes« gehört: »So spricht aus der unersättlichen Programmsucht eine maßlose Überbewertung des Gedankendinges Zukunft, aus ihr wieder eine kaum noch zu steigernde Flucht vor der Gegenwart und dergestalt völlige Glücklosigkeit. Verrät sich schon darin die tiefste innere Gleichgewichtsstörung, so kommt die furchtbare Überbetonung des Wollens und Willens erst recht an den Tag, wenn wir bedenken, daß nur der von Zukunftsphantasien erhoffen kann, was ihm die stets augenblickliche Wirklichkeit vorenthält, der die Zukunft verfertigen zu können sich einbildet.«[34] Der schwerwiegendste Einwand, der gegen ein rettendes Programm spricht, liegt nach Klages' fester Ansicht jedoch in der einfachen Tatsache begründet, daß es ohnehin zu spät für eine echte Kehrtwende sei: »Die Stunde der Gegenwirkung wurde versäumt, und wir alle, die wir aus leidenschaftlicher Liebe des Lebens so Grauenvolles beweinen müssen, sind ›letzte Mohikaner‹. Wer aber von solchen noch Wünsche zu hegen wagt, müßte nur eines wünschen: daß eine derart Verruchtes vollbringende Menschheit so schnell wie möglich absinke, veraffe, verende, damit um ihre verwitternden und verfallenden Arsenale des Mordes noch ein Mal begrabend, entmischend und sich selber erneuernd der Rausch der Wälder brande.«[35]

Trotz dieser von extremer Geistfeindlichkeit genährten apokalyptischen Sehnsucht wäre es verkehrt, in Klages nur einen radikalen Pessimisten zu sehen, da dieser den Glauben an die Macht des Lebens bis zum Schluß nicht völlig aufgegeben hat. Zwar ist für ihn der bevorstehende Untergang des modernen Menschen am Geist, das heißt am mechanistisch-deterministischen Willensdenken unabwendbar, da aber das Leben gar keine vernünftigen oder logischen Gesetze kennt, bestünde auch die Möglichkeit, daß dieses den Geist letztendlich doch noch adaptiert, ihn gleichsam assimiliert, wie es die lebendige Zelle mit einem eindringenden Fremdkörper tut, um durch diese Integration vielleicht sogar

34 Ebd., S. 1422.
35 Ebd., S. 768.

an Stärke zu gewinnen. Aus diesem Grund schließt Klages das »Wunder der Umkehr« nicht gänzlich aus. Voraussetzung wäre allerdings, daß der Geist und mit ihm die Technik wieder in die »Dienstbarkeit« des Lebens trete, was jedoch nicht sehr wahrscheinlich ist.

Klages' Philosophie geistesgeschichtlich einzuordnen, ist ein schwieriges Unterfangen, da sie auf den ersten Blick hin noch radikaler als etwa Schopenhauer oder Nietzsche die Brücken zur Tradition abgebrochen zu haben scheint. Dennoch knüpft Klages mit seinem durchgängigen Antagonismus von »Geist« und »Leben« an zwei Kardinal-Begriffe der Philosophiegeschichte an. Dementsprechend unterscheidet er selbst auch innerhalb des abendländischen Denkens zwei Hauptströmungen voneinander, nämlich eine am Geist orientierte »logozentrische« und eine am Leben orientierte »biozentrische« Denkrichtung, wobei Klages selbstredend für letztere Partei ergreift.

Zur »logozentrischen« Denkrichtung zählt er die weltgeschichtlich bedeutsamen philosophischen Strömungen des Idealismus, des Materialismus, des Rationalismus und des Empirismus, die er »logozentrisch« nennt, weil sie alle die Logik in die Wirklichkeit einfälschen und die Denkgegenstände zum eigentlichen Wirklichen machen. So sind etwa Platon und Demokrit, aber auch Descartes, Kant und Hegel für Klages lebensfeindliche Denker, da sie entweder abstrakt-konstruierte »Begriffs-Gespenster« wie »Ideen« oder »Atome«, die »Vernunft«, »Kategorien« oder das »Absolute« für das wahrhaft Wirkliche halten, statt in der *Erscheinung* des Lebens selbst das Wesen der Wirklichkeit zu finden – gemäß Goethes berühmter Formel: »Man suche nur nichts hinter den Phänomenen, sie selbst sind die Lehre.«

Hingegen entdeckt Klages in Heraklit, dem vorsokratischen Philosophen des *Panta rhei*, einen frühen »biozentrischen« Denker, für den nicht das statische »Sein« und der ihm korrespondierende »Geist« oder irgendein göttlicher Weltenbaumeister, sondern das ewig fließende, zwischen Polen rhythmisch pulsierende Werden, eben die lebendige Welt der Erscheinung, wirklich sind. Auch die antirationale, eher die psychischen Qualitäten betonende Philosophie der Romantik bezeichnet Klages als im Kern »biozentrisch« und hebt dabei hauptsächlich deren wissenschaftlich-intuitive Erforschung des »vitalen Unbewußten« hervor, wie sie allen voran dem romantischen Naturphilosophen und Psychologen Carl Gustav Carus zu verdanken ist, den Klages wiederentdeckt hat und mit dem er die entschiedene Feindschaft gegenüber allem ertötenden Materialismus und Mechanismus teilte. Als besondere Inspirationsquelle seiner eigenen Lebensphilosophie nennt Klages schließlich den Religionshistoriker Johann Jacob Bachofen, »den vielleicht größten Erschließer des urzeitlichen Bewußtseinszustandes«, sowie Nietzsche, den Wiederentdecker der Metaphysik des Dionysischen. Beide bezeichnet Klages als »Dithyrambiker des Untergangs«, weil er in ihnen die »letzten Träger der Erdessenz«[36] zu erkennen glaubte.

Klages' radikale Kultur- und Zivilisationskritik, die vor allem in eine scharfe, zuweilen grimmige Technikkritik mündet, wird neben derjenigen Martin Heideggers und Friedrich Georg Jüngers zur ökologischen Richtung innerhalb der sogenannten »konservativen Revolution« der 1920er und 1930er Jahre gezählt. Die außerordentlich rigorose Haltung, die Klages in seinen Werken bei der Beurteilung der gesamten Menschheitsentwicklung an den Tag legt, sollte jedoch im Kontext seiner Zeit betrachtet werden – einer Zeit, die weitgehend vom Glauben an eine ungebremste Technisierung beflügelt wurde und für die »Naturschutz« ein Fremdwort blieb.

Trotzdem ist Klages weit davon entfernt, ein erledigter Denker zu sein, dessen Arbeiten man einfach vergessen könnte. Das breitgefächerte, aufgrund seiner »mäandrischen Gedankenführung« allerdings nicht immer leicht zu lesende Werk von Klages ist in seinen Potenzen längst nicht ausgeschöpft, wie Herbert Hörz, einer seiner Exegeten, zu Recht schreibt: »Mit prophetischer Kraft hatte er auf Krisen hingewiesen, mit denen wir heute leben. Er verlangte die Besinnung auf das Leben. Das ist eine Aufforderung, nach der humane Gestaltung der natürlichen, gesellschaftlichen und kulturellen Umwelt stets kritisch zu prüfen ist, ob sie, der Menschheit adäquat, im Handeln dann auf Sittlichkeit, Würde und Schönheit orientiert oder kurzfristiges Nutzensdenken zum Schaden anderer Menschen, der Natur oder auch eines langfristigen Nutzens erstrebt. Klages hatte die Zukunft zwar aus seinem Denken ausgeschlossen, aber mit seinem Werk auf eine zukünftige

36 Ebd., S. 923.

humane Gesellschaft orientiert, die ihre Ideale in der Vergangenheit finden kann.«[37] In den letzten Jahren seines Lebens hat Klages seinen Freunden und Verehrern gern ein Buch zum Geschenk gemacht: Karl Christoffels Schrift über Theodor Fontane, dessen Titel zeitlebens für Klages Programm gewesen ist: *Lerne Denken mit dem Herzen.*

Literaturhinweise

Klages, Ludwig, Sämtliche Werke, 9 Bände und 3 Ergänzungsbände, herausgegeben von Ernst Frauchinger u.a., Bonn 1964–1992.
Klages, Ludwig, Mensch und Erde. Elf Abhandlungen (1913), Stuttgart 1973.
Klages, Ludwig, Vom kosmogonischen Eros (1922), Bonn 1988.
Klages, Ludwig, Die psychologischen Errungenschaften Nietzsches (1926), Bonn 1989.
Klages, Ludwig, Der Geist als Widersacher der Seele (1929/32), Bonn 1981.
Schröder, Hans Eggert, Ludwig Klages – Die Geschichte seines Lebens, Teil I: Die Jugend, Bonn 1966.
Hestia, Jahrbuch der Klages-Gesellschaft, Bonn 1964ff.
Kasdorff, Hans, Ludwig Klages. Werk und Wirkung, 2 Bände, Bonn 1969–1974 (mit vollständiger Primär- und Sekundärbibliographie).
Kassdorff, Hans, Ludwig Klages im Widerstreit der Meinungen, Bonn 1978.
Horstmann, Ulrich, Das Untier. Konturen einer Philosophie der Menschenflucht, Wien/Berlin 1983.
Eugster, Konrad, Die Befreiung vom anthropozentrischen Weltbild. Ludwig Klages' Lehre vom Vorrang der Natur, Bonn 1989.
Hammer, Steffi (Hg.), Widersacher oder Wegbereiter? Ludwig Klages und die Moderne, Heidelberg/Berlin 1992.
Hörz, Herbert, Widersacher oder Wegbereiter? Klages und die Moderne, in: ders., Widersacher oder Wegbereiter? Ludwig Klages und die Moderne, herausgegeben von Steffi Hammer, Heidelberg/Berlin 1992, S. 144–160.
Grossheim, Michael, Ludwig Klages und die Phänomenologie, Bonn 1994.

37 Hörz, Herbert, Widersacher oder Wegbereiter? Klages und die Moderne, in: Widersacher oder Wegbereiter, Ludwig Klages und die Moderne, herausgegeben von Steffi Hammer, Heidelberg/Berlin 1992, S. 157.

IX. Skepsis und Ekstase – Aldous Huxley als philosophischer Essayist

»Nur die Narren und die Toten ändern niemals ihre Meinung.«

James Russell Lowell

In Goethes *Maximen und Reflexionen* findet sich ein paradox formulierter Denkspruch zum heiklen Thema der richtigen Selbsteinschätzung: »Wer sich nicht zu viel dünkt, ist mehr, als er glaubt.« Allem Anschein nach erfüllt auch der Verfasser folgender Bekenntnisse, ein ebenfalls enzyklopädisch gebildeter Geist, diese rare Tugend: »Im Laufe der letzten vierzig Jahre habe ich Essays jeglicher Größe, Form und Farbe verfaßt (...) Essays schließlich, in denen ich in der Nachfolge Montaignes versucht habe, (...) alles auf einmal zu sagen – aus dem Bemühen, mich der kontrapunktischen Gleichzeitigkeit der Musik so sehr anzunähern, wie es die Natur sprachlicher Kunst nur irgend erlaubt. (...) Manchmal, so will mir scheinen, ist es mir einigermaßen gelungen, das zu tun, was ich mir im einen oder anderen Bereich vorgenommen hatte. Manchmal, dessen bin ich mir schmerzlich bewußt, ist es mißlungen. Aber: ›Bitte nicht auf den Pianisten schießen; er tut sein Bestes.‹ Sein Bestes (...), um mit seinem kleinen Klavier soviel auszudrücken wie das Symphonieorchester eines Romans, sein Bestes, um ›alles voll ins Spiel zu bringen‹.«[1]

Wer Aldous Huxleys Vorrede zu seinen 1959 erschienenen *Collected Essays*, seiner essayistischen Lebensernte, liest, wird den bescheiden-selbstkritischen, ja geradezu rechtfertigenden Unterton kaum überhören. Bloßes rhetorisches Stilmittel, *Captatio*

1 Huxley, Aldous, Vorrede zu seinen »Collected Essays« von 1959, in: Aldous Huxley, Streifzüge. Ansichten der Natur und Reisebilder, Essays I, aus dem Englischen von Hans-Horst Henschen, Sabine Hübner und Werner von Koppenfels, herausgegeben von Werner von Koppenfels, München/Zürich 1994, S. 27f.

benevolentiae, versteckte Koketterie oder gar britisches *Understatement*? Sicherlich – aber nicht nur. Brachte man den Namen des Autors doch bis kurze Zeit vor seinem Ableben, 1963, hauptsächlich mit seinem berühmtesten Buch, dem rund dreißig Jahre zuvor veröffentlichten ironisch-satirischen Zukunftsroman über die *Schöne neue Welt* in Verbindung und vergaß dabei den essentiellen Huxley, den brillanten philosophischen, aber auch kulturkritischen Essayisten. Daran hat sich bis heute kaum etwas geändert, selbst wenn dem Autor mit seiner düsteren, zum geflügelten Wort avancierten Anti-Utopie *Brave New World* zweifelsfrei ein einzigartiger Wurf gelang. Eine krasse Einseitigkeit, auf die früh kein Geringerer als Thomas Mann verwiesen hat, der die Essays Huxleys einmal als »eine feinste Blüte westeuropäischen Geistes« bezeichnete. Denn an Huxleys facettenreicher Essayistik läßt sich nicht nur seine geistige Entwicklung vom skeptischen Ästheten und Agnostiker zum engagierten Pazifisten und mystischen Gottsucher, sondern auch seine ungebrochene Aktualität ablesen, wie Werner von Koppenfels, der Übersetzer und Herausgeber der längst überfälligen deutschsprachigen Essay-Auswahl Huxleys, 1994 resümiert: »Noch deutlicher, weil direkter, als die Romane belegen die Essaysammlungen (...) Huxleys geistige Fortentwicklung, aber auch eine grundsätzliche Konstanz seines Denkens. (...) Der amüsante Feuilletonist, der Reiseschriftsteller, der unaufdringliche Besserwisser, unbestechliche Zeitzeuge, der Ästhet, der Ökologe der ersten Stunde – sprechen all diese Huxleys noch oder wieder zu uns? (...) Huxley der Essayist (ist) nicht nur außergewöhnlich lesbar, sondern auch erstaunlich aktuell geblieben: Wo er zu zeitgebundenen Fragen Stellung nimmt, macht sein weiter Blickwinkel, der immer die Vergangenheit und Zukunft zu erfassen sucht, das Gesagte bedenkenswert; sein Geist und Witz gibt ihm Denkwürdigkeit. (...) In Deutschland (...) ist Huxleys Präsenz als Romanautor seinem essayistischen Werk noch kaum zugute gekommen. (...) Die Situation ist demnach einigermaßen paradox. (...) Der Essayist par excellence (ist) als solcher auf deutsch noch kaum zu Wort gekommen, sondern nur der Fachmann für spezielle Zivilisationsprobleme. Die Pazifisten, die Meditativen, die Wissenschaftsskeptiker, die Drogeninteressierten, die Augenkranken – sie alle haben *ihren* Huxley. Der Versuch einer panoramatischen Ansicht, die der Spannweite dieses

Lebens und dem Horizont dieses reflektierenden Geistes angemessen wäre, wurde nicht unternommen.«[2]

In der Tat ein echtes Desiderat, zumal Huxley aufgrund seiner stetig wechselnden, extremen Positionen wie kaum ein anderer Kulturschaffender im 20. Jahrhundert repräsentativ für die postmoderne, von einer Vielfalt von disjunktiven Denkansätzen geprägten Epoche zu sein scheint. So bemerkte schon der »berlinischste der Berliner Bänkelsänger«, der Schriftsteller Walter Mehring, 1978 nicht ohne spöttischen Unterton: »Auch (Huxley) erlitt in den zeitgenössischen, gespenstisch realen ›Utopias‹ einen Nervenschock – und hat es auch erst mit bitterster Ironie und Nihilismus versucht; und als das nicht half, mit Obst und Gemüse und – mit zeitlosen Erscheinungen. (...) Mit modern gebildeten kalifornischen Hindulehrern der praktischen Seelengymnastik. Huxley ist schließlich ein Nachkomme des genialen Biologen und Darwin-Freundes Thomas Henry Huxley und hat alle Schulen – Materialismus, Evolutionismus, Psychoanalyse und neuerdings Buddhismus – *summa cum laude* absolviert.«[3]

Bereits die markantesten Essays vermitteln einen Eindruck der ungeheuren Mannigfaltigeit dieses Denkers, dessen »Hauptbeschäftigung« – nach eigener Aussage (Brief vom 3. September 1946) – »der Versuch (ist), so etwas wie ein Gesamtverständnis der Welt zu erreichen«: Von seinem anarchistischen Frühwerk *Tu, was du willst* (1929) über die drogenmystischen *Pforten der Wahrnehmung* (1954) bis hin zu seinem *postum* publizierten apologetischen Essay *Shakespeare und die Religion* (1964). Der eklatante Bruch beziehungsweise Wandel in der Weltsicht Huxleys verdient dabei besondere Beachtung. Wer und was veranlaßte den pessimistischen Zivilisations- und Kulturkritiker dazu, seine »Philosophie der Hoffnungslosigkeit« gegen ein religiös gefärbtes pazifistisch-humanistisches Engagement einzutauschen und mit Inbrunst zu verkünden: »Gott ist«? Wie mutierte Huxley vom Saulus zum Paulus? Doch der Reihe nach.

---

2 Werner von Koppenfels, Leidenschaft des Verstehens – Aldous Huxley als Essayist, in: Aldous Huxley, Streifzüge, a.a.O., S. 15ff.

3 Mehring, Walter, Die verlorene Bibliothek: Autobiographie einer Kultur (1978), zitiert nach: Theo Schumacher, Aldous Huxley, Rowohlts Monographien, Reinbek bei Hamburg, 1992, S. 138.

Aldous Leonard Huxley wurde am 26. Juli 1894 in Godalming/ Surrey in der Nähe Londons geboren. Er entstammt einer angesehenen, seit drei Generationen Weltruhm genießenden britischen Gelehrtenfamilie: Der Großvater, Thomas Henry Huxley, Zoologe, Anatom und Physiologe, war der erste Vorkämpfer Darwins; mit dem Vater, Leonard, der als Essayist und Verleger wirkte, kam das literarische Element in die Familie; der Bruder, Sir Julian Sorell, Biologe und Schriftsteller, war Generaldirektor der UNESCO; ein anderer Bruder, Andrew, erhielt 1963 den Nobelpreis für Medizin.

Aldous Huxley wurde standesgemäß in der Eliteschule zu Eton erzogen und studierte nach einer schweren Augenkrankheit englische Literatur in Oxford. Nach dem Ersten Weltkrieg war Huxley zunächst als Journalist, Kunst- und Theaterkritiker tätig und heiratete die belgische Industriellen-Tochter Maria Nys. Seine literarische Laufbahn begann er 1921 mit der Veröffentlichung des Romans *Crome Yellow* (Eine Gesellschaft auf dem Lande). Es folgten weitere Romane, in denen er die englische High-Society der *roaring twenties* schonungslos entlarvt, darunter sein erstes Meisterwerk *Point Counter Point* (Kontrapunkt des Lebens) von 1928.

Durch den 1932 erschienenen Roman *Schöne neue Welt* erlangte Huxley Weltruhm. Darin entwirft der Autor die Negativutopie einer technisierten und kollektivierten Welt, in der Überbevölkerung, Drogenkonsum, genormte Retortenmenschen, Beziehungs- und Lieblosigkeit herrschen. Mit Theodor W. Adornos treffenden Worten: »... ein einziges Konzentrationslager, das, seines Gegensatzes ledig, sich fürs Paradies hält«. Von 1938 an lebte Huxley in Kalifornien und wandte sich, beeinflußt durch die östlichen Weisheitslehren, mehr und mehr der mystischen Kontemplation zu, die auch in Romanen wie *Time Must Have a Stop* (Zeit muß enden) von 1944 und *Island* (Eiland) von 1962 ihren Ausdruck fand. Im Beisein seiner zweiten Frau, Laura Archera, starb Huxley am 22. November 1963, just am Tag der Ermordung J. F. Kennedys, in Hollywood.

Seine erste bedeutende Essaysammlung legte Huxley 1929 vor. Sie trägt den programmatischen Titel *Do What You Will* (Tu, was du willst) – eine Anspielung auf François Rabelais' Abtei von Thelem aus seinem satirischen Buch *Gargantua und Pantagruel*, deren einzige Regel »*Fay ce que voudras*« lautete. Eine libertäre

Aufforderung, die sich interessanterweise auch der satanische Okkultist Aleister Crowley Anfang der 1920er Jahre zur Lebensmaxime machte. In dieser Aufsatzsammlung plädiert der erklärte Skeptiker und Kulturkritiker Huxley – wohl auch im Zuge von Friedrich Nietzsches diesseitiger, lebensbejahender Philosophie – für einen elitären Verzicht auf absolute Moralwerte, wie sie die Religionen, allen voran das Christentum, propagieren. So vermag Huxley zu dieser Zeit keinerlei höhere, transzendente Bestimmung des Menschen zu erkennen und hält die menschliche Seele lediglich für eine pure Abstraktion: »Der Sinn des Lebens liegt, abgesehen von der bloßen Perpetuierung des Lebendigen (an sich schon ein recht nobler und schöner Zweck), eben in dem Sinn, den wir selbst in das Leben legen: seine Bedeutung ist, was immer wir so zu nennen belieben. Das Dasein ist kein Kreuzworträtsel mit einer vorab festgelegten Auflösung und einem Preis für jeden, der es aufdröselt. Das Welträtsel hat so viele Lösungen, wie auf der Welt Bewohner leben. Jede Lösung ist eine Arbeitshypothese, durch deren Begrifflichkeit der Lösungssucher mit der Wirklichkeit experimentiert. Die besten Lösungen sind diejenigen, die dem, der sie findet, die größte Lebensfülle gestatten, die schlechtesten dagegen die, die ihn zu einem partiellen oder vollständigen Tod verurteilen.«[4]

Huxley versteht sich zunächst als »Agnostiker«, als jemand, für den Wahrheit und Wirklichkeit, vor allem aber die Transzendenz des Göttlichen unerkennbar bleiben müssen. Von Gott wüßten wir nicht das Geringste: Alles über ihn Gesagte sei folglich nach Lust und Laune frei erfunden. Huxley vertritt sogar die ketzerische Meinung, daß die Menschen an Absoluten, die sich hartnäckig der Erkenntnis entziehen, irgendwann nicht mehr interessiert sein würden. Ein geistiger Standpunkt, der familiär vorgeprägt zu sein scheint, da es Huxleys eigener Großvater, der Darwinist Thomas Henry Huxley war, der das Wort »Agnostiker« erfand, um seine eigene kritische Haltung zur Religion zu defi-

[4] Huxley, Aldous, Swift, (Do What You Will, 1929), in: Aldous Huxley, Form in der Zeit. Über Literatur, Kunst, Musik, Essays II, aus dem Englischen von Hans-Horst Henschen, Herberth E. Herlitschka, Sabine Hübner, Werner von Koppenfels, herausgegeben von Werner von Koppenfels, München/Zürich 1994, S. 68.

nieren. Auch den romantischen, naturverklärenden Pantheismus als Allgottlehre – nach Schopenhauer nur die vornehme Form des Atheismus – lehnt Huxley mit durchaus nachvollziehbaren Argumenten strikt ab. In seinem Essay *Wordsworth in the Tropics* (Wordsworth in den Tropen) schreibt er: »Unsere unmittelbare Intuition der Natur sagt uns, daß die Fremdartigkeit der Welt keine Grenzen kennt: Sie ist selbst dort noch fremd, wo sie freundlich und schön ist, sie besitzt unzählige Seinsweisen, die nicht unsere sind; sie ist stets auf rätselhafte Weise unpersönlich, unbewußt, unmoralisch; oft feindlich und bedrohlich; manchmal sogar unvorstellbar, weil unmenschlich, böse.«[5]

Als besonders verhängnisvoll betrachtet Huxley jedoch das erkenntnishungrige, faustische Prinzip des Menschen in den letzten zweitausend Jahren, stets mehr sein zu wollen, als er wirklich ist – nämlich eine Art Übermensch. So in seinem Essay *Spinoza's Worm* (Spinozas Wurm): »Seit dem Triumph des Christentums ist das Leben im Abendland im Banne der Vermutung gelebt worden, daß Würmer eigentlich Schmetterlinge werden sollten und daß diese Transformation unter bestimmten Voraussetzungen tatsächlich möglich ist. Die Erlangung von mehr Erkenntnis, als den Menschen zugänglich ist, und ein mehr als menschenmöglicher Verhaltensmaßstab werden als Ideale hochgehalten; und gleichzeitig wird behauptet oder zumindest fromm gehofft, daß dieses Ideal realisierbar ist. In Wirklichkeit aber ist es das keineswegs – wie jedermann weiß, der sich auch nur ein wenig auf den Gebieten von Geschichte und Biographik umgetan oder hellhörigen und aufmerksamen Umgang mit seinen Mitgeschöpfen gepflegt hat.«[6] Für Huxley stellt jedes maßlose, hybride Streben nach höherer Erkenntnis und übermenschlichen Idealen letzten Endes eine fatale Flucht aus der Wirklichkeit dar, einen Eskapismus in Reinkultur, der seinerseits mit psychischer Verstümmelung, Sub-

---

5 Huxley, Aldous, Wordsworth in den Tropen, (Do What You Will, 1929), in: Aldous Huxley, Streifzüge, a.a.O., S. 51.

6 Huxley, Aldous, Spinozas Wurm, (Do What You Will, 1929), in: Aldous Huxley, Seele und Gesellschaft. Diagnosen und Prognosen, Essays III, aus dem Englischen von Hans-Horst Henschen, Herberth E. Herlitschka, Sabine Hübner, Werner von Koppenfels, herausgegeben von Werner von Koppenfels, München/Zürich 1994, S. 139.

humanität und einem Selbstmord auf Raten bezahlt werden muß. Hätte zum Beispiel die Mehrheit der Christen das kirchenfromme Askese-Ideal in all seinen repräsiven Formen wirklich ernst genommen und die wilden Lebensinstinkte mißachtet, wären die Rassen und Zivilisationen des Abendlandes – laut Huxley – wohl schon vor langer Zeit verschwunden: »Die Ideen von Plato, das Eine von Plotin, die Nichtse, die Götter, die Unendlichkeiten, die Wesenheiten all der Mystiker gleich welcher Religionen, all der transzendenten Philosophen, all der Pantheisten – was sind sie anderes als bequeme und tröstliche Stellvertreter für den Wirrwarr der unmittelbaren Erfahrung, selbstverfertigte und deshalb heimelige spirituelle Kuschelnischen im fremden Universum? Und das brutale Opfer allen physischen, triebhaften und leidenschaftsbestimmten Lebens durch den Stoiker, die Selbstkastration des Asketen (…) – was sind alle diese »hohen Grundsätze« anderes als verängstigte Flucht vor den Problemen des sozialen und individuellen Lebens?«[7]

Der Hauptvorwurf Huxleys an die Religionen gilt jedoch ihrer impliziten Lebens- und Leibfeindlichkeit, wie sie sich am rigorosesten in der christlichen Sexualmoral manifestiert. Wohl auch unter dem Einfluß der Freundschaft mit D. H. Lawrence, dem Verfasser des erotischen Skandalromans *Lady Chatterley's Lover*, plädiert Huxley daher für eine »natürliche«, unverfälschte Sicht der menschlichen Sexualität, wie Huxleys Biograph Theo Schumacher betont: Die Sexualität »hatte für ihn etwas Sakrales an sich, und er sah in ihr mystische Heilskräfte, die dem Menschen die verlorene Einheit, die Harmonie der Seele und Sinne wiedergeben könnten. Aber im Gegensatz zu anderen ›Emanzipatoren‹ war ihm nicht nur die romantische Sublimierung des Eros zuwider, er verurteilte auch dessen Entartung zu Lüsternheit und Promiskuität; denn eben zwischen diesen beiden Polen lag ja die Mitte, deren Verlust er beklagte.«[8]

Unter dem Titel *Francis and Grigory, or The Two Humilities* (Franziskus und Grigorij, oder die beiden Arten von Demut) stellt Huxley in einem Essay provokativ den Heiligen Franz von Assisi

7 Huxley, Aldous, Spinozas Wurm, (Do What You Will, 1929), in: Aldous Huxley, Seele und Gesellschaft, a.a.O., S. 141.

8 Schumacher, Theo, Aldous Huxley, a.a.O., S. 38.

dem sagenumwobenen, am russischen Zarenhof wirkenden Wunderheiler Grigori Jefimowitsch Rasputin gegenüber, wobei er der auf Ruhm- und Herrschsucht beruhenden Selbstkasteiung des einen eine weitaus deutlichere Absage erteilt als der auf Seelenheil durch Sünde bauenden Bußbereitschaft des anderen. In dem italienischen Nationalheiligen vermag Huxley lediglich einen ruhmsüchtigen, asketischen Rekordbrecher zu sehen, dessen übertriebene Demut beziehungsweise Selbsterniedrigung nur seinen luziferischen Stolz, seine große Eitelkeit und letzten Endes seinen unbändigen Willen zur Macht kaschiert: »Sich aus Prinzip zu unterwerfen, weil es der eigene Wille ist, sein Fleisch abzutöten und seinen Trieben entgegenzuarbeiten, um die eigene bewußte Persönlichkeit zu behaupten – ist das Demut? Für mich klingt es eher nach dem Willen zur Macht. Aber die Selbsterniedrigung, der Dienst? Sie sind akzidentiell, nicht essentiell. Wäre Franziskus Erfolg als Soldat und Kriegsmann beschieden gewesen, hätte sich sein Wille zur Macht in der gewaltsamen Beherrschung anderer zum Ausdruck gebracht.«[9]

Eine ähnliche, ebenfalls christlich motivierte Form der dezidierten Lebens- und Leibfeidlichkeit entdeckt Huxley bei dem irisch-englischen Satiriker Jonathan Swift, dem berühmten Autor von *Gullivers Reisen*, dessen »Haß auf das Gedärm« den Kernpunkt seiner Misanthropie, seines notorischen Menschenhasses, darstellt: »Die Vorstellung war ihm unerträglich, daß die Menschen mit Därmen und Drüsen, mit Leber und Lunge, Milz und Niere durchs Leben gehen müssen. Daß menschliche Wesen gezwungen sind, die Abfallprodukte des Stoffwechsels und der Verdauung wieder auszuscheiden, war für Swift eine Quelle des qualvollsten Leidens. Und wenn er die Yahoous ausnahmslos als seine persönlichen Feinde betrachtete, so vor allem deshalb, weil sie nach Schweiß und Kot rochen, weil sie Zeugungsglieder und Zitzen hatten, Weichteile und haarige Achselhöhlen; ihre moralischen Defekte waren dagegen von untergeordneter Bedeutung.«[10]

---

[9] Huxley, Aldous, Franziskus und Grigorij oder die beiden Arten der Demut, (Do What You Will, 1929), in: Aldous Huxley, Seele und Gesellschaft, a.a.O., S. 236.

[10] Huxley, Aldous, Swift, (Do What You Will, 1929), in: Aldous Huxley, Form in der Zeit, a.a.O., S. 62.

Der längste und wohl auch gewichtigste der zwölf Essays aus der Sammlung *Tu, was du willst* ist dem französischen Mathematiker, Philosophen und Mystiker Blaise Pascal gewidmet. Was Huxley dem Autor der berühmten *Penseés* vorwirft, ist in erster Linie dessen asketische Lebensfeindlichkeit aus dem kranken Geiste eines dogmatischen Katholizismus: »Pascal hegte nicht den geringsten Wunsch, das gegenwärtige Leben intensiviert zu sehen. Er verabscheute das gegenwärtige Leben. Denn das gegenwärtige Leben ist ein einziges Gewebe aus Begierden und als solches von Grund auf antichristlich. Am liebsten hätte er die Abschaffung des ganzen gegenwärtigen Lebens gesehen; aus diesem Grund hatte er nichts übrig für irgendeine Lehre, ob religiöser, philosophischer oder sozialer Ausrichtung, die darauf abzielte, den Lebensprozeß zu steigern. Das Christentum, das er zu glauben und auszuüben beschloß, war regelrecht lebensfeindlich ...«[11] Die vermeintlichen mystischen Ekstasen Pascals erklärt sich Huxley nur rein physiologisch respektive psychologisch – nämlich aufgrund einer künstlich herbeigeführten, anormalen Schwächung des Körpers, die den natürlichen Wahrnehmungsapparat, die Sinne, dergestalt verändert, daß sich der Asket in unmittelbarer Verbindung mit dem Göttlichen wähnt.

Ein anderer Aufsatz dieser Sammlung beschäftigt sich mit dem französischen Dichter Charles Baudelaire, der in den Augen Huxleys gleichermaßen zum Opfer der lebensfeindlichen christlichen Sündenlehre wurde, was sich unter anderem an seiner perversen Einstellung zur Sexualität zeigt. Denn der mit dem Satanismus kokettierende Autor der *Fleurs du mal* – laut Huxley nur ein verkappter Manichäer – sah die Frau entweder als niedrige und erniedrigende Hure oder als unantastbare Gottheit an: »Nur jemand, der an die Göttlichkeit im absoluten Sinne glaubt, kann auch dem absoluten Bösen nachstreben; man kann kein Sataniker sein, ohne gleichzeitig, potentiell oder tatsächlich, ein Deiker zu sein. Baudelaire war ein umgedrehter Christ, das fotografische Negativ eines Kirchenvaters. Seine Philosophie war orthodox – sogar mehr als orthodox, beinahe jansenistisch. Seine Einstellung zur Erbsünde (in der Moderne der Prüfstein jeglicher Orthodoxie)

11 Huxley, Aldous, Pascal, (Do What You Will, 1929), in: Aldous Huxley, Seele und Gesellschaft, a.a.O., S. 165.

war vollkommen rechtgläubig. (...) Baudelaire war ein umgekehrter Puritaner. Anstelle von Askese und Anstand predigte er Ausschweifung. Die Mittel, die er anwendete, waren das genaue Gegenteil der von den Puritanern benutzten; seine Motive aber und die ihren, die Ziele, die er und sie anstrebten und erreichten, waren dieselben. Er haßte das Leben genau wie sie und war ebenso erfolgreich bei seiner Zerstörung.«[12]

Im Gegensatz dazu versucht der echte Lebensanbeter – nach Huxleys festem Credo –, über das feine Ausbalancieren der Exzesse hinweg das Leben in seiner ganzen Vielfalt und Fülle zu leben, nicht nur einem einzigen eifernden Gott, sondern allen Göttern gleichmäßig zu opfern und neben dem Apollinischen auch das Dionysische, neben einem ordnenden auch ein chaotisches Prinzip, gelten und walten zu lassen – entsprechend der kühnen Philosophie William Blakes: »Ohne Gegensätze kein Fortschreiten. Anziehung und Abstoßung, Vernunft und Energie, Liebe und Haß sind für das Dasein des Menschen notwendig.«[13] Für Huxley besteht das hehre Ziel des wahren Lebensanbeters darin, die Vorteile eines ausgewogenen Maßhaltens mit denen des Übermaßes harmonisch zu verbinden: »Der maßvolle Aristoteliker verwirklicht sein gesamtes Potential nur teilweise; der Mensch des Übermaßes verwirklicht einen kleinen Teil seines Potentials voll und ganz, der Lebensanbeter will all seine Möglichkeiten voll verwirklichen: er will mit jeder seiner Seelenkolonien voll und unmäßig leben. Er strebt danach, ein Übermaß an Selbstbewußtheit und Intelligenz durch ein Übermaß des intuitiven, instinktiven und eingeweidlichen Lebens im Gleichgewicht zu halten; die nachteiligen Folgen übermäßiger Kontemplation durch ein Übermaß von Aktion, exzessiven Genuß durch exzessive Askese zu heilen. Er wird unmäßige Leidenschaftlichkeit mit unmäßiger Keuschheit wechseln lassen ...«[14]

---

12 Huxley, Aldous, Baudelaire, (Do What You Will, 1929), in: Aldous Huxley, Form in der Zeit, a.a.O., S. 93 und 104.

13 Blake, William, Hochzeit von Himmel und Hölle, zitiert nach: Theo Schumacher, Aldous Huxley, a.a.O., S. 43.

14 Huxley, Aldous, Pascal, (Do What You Will, 1929), in: Aldous Huxley, Seele und Gesellschaft, a.a.O., S. 177.

Huxley begreift den Menschen mithin als ein von Anfang an in sich selbst zutiefst gespaltenes, widersprüchliches Wesen, das – will es denn überleben – eines realistischen Kompromisses bedarf, das seine Schizophrenie bewußt in Kauf nehmen und seine verschiedenen »Seelenkolonien«, seine »Hunger-, Sex- und Machtseelen« einträchtig integrieren muß: »Man muß zu verschiedenen Zeiten auf unterschiedliche Weise leben. Die einzig zufriedenstellende Existenzform in der modernen, hoch spezialisierten Welt besteht darin, daß man zwei Persönlichkeiten entwickelt. Einen Dr. Jekyll, der das metaphysische und wissenschaftliche Denken übernimmt, in der Stadt Geschäfte abwickelt, Zahlen addiert, Maschinen konstruiert und so weiter. Und einen natürlichen, impulsiven Mr. Hyde, der in den Arbeitspausen für das physische, instinktgesteuerte Leben zuständig ist. Jede dieser beiden Persönlichkeiten sollte ihr Leben für sich führen, ohne der anderen ins Gehege zu kommen oder die Aktivitäten der anderen einer zu eingehenden Prüfung zu unterziehen. Nur dadurch, daß wir separat und inkonsequent leben, können wir den Menschen *und* den Bürger, das geistige *und* das impulsiv-animalische Wesen in uns bewahren.«[15]

Wie die Huxley-Forscherin Jacqueline Hazard Bridgeman zu Recht unterstreicht, zog der Schriftsteller in seinen Romanen, vor allem aber in seinen Essays der 1920er Jahre mit beißender Skepsis über die Religion und ihre »lebensfliehenden« frommen Aspiranten her, ließ Huxley so gut wie keine Gelegenheit aus, sich über Christentum und östliche Mystik gleichermaßen lustig zu machen: »Seine Götter waren ›Leben, Liebe, Sex‹. Jede diesem Dreigestirn feindliche Religion strafte er mit Verachtung. (…) Seine ersten Mentoren waren leidenschaftliche »Lebensbejaher« – Robert Burns, D. H. Lawrence und William Blake. Er selbst nannte sich einen ›Lebensanbeter‹. Sein Gott war der Gott des Lebens. Zu seinem Glaubensbekenntnis gehörte auch die Vielfältigkeit des menschlichen Herzens: alle Strebungen und Wünsche gelten lassen, wenn auch unter dem mäßigen Einfluß der Vernunft. Die Mäßigung, die Aristoteles predigte. Die Philosophie der goldenen Mitte. Und wie den Griechen lag es ihm, vielen

[15] Huxley, Aldous, Wordsworth in den Tropen, (Do What You Will, 1929), in: Aldous Huxley, Streifzüge, a.a.O., S. 57.

Göttern zu huldigen, alle Seiten des Menschenlebens zu zelebrieren. Das ›Zelebrieren der Exzesse‹, wie er es nannte, war möglich, wenn es mit klarem, nüchternem Blick geschah, wenn die Balance und auch einfach die guten Manieren gewahrt blieben – ein außerordentlich hoher und heikler Anspruch, mit dem nur Menschen nicht überfordert sind, die Huxley an intellektuellem und moralischem Adel gleichkommen.«[16]

Im Laufe der nächsten zwanzig Jahre schwächte sich Huxleys hedonistische Lebenshaltung aber allmählich ab, und sein »mystischer Kern« trat sukzessive ans Licht, so daß er in den 1940er Jahren schon in den Ruf eines echten modernen »Mystikers« kam. Doch seine tief verwurzelte Ambivalenz gegenüber Religion und Gott, das Intuitive im Widerstreit mit dem Rationalen, zeigte sich den aufmerksamen Lesern schon viel früher. Bereits 1926, also drei Jahre vor Erscheinen seiner freidenkerischen Essaysammlung *Tu, was du willst!*, bekannte Huxley mit Anspielung auf ein Shakespeare-Zitat überraschend freimütig: »Nach außen hin Agnostiker, weiß ich doch – wenn ich die seelische Übereinstimmung mit bestimmten Landschaften, Kunstwerken, (...) mit bestimmten Menschen empfinde –, ›daß Gott in Seinem Himmel ist und alles recht steht mit der Welt‹.«[17] Auch ein Brief Huxleys an einen Freund unterstreicht, daß ihn die Mystiker und ihre spirituellen Lehren schon immer in Atem gehalten haben, wenngleich er noch offiziell auf der Seite der heidnischen Griechen stand: »Mein Fasziniertsein von der Mystik – ein teils positives, teils negatives Interesse; angezogen und zugleich abgestoßen – seit meiner Jugend. Den Titel für meinen ersten Band lyrischer Fingerübungen, *The Burning Wheel*, habe ich von Böhme, den ich las, als ich noch in Oxford war. In einem späteren Roman, *Kontrapunkt des Lebens*, gibt es Episoden, in denen so etwas wie eine mystische Erfahrung (...) gedeutet wird. Das negative Interesse wurde Anfang der dreißiger Jahre positiv, und nicht aufgrund irgendeines einzelnen Vorkommnisses, sondern weil al-

---

16 Bridgeman, Jacqueline, Vorwort zu: Aldous Huxley, Gott ist. Essays, herausgegeben von Jacquline Bridgeman, aus dem Englischen von Jochen Eggert, München 1996.

17 Huxley, Aldous, zitiert nach: Jaqueline Bridgeman, Vorwort zu: Aldous Huxley, Gott ist. Essays, a.a.O., S. 7.

les übrige – Wissenschaft, Literatur, die Freuden des Denkens und Empfindens – mir mehr und mehr (...) als ›nicht genug‹ erschienen. Man kommt an den Punkt, wo man sogar von Beethoven, sogar von Shakespeare sagt: ›Ist das alles?‹«[18]

Spätestens seit seiner 1936, im Alter von 42 Jahren publizierten kämpferisch-pazifistischen Schrift *What Are You Going to Do About It*? (Was ist zu tun?) und dem im gleichen Jahr veröffentlichten Roman *Eyeless in Gaza* (Geblendet in Gaza) gab es in Huxleys mystischer Ausrichtung kaum noch größere Schwankungen, wie sein Biograph Theo Schumacher konstatiert: »Aldous Huxleys leidenschaftliches Eintreten für Frieden und Völkerverständigung, sein öffentliches Engagement in den Reihen einer Volksbewegung, mußte viele seiner Leser überraschen, die ihn als ätzenden Spötter und pietätlosen Skeptiker kennen und schätzen gelernt hatten. Wenn auch manch schriller Ton aus seinem Frühwerk darauf schließen ließ, daß sich der Autor in dieser Pose gar nicht so wohl gefühlt hatte, so erregte sein nächster Roman (Geblendet in Gaza) dennoch außerordentliches Aufsehen, machte er doch deutlich, wie radikal Huxley als Mensch mit seiner Vergangenheit gebrochen hatte. (...) Die Quintessenz seiner neuen Philosophie ist das Postulat einer spirituellen Wirklichkeit, die der Welt der Erscheinungen zugrunde liegt; der Glaube, daß diese Wirklichkeit von jedem, der sich darum bemüht, erlebt werden kann; die Überzeugung, daß gesellschaftliche Veränderungen sich dadurch bewerkstelligen lassen, daß man die Individuen ändert, aus denen die Gesellschaft besteht.«[19]

Vergleichbare Gedanken und Überlegungen fanden dann auch ein Jahr später, 1937, in seiner Essaysammlung *Ends and Means* (Ziele und Wege) ihren adäquaten Ausdruck. Die ketzerische These von der Gleichwertigkeit psychischer Zustände, wie sie für den Lebensanbeter Huxley noch in *Tu, was du willst* galten, hat endgültig ausgedient. Ethische Wahrheit ist fortan nicht mehr relativ, kann nicht mehr auf eine individuelle Geschmackssache oder ein Gleichgewicht der Exzesse reduziert werden, sondern wird zur absoluten und allgemein gültigen Kategorie ernannt. Ihre

---

18 Huxley, Aldous, Brief an Chad Walsh vom Beloit College, zitiert nach: Huston Smith, Einleitung zu: Aldous Huxley, Gott ist, Essays, a.a.O., S. 18.

19 Schumacher, Theo, Aldous Huxley, a.a.O., S. 67 und S. 72.

überzeugende Verkörperung ist der unabhängige Mensch. Für diese vorbildhafte, wenngleich seltene Persönlichkeit gebraucht Huxley das englische Attribut *»non-attached«:* »Unabhängig von seinen körperlichen Empfindungen und Begierden. Unabhängig von seinem Verlangen nach Macht und Besitz (...) Unabhängig von seinem Zorn und Haß (...) Unabhängig von Reichtum, Ruhm und gesellschaftlicher Stellung.«[20] Die neue Weltanschauung Huxleys entspricht der fernöstlichen Weisheit des Loslassens, des Nicht-Verhaftetseins, die vom Leiden erzeugenden Ich-Bann befreit und den Menschen auf eine geistige Daseinsstufe erhebt, auf der er durch bewußte Sammlung und wiederholte Meditation sein eigenes Einssein mit dem Urgrund aller Dinge entdeckt. Huxleys Essaysammlung *Ziele und Wege*, in der er den *»Non-Attachment«*-Gedanken formulierte und die subtile, aber effiziente Macht der Gewaltlosigkeit predigt, wurde zu einer Art Bibel für die damalige Friedensbewegung.

Wie läßt sich Huxleys radikaler Gesinnungswandel Mitte der 1930er Jahre, in dem viele Kritiker nur ein Verzweifeln am Geiste, die Weltflucht in einen »dogmatischen Okkultismus« oder – wie es die Schriftstellerin Hilde Spiel treffend tat – ein *»Sacrificium intellectus«* erblickten, verstehen? Aufschluß gibt uns in der Hauptsache Huxleys Biographie. Dabei spielen zahlreiche Reisen durch die USA und schließlich die Übersiedlung nach Hollywood 1937 eine entscheidende Rolle. Vor allem Aufenthalte in New Mexico und Kalifornien, wo sich bis heute große Esoterik- und New-Age-Zentren befinden, brachten Huxley in engen Kontakt mit neuartigen spirituellen Strömungen. Die mystische Erfahrung der weiten Wüstenlandschaften im Südwesten der Vereinigten Staaten mag das ihre dazu beigetragen haben. Über seine einsamen Spaziergänge in der Mojave-Wüste notierte Huxley beispielsweise: »Die Endlosigkeit dieser Sandweiten breitet – wie Schnee – einen Mantel der Gleichheit und daher Einheit über die Vielheit der Welt. Das Nichts, zu dem die Wüstenväter sich hingezogen fühlten, ist nicht bare Verneinung. Es ist vielmehr ein Zustand, in dem die Einzelheit der Dinge aufgehoben wird; alles verschmilzt derart miteinander, daß die Unterscheidungen transzendiert wer-

---

20 Huxley, Aldous, Ziele und Wege, zitiert nach: Theo Schumacher, Aldous Huxley, a.a.O., S. 73.

den. Reines Licht enthält alle Farben des Regenbogens, nur ungetrennt, nicht gegeneinander abgegrenzt. So ist dieses ›Nichts‹ das Zugleich von Leere und Fülle, von seinem Leere-Pol her erfaßt.«[21]

Nicht weniger bedeutsam für Huxleys geistige Wende war die direkte Wirkung gewisser Freunde. An erster Stelle ist Gerald Heard zu nennen, ein Radio-Journalist, der Huxley in Berührung mit der Parapsychologie, mit Meditation und Hypnose brachte und auch dessen latenten Hang zum Pazifismus zum Durchbruch verhalf. Einen weiteren entscheidenden Einfluß auf sein Leben verdankte Huxley dem australischen Schauspieler F. Matthias Alexander, dem Begründer der nach ihm benannten Alexander-Technik, einer Therapieform, die besonderes Gewicht auf optimale Körperhaltung und Atmung legt. Auch die Bekanntschaft mit dem New Yorker Arzt W. H. Bates prägte Huxleys neue spirituelle Weltanschauung. Die Erfahrungen, die Huxley mit der sogenannten Bates-Methode, einer unorthodoxen Augentherapie machte, sollten schließlich 1942 in seiner berühmten, bewußt praxisorientierten Schrift *The Art of Seeing* (Die Kunst des Sehens) eingehen. In einem Brief Huxleys lesen wir darüber: »Die Bates-Methode, ebenso wie die von F. M. Alexander entwickelte Methode der Körperkontrolle, war für mich von großer Bedeutung. Diese beiden Techniken haben die Möglichkeit einer vollständigen physiologischen Umstimmung bewiesen, ähnlich derjenigen, die durch mystische Techniken im psychischen und spirituellen Bereich bewirkt werden kann.«[22]

Ein weiterer Briefpassus Huxleys belegt eindeutig, wie weit er sich zu dieser Zeit von der früheren ästhetizistischen Einstellung eines reinen »*L'art pour l'art*« und eines ethischen Relativismus weg- und zu einer neuen Mystik hinbewegte: »Als jungem Mann war es mir hauptsächlich um Wissen um seiner selbst willen zu tun, um das Spielen mit Gedanken, um Literatur, Malerei und Musik. Aber seit einigen Jahren empfinde ich eine gewisse Unzufriedenheit mit diesen Dingen, spüre ich, daß sogar die größten

[21] Huxley, Aldous, sinngemäße Äußerung, zitiert nach: Smith Huston, Einleitung zu Aldous Huxley, Gott ist. Essays, a.a.O., S. 12.

[22] Huxley, Aldous, Brief an Miss Hepworth und Mr. Green (1942), zitiert nach: Theo Schmacher, Aldous Huxley, a.a.O., S. 79.

Meisterwerke irgendwie unzulänglich sind. Erst vor kurzem begann ich, etwas über die Wirklichkeit zu erfahren, von der aus solche Dinge wie Kunst und Wissen sich besser bewerten lassen. Für sich allein nur Stückwerk, erscheinen diese Leistungen des Geistes in ihrer wahren Perspektive erst, wenn man sie von der Warte der Mystik betrachtet.«[23]

Daß Huxley plötzlich die ganze Welt von einem mystischen Standpunkt zu sehen begann, dafür war sicherlich auch die schicksalhafte Begegnung mit der östlichen Philosophie und Religion verantwortlich, vornehmlich in Gestalt des indischen Philosophen Jiddu Krishnamurti und des Hindu-Mönchs Swami Prabhavananda, der als Mitglied des Ramakrishna-Ordens in Hollywood ein Zentrum der Vedanta-Philosophie gegründet hatte und Huxley – zusammen mit dem ebenfalls aus England ausgewanderten Schriftsteller-Freund Christopher Isherwood – auch initiierte. Von der hinduistischen Vedanta-Lehre aus lernte Huxley dann den Buddhismus, genauer gesagt, den Mahayana-Buddhismus kennen. Huxleys Biograph Theo Schuhmacher faßt die Gemeinsamkeiten der beiden Religionen, zu denen zentral der Glaube an das selbstverursachte Schicksal und die Wiedergeburt gehört, zusammen: »Die Sinnlosigkeit unendlicher Wiedergeburten in einer als illusionär geltenden Welt weckt die Sehnsucht, das Leben, das als Leiden aufgefaßt wird, zu überwinden. Nur der Mystiker, der das Einssein aller Dinge erkennt, kann Befreiung (moksha) erlangen: Befreiung von Furcht und Begierde, von karma und maya, von jeder Art von Fessel. Übungen körperlicher Disziplin (yoga) und Meditation (dyana) verhelfen ihm dazu. Sie bringen ihn auch dem Endziel näher: auszuscheiden aus dem Kreislauf der Geburten (samsara) und einzugehen in die ewige, sich gleichbleibende Ruhe des leeren Lichts (nirvana).«[24]

Warum diese transzendente Lebensphilosophie Huxley ansprechen mußte, liegt sicherlich auch in dem Fehlen jedes Dogmas begründet, das dem von Haus aus frei schweifenden Geist Huxleys keine Fesseln anlegte und dessen absolute Konsequenz und innere Logik der Gedanken Huxleys intellektuelle Ansprüche befriedigte. Hinzu kam die Praxis der Gewaltlosigkeit, des tätigen

23 Ebd., S. 79f.

24 Schumacher, Theo, Aldous Huxley, a.a.O., S. 84.

Mitleids und der Hilfsbereitschaft, die Huxleys latenten Hang zum Pazifismus bekräftigte.

Mit seinem Buch *The Perennial Philosophy* (Die ewige Philosophie) zog Huxley 1945 das Fazit aus seinen religionsphilosophischen Studien seit seiner geistigen Wende Mitte der 1930er Jahre. Es handelt sich um eine Anthologie religiöser und mystischer Weisheit aus Ost und West, wie sie über Jahrtausende hinweg von erleuchteten Menschen verkündigt wurde. In seinen Kommentaren kommt Huxley zu dem Schluß, daß ihnen allen eine gemeinsame Grundanschauung zu eigen ist, die man etwa folgenderweise formulieren könnte: »Das vornehmste Ziel menschlichen Strebens ist die unmittelbare, intuitive Wahrnehmung des Göttlichen. Diese Wahrnehmung setzt Liebe frei, die im Sinne des Augustinischen ›Ama et fac quod vis‹ (Liebe, und tu was dir beliebt) den einzelnen läutert, das Zusammenleben regelt und die Menschheit von Selbstsucht und Haß befreit.«[25]

Über den Umweg der Mystik gelingt Huxley dabei zugleich die Versöhnung von Glaube und Wissenschaft, an der sein Großvater Thomas Henry Huxley noch scheitern mußte. Denn die Mystik beruht – laut Huxley – »auf direkter Erfahrung« (...), ebenso wie die Argumente der Naturwissenschaftler auf direkten Sinneswahrnehmungen beruhen«. Somit erbringt die Mystik stets einen nachvollziehbaren Gottesbeweis, der über alle dogmatischen Grenzen hinweg die ganze Menschheit bindet und verbindet.

In der 1946 publizierten Aufsatzsammlung *Science, Liberty and Peace* (Wissenschaft, Freiheit und Frieden) beschwört Huxley die der Massenvernichtung des Krieges schuldig gewordenen Wissenschaftler, sich künftig nicht mehr von gewinnsüchtigen Geschäftsleuten und ehrgeizigen Politikern instrumentalisieren zu lassen, sondern über die praktischen Folgen ihrer Forschungsarbeit selbstkritisch nachzudenken.

Weitere Essays veröffentlichte Huxley vier Jahre später (1950) unter dem Titel *Themes and Variationes* (Themen und Variationen). Der Band beginnt mit Studien über Kunst, vor allem über das Zeitalter des Barock und Maler-Genies wie El Greco. In letzterem erkennt Huxley einen echten Metaphysiker, der an die Gültigkeit der Ekstase, des Irrationalen und an »numinose Erfah-

25 Ebd., S. 94.

rungen« glaubte. Was El Greco mit seiner erstaunlich modernen, expressiven Kunst aussagen wollte, erscheint Huxley völlig klar: »Die Gesichter mit ihrem gleichartig verzückten Ausdruck, die zusammengepreßten oder zum Himmel gehobenen Hände, die langezogenen Gestalten, deren extrem gestreckter Körperbau zum lebendigen Symbol des Aufwärtsstrebens wird – sie alle bezeugen, daß der Künstler beständig von den Vorstellungen mystischer Religiosität erfüllt war. Sein Ziel ist es, zu bezeugen, daß die Seele durch eigene Anstrengung und Gnade fähig sei, zur ekstatischen Vereinigung mit dem göttlichen Geist zu gelangen. Diese Idee des Einswerdens betont der Maler immer nachdrücklicher, je älter er wird. Die Grenze zwischen Erde und Himmel (…) wird schwächer und verschwindet schließlich ganz. (…) Die beiden Bereiche sind vollkommen miteinander verschmolzen.«[26]

Das Herzstück der Essay-Sammlung ist jedoch dem französischen Philosophen der Revolutions- und Restaurationszeit Maine de Biran gewidmet – für Huxley offenbar ein Seelenverwandter, ja eine echte Identifikationsfigur. Denn dieser beschreibt in seinem *Journal intime* den Rückzug eines sensiblen Geistes aus dem Handgemenge der politischen und kriegerischen Auseinandersetzungen. Ausgehend von einem Locke'schen Empirismus beziehungsweise einem Sensualismus à la Condillac, gelangt Maine de Biran auf dem Weg analytischer Introspektion und Kontemplation – wie Huxley rund eineinhalb Jahrhunderte später – zu allgemein psychologischen, philosophischen und metaphysischen Wahrheiten wie jener von der mystischen All-Liebe.

In einem anderen, *The Double Crisis* (Die zweifache Krise) betitelten Essay widmet sich Huxley schließlich aktuelleren Themen wie der Staats- und Wirtschaftskrise, der Krise des explodierenden Bevölkerungswachstums und der Ökologie zu Beginn der 1950er Jahre. Gleichzeitig finden wir hier eine frühe Formulierung der sogenannten »Gaia-Hypothese«, derzufolge unser Planet einen lebendigen Organismus bildet und in der Natur ein sensibles bio-dynamisches Fließgleichgewicht herrscht, das heißt alles – auch das Anorganische – miteinander vernetzt ist: »Derzeit denken und handeln die Menschen so, als hätten sie

26 Huxley, Aldous, Variationen über El Greco (Themes and Variations, 1950), in: Aldous Huxley, Form in der Zeit, a.a.O., S. 220.

keinerlei Pflichten der Natur gegenüber. Die katholische Kirche beispielsweise lehrt ganz offiziell, daß lebende Wesen unterhalb der menschlichen Ebene zu behandeln seien wie bloße Dinge. Dagegen muß es ohne Zweifel für einen realistischen Betrachter völlig klar sein, daß wir nicht nur kein Recht haben, lebende Wesen wie Dinge zu behandeln – wir haben ebensowenig das Recht, die Dinge als bloße Dinge zu behandeln. Die Dinge sind so zu behandeln, als seien sie Teile eines komplexen und wunderbar abgestimmten lebenden Organismus. Wir beginnen allmählich, die Entdeckung zu machen, daß jede Art, sie anders zu behandeln, der Weg sein mag, das menschliche Experiment zum Scheitern zu verdammen. Die goldene Regel muß auf die belebte und unbelebte Natur ebenso angewendet werden wie auf unsere Mitmenschen: Behandle die Natur mit Liebe und Verständnis, und sie wird es dir mit nie versagten Gaben lohnen; behandle die Natur aggressiv, gierig, gewalttätig und verständnislos, und die verwundete Natur wird sich gegen dich kehren und dich vernichten.«[27]

Huxley verweist in diesem Zusammenhang auf die Tatsache, daß längst vergangene Hochkulturen – wie etwa die der Griechen und Chinesen – diese tiefen Wahrheiten besser begriffen haben, als wir es heute noch zu tun vermögen: »Die Griechen etwa wußten sehr wohl, daß die Hybris gegen eine ihrem Wesen nach göttliche Naturordnung die angemessene Nemesis nach sich ziehen mußte. Die Chinesen lehrten, daß das Tao, als der Welt innewohnender Logos, auf jeder Existenzebene präsent ist, von der physisch-biologischen bis hinauf zur spirituellen. Und sie wußten, daß Übergriffe gegen das Tao, in der Natur nicht weniger als im Menschen, unweigerlich zu verhängnisvollen Ergebnissen führten. Wir müssen wieder Zugang zu dieser alten, verlorenen Weisheit finden. Wenn uns dies nicht gelingt – wenn wir in unserer anmaßenden Rolle als ›Eroberer‹ der Natur auf unserem Planeten weiterhin hausen wie ein Schwarm zerstörerischer Schmarotzer –, verdammen wir uns und unsere Kinder zu Elend und zunehmender Verwahrlosung, und zu einer Verzweifelung, die ihren Ausdruck in den Rasereien kollektiver Gewalttätigkeit findet.«[28]

---

27 Huxley, Aldous, Die zweifache Krise, (Themes and Variations, 1950), in: Aldous Huxley, Streifzüge, a.a.O., S. 94f.

28 Ebd., S. 95.

Um in Regionen des Seins vorzustoßen, die der gewöhnlichen Alltagserfahrung verschlossen sind, um gleichsam die »zwanzig Tonnen rationales Denken«, die seine erste Lebenshälfte schwer belastet hatten, einmal abzuwerfen und sich dem namenlosen, nicht benennbaren *Tao*, dem Urquell allen Seins, zu nähern, schlug Huxley Anfang der 1950er Jahre einen neuen Weg ein. Unter ärztlicher Anleitung und Aufsicht unterzog er sich mehreren Experimenten mit sogenannten bewußtseinserweiternden Drogen. Seine Erlebnisse mit psychedelischen Rauschmitteln – vor allem mit Meskalin und LSD – fanden dann Eingang in zwei epochemachenden Essays: *Die Pforten der Wahrnehmung* von 1954 und *Himmel und Hölle* aus dem Jahr 1956.

Mit dem Phänomen der Droge hatte sich Huxley bereits in seinem Roman *Schöne neue Welt* auseinandergesetzt. Hier fungiert die »*Soma*« genannte Glückspille – ein Halluzinogen und Narkotikum in einem – allerdings als perfides Machtmittel der Herrschenden zur Kontrolle und Unterdrückung der Menschen. Und noch im Nachwort zu seinem Roman *The Devils of Loudun* (Die Teufel von Loudun) von 1952 bezeichnet Huxley Drogen abschätzig als »Schlüssel einer abwärts gerichteten Selbsttranszendenz«. Wohl auch unter dem Einfluß religionswissenschaftlicher Werke, die das Phänomen der Ekstase durch rituelle Berauschung in vielen, vornehmlich archaisch-schamanistischen Kulturen beschreiben, und Klassikern der Drogenliteratur wie Thomas de Quinceys *Bekenntnisse eines Opiumessers* und Charles Baudelaires *Künstliche Paradiese* sollte Huxley seine Meinung jedoch grundlegend ändern.

Der Titel seines ersten Drogenbuches *The Doors of Perception* (Die Pforten der Wahrnehmung) ist einem Wort des Mystikers William Blake entlehnt, das Huxley seinem Erfahrungsbericht auch als programmatisches Motto voranstellt: »Würden die Pforten der Wahrnehmung gereinigt, erschiene den Menschen alles, wie es ist: unendlich.«[29] Was mit Menschen vorgeht, die unter dem Einfluß von Meskalin stehen, faßt Huxley aufgrund fremder Erfahrungsberichte, aber vornehmlich mehrerer eigener Erleb-

[29] Blake, William, zitiert nach: Aldous Huxley, Die Pforten der Wahrnehmung/Himmel und Hölle. Erfahrungen mit Drogen, aus dem Englischen von Herberth E. Herlitschka, München/Zürich 1998, S. 9.

nisse eindrucksvoll zusammen: »Die Fähigkeit, sich zu erinnern und folgerichtig zu denken, ist, wenn überhaupt, nur wenig verringert. (...) Visuelle Eindrücke sind erheblich verstärkt, und das Auge gewinnt einiges von der Fähigkeit zu unbefangener Wahrnehmung zurück, die es während der Kindheit besaß, als das durch die Sinne Wahrgenommene nicht sogleich und automatisch einem Begriff untergeordnet wurde. Das Interesse für Räumliches ist verringert und das Interesse für die Zeit sinkt fast auf den Nullpunkt. (...) Obgleich der Verstand unbeeinträchtigt bleibt und das Wahrnehmungsvermögen ungeheuer verbessert wird, erleidet der Wille eine tiefgreifende Veränderung zum Schlechteren. Wer Meskalin nimmt, fühlt sich nicht veranlaßt, irgend etwas zu tun, für ihn sind die meisten Anlässe, bei denen er zu gewöhnlichen Zeiten zu handeln und zu leiden bereit war, äußerst uninteressant. Er läßt sich durch sie nicht aus der Ruhe bringen, und zwar aus dem guten Grund, daß er nämlich über Besseres nachzudenken hat. (...) Dieses Bessere kann (wie in meinem Fall) ›dort draußen‹ oder aber ›hier drinnen‹ erlebt werden, oder in beiden Welten, der inneren und der äußeren, gleichzeitig oder nacheinander. Daß es auch wirklich Besseres ist, scheint demjenigen, der Meskalin mit gesunder Leber und ruhigem Gemüt einnimmt, selbstverständlich zu sein.«[30]

Unter besonders glücklichen Umständen bekäme man – so Huxley – mit Hilfe von Drogen, besonders von Meskalin, nicht nur Zugang zu entlegenen Zonen der Psyche wie zum Beispiel zu den (C. G. Jungschen) Bildern des kollektiven Unbewußten, die sonst nur schöpferische Menschen künstlerisch einzufangen verstehen. Es seien sogar echte spirituelle Erlebnisse möglich. Erfahrungen einer »kognitiven« Bewußtseinserweiterung, die an den schöpferischen Wurzelgrund der Dinge selbst reichen, gleichsam ihre platonische Idee beziehungsweise »Istigkeit« aufscheinen lassen: »*Istigkeit* – war das nicht das Wort, das Meister Eckhart so gerne gebrauchte? Das *Sein* der platonischen Philosophie – nur daß Plato den ungeheuren, den grotesken Irrtum begangen zu haben schien, daß Sein vom Werden zu trennen und es dem

30 Huxley, Aldous, Die Pforten der Wahrnehmung/Himmel und Hölle. Erfahrungen mit Drogen, aus dem Englischen von Herberth E. Herlitschka, München/Zürich 1998, S. 21 f.

mathematischen Abstraktum der Idee gleichzusetzen. Der arme Kerl konnte nie gesehen haben, wie Blumen aus ihrem eigenen inneren Licht heraus leuchteten und so große Bedeutung erlangten, daß sie unter dem Druck erbebten, der ihnen auferlegt war; er konnte nie wahrgenommen haben, daß das, was Rose und Schwertlilie und Nelke so eindringlich darstellten, nichts mehr und nichts weniger war, als was sie *waren* – eine Vergänglichkeit, die doch ewiges Leben war, ein unaufhörliches Vergehen, das gleichzeitig reines Sein war, ein Bündel winziger, einzigartiger Besonderheiten, worin durch ein unaussprechliches Paradoxon der göttliche Ursprung allen Daseins sichtbar wurde.«[31] Diese sakramentale Schau der Wirklichkeit vergleicht Huxley an einer Stelle mit der Seins-Gewahrseins-Seligkeit des Zen, wie sie sich auch in der fernöstlichen Tusche-Malerei ausdrückt.

Zudem seien mit Hilfe von Drogen außersinnliche Wahrnehmungen möglich, die eine Welt von unsagbarer visionärer Schönheit offenbaren. Dabei handle es sich um derart intensive Erfahrungen, daß an der Existenz übernatürlicher, paradiesischer Jenseitswelten, wie sie von östlichen, aber auch westlichen Mystikern und Spiritisten aller Zeiten verbürgt sind, kein Zweifel mehr bestehen könnte. Selbst die totale Verschmelzung mit dem göttlichen Urgrund, wie sie unter anderem Menschen mit Nah-Tod-Erfahrungen gemacht hätten, sei möglich. Eher selten würde hingegen das visionäre Erleben schreckliche, höllische Bilder nach Art eines Hieronymus Bosch evozieren, die den Erfahrungen von Schizophrenen ähneln.

Da für Huxley feststeht, daß Drogen und Religion – historisch nachweisbar – eng miteinander verbunden und daß Rausch, Ekstase und Mystik Ausdruck eines konstanten menschlichen Urbedürfnisses seien, die festgefügten Grenzen des Selbst und der endlichen Welt zu überschreiten, tritt er für einen differenzierten, vernünftigen Konsum psychoaktiver Drogen zur Persönlichkeitsförderung und allgemeinen Spiritualisierung ein. Selbstredend gibt Huxley dabei Drogen wie Meskalin oder LSD vor den herkömmlichen, von den modernen Zivilisationen tolerierten Rauschmitteln, nämlich Alkohol und Tabak, den Vorzug. Wie Albert Hofmann, der Schweizer Entdecker des LSD, schreibt, war

31 Ebd., S. 15f.

es das Bestreben Huxleys, zu zeigen, daß die den heiligen Drogen innewohnende Kraft für das Wohl der Menschen genutzt werden könnte, die gerade in einer wissenschaftlich-technologischen, von kalter Rationalität geprägten und mystischer Offenbarung feindlichen Gesellschaft wie der westlichen leben.

Huxleys entschiedenes Plädoyer für Drogen als Mittel zur Selbsttranszendenz, zu einer authentischen Begegnung mit dem Heiligen, brachte ihm aber auch scharfe Kritik ein: neben einer Verharmlosung der gesundheitlichen Gefahren wurde der Vorwurf des Eskapismus laut. So bezeichnete Thomas Mann Huxleys *Pforten der Wahrnehmung* als ein »verantwortungsloses Buch« und Jiddu Krishnamurti kündigte ihm überraschend die Freundschaft auf. Zumindest Teile der Jugend, die Ende der 1960er Jahre – auch unter ausdrücklicher Berufung auf Huxleys Schriften – Rauschgifte als Mittel der Bewußtseinserweiterung und gesellschaftlicher Verweigerung einsetzten und daran zugrunde gingen, sollten diesen Bedenken auf tragische Weise Recht geben. Ob Drogen tatsächlich als »Eintrittskarten in jenseitige Welten« fungieren können – wie es Huxleys Überzeugung war –, wird wohl angesichts des subjektiven Charakters der ekstatischen Zustände jedoch ewig eine offene Frage bleiben müssen.

An Huxleys mystischer Grundhaltung sollte sich jedoch auch in den verbleibenden Jahren bis zu seinem durch ein Krebsleiden bedingten Tode 1963 nichts mehr wesentlich ändern. Ja, man kann den Eindruck gewinnen, daß der Schriftsteller eifrig bestrebt war, immer wieder neue »Zeugen« und »Indizien« für die absolute Richtigkeit seiner spirituellen Weltsicht zu zitieren, derzufolge nicht nur er selbst, sondern alle »längst unterwegs zu einer existentiellen mystischen Religion«, einem neuen (Wassermann-)Zeitalter seien. Daß er dabei manches Mal übers Ziel hinausschoß, belegt Huxleys allerletzter, erst 1964 postum publizierter Essay *Shakespeare and Religion* (Shakespeare und die Religion).

Obgleich Huxley darin einräumt, daß die alte Frage, welche religiösen Überzeugungen Shakespeare wirklich hatte, nicht leicht zu beantworten sei, zumal der geniale Dramatiker durch viele Figuren spricht, glaubt Huxley, Shakespeares Christentum in seiner Essenz klar erkennen zu können. In den Worten Prosperos aus Shakespeares *Sturm* – »Wir sind der Stoff, von dem die Träume sind; und unser kleines Leben umgibt ein Schlaf« – will Huxley sogar die Verkündigung buddhistischer Weisheitslehren entdecken: »Prospero verkündet hier die Maya-Lehre. Die Welt ist eine Illusion, aber eine Illusion, die wir ernstnehmen müssen, weil sie in gewissem Sinne und in den Aspekten der Wirklichkeit, die wir erfassen können, real ist. Für uns geht es darum aufzuwachen. Wir müssen herausfinden, wie wir das Ganze der Wirklichkeit aufspüren können in diesem einen illusorischen Teil, den unser ichbezogenes Bewußtsein uns zu sehen erlaubt. Wir dürfen nicht gedankenlos leben und unsere Illusion für die ganze Wirklichkeit nehmen, aber zu viele Gedanken verhelfen uns auch nicht zur Flucht aus dem Traumzustand. Wachsam müssen wir sein, um alle Gelegenheiten, unser Bewußtsein zu weiten, wirklich ergreifen zu können.«[32] Dererlei Überinterpretation scheinen wohl nur vor dem Hintergrund einer apologetischen, wenn nicht gar missionarischen Einstellung Huxleys an seinem Lebensende erklärbar. Fast überflüssig zu erwähnen, daß sich in Shakespeares Werk zuhauf Passagen finden lassen, die eine skeptische, mitunter areligiöse Weltsicht suggerieren, wie Huxley selbst sie noch in seinem Frühwerk mit Vehemenz vertreten hat. Man denke nur an Shakespeares Hamlet-Gestalt – den Prototypen des modernen, von seinen Zweifeln zerrissenen Menschen, für den Transzendenz zu denken, immer schwerer fällt.

Doch wie dem auch sei. Erstaunlich bleibt, überblickt man Huxleys essayistisches Lebenswerk in seiner ganzen Spannweite, die Entwicklung des ehemals dezidierten Freidenkers zum Mann des festen Glaubens und eifrigen Engagements, des »ästhetischen« zum »ethischen Menschen«. Ein plötzlicher Wandel in der Weltsicht Huxleys, der an ein Phänomen denken läßt, für das Sören Kierkegaard den Begriff des »Sprunges« prägte. Denn dem Existenz-Philosophen zufolge kann jemand die tiefe Kluft zwischen Wissen und Glauben, Ratio und Religion, nur mittels eines bewußten, jenseits aller Vernunft liegenden »Sprunges ins Göttliche« überwinden.

Wie Huxley haben auch andere große Geister in ihrem Leben und Denken diesen »religiösen Sprung« gewagt. Einer von vielen ist der Begründer der allgemeinen Relativitätstheorie, Albert

32 Huxley, Aldous, Shakespeare und die Religion (1964), in: Aldous Huxley, Gott ist, Essays, a.a.O., S. 285.

Einstein, der im fortgeschrittenen Alter nicht nur einen pazifistischen, sondern auch unverblümt religiösen (katholischen) Standpunkt bezog. Als prominentestes Beispiel unter den Philosophen des 20. Jahrhunderts darf vielleicht Martin Heidegger gelten, dessen eher pessimistisch-nihilistisches, jeglicher Transzendenz bares Frühwerk im nachhinein eine deutliche »Kehre« erfuhr. Bildete die existentielle »Geworfenheit« des Menschen, seine Heimatlosigkeit und Angst vor dem Sein-zum-Tode noch den Ausgangspunkt seiner Philosophie, so rückte die metaphysische Frage nach dem Heiligen und Göttlichen im Spätwerk wieder in den Mittelpunkt seines Denkens, wurde das Wesen des Nichts lediglich als »der Schleier des Seins« erkannt.

Literaturhinweise

Huxley, Aldous, Streifzüge. Ansichten der Natur und Reisebilder, Essays I, aus dem Englischen von Hans-Horst Henschen, Sabine Hübner und Werner von Koppenfels, herausgegeben von Werner von Koppenfels, München/Zürich 1994.

Huxley, Aldous, Form in der Zeit. Über Literatur, Kunst, Musik, Essays II, aus dem Englischen von Hans-Horst Henschen, Herberth E. Herlitschka, Sabine Hübner, Werner von Koppenfels, herausgegeben von Werner von Koppenfels, München/Zürich 1994.

Huxley, Aldous, Seele und Gesellschaft. Diagnosen und Prognosen, Essays III, aus dem Englischen von Hans-Horst Henschen, Herberth E. Herlitschka, Sabine Hübner, Werner von Koppenfels, herausgegeben von Werner von Koppenfels, München/Zürich 1994.

Huxley, Aldous, Gott ist. Essays, herausgegeben von Jacquline Bridgeman, aus dem Englischen von Jochen Eggert, München 1996.

Huxley, Aldous, Die Pforten der Wahrnehmung/Himmel und Hölle. Erfahrungen mit Drogen (1954/56), aus dem Englischen von Herberth E. Herlitschka, München/Zürich 1998.

Poschmann, Wilhelm, Das kritische Weltbild bei Aldous Huxley. Eine Untersuchung über Bedeutung, Grenzen und Mittel seiner Kritik, Diss., Bonn 1937.

Heintz-Friedrich, Susanne, Aldous Huxley: Entwicklung seiner Metaphysik, Diss., Zürich 1948.

Witschel, Günter, Rausch und Rauschgift bei Baudelaire, Huxley, Benn und Burroughs, Bonn 1968.

Adorno, Theodor W., Aldous Huxley und die Utopie, in: ders., Prismen. Kulturkritik und Gesellschaft, Frankfurt a.M. 1976, S. 112–143.
Kunze, Claus, Das Denken Aldous Huxleys: Anthropolgische Erfahrung und Metaphysik, Diss., Frankfurt a.M. 1981.
Spiel, Hilde, Huxleys Wege zum Heil, in: In meinem Garten schlendernd, München 1981.
Schumacher, Theo, Aldous Huxley, Rowohlts Monographien, Reinbek bei Hamburg, 1992.
Werner von Koppenfels, Leidenschaft des Verstehens – Aldous Huxley als Essayist, in: Aldous Huxley, Streifzüge. Ansichten der Natur und Reisebilder, Essays I, aus dem Englischen von Hans-Horst Henschen, Sabine Hübner und Werner von Koppenfels, herausgegeben von Werner von Koppenfels, München/Zürich 1994.
Bridgeman, Jacqueline, Vorwort zu: Aldous Huxley, Gott ist. Essays, herausgegeben von Jacquline Bridgeman, aus dem Englischen von Jochen Eggert, München 1996.
Smith, Huston, Einleitung zu: Aldous Huxley, Gott ist. Essays, herausgegeben von Jacquline Bridgeman, aus dem Englischen von Jochen Eggert, München 1996.

X. »Bewußtsein als Verhängnis« – E. M. Ciorans luzide Nachtgedanken

»Ideen sind Surrogate des Kummers.«
Marcel Proust

»Geburt und Kette sind Synonyme. Das Licht der Welt erblicken, die Handschellen erblicken ... Nicht geboren werden ist unbestreitbar die beste Lage. Leider steht sie niemandem zu Gebot.«[1] Zweifellos – der rumänische, am 20. Juni 1995 im Pariser Exil verstorbene sprachmächtige Dichterphilosoph und vielleicht größte Skeptiker und Kulturkritiker des 20. Jahrhunderts, E. M. Cioran, war ein Meister der Provokation. Wie für den griechischen Dichter Theognis, der nach Epikur gesagt haben soll, daß es »das Beste sei, nicht geboren zu sein – wenn man aber geboren ist, so eilig als möglich zu den Toren des Hades zu streben«, lag auch für Cioran alles Übel des menschlichen Daseins, lag die eigentliche Ursache für die Formel Existenz = Qual, nicht etwa im Tod, sondern in der Katastrophe der Geburt begründet. Mit der Stigmatisierung der Geburt geht dergestalt in Ciorans philosophischem Werk von Anbeginn an auch eine heftige Kritik am Entwicklungs- und Fortschrittsgedanken im allgemeinen einher, wird fast hinter jedem seiner luziden Gedankensplitter die Präsenz jener in der Antike gestellten Frage spürbar, die Martin Heidegger in seiner berühmten Schrift *Was ist Metaphysik?* von 1929 erneut aufwerfen sollte: »Warum ist überhaupt Seiendes und nicht vielmehr nichts?«[2]

Den immer wieder an Cioran herangetragenen, alles entscheidenden Vorwurf, den Selbstmord zwar in kristallin geschliffenen Aphorismen und Essays *theoretisch* zu propagieren, für sich selbst aber *in praxi* keine Konsequenz daraus zu ziehen, beantwortete der eingefleischte Skeptiker in seiner Essaysammlung *Le mauvais*

---

1 Cioran, E. M., Vom Nachteil geboren zu sein. Gedanken und Aphorismen, aus dem Französischen übersetzt von François Bondy, Wien/München/Zürich 1977 und Frankfurt a.M. 1979, S. 166.

2 Heidegger, Martin, Was ist Metaphysik?, Bonn 1929.

démiurge (Die verfehlte Schöpfung) mit einem tiefsinnigen Paradoxon: »Wüßte ich genau, was mich daran (an der Selbsttötung) hindert, so müßte ich mir keine weiteren Fragen stellen, da ich auf alle geantwortet hätte.«[3] Und an einer anderen Stelle desselben Bandes, nicht weniger hintergründig: »Es tut wohl zu denken, daß man sich töten wird. Kein Thema ist beruhigender: sobald man sich ihm nähert, atmet man auf. Darüber zu meditieren, macht beinahe so frei wie die Tat selber. Wie oft habe ich mir gesagt, daß man sich ohne die Idee des Selbstmordes augenblicklich töten würde!«[4] Von einer ähnlich »kathartischen« Wirkung berichten auch die meisten Leser Ciorans: nicht lähmendes, todbringendes Gift, sondern Balsam sei diese Lektüre für die geschundenen Seelen ...

Daß Ciorans Schriften heilend wirken können, bekräftigt desgleichen Peter Sloterdijk in seiner *Der selbstlose Revanchist* betitelten jüngsten *Notiz über Cioran:* Darin erweist sich Cioran für den Karlsruher Philosophen zu Recht als »judäochristlicher Theologe im nietzscheanischen Sinne des Wortes, als ein »zorniger Hiob, der seine Defekte als schlagende Argumente gegen den sadistischen Schöpfer vorzeigt«. Denn »kraft seines Revanchismus hielt Cioran ein Leben lang an einer juvenilen, lasterhaften Negativität fest. (...) Sein Werk ist eine Rache ohne Rächer und eine Rückzahlung, bei der es keinen Geschädigten gibt. Deswegen haben seine Schriften therapeutische Wirkung.«[5]

Wer war dieser Schwarzseher und notorische Pessimist, für den bereits das Platzen einer Kastanie zum mystischen Erlebnis wurde, der die musikalische Ekstase im Anschluß an die Kunstphilosophie Arthur Schopenhauers und Friedrich Nietzsches »Artistenevangelium« als einzige Rechtfertigung des Daseins betrachtete? Cioran kam am 8. April 1911 als Sohn eines orthodoxen

---

3 Cioran, E. M., Die verfehlte Schöpfung, aus dem Französischen übersetzt von François Bondy und Elmar Tophoven, Wien 1973 und Frankfurt a.M. 1979, S.66.

4 Cioran, E. M., Die verfehlte Schöpfung, a.a.O., S.57.

5 Sloterdijk, Peter, Der selbstlose Revanchist. Notiz über Cioran, in: E. M. Cioran, »Cafard«, Originaltonaufnahmen 1974–1990, herausgegeben von Thomas Knöfel und Klaus Sander, mit einem Nachwort von Peter Sloterdijk, Schuber mit Audio-CD und Begleitbuch, Köln 1998, S.69ff.

Popen in Raşinari, einer kleinen Ortschaft südlich von Sibiu/Hermannstadt im seinerzeit ungarischen Teil der Habsburgermonarchie zur Welt. Nach einer glücklich verbrachten, als irdisches Paradies empfundenen Kindheit am Rande der Karpaten geriet er noch als Jugendlicher in den Bann der »*Nuits blanches*«, der »weißen Nächte«, einer chronischen Schlaflosigkeit, die schon für den gescheiterten Dichter »Kreuzgang« aus Bonaventuras berühmten *Nachtwachen* zu einem desillusionierenden, die Tollheiten dieser Welt offenbarenden Erlebnis wurde. In dem 1949 publizierten Buch *Précis de décomposition* (Lehre vom Zerfall), das als Ciorans Hauptwerk gelten kann, erinnert er sich an die quälende Insomnie: »Ich war siebzehn Jahre alt, und ich glaubte an die Philosophie. Was nicht mit ihr zusammenhing, schien mir Sünde oder Unflat ... Einzig die Abstraktion schien mir lebendig zu pulsen ... Und dann kamst du, Schlaflosigkeit, um mein Fleisch und meinen Stolz wachzurütteln, du ..., die du in einer einzigen Nacht mehr Wissen spendest als all die in Ruhe beschlossenen Tage ... Und das war der Augenblick, da ich an die Philosophie appellierte: aber keine Idee kann Trost sein im Dunkel, kein System hält den durchwachten Nächten stand. Unter der Analyse der Schlaflosigkeit fallen die Gewißheiten auseinander ... Denn die durchwachten Nächte können zwar ein Ende nehmen, ihr Licht jedoch lebt in dir fort: nicht ungestraft blickt man in die Finsternis, nicht ungefährdet geht man bei ihr in die Lehre; es gibt Augen, die nichts mehr zu lernen vermögen von der Sonne, und Seelen, die krank sind von Nächten, von denen sie niemals genesen werden ...«[6] Wie der Verlust der als paradiesisch empfundenen Kindheit, so kann auch die bittere Erfahrung der chronischen Schlaflosigkeit als Schlüssel zum Selbst- und Weltverhältnis Ciorans, zu seinem allgemeinen »Unbehagen in der Existenz« gelten. Die Insomnie wirkt katalytisch in vielfacher Hinsicht: In der konkreten Existenzführung wird sie für sein späteres Leben die Unmöglichkeit bedeuten, ein geregeltes Leben zu führen. Die Einsamkeit der schlaflosen Nächte wird zur Basis und zum Agens seines Philosophierens und Schreibens.

---

6 Cioran, E. M., Lehre vom Zerfall. Essays, aus dem Französischen übersetzt von Paul Celan, Hamburg 1953 und Stuttgart 1978, S. 204f.

Cioran befand sich auf den *Gipfeln der Verzweiflung* (rumänisch *Pe culmile disperării*), wie er sein erstes essayistisches Feuerwerk titulierte. Ein Werk, das der Autor selbst für das philosophischste seiner Bücher hielt und das alles später Geschriebene, vor allem alle wichtigen Themen der lebensphilosophischen Auseinandersetzungen, vorwegnimmt. Darin verzichtet der erst 23jährige Debütant bewußt auf den traditionellen akademischen Diskurs der Philosophie. Statt trockener Systematik und argumentativer Logik bedient er sich in seinen philosophischen Meditationen einer poetischen Ausdrucksweise, die von Paradoxien durchsetzt ist: Meditationen über die tiefsten menschlichen, an den Urgrund des Lebens reichenden Erfahrungen, wie das Leiden und die Liebe, in denen sich der ungestüme Drang, lyrisch zu sein, das heißt die Subjektivität auszuschütten, manifestiert: »Warum können wir nicht in uns selbst verschlossen bleiben? Weshalb haschen wir nach Ausdruck und Form, indem wir versuchen, uns der Inhalte zu entleeren und einen chaotischen, rebellischen Vorgang zu systematisieren?«[7]

Das Schreiben sollte Cioran von nun an zum Ausdruckszwang, zur Überlebenstechnik werden – »Wenn du trotz allem überlebst, ist es doch dem Objektivationsvermögen zu verdanken, vermittels welchem du jene unermeßliche Spannung schreibend abschüttelst«[8] –, obwohl ihm Schweigen ungleich weiser erschien als Publizieren. Trotzdem nahm er in Bukarest das Studium der Philosophie und Ästhetik auf, das er nach intensiver Beschäftigung mit den deutschen Lebensphilosophen – Arthur Schopenhauer, Friedrich Nietzsche, Georg Simmel und Ludwig Klages – mit einer Arbeit über den *Intuitionismus* Henri Bergsons abschloß.

Kurzfristig kokettierte er – wie übrigens auch sein Freund Mircea Eliade und etliche andere rumänische Intellektuelle – mit der faschistischen Bewegung »Eiserne Garde«, trat ihr allerdings nicht bei, sondern veröffentlichte 1936 *Schimbarea la faţă a României* (Die Verklärung Rumäniens). Ein bemerkenswertes politisches Buch, dem insofern eine eindeutige Sonderstellung zukommt, als der dezidierte Anti-Utopist Cioran hier, von Haßliebe

7 Cioran, E. M., Auf den Gipfeln der Verzweiflung, aus dem Rumänischen übersetzt von Ferdinand Leopold, Frankfurt a.M. 1989, S. 7.

8 Cioran, E. M., Auf den Gipfeln der Verzweiflung, a.a.O., S. 13.

getrieben, eine patriotische Vision entwirft: die Errettung des Bauernvolkes Rumänien aus seinem historischen Schattendasein, seiner weltgeschichtlichen Randexistenz. Pathetisch formulierte Klagen über sein Volk durchziehen das ganze Buch: »Ich liebe die Geschichte Rumäniens mit einem großen Haß.«[9] – »Sollten wir aus der Müdigkeit der Römer und den Tränen der Daken geboren worden sein?«[10] – »Es ist überhaupt nicht bequem, in einem Land aus zweiter Hand geboren zu sein.«[11] Anstelle einer die Vitalität und Naivität lähmenden Luzidität, wie sie für die Völker Südosteuropas und des Vorderen Orients charakteristisch sei, müsse Rumänien auf die vor allem im Okzident erprobten Werte wie Selbstbehauptung, Macht, Stolz und Ruhmsucht setzen, um einen »adamitischen« Ausgangspunkt für die Zukunft zu finden: »Solange ein Volk keinen aggressiven Krieg geführt hat, existiert es nicht als aktiver Faktor der Geschichte.«[12] Spätestens die politische Katastrophe von 1944 (Niederlage Rumäniens gegen Rußland im Krieg um Bessarabien) sollte ein solches Programm jedoch völlig illusorisch machen und Ciorans politisches Denken von Grund auf ändern. Das klägliche Scheitern seiner politischen Vision, seiner nationalistischen Ideen könnte somit durchaus mitverantwortlich für seinen radikalen Kultur- und Menschheitspessimismus sein, der von der Politik nichts mehr erwartet. Ciorans Individualismus wäre demnach auch als ein enttäuschter, gekränkter Nationalismus zu verstehen.

Sechsundzwanzigjährig zog Cioran als Stipendiat des französischen Instituts in Bukarest nach Paris um, unter dem Vorwand, eine Dissertation über *Nietzsches Ethik* anzufertigen, die aber nie zustande kam. Statt dessen bereiste er mit dem Fahrrad ganz Frankreich. Mit dem Kriegsende beschloß Cioran, der bereits auf ein sechsbändiges rumänisches Jugendwerk zurückblicken konnte, in Paris jedoch ein Niemand war, aus seiner nichtsdestoweniger gepriesenen Muttersprache auszubrechen: »Mit 37 Jahren die Sprache zu wechseln ist kein leichtes Unterfangen. Im Grunde

9 Cioran, E. M., Schimbarea la faţă a României, Bukarest 1936, (dt. Die Verklärung Rumäniens, noch nicht übersetzt).

10 Cioran, E. M., Schimbarea la faţă a României, a.a.O.

11 Ebd.

12 Ebd.

ist es eine Qual, aber eine fruchtbare Qual, ein Abenteuer, das dem Dasein (das hat es weiß Gott nötig!) einen Sinn verleiht. Jedem, der eine Depressionskrise durchmacht, empfehle ich das Erlernen einer Fremdsprache; durch das Wort kräftigt man sich wieder, erneuert sich. Hätte ich nicht verbissen um die französische Sprache gerungen, so hätte ich vermutlich Selbstmord begangen. Jede Sprache ist ein Kontinent, ein Universum, wer sie sich aneignet, ist ein Eroberer.«[13]

Außer den beiden erwähnten Publikationen *Auf den Gipfeln der Verzweiflung* und *Die Verklärung Rumäniens* veröffentlichte Cioran auf Rumänisch noch mehrere Essaybände: 1936 *Cartea amăgirilor* (Das Buch der Täuschungen) – ein Werk, das die allgegenwärtigen Illusionen und Selbsttäuschungen, die unser Dasein überhaupt erst ermöglichen, unerbittlich entlarvt, in dessen Mittelpunkt wir jedoch auch einer Apotheose der Musik begegnen, die in der Philosophie ihresgleichen sucht. Cioran erkennt in der Musik ein besonders geeignetes Mittel, um die schmerzenden Fesseln der Individuation, die Einsamkeit des Bewußtseins zu sprengen. Musik wird zum erotischen Medium, in dem das Leben kräftig und zerreißend aufscheint, zuweilen aber auch zur Möglichkeit eines metaphysisch-transzendenten Erlebens: »Der musikalische Zustand verknüpft in dem Einzelnen absoluten Egoismus mit höchstem Edelmut. Du willst nur du selbst sein, doch nicht um eines kleinlichen Dünkels, sondern um eines erhabenen Strebens nach Einheit, eines Aufbrechens der Schranken der Individuation willen, nicht jedoch im Sinne des Verschwindens des Individuums, sondern der Auflösung der vom Sein der Welt auferlegten einschränkenden Bedingungen (...) Musikalische Ekstase ist Rückkunft zur Identität, zum Ursprünglichen, zu den urgründigen Wurzeln der Schöpfung. In ihr bleiben der reine Rhythmus des Daseins, die immanente und organische Strömung des Lebens allein übrig. Ich *höre* das Leben. Hier beginnt alle Offenbarung.«[14]

---

13 Cioran, E. M., Begegnung mit Paul Celan, in: Akzente 4 (August) 1989, S. 319.

14 Cioran, E. M., Das Buch der Täuschungen, aus dem Rumänischen übersetzt von Ferdinand Leopold, Frankfurt a. M. 1990, S. 8ff.

Sodann 1947 *Lacrimi şi Sfinţi* (Von Tränen und von Heiligen), in denen sich ganz und gar mystische Elemente, die vor allem den Spuren der christlichen Heiligen folgen, neben nihilistischen und absolut zynischen Fragmenten finden: »Die Mystik ist ein Einbruch des Absoluten in die Geschichte. Ebenso wie die Musik bildet sie den Nimbus jeder Kultur, deren endgültige Rechtfertigung.«[15] Dagegen steht schroff: »Die Religion ist nur ein Lächeln, das über dem allgemeinen Unsinn schwebt, wie ein allerletztes Parfüm über den Wellen des Nichts.«[16] Cioran wird diese widersprüchliche Einstellung der Religion gegenüber ein Leben lang beibehalten, in der Überzeugung, daß je kühner die Paradoxe über Gott sind, sie um so treffender sein Wesen ausdrücken, daß die »Beleidigungen« näher an ihn herankommen als die Theologie und die philosophische Meditation. Daher war Cioran der Überzeugung, daß sein Buch das »religiöseste Buch sei, das je auf dem Balkan erschienen« wäre! Zweifellos ist das Buch jedoch die Frucht einer tiefen religiösen Krise, in der ekstatische Mystik und unterkühlter Skeptizismus, heiße Tränen und balkano-lateinischer Spott Hand in Hand gehen. Wie im Titel angedeutet, stellen die »Tränen« – und in ihrem Gefolge das Weinen – ein weiteres Grundmotiv dieses wichtigen Frühwerks dar, aus dem man die verzweifelten Klagen eines Krypto-Theologen zu hören vermeint. Cioran denkt sogar daran, eine Hermeneutik, eine Erklärungskunst der Tränen zu entwerfen.

Und schließlich die in Anlehnung an Nietzsches philosophische Schrift *Götzendämmerung* titulierte *Gedankendämmerung* (rumänisch *Amurgul gândurilor*) von 1940, durch die sich wie ein roter Faden der für den Menschen fatale Geist-Leben-Dualismus zieht: »Wie jede Illusionslosigkeit entspringt die Luzidität einem Vitalitätsverlust. *Durchschauen* geht nicht in Richtung des Lebens; über etwas *im klaren sein* noch weniger. Du bist, solange du es nicht weißt. Sein bedeutet, sich täuschen.«[17]

---

15 Cioran, E. M., Von Tränen und von Heiligen, aus dem Französischen übersetzt von Verena von der Heyden-Rynsch, Frankfurt a. M. 1988, S. 40.

16 Cioran, E. M., Von Tränen und von Heiligen, a. a. O., S. 46.

17 Cioran, E. M., Gedankendämmerung, aus dem Rumänischen übersetzt von Ferdinand Leopold, Frankfurt a. M. 1993, S. 136.

Luzidität bedeutet mithin auch ein Versagen der Metaphysik gegenüber, da sie weder einen metaphysischen Bezugspunkt noch eine transzendente Heilserwartung ermöglicht. Die hellsichtige Erkenntnis des Sinnlosen produziert Leiden, Krankheit, Langeweile und Melancholie – und *vice versa*. Die Individuation, das heißt der Bruch des Bewußtseins mit dem Werden, dem dionysischen Urgrund allen Seins, entpuppt sich als Fluch, der den Menschen aus der Natur herausreißt, ihn heimatlos macht. Allein in der Ekstase gelingt es dem derart zerrissenen Menschen, die »Wonnen der Unbewußtheit« zu genießen, die tiefe Kluft zwischen Reflex und Reflexion, zwischen vitalem Instinkt und lebensfeindlicher Klarsicht und Skepsis zu schließen. Da diese Augenblicke allzu selten sind, bleibt Cioran nur der schon bewährte autotherapeutische Weg: das Schreiben. Stil und Ausdruck werden paradoxerweise zu Mitteln des Überlebens.

Ciorans letztes in rumänischer Sprache verfaßtes Buch *Îndreptar Pătimaş* (Leidenschaftlicher Leitfaden) sollte erst 1991 erscheinen. Ein Werk, dem er den frühen französischen Geheimtitel *Bréviare des vaincus* (Brevier der Vergeblichkeiten) gab. Sein zentrales Thema: Die Einsamkeit des Menschen, der, zwischen metaphysischem Überdruß und Ekel vor der Welt hin und her gerissen, verdammt ist, ein absurdes, von Langeweile bestimmtes Leben zu leben: »Auf alle unsre Fragen lautet die Antwort der Langeweile immer gleich: Unsere Welt ist eine abgestandene Welt (...) Hinter der Welt verbirgt sich keine andere, und das Nichts verheimlicht nichts. So tief du nach Schätzen gräbst, das Schürfen ist vergeblich ...«[18] Die defintive, unveröffentlicht gebliebene Fassung wird 1944 vollendet. Eine späte, auf französisch geschriebene Randbemerkung, die einem Verdammungsurteil gleichkommt, lautet: *»Ilisible, instilisable (sic), / impubliable«* (unlesbar, unverbesserbar, unveröffentlichbar).

Auf französisch, der Sprache, die er als »Zwangsjacke«, als einengende »Juristensprache« bezeichnet, erschienen dann in drei- bis vierjährigem Abstand seine ihn später berühmt machenden Essay- und Aphorismensammlungen wie die *Lehre vom Zerfall*, die Paul Celan kongenial ins Deutsche übertrug, die *Syllogismes de l'amer-*

18 Cioran, E. M., Leidenschaftlicher Leitfaden, aus dem Rumänischen übersetzt von Ferdinand Leopold, Frankfurt a.M. 1996, S. 67f.

tume (Syllogismen der Bitterkeit) oder *Le mauvais démiurge* (Die verfehlte Schöpfung). Als überzeugter Junggeselle und Bordellgänger, der sich aller Verbrechen rühmt – bis auf eines, nämlich Vater geworden zu sein –, verbrachte Cioran, meist an der Armutsgrenze lebend und in Studentenkantinen essend, die folgenden Jahrzehnte in verschiedenen Hotels und schließlich in einer billigen Mansardenwohnung im Quartier Latin, in der Rue de l'Odéon. Zu den engen Freunden zählten – neben Simone Boué, seiner Lebensgefährtin der letzten zwei Jahrzehnte – vor allem seine rumänischen Landsleute Paul Celan, Mircea Eliade, Eugène Ionescu sowie der Franzose Henri Michaux und der irische Dramatiker Samuel Beckett.

Literarische Preise lehnte Cioran aus Gründen der Redlichkeit ab. So auch die 1988 mit 300 000 Francs höchstdotierte Auszeichnung der Académie Française für sein stilistisch brillantes Gesamtwerk. Ciorans Begründung in einem Interview: »Dem, was ich geschrieben habe, kann man nicht Beifall klatschen, mein Werk ist ein Werk der Negation ... Ich bin gegen Preise.«[19]

1987 erschien sein letztes Buch *Aveux et Anathèmes* (Der zersplitterte Fluch), in dem er sich abermals keinerlei Illusionen hingibt, schon gar nicht bezüglich seines eigenen Lebenswerks. Unschwer ist in einem Aphorismus das wenig schmeichelhaft skizzierte Selbstporträt eines großen Skeptikers erkennbar, der den Zweifel schonungslos radikal stets auch gegen sich selbst zu richten verstand: »Sein Los war es, sich nur halbwegs zu verwirklichen. Alles an ihm war verstümmelt: seine Seins- wie seine Denkart. Ein Fragmentenmensch, selber nur ein Fragment.«[20] Seit Anfang der 1990er Jahre litt dieser moderne Häretiker und existentialistische Denker der Extreme an der Alzheimer-Krankheit und mußte 1994 in ein Pariser Spital eingeliefert werden, wo er ein Jahr später verstarb. Er liegt auf dem Friedhof Montparnasse begraben.

---

[19] Cioran, E. M., Interview in der »Badische(n) Zeitung«, Freiburg, den 14.11.1988.

[20] Cioran, E. M., Der zersplitterte Fluch. Aphorismen, aus dem Französischen übersetzt von Verena von der Heyden-Rynsch, Frankfurt a. M., S. 24.

Ciorans radikaler Kultur- und Menschheitspessimismus, den er uns jedoch nie ohne einen Schuß schwarzen Humor servierte, hat bis heute nichts an Aktualität eingebüßt. Im Gegenteil: Vor dem Hintergrund der (post)modernen Kritik am blinden Fortschritts- und Utopieglauben gewinnt Ciorans Denken zusehends an Brisanz. In der *Lehre vom Zerfall* heißt es sarkastisch: »Die Geschichte hat keinerlei Sinn: wir haben also Grund zur Freude. Sollten wir vielleicht Qualen ausstehen um eines günstigen Ausgangs des Geschehens willen, um eines letzten Festes willen, dessen Kosten von unserem Schweiß und unserem Scheitern bestritten würden? Künftigen Idioten zuliebe, die über unsere Qual frohlocken und auf unserer Asche herumhüpfen? Die Vision eines paradiesischen Endzustandes übertrifft in ihrer Absurdität die schlimmsten Verirrungen der Hoffnung. Alles, was man zur Entschuldigung der Zeit vorbringen könnte, wäre, daß man in ihr Augenblicke findet, die einträglicher sind als andere, folgenlose Zufälligkeiten inmitten der unerträglichen Monotonie unserer Ratlosigkeit.«[21]

Histoire et utopie (Geschichte und Utopie) – so der Titel einer weiteren bedeutenden Essaysammlung – stellen für den Oswald-Spengler-Jünger lediglich Fiktionen dar, die darüber hinwegtäuschen sollen, wie die Menschen wirklich sind. Die Kategorien »reaktionär« und »revolutionär« werden im Anschluß an den »Machiavelli der Theokratie«, den französischen Staatsmann und Philosophen Joseph de Maistre, als überholt angesehen. Während der Konservative dem Kult des Ursprungs, des verlorenen Garten Edens und einer Philosophie der Erbsünde verhaftet bleibt, lehnt sich der revolutionäre Optimismus auf und verspricht »Fortschritt«. Cioran wirft die berechtigte Frage auf, ob am Ende überhaupt ein Unterschied zwischen der Sehnsucht nach dem verlorenen Glück und der Utopie von der klassenlosen Gesellschaft besteht, ob die »Rechte« wirklich so weit von der »Linken« entfernt ist. Müssen nicht beide ihre Macht verschleiert gegen die Masse durchsetzen? Nach Ciorans fester Ansicht ist nur der vorrevolutionäre Zustand ein wirklich revolutionärer, da, sobald eine neue Ordnung errichtet ist, sich die Herrschenden der Herrschaft

---

21 Cioran, E. M., Lehre vom Zerfall, a.a.O., S. 181.

anpassen und die Strukturen der alten Ordnung übernehmen. Eine wesentliche Erneuerung der menschlichen Gegebenheiten erscheint dem Geschichtspessimisten denkbar, aber praktisch nicht durchführbar. Cioran predigt das Ende aller Utopien, dieser »hypostasierten Illusionen«: »Heute sind wir mit dem Schrecklichen versöhnt, und wir erleben eine Ansteckung der Utopie durch die Apokalypse: die ›neue Erde‹, die man uns verkündet, nimmt mehr und mehr Züge einer neuen Hölle an. Aber auf diese Hölle warten wir jetzt, wir machen uns sogar eine Pflicht daraus, ihre Ankunft zu beschleunigen. Die beiden Gattungen, die Utopie und die Apokalypse, die uns so unvereinbar schienen, durchdringen jetzt einander, färben aufeinander ab und bilden eine dritte, die in wunderbarer Weise geeignet ist, die Art Realität, die uns bedroht, widerzuspiegeln; und von nun an werden wir dennoch Ja sagen zu dieser Realität; ein korrektes Ja ohne Illusion. Das wird unsere Weise sein, vor dem Verhängnis makellos zu bleiben.«[22]

In der mythischen Gestalt des fortschrittstrunkenen Prometheus, der die Menschen zu Geist, Bewußtsein und Erkenntnis geweckt, das Wissen und die Tat idealisiert hat, sieht Cioran den Hauptverantwortlichen für die Loslösung vom Leben, dem Beginn der fatalen, als Betrug entlarvten Geschichte: »Prometheus war der erste Eiferer der ›Wissenschaft‹, ein Moderner im schlimmsten Sinne des Wortes, und seine Prahlereien und seine Delirien kündigen die manch eines Doktrinärs des letzten Jahrhunderts an: einzig seine Leiden trösten uns über so viele Extravaganzen hinweg.«[23] In der wahnwitzigen, im aufklärerischen Geist beschleunigten Vergötzung des Fortschritts, im Optimismus eines Antoine Condorcet, Georg Wilhelm Friedrich Hegel, Auguste Compte oder Karl Marx erkennt Cioran Endstationen einer die Geschichte des modernen Denkens blutig durchziehenden Strömung, die den Willen verabsolutiert, ohne zu realisieren, daß das Böse untrennbar mit der Tat verbunden ist und jede Unternehmung notwendigerweise ein Bumerang ist. In dem erwähnten Buch *Geschichte und Utopie* lesen wir die offenbar von Blaise Pascal inspirierten Sätze: »Sollte nicht die Geschichte in

---

22 Cioran, E. M., Geschichte und Utopie, aus dem Französischen übersetzt von Kurt Leonhard, Stuttgart 1965, S. 110.

23 Cioran, E. M., Geschichte und Utopie, a.a.O., S. 113.

ihrem letzten Sinn das Ergebnis unserer Furcht vor der Langeweile sein, dieser Furcht, die uns immer wieder das Pikante und Neue des Unheils hätscheln und jede Art von Mißgeschick der Stagnation vorziehen läßt? Die Besessenheit vom Niedagewesenen ist das Prinzip, das unser Seelenheil zerstört. Unser Weg führt um so rascher der Hölle entgegen, je weiter wir uns vom vegetativen Leben entfernen, dessen Passivität uns den Schlüssel für alles liefern sollte ...«[24]

Der Sündenfall-Mythos aus der Genesis, den Cioran nicht theologisch, sondern anthropologisch-lebensphilosophisch liest, gilt ihm als tiefster Mythos, den die Menschheit je erdacht hat. Cioran zitiert aus dem ersten Buch Mose: »Von allen Bäumen des Gartens darfst du essen, doch vom Baum der Erkenntnis von Gut und Böse darfst du nicht essen, denn sobald du davon ißt, wirst du sterben.«[25] Sich mit dem »Baum des Lebens« nicht begnügend, das göttliche, weise Geschenk der echten Unwissenheit verratend, stürzt der nach Emanzipation und Erkenntnis süchtige Mensch in den Abgrund der Zeit und wird derart zum entarteten, wurzellosen, heruntergekommenen Mangelwesen. Die verhängnisvollen Folgen: das Bewußtsein der Endlichkeit, die Angst vor dem Tod: »Das Anorganische genügt sich selbst«, schreibt Cioran in seinem *La chute dans le temps* (Der Absturz in die Zeit) betitelten Essayband; »das Organische ist abhängig, bedroht, ungefestigt; Bewußtsein ist die Quintessenz von Hinfälligkeit. Einst waren wir im Genuß von allem, mit Ausnahme des Bewußtseins; jetzt aber, da wir es besitzen, da es zu unserer Plage geworden ist und sich vor unseren Augen als genauer Gegenpol der ursprünglichen Unschuld abzeichnet, jetzt gelingt es uns weder, mit ihm zurechtzukommen, noch ihm abzuschwören.«[26]

Noch im fortgeschrittenen Alter sollte Cioran an diesem Grundpfeiler seines lebenslangen denkerischen Ringens festhalten, wenn er in Anspielung auf Alfred Seidels (heute längst vergessenes) Werk bekennt: »Für mich ist der schönste Titel eines Buches ›Bewußtsein als Verhängnis‹ ... der Titel ist das Resümee, die

---

24 Ebd., S. 121.

25 Bibel, Genesis, 2,16f.

26 Cioran, E. M., Der Absturz in die Zeit, aus dem Französischen übersetzt von Kurt Leonhard, Stuttgart 1972, S. 15.

zusammenfassende Formel meines Lebens.«[27] Für Cioran besteht der Hauptanklagepunkt, der gegen das Wissen aufrechterhalten werden muß, im einfachen Faktum, daß es uns vernunftbegabten Tieren praktisch nicht geholfen hat zu leben.

Auch in der spezifisch menschlichen Fähigkeit, zu wollen, unbedingt etwas zu tun, zu verändern, kann Cioran nur das Stigma der Unvollkommenheit, die Anwesenheit eines dämonischen Prinzips erkennen. Statt zu meditieren, seinem Selbst und seinem zeitlosen Urgrund zu begegnen, hat der Mensch sich dem analysierenden Denken verschrieben, seine Fähigkeiten zur Außenwelt gewendet, in das verhängnisvolle Reich der Geschichte: »Das Wissen, auf den Trümmern der Kontemplation errichtet, hat uns von der Wesenseinheit entfernt, von jenem transzendenten Schauen, wo jedes Staunen und alle Probleme aufgehoben wären. Außerhalb von Gott, außerhalb der Welt, außerhalb von sich selbst! Immer nur am Rande!«[28] konstatiert Cioran an einer anderen Stelle im *Absturz in die Zeit*.

Teils groteske, teils apokalyptische Züge trägt folgerichtig Ciorans Bildnis des Zivilisationsmenschen. Das gesteigerte Interesse und der Bekehrungseifer, die die Zivilisierten den sogenannten »zurückgebliebenen Völkern« der Zweiten und Dritten Welt entgegenbringen, erscheinen ihm höchst verdächtig: Der an Bewußtseinsüberspannung leidende Zivilisationsmensch versuche lediglich, seinen furchtbaren Zustand auch auf Völker zu übertragen, die seine Verrenkungen nicht mitmachen. Im Glauben an den »Fortschritt« erkennt Cioran das »moderne Äquivalent des Sündenfalls, die profane Version der Verdammnis«. Statt der jahrtausendelang bewährten »Orthodoxie der Ruhe« den Vorzug zu geben, wie es die in jeder Hinsicht gesünderen und ausgeglicheneren Menschen der Antike taten, verlieren sich die Menschen heute im wirbelnden Sog von Geschwindigkeit und Hygiene. Sie sterben nicht mehr an ihren Krankheiten, sondern an ihren Heilmitteln. Zivilisation ist eine Droge, die uns vergiftet. Die Entsprechung zwischen der unruhigen, maßlosen Vermehrung

27 Cioran, E. M., zitiert nach: Helga Perz, »Mein ganzes Leben war vom Tod beherrscht ...«. Ein Gespräch mit dem Schriftsteller E. M. Cioran, in: Süddeutsche Zeitung, 7./8.10.1978.

28 Cioran, E. M., Der Absturz in die Zeit, a.a.O., S. 21 f.

unserer Bedürfnisse und dem Anwachsen unserer Schrecken liegt auf der Hand. Besaßen die Menschen der Antike noch eine echte, von Ausgewogenheit, Entsagung und Wunschlosigkeit geprägte Lebenskunst, so ist vor allem das Christentum für unseren wahnwitzigen Eifer verantwortlich zu machen.

Wie sehr sich der zeitversklavte, den Müßiggang verlernende Mensch von der Natur entfremdet hat, wird sarkastisch am Beispiel des Autofahrers verdeutlicht – dieses »motorisierten Ungeziefers«, dieser »Paralytiker am Lenkrad« (*Der Absturz in die Zeit*) und – so könnte man inzwischen hinzufügen – am Computer. Lange vor Paul Virilios mahnender Philosophie der Geschwindigkeit und vor Peter Sloterdijks Kritik der Mobilmachung lesen wir bei Cioran: »Ganz genau betrachtet, wird das Jahrhundert des Endes nicht das raffinierteste, sondern das eiligste. Das Sein wird sich in Bewegung aufgelöst haben, die Zivilisation wird in einem letzten Aufschwung zum Schlimmsten, in dem Wirbel, den sie verursacht hat, zu Staub zerfallen ... Die Maschinen sind Folge, nicht Ursache einer so drängenden Ungeduld. Nicht sie stießen den Zivilisationsmenschen in seinen Untergang, vielmehr hat er sie gerade deshalb erfunden, weil er sich schon auf dem Wege dahin befand; als Mittel und Hilfen, schneller und wirksamer ans Ziel zu kommen. Nicht zufrieden, hinzulaufen, wollte er hin*rollen*.«[29]

Dem Kardinalfehler des Fortschrittsglaubens, des Machbarkeitsdenkens, der Intoleranz, des Terrors und des falschen Sendungsbewußtseins entgehen nach Cioran nur die Skeptiker, die Müßiggänger und die Ästheten, weil sie nichts anbieten, weil sie als wahre Wohltäter der Menschheit die vorgefaßten Meinungen der Fanatiker zerstören, ihren Wahn analysieren. Für Cioran stellt alle Tat einen Beitrag zur Verstärkung des menschlichen Elends und der unweigerlichen Zersetzung der Welt dar.

Der Tod gilt ihm als das einzig wahre Kriterium, wobei nur wenige sich dessen wirklich bewußt werden. Es ist die Langeweile, das schmerzlich-melancholische Daseinsgefühl des *Ennui* und *Cafard*, die die Leere offenbar werden läßt. Daß der derart klarsichtige, zur Ernüchterung gekommene Mensch dennoch nicht den Ausweg des Selbstmords sucht, verdankt er lediglich seinen

---

29 Ebd., S. 43 f.

vitalen Instinkten, die ihn folglich in einen ausweglosen Konflikt bringen, den Cioran abermals nur als Paradoxon zu formulieren vermag: »Wie lange noch wird man sich immer wieder und wieder sagen müssen: Dies Leben, das ich so abgöttisch liebe, ist mir ein Greuel! Wir sind am Grund einer Hölle, von der jeder Augenblick ein Wunder ist.«[30]

Auch in der heute zunehmenden Beschäftigung des abendländischen Menschen mit den östlichen Weisheitslehren, mit Taoismus, Hinduismus und (Zen-)Buddhismus, vermag Cioran – bei aller Sympathie für diese desillusionierenden, das abendländische Denken korrigierenden Weltsichten – letztlich keinen Ausweg zu sehen. Erkennt Cioran doch im Abendländer den vor Leidenschaft Rasenden, der den Schlüssel zur Seelenruhe verloren hat und nur noch Zugang zu den »Geheimkammern seiner Zerrissenheit« findet. Cioran zitiert Lao-tse – »Das gesteigerte Leben steht im Gegensatz zum Tao« – und weist damit auf das stark kontrastierende Erbe unserer Meister in der Kunst des »Denkens-wider-sich-selbst« hin, wie Friedrich Nietzsche, Charles Baudelaire und Fjodor Dostojewski. Diese haben uns beigebracht, gerade durch die Spaltung innerhalb unseres Seins eine Daseinsform zu erlangen.

Die Zuflucht zu den Zauberformeln des Nichthandelns, des Meditierens, des Sichfallenlassens und Entrücktwerdens, kurz zu den Rezepten der Weisheit scheint Cioran für den Abendländer – diesem »Götzendiener der Tat, des Spieles und des Rausches« – für immer versperrt zu sein. Bei letzterem geht das Denken nicht in seinem Dasein auf und sein Dasein auch nicht in seinem Denken: »Manch einer (so Cioran in *La tentation d'exister* – Dasein als Versuchung) meint es mit Indien leicht zu haben, bildet sich ein, dessen Geheimnisse entwirren zu können, wo doch nichts ihn dazu befähigt, weder sein Charakter, noch sein Bildungsweg, noch seine täglichen Sorgen. Welches Getümmel falscher Erlöster, die von der Höhe ihres Heils auf uns herabblicken! Sie haben das beste Gewissen: behaupten sie nicht, weit über ihren Handlungen zu stehen?«[31]

---

30 Cioran, E. M., Die verfehlte Schöpfung, a.a.O., S. 126.

31 Cioran, E. M., Dasein als Versuchung, übersetzt aus dem Französischen von Kurt Leonhard, Stuttgart 1983, S. 11.

Dennoch bildet die kritische Auseinandersetzung mit der Religion und dem Numinosen eine Konstante in Ciorans Œuvre. Spätestens seit dem aus einer religiösen Krise entsprungenen Jugendwerk *Von Tränen und von Heiligen* ist er von den Mystikern fasziniert, die eines mit den Skeptikern gemeinsam haben: Sie üben sich in »Entfaszination«, gehen den Illusionen nicht auf den Leim. Wie viele Philosophen, lassen sich auch die Mystiker nicht von den Gelehrten und ihrer Besessenheit vom System auf eindimensionale Standpunkte festnageln, denn: »Der Mystiker erlebt seine Ekstasen und seine Lethargien niemals in den Grenzen einer Definition: nicht den Forderungen des Denkens wünscht er gerecht zu werden, sondern denen seiner Erlebnisse. Mehr noch als der Dichter legt er Wert auf das eigene Erlebnis, weil es ihn mit Gott in Berührung bringt.«[32]

Desgleichen räumt Cioran mit dem populären Vorurteil auf, Mystiker seien meditative, instinktschwache Charaktere. Er sieht in ihnen vielmehr Eroberer, die es kraft ihrer Askese fertigbrachten, ihre wilden Instinkte zu konservieren und aus ihrem masochistischen Selbsthaß ein »Vorspiel der Reinheit und Erlösung« zu machen. Cioran zufolge verdankt Gott ihnen alles: Seinen Ruhm, sein Geheimnis, seine Ewigkeit: »Sie verleihen dem Unbegreiflichen Existenz und dem Nichts, indem sie es vergewaltigen, Leben. Wie könnte Sanftheit eine solche Leistung vollbringen? Im Gegensatz zu dem abstrakten und unechten Nichts der Philosophen schwillt das ihrige, bis es vor Fülle zerspringt: außerweltliche Wonne, übersprungene Zeit, leuchtende Allverleugnung jenseits aller Grenzen des Denkens.«[33]

Die mystische Ekstase betrachtet Cioran als wehmütig gesuchten Zustand, wo der Geist ausgedient hat, die Reflexion und mit ihr die Verlegenheitslogik aufgehoben sind: »Ach, könnten wir (klagt Cioran wiederum in *Dasein als Versuchung*) dem Beispiel der Mystiker folgen, alle Gewißheiten überspringen, auch die Sackgassen, die zu ihnen gehören, ach, könnten wir wie sie in göttlich blendendem Selbstbetrug zum echten Nichts zurückfinden! ... Nach den Verheerungen der Klarsicht bleibt, das wissen sie, keine Spur von Wirklichkeit übrig. *Nichts ist*: das ist ihr

32 Cioran, E. M., Dasein als Versuchung, a.a.O., S. 166.
33 Ebd., S. 170.

Ausgangspunkt, das ist die Gewißheit, die sie erfolgreich überwunden und abgestoßen haben, um zu der Behauptung zu gelangen: *alles ist*. Solange wir nicht die Wegstrecke durchlaufen haben, die sie zu einer so überraschenden Schlußfolgerung geführt hat, werden wir niemals auf gleichem Boden Zugang zu ihnen finden.«[34]

Auf halbem Wege, bei der lebensfeindlichen, sterilen Klarsicht, dieser negativen Entsprechung zur mystischen Ekstase, stehenbleiben zu müssen und den berühmten, vom Pathos getragenen, dezidiert gegen die begriffsgezeugte Bewegung à la Hegel gerichteten »Sprung« ins Göttliche (Kierkegaard) nicht zu meistern, bleibt hingegen auch das Los des Skeptikers Cioran, dem nach eigener Aussage der »lichtvolle Teil der Mystik« verwehrt ist. (Nach Kierkegaard Begriff der Angst geschah der Sündefall im übrigen ebenfalls durch einen Sprung, nämlich den Adams. Weil es ein Sprung war, kann diese erste Sünde durch keine Wissenschaft erklärt werden, sondern lediglich wiederum durch einen Sprung, den religiösen.) Cioran verweist auf Gustave Flauberts bekannten Ausspruch, »Ich bin ein Mystiker und glaube an nichts« und fügt in einem Interview mit Leonhard Reinisch hinzu: »Dies Wort ist wie ein Stempel auf mein(em) Leben, wie soll ich sagen, in dieser Unvereinbarkeit sind alle Widersprüche, die ich gelebt habe, einbegriffen: um Mystiker zu sein, das heißt, an eine Grenze gelangt zu sein und etwas doch behauptet zu haben und zugleich sich nicht zu beteiligen. Ich fühle mich in der Welt als ein Mensch, der sich an nichts beteiligt.«[35]

Mit der gewagten Verbindung von Skepsis, Klarsicht und Mystik reiht sich Cioran in eine denkerische Tradition ein, die von Fritz Mauthner über Gustav Landauer bis hin zu Ludwig Wittgenstein und Robert Musils »tagheller Mystik« reicht. Der große Kulturkritiker Egon Friedell erkennt im Skeptizismus und in der Mystik sogar die unsterblichen Formen des menschlichen Denkens. Jedem

34 Ebd.

35 Cioran im Gespräch mit Leonhard Reinisch, Paris, Frühjahr 1974, zitiert nach: E. M. Cioran, »Cafard«, Originaltonaufnahmen 1974–1990, herausgegeben von Thomas Knöfel und Klaus Sander, mit einem Nachwort von Peter Sloterdijk, Schuber mit Audio-CD und Begleitbuch, Köln 1998.

Skeptizismus kommt demnach die natürliche Aufgabe zu, in eine neue Mystik auszulaufen. Daß aber Ciorans konsequenter Skeptizismus in keine neue Art von Mystik mündet, liegt auf der Hand. Trotzdem plädiert der derart »blockierte Mystiker« Cioran, den der amerikanische Schriftsteller John Updike hellsichtig einmal als »frustrierten Mönch« tituliert hat, für die Rückkehr zu einer Philosophie der einmaligen Augenblicke, der einzig wahren Philosophie. Gemeint ist damit eine wirklichkeitsnahe Philosophie, die dem Beispiel der Mystiker folgen soll, indem sie nicht in der Erbärmlichkeit der »vernünftigen« Begriffe und des Systemdenkens steckenbleibt, sondern unsere Erlebnisse zum Ausgangspunkt nimmt. »Authentisches Erleben« ist somit auch der einzige Maßstab, den der jenseits von Gott und Gottlosigkeit weilende Skeptiker Cioran gelten läßt, wenn er eingesteht: »Alles, was ich angeschnitten habe, alles, über das ich mein Leben lang ausführlich geredet habe, ist nicht zu trennen von dem, was ich erlebt habe. Ich habe nichts erfunden, ich bin nur der Sekretär meiner Empfindungen gewesen.«[36]

Literaturhinweise

Cioran, E. M., Auf den Gipfeln der Verzweiflung (1934), aus dem Rumänischen übersetzt von Ferdinand Leopold, Frankfurt a.M. 1989.

Cioran, E. M., Das Buch der Täuschungen (1936), aus dem Rumänischen übersetzt von Ferdinand Leopold, Frankfurt a.M. 1990.

Cioran, E. M., Schimbarea la faţă a României, (1936), (dt. Die Verklärung Rumäniens, noch nicht übersetzt).

Cioran, E. M., Von Tränen und von Heiligen (1937), aus dem Französischen übersetzt von Verena von der Heyden-Rynsch, Frankfurt a.M. 1988.

Cioran, E. M., Gedankendämmerung (1940), aus dem Rumänischen übersetzt von Ferdinand Leopold, Frankfurt a.M. 1993.

Cioran, E. M., Leidenschaftlicher Leitfaden (1940/44), aus dem Rumänischen übersetzt von Ferdinand Leopold, Frankfurt a.M. 1996.

Cioran, E. M., Lehre vom Zerfall. Essays (1949), aus dem Französischen übersetzt von Paul Celan, Hamburg 1953 und Stuttgart 1978.

[36] Cioran, E. M., Gevierteilt, übersetzt aus dem Französischen von Bernd Mattheus, Frankfurt a.M. 1982, S. 137.

Cioran, E. M., Syllogismen der Bitterkeit (1952), aus dem Französischen übersetzt von Kurt Leonhard, Frankfurt a.M. 1969.
Cioran, E. M., Dasein als Versuchung (1956), übersetzt aus dem Französischen von Kurt Leonhard, Stuttgart 1983.
Cioran, E. M., Geschichte und Utopie (1960), aus dem Französischen übersetzt von Kurt Leonhard, Stuttgart 1965.
Cioran, E. M., Der Absturz in die Zeit (1964), aus dem Französischen übersetzt von Kurt Leonhard, Stuttgart 1972.
Cioran, E. M., Die verfehlte Schöpfung (1969), aus dem Französischen übersetzt von François Bondy und Elmar Tophoven, Wien 1973 und Frankfurt a.M. 1979.
Cioran, E. M, Über das reaktionäre Denken. Zwei Essays (1970), aus dem Französischen übersetzt von François Bondy, Frankfurt a.M., 1980.
Cioran, E. M., Vom Nachteil geboren zu sein. Gedanken und Aphorismen (1973), aus dem Französischen übersetzt von François Bondy, Wien/München/Zürich 1977 und Frankfurt a.M. 1979.
Cioran, E. M., Gevierteilt (1979), übersetzt aus dem Französischen von Bernd Mattheus, Frankfurt a.M. 1982.
Cioran, E. M., Widersprüchliche Konturen. Literarische Porträts (1986), herausgegeben und aus dem Französischen übersetzt von Verena von der Heyden-Rynsch, Frankfurt a.M., 1986.
Cioran, E. M., Der zersplitterte Fluch. Aphorismen (1987), aus dem Französischen übersetzt von Verena von der Heyden-Rynsch, Frankfurt a.M. 1987.
Sontag, Susan, »Wider sich denken«: Reflexionen über Cioran, in: dies., Im Zeichen des Saturn. Essays, München/Wien 1981.
Bergfleth, Gerd, E. M. Cioran. Ein Gespräch, geführt von G. Bergfleth, Tübingen 1985.
Hell, Cornelius, Skepsis, Mystik und Dualismus. Eine Einführung in das Werk E. M. Ciorans, Bonn 1985.
Savater, Fernando, Versuch über Cioran, aus dem Spanischen von Claus-Bernhard Schmidt, München 1985.
Heres, Doris, Die Beziehungen der französischen Werke Emile Ciorans zu seinen ersten rumänischen Schriften, Bochum 1988.
Guth, Rupert, Die Philosophie der einmaligen Augenblicke. Überlegungen zu E. M. Cioran, Würzburg 1990.
Reschika, Richard, E. M. Cioran zur Einführung, Hamburg 1995.
E. M. Cioran, »Cafard«. Originaltonaufnahmen 1974–1990, herausgegeben von Thomas Knöfel und Klaus Sander, mit einem Nachwort von Peter Sloterdijk, Schuber mit Audio-CD und Begleitbuch, Köln 1998.

XI. Wahnprinzip Geschwindigkeit – Paul Virilio und die Phantasmagorie der Moderne

»Keiner, der mit äußerster Geschwindigkeit läuft, hat Kopf oder Herz.«

William Butler Yeats, Entfremdung

Wer hätte im Zeitalter des deutschen Hochbarock daran gedacht, daß Andreas Gryphius' berühmter Ausspruch – »Dies Leben kömmt mir vor wie eine Rennebahn« – bereits drei Jahrhunderte später eine ganz reale, erschreckend konkrete Bedeutung bekommen sollte? »Welche Veränderungen müssen jetzt eintreten in unserer Anschauungsweise und in unsren Vorstellungen! Sogar die Elementarbegriffe von Zeit und Raum sind schwankend geworden. Durch die Eisenbahn wird der Raum getötet, und es bleibt nur noch die Zeit übrig. Hätten wir nur Geld genug, um auch letztere anständig zu töten.«[1] Der Schock, den die Einführung der Eisenbahn bei den Menschen des 19. Jahrhunderts auslöste, ist heute – im Raketen- und Laserzeitalter – kaum mehr nachvollziehbar. Dennoch stellt Heinrich Heines 1843 festgehaltene Beobachtung anläßlich der Eröffnung der neuen Eisenbahnstrecken von Paris nach Rouen und Orléans für viele Fortschritts- und Zivilisationskritiker eine Schlüsselszene in der modernen Kulturgeschichte dar. Gehört der romantische Dichter doch zu den allerersten, die hellsichtig erkannt haben, daß die wachsende Geschwindigkeit der Fortbewegungs- und Transportmittel die menschliche Wahrnehmung von Raum und Zeit grundlegend verändert und die Menschen der Natur in bisher nie geahnter Weise zu entfremden droht.

Im Laufe des 19. Jahrhunderts konnten die Menschen tatsächlich den Eindruck gewinnen, daß die Eisenbahn den Raum förmlich durchschlug, und verglichen dieses Gefährt bezeichnender-

---

1 Heine, Heinrich, Lutetia, in: Sämtliche Schriften, Band 9, München 1976, S. 449.

weise mit einem Geschoß, wie Wolfgang Schivelbusch in seiner *Geschichte der Eisenbahnreise* feststellt: »So wie die Eisenbahn als Projektil wird die Reise in ihr als Geschossenwerden durch die Landschaft erlebt, bei dem Sehen und Hören vergeht ... Schienenstrang, Einschnitte, Tunnels erscheinen so als der Lauf, in dem das Projektil Eisenbahn dahinschießt. Der Reisende, der in diesem Projektil sitzt, hört auf Reisender zu sein, und wird, wie ein Topos des Jahrhunderts besagt, zum Paket.[2]

Auch der in Paris lebende Stadtplaner, Philosoph und Medientheoretiker Paul Virilio zitiert die berühmte Beobachtung Heines in seinen Büchern häufig, weil er die alltägliche Erfahrung, daß Beschleunigung unsere Wahrnehmung und unser Verhalten fundamental verändert, zum Ausgangspunkt einer gleichermaßen originellen wie faszinierenden Geschichtstheorie macht – Menschheitshistorie, Kultur und Politik als Geschichte von Bewegung und Geschwindigkeit: Das Kind auf dem Rücken der Mutter, Lasttiere, das Reitpferd, Schiffe, das Schießpulver, die Eisenbahn, das Flugzeug, die optische, dann die elektronische Nachrichtenübermittlung und schließlich die Laserwaffe, in der absolute Licht- beziehungsweise Höchstgeschwindigkeit und Zerstörung zielstrebig, im doppelten Wortsinn, zusammenfallen. Für Virilio sind dies markante Stationen auf dem Weg rasender Beschleunigung bis heute, bis zum totalen Triumph der Geschwindigkeit, an der sich der Mensch berauscht und die sich als Gewalt letztlich gegen ihn selbst wendet.

Wer ist schneller? Wer ist dynamischer? Wer vervielfacht seine Kräfte durch Beschleunigung am wirksamsten? Die Frage nach der Geschwindigkeit stellt für Virilio nachgerade die Schlüsselfrage und zugleich das Kardinalproblem moderner Industriegesellschaften dar: »Für mich ist die Geschwindigkeit der Analysefaktor Nummer eins. Bei Gesellschaften, in denen Geschwindigkeit noch keine technische oder industrielle Umsetzung gefunden hatte, konnte man das noch in Zweifel ziehen. Aber sobald Dampfmaschine und Telegraph erfunden worden waren, nicht mehr.[3]

---

2 Schivelbusch, Wolfgang, Geschichte der Eisenbahnreise. Zur Industrialisierung von Raum und Zeit im 19. Jahrhundert, München/Wien 1977, S. 53.

3 Virilio, Paul, Revolutionen der Geschwindigkeit, aus dem Französischen von Marianne Karbe, Berlin 1993, S. 37.

Mit seinen in alle Weltsprachen übersetzten Großessays – wie *Vitesse et Politique* (Geschwindigkeit und Politik), *L'inertie polaire* (Rasender Stillstand) oder *L'art du moteur* (Die Eroberung des Körpers) – gehört Virilio zu den populärsten, aber auch umstrittensten Gegenwartsphilosophen. Während seine glühenden Anhänger ihn als neuen Jules Verne der Kultur- und Fortschrittskritik, als den Denker der Geschwindigkeit feiern, wird er von seinen nicht minder scharfen Gegnern als konservativ moralisierender, übertrieben schwarzseherischer Geist christlicher Prägung angegriffen. So fehlt es nicht an argwöhnischen Stimmen, die im Werk dieses Autors einen gefährlichen Zug zum Phantastischen erkennen und ihn selbst zum beflissenen Apostel der Apokalypse, zu einem nihilistischen Obskuranten und hoffnungslosen anachronistischen Einzelgänger abstempeln wollen.

Wie viele französische Theoretiker der letzten zwanzig, dreißig Jahre, die sich einem ganz und gar unkonventionellen, experimentellen oder »nomadischen«, immer aber »systemlosen« Denken verschrieben haben, wird er paradoxerweise gerade in Deutschland gelegentlich als Irrationalist bezeichnet. Eine Außenseiter-Position, mit der Virilio – nach eigenem Dafürhalten – jedoch gut leben kann: »Die *Irrationalisten* (ich denke dabei an Lyotard, Baudrillard und viele andere) stellen in Frankreich eine Minderheit dar. Es gibt keine Schule des Irrationalismus, vielmehr handelt es sich um ein Ghetto, in das verschiedene Individuen eingeschlossen sind, ghettoisiert von der Mehrheit der französischen Denker und Philosophen. Es ist also eher eine Außenseiter-Position, und das meine ich nicht pejorativ. Ich beanspruche für mich dieses Außenseitertum und auch dieses Ghetto, gerade weil Frankreich noch immer das Paradies des Cartesianismus ist.«[4] Darüber hinaus lehnt Virilio die Bezeichnung »Philosoph« für sich selbst entschieden ab, da er die Meinung vertritt, daß die Philosophie in ihrer städtischen Verwirklichung längst gestorben sei!

Von der Architektur und Stadtplanung kommend, entwickelte

---

4 Virilio, Paul, in: Florian Rötzer, Französische Philosophen im Gespräch. Baudrillard, Castoriadis, Derrida, Lyotard, Serres, Raulet, Levinas, Virilio, mit einem Vorwort von Rainer Rochlitz, München 1987, S. 147 sowie in: Michael Jakob, Aussichten des Denkens. Gespräche mit Emmanuel Lévinas (...), Paul Virilio, München 1994, S. 115f.

Virilio seit Mitte der 1970er Jahre eine völlig neue Wissenschaftsdisziplin, die sogenannte *Dromologie,* das heißt die Lehre vom Wettlauf, die den engen, jedoch nicht immer augenfälligen Zusammenhang zwischen Mobilisierung, Geschwindigkeit, Medien und Krieg in der Menschheitsgeschichte erforscht. Das Wort *Dromologie* leitet sich aus dem Griechischen ab. Daß *Dromos* dabei nicht nur Lauf, sondern zugleich den Eingang zu einem mykenischen Kammer- und Kuppelgrab (!) bezeichnet, mithin auf den Tod verweist, ist von besonderer Symbolträchtigkeit: »Ich habe den Ausdruck *Dromologie* nicht ohne ein gewisses Amüsement erfunden, um eine Art Wissenschaft von der Geschwindigkeit anzuregen. Viele denken, die Dromologie sei bereits eine richtige Wissenschaft, aber für mich ist das eher eine Art Konstruieren, etwa so, wie man Häuser konstruiert, die dann auch wieder einstürzen, keine Wissenschaft in der *überheblichen* Bedeutung des Begriffs. Sie hat etwas von einer Theorie-Fiktion, von *science-fiction*, selbst im strengen Wortsinn. Wenn man von einer *Dromologie* reden kann, dann gerade, weil sie transhistorisch ist. Man kann sie auf die verschiedensten Epochen anwenden, auch auf das Tierreich. Die Meute, die Hetzjagd sind wesentliche Elemente bei der Entwicklung von Gesellschaften. Die Schnelligkeit, mit der ein Tier ein anderes angreift, bildet das Kernstück der Tier-*Gesellschaften*, und genauso gehört sie zum Wesen der menschlichen Gesellschaft. Was der Mensch darüber hinaus erfunden hat, ist die Antriebskraft: jene Kraft, mit der ein Stein geschleudert wird, die Schlagkraft der Faust, das heißt der Hand, die streicheln kann, aber auch, bloß durch Geschwindigkeit und Masse, zu einem Instrument der Grausamkeit und Zerstörung werden kann. (…) Meine eigene Perspektive als Dromologe ist stets eine kritische, eine negative, und die Titel meiner Bücher zeigen dies überdeutlich: *Der kritische Raum*, *Der negative Horizont*, *Die Unsicherheit des Territoriums* usw. – stets negative Bestimmungen, die das Gewaltsame an der Geschwindigkeit wiedergeben sollen, die unheimliche Wirkung der Auflösung und der Zerstörung, den die Geschwindigkeit auf die Dinge und die Räume ausüben kann. Die Geschwindigkeit entwirklicht die Welt, entweltet, wenn man so sagen kann.«[5]

5 Virilio, Paul, Ebd., S. 150.

Virilio zufolge läuft die enorme Steigerung der Beschleunigung zwangsläufig auf die *Liquidierung der Welt* hinaus, auf das Nichts, die absolute Leere. Für die ungute Fusion von Macht und Geschwindigkeit hat Virilio im Anschluß an seine Dromologie den Begriff der sogenannten *Dromokratie* geprägt. Die dromokratische Revolution markiert dabei den eigentlichen Geburtsakt der Moderne. Denn mit ihr vollzieht sich der Übergang von der *metabolischen,* das heißt menschlich-natürlichen zur technologischen Geschwindigkeit, von der Geschwindigkeit des Lebendigen zur Geschwindigkeit des Toten, vom Zeitalter der Bremswirkung zum Zeitalter der Beschleunigung.

Den Ausgangspunkt der philosophischen und gesellschaftskritischen Reflexionen Virilios bildet eine vermeintlich banale Feststellung: Alles geht zu schnell! Geschwindigkeit ist die neue Göttin unserer Tage, der wir alles zu opfern bereit sind, und sei es unser eigenes Leben! In einem seiner ersten Bücher mit dem bezeichnenden Titel *Fahren, fahren, fahren* von 1975 zitiert Virilio die luzide Aussage eines neunjährigen Mädchens, Valérie: »Wir sind wie Autos. Wir trinken wie Autos, laufen schnell wie Autos, haben keine Zeit mehr, *Guten Tag* oder *Auf Wiedersehen* zu sagen. Wir sind wie das Kaninchen von Alice: schnell, schnell, schnell … Wir kommen immer zu spät, auch wenn wir zu früh kommen.«[6]

Für den philosophisch versierten Diagnostiker unserer technokratischen Gesellschaft stellt sich Menschheitshistorie als fatal sich verselbständigender, destruktiver Beschleunigungsprozeß dar, der im Zeitalter gigantischer Datenautobahnen und Informationsnetzwerke wie dem Inter- beziehungsweise dem Intranet (beide 1960er-Geschöpfe des US-Verteidigungsministeriums) auf einen tödlichen Endpunkt zu rasen droht: »Wir gehören der ersten Generation an, die nicht mehr die traditionelle relative Geschwindigkeit kennt, sondern die absolute, die Lichtgeschwindigkeit. Es handelt sich hierbei um eine ganz und gar tragische Entwicklung, bei der die Welt allmählich in Nichts aufgelöst wird (…) Die Dauer und die Ausdehnung der Welt, der Raum und die Zeit sind dabei, zu nichts zusammenzuschrumpfen.«[7]

---

6 Virilio, Paul, Fahren, fahren, fahren, aus dem Französischen übersetzt von Ulrich Raulf, Berlin 1978.

7 Virilio, Paul, in: Michael Jakob, Aussichten des Denkens, a.a.O., S. 119.

Nach Virilio ist der totale Endpunkt dieser Entwicklung paradoxerweise gerade dann erreicht, wenn der Mensch unbeweglich, träge und völlig seßhaft geworden ist: »Mit der Lichtgeschwindigkeit beginnt die Leichenstarre, die absolute Bewegungslosigkeit der Menschheit. Wir gehen der Paralyse entgegen: nicht weil die Überfülle der Autos den Straßenverkehr lahmlegt, sondern weil jedermann über alles verfügen wird, ohne noch irgendwohin gehen zu müssen.«[8]

Den Gebrauch des menschlichen Körpers in der Stadt, vornehmlich in den wuchernden Metropolen analysierend, kommt der Urbanist Virilio zu dem ernüchternden Ergebnis, daß hier – entgegen der landläufigen Ansicht – nicht der Ort ungeheurer physischer, sondern überaus nervöser Aktivitäten sei. In der Stadt breitet sich zusehends ein sogenannter *Etat d'urgence* aus, was im Französischen sinnigerweise ebenso einen Zustand der Beschleunigung wie den Ausnahmezustand meinen kann! Im Raum der Großstadt würden die natürlichen Aktivitäten des Körpers zunehmend abgebremst und durch technische Prothesen wie zum Beispiel Fahrstühle, Rolltreppen und Automobile ersetzt, während sich die Verengung von Räumen sowohl im Gewebe der Stadt selbst als auch im Inneren der Gebäude beschleunigt: »All diese Faktoren tragen dazu bei, die körperliche Bewegung einzuschränken beziehungsweise abzuschaffen: sitzend, stehend oder liegend – nur selten noch setzt sich der Stadtmensch in Bewegung, was doch sein erstes Fortbewegungsmittel darstellt: seine unteren Gliedmaßen. Mit zunehmender Verengung der Dimension und der Weite der körperlichen Betätigung wird das Individuum durch die Schnurgeraden der Stadtgeometrie linear gemacht und in den genannten Stellungen festgenagelt … Diese Sklerose des Verhaltens, diese Bewegungen, die zu simplen Gesten der oberen Gliedmaßen gerinnen, weisen auf eine Deanimalisierung der Verkehrsteilnehmer. Immer mehr wird die verstädterte Menschheit zu einer sitzenden Menschheit. Sport soll dieser Verkümmerung ein wenig abhelfen …«[9]

---

8 Virilio, Paul, in: Florian Rötzer, Französische Philosophen im Gespräch, a.a.O., S. 157.

9 Virilio, Paul, Fahren, fahren, fahren, a.a.O.

Wer nach Virilios eigensinniger Philosophie der Geschwindigkeit fragt, nach dem Ursprung seiner Hauptthese, wonach Geschwindigkeit nur die Maske von Gewalt und Krieg sei, den verweist der Autor selbst auf seine bewegte Lebensgeschichte: »(...) meine Ideen sind auf gewisse Weise re-aktionär: sie sind eine Reaktion auf eine bestimmte Biographie und auf eine bestimmte Kindheit.«[10] Paul Virilio wurde 1932 in Paris geboren. Sein Vater, ein italienischer Kommunist und Antifaschist, mußte vor Mussolini ins Land seiner Gattin flüchten, die aus Frankreich stammte. Die Familie wohnte im Haus der Großeltern in Nantes. Auch Virilio durchlebte eine schwere Jugend, die von Krieg, Besetzung und Faschismus bestimmt war. 1941 entging seine Familie nur knapp dem Zugriff der Gestapo – und zwar aufgrund der verwinkelten, kryptischen Architektur des Wohnhauses. Diese einschneidenden Erlebnisse seiner Jugend veranlaßten Virlio dazu, *den Krieg als Vater aller Dinge* zu identifizieren, und zwar in einem viel konkreteren Sinne, als es ehemals der griechische Philosoph Heraklit und der Geschichtsschreiber Herodot taten. Denn für Virilio steckt in jeder Form von Geschwindigkeit buchstäblich eine kriegerische Logik, welche die Geschichte blutig durchwirkt: »Meine Grundlage, mein Hauptansatzpunkt ist immer der Krieg gewesen. Ich habe das in allen meinen Büchern geschrieben: ich bin ein Kind des Krieges, ich habe ihn erlebt, er hat mich traumatisiert, und meine ganze Arbeit hat im Krieg ihren Ursprung. Der Krieg ist mein Vater und meine Mutter, meine Universität. Meine Erkenntnisse verdanke ich nicht so sehr Marx oder Descartes, sie stammen aus der Erfahrung des Krieges, besonders des Zweiten Weltkrieges, dann aber auch aus der Erfahrung des Kriegszustandes der Abschreckung, der unsere heutige Situation kennzeichnet.«[11] Daß Virilio in seinem Werk immer wieder auf den Krieg zu sprechen kommt, hat jedoch auch andere Gründe: Denn für ihn erfolgten alle entscheidenden Wendepunkte in der Geschichte der Geschwindigkeit auf militärischem Gebiet, besitzt die Technik selbst ihre Abkunft im Krieg. So dienten beispielsweise selbst Leonardo

---

10 Virilio, Paul, in: Florian Rötzer, Französische Philosophen im Gespräch, a.a.O., S. 151.

11 Ebd.

da Vincis geniale mechanische Erfindungen vorrangig militärischen Zwecken!

Virilio absolvierte keinerlei akademisches Studium, sondern erwarb seine Kenntnisse größtenteils als Autodidakt. In einem Interview mit der *Frankfurter Allgemeinen Zeitung* erklärte Virilio, daß alles, was er tue, letztendlich ohne Kompetenz sei: »Die wahre Intelligenz ist flüchtig, kinematisch, aufblitzend.«[12] Virlio hat in jungen Jahren viel gemalt und als Arbeiter bei der Herstellung von Kirchenfenstern, die große Künstler wie Le Corbusier entworfen hatten, mitgewirkt, zum Beispiel beim eigenwilligen Bau der Wallfahrtskirche von Ronchamp im Burgundischen. Nach dem Militärdienst als Karthograph in Freiburg und seinem Einsatz im Algerienkrieg war Virilio als Architekt, Stadtplaner und Organisator von Ausstellungen tätig. Im Sommer 1958 entdeckte Virilio die ersten Bunker an der französischen Atlantikküste, und sie faszinierten ihn als architektonische Archetypen derart, daß er in den folgenden acht Jahren die ganze Atlantikküste zu Fuß erwanderte, um ein komplettes Inventar dieser Bunker zu erstellen. 1976 sollte er dann im Pariser *Musée des Arts Décoratifs* seine *Bunker-Archäologie* zeigen und das beklemmende Fazit seiner Bunker-Lektüre ziehen: »Betonaltäre, errichtet im Angesicht der Leere des Meereshorizonts (...) wie die Hüllen einer verschwundenen Gattung. (...) Ein anderer, ein für den Menschen überhaupt, nicht nur für den Soldaten, von Grund auf unbewohnbarer Planet, das ist es, was die moderne Kriegskunst hervorbringt.«[13]

Mitte der 1960er Jahre schloß sich Virilio der Gruppe *Architecture principe* an und schuf in Nevers sein erstes Gebäude: eine Kirche, die bezeichnenderweise einem Bunker gleicht. Kinobegeisterten wird dieses Bauwerk aus dem Film *Hiroshima, mon amour* von Alain Renais nach dem gleichnamigen Roman von Marguerite Duras bekannt sein. Es war kein Zufall, daß Virilio gerade eine Kirche baute, denn 1950 hatte er ein mystisches Erlebnis, das ihn zum Christen werden ließ: »Ich hatte, als ich

12 Virilio, Paul, Frankfurter Allgemeine Zeitung, Magazin (16.8.1996).

13 Virilio, Paul, Bunkerarchäologie, aus dem Französischen übersetzt von Bernd Wilczek, München 1992.

achtzehn war, ein mystisches Erlebnis: Es machte mich nicht zum Kirchgänger, aber zu einem Anarcho-Christen. Das primitive Christentum, das die Nächstenliebe an der Basis lebt, dem es um die Probleme und Bedürfnisse der am meisten Benachteiligten geht, ist für mich eine tägliche Herausforderung.«[14] Seit Mitte der 1950er Jahre stand er der von Abbé Pierre gegründeten Bewegung nahe, den Arbeiterpriestern und damit dem gelebten Christentum, dem es um die Anliegen und Bedürfnisse der Schwächsten geht. Viele Jahre leitete Virilio in Paris die *Ecole spéciale d'Architecture*, die im vergangenen Jahrhundert von Saint-Simonisten gegründet worden war und deren utopische Ideen und soziale Ideale für ihn eine Verpflichtung waren.

Virilio ist überdies Redaktionsmitglied verschiedener kulturpolitisch bedeutsamer Zeitschriften (*Esprit*, *Libération* und *Traverses*) gewesen, Begründer mehrerer Institute (wie dem CIRPES = *Interdisziplinäres Zentrum für Friedensforschung und Strategie-Studien*) und Programmdirektor am Internationalen Kolleg für Philosophie in Paris. 1991 erhielt er den Großen Nationalpreis, und von 1993 bis 1996 war er Mitglied des von Präsident François Mitterand berufenen *Hohen Ausschusses für Wohnraum für benachteiligte Menschen.*

Außerdem gehörte Virilio neben Pierre Bourdieu und Yves Bonnefoy zu jenen vierzig französischen Intellektuellen, die sich 1993 mit einem Manifest gegen den Rechtsextremismus an die Öffentlichkeit wandten. Ihre Argumentation zielte darauf ab, das Streben der Rechtsextremen nach *Legitimität* zu entlarven. Es wurde ein Komitee gegründet, das Sturmwarnungen für das öffentliche Leben ausgeben will. Beobachtungsfeld sollte dabei nicht nur Frankreich sein, sondern ganz Europa.

Mit *Geschwindigkeit und Politik* von 1977, seinem ersten philosophisch wie medientheoretisch bedeutsamen Hauptwerk, begründete Virilio die *neue* Wissenschaft *der Dromologie,* das heißt einer Theorie der Geschwindigkeit und Beschleunigung, in der sich

---

14 Virilio, Paul, zitiert nach: Jürg Altweg, Paul Virilio. Die Geburt der Technik aus dem Geist des Krieges, in: Frankfurter Allgemeine, Magazin, Heft 859 vom 16.8.1996, S. 14.

Technik- und Militärgeschichte, Medientheorie und Phänomenologie der Wahrnehmung – mit Bezug auf das Spätwerk von Maurice Merleau-Ponty – unauflöslich miteinander verbinden. Ziel dieser bis zu den aktuellen Arbeiten kontinuierlich durchgeführten Erforschung der Beschleunigungsphänomene in Geschichte und Gegenwart ist eine kursorisch an Kant orientierte, aber vornehmlich von Aldous Huxleys Unterscheidung zwischen *tierischer, menschlicher und militärischer Intelligenz* inspirierte Kritik des *reinen Krieges.* Denn erst in deren Perspektive lassen sich – laut Virilio – die echten Grenzen und Gefahren der in Bildmedien und Informationstechnologien sich verselbständigenden technischen Intelligenz verorten: »Aldous Huxley sagt – ein Satz, den ich oft zitiere, weil er witzig und zugleich wahr ist –, daß es drei Intelligenzen gibt: die Intelligenz der Menschen, die Intelligenz der Tiere und die militärische Intelligenz. Ich würde sogar von einer Autonomie der militärischen Intelligenz sprechen, die weniger aus einem militärischen Geheimnis, aus einem Abgrenzungswillen der militärischen Denker gegenüber den politischen resultiert, vielmehr aus der Absicht der Rationalisten und der politischen Denker, sich zu distanzieren, um so die destruktive Macht der Intelligenz zu verschleiern. Das ist das gleiche Problem wie bei dem Primat der Substanz über das Akzidens, über Zufall und Unfall: Mit dem Schiff erfindet man den Schiffbruch, aber niemand bezeichnet den Schiffbruch als Erfindung; man erfindet die Lokomotive und damit auch die Entgleisung, aber nur die Bedeutung der Lokomotive wird herausgestellt. Es gibt immer eine Kehrseite der produktiven Vernunft, und gerade diese verborgene Seite ist es, die mich interessiert, weil *sie* gewissermaßen die militärische Intelligenz ausmacht. Eine Waffe oder sonst eine Maschine zu erfinden, heißt nichts anderes, als den Unfall zu erfinden. Wir erreichen immer das Gegenteil des Gewollten, und eines Tages werden wir eine absolute Waffe, und das heißt: den absoluten Unfall haben. Der Umschlag ins Negative ist die Folge der militärischen Intelligenz, die sich gerade deshalb so entfalten konnte, weil das zivile, das philosophische Denken diese Seite der Vernunft immer verdrängt hat.«[15]

---

[15] Virilio, Paul, in: Florian Rötzer, Französische Philosophen im Gespräch, a.a.O., S. 152.

Vor diesem dialektischen Hintergrund macht Virilio einen provozierenden Vorschlag und verlangt, daß es neben Museen, welche die Wissenschaft und Technik verherrlichen, auch Ausstellungen von Akzidentien, von Unfällen geben sollte: Zugentgleisungen, Luftverschmutzung, der Einsturz von Gebäuden usw., und zwar nicht etwa nur zur Vorbeugung, sozusagen als pure Sicherheitsmaßnahme, sondern um die vielfach verdrängte Seite der Technik, das Obszöne an ihr zu veranschaulichen. Denn Virilio ist der festen Überzeugung, daß der Unfall – »Unfall« und »Zufall« heißen im Französischen beidemal *Accident!* – für die menschliche Wissenschaft das sei, was die Sünde für die menschliche Natur war. Von Aldous Huxley stammt im übrigen auch jenes berühmte Bonmot, das für Virilio zum Programm seiner gesamten Philosophie werden sollte: »Der Mensch von heute hat nur ein einziges wirklich neues Laster erfunden: die Geschwindigkeit.«

In seiner kulturapokalyptischen Geschichte der Geschwindigkeit unterscheidet Virilio hauptsächlich drei große Stadien beziehungsweise Revolutionen: die Revolution des Transportwesens im 19. Jahrhundert; die Revolution der Transmissionsmedien im 20. Jahrhundert und die künftige Revolution der Transplantationen. Die Geschichte der Revolution des Transportwesens betrachtend, unterscheidet Virilio wiederum drei Phasen: »Zuerst geht der Mensch einher neben dem Tier – neben dem Esel oder dem Elefanten – das die Last zieht. Dann *erfindet* man das Reittier und mit dessen Hilfe führt man die großen Eroberungen durch. Mit dem Reittier erfindet der Mensch den Zentauren. Dann steigt er vom Pferd um in ein Fahrzeug. Das Fahrzeug geht gleichsam schwanger mit seinem Passagier. Diese Periode des Fahrzeugs dauert bis zur Erfindung des Flugzeugs.«[16]

Nach der progressiven Überwindung des Raumes durch verschiedene Transportmittel – durch Eisenbahn, Auto und Flugzeug – folgt die totale Auslöschung der Zeit durch elektronische und optische Telekommunikationsmedien – durch Funk, (interaktives) Fernsehen und Computer –, die in *Echtzeit,* also simultan arbeiten, und schließlich sogar die Tilgung des natürlichen menschlichen Körpers mittels neuer Transplantationstechniken, prothetischer Chirurgie und mikrophysikalischer Stimulation:

16 Virilio, Paul, Revolutionen der Geschwindigkeit, a.a.O., S. 17.

vom Herzschrittmacher, über künstliche Organe und regenerative gentechnologische Eingriffe bis hin zum aufgerüsteten Gehirn durch Implantierung von Schaltkreisen nach Art der Computer – der neue, digital umprogrammierte Mensch, *L'homme machine*, ein künstliches, mit der Maschine untrennbar verschmolzenes Frankenstein-Wesen, für das zumindest Science-Fiction-Autoren wie Donna Haraway oder Stanislaw Lem schon längst einen treffenden Namen gefunden haben: der *Cyborg* als postbiologische, posthumane, die natürliche Sterblichkeit endlich überwindende Existenzform einer Art *Übermensch.* Ins Negative gewendet, ein »Biomechanoid«, wie ihn der Schweizer Maler und Dalí-Schüler, H. R. Giger, in seinen surrealen Horrorvisionen beschwört. Oder mit Lems weit weniger pessimistischen Worten: »Das menschliche Wissen wird das in den lebenden Organismen angehäufte Wissen übertreffen. Dann werden Pläne, die man heute als Hohn auf die Perfektion der evolutionären Lösungen auffaßt, realisiert werden. (...) Vollkommener als das biologische System ist ein solches, das um einen Freiheitsgrad reicher ist – im Hinblick auf das Baumaterial. Ein System, das weder in seiner Form noch in seiner Funktion durch das Material determiniert ist. Das nach Bedarf einen Rezeptor, ein neues Sinnesorgan oder eine neue Gliedmaße oder eine neue Fortbewegungsweise erzeugt.«[17]

Eine Vision, die zum Beispiel für den Robotiker Hans Moravec oder für Marvin Minsky, den derzeitigen Papst der künstlichen Intelligenz-Forschung in den USA, in gar nicht allzu ferner Zukunft liegt. Zumindest Minsky heißt diese Aussichten durchaus willkommen, weil er die Auffassung vertritt, daß der Mensch ohnehin eine Fehlentwicklung sei und Gott kein fähiger Ingenieur war. Es gelte, dessen mißratenes Werk zu korrigieren: »Falls wir unser Leben verlängern und unseren Geist vervollkommnen wollen, werden wir unsere Körper und Gehirne verändern müssen. Zu diesem Zweck ist zunächst zu überlegen, wie die biologische Evolution uns zu dem gemacht hat, was wir heute sind. Dann müssen wir Möglichkeiten ersinnen, der Abnutzung unseres Körpers mit neuartigen Ersatzteilen zu begegnen. Der nächste Schritt besteht darin, mit geeigneten Strategien die Fähigkeiten

---

17 Lem, Stanislaw, zitiert nach: Escape while you can, Heise Online, Hannover 1996–99, (Internet).

unseres Gehirns zu erweitern und größeres Wissen anzusammeln, unsere Gehirne vollständig zu ersetzen.«[18]

Ein Topos, der mittlerweile auch die trendige Welt der Werbung erfaßt hat. So spielt der Fernsehspot eines weltbekannten Sportschuhherstellers ironisch mit der von Kybernetikern in Aussicht gestellten Möglichkeit, die ganze Persönlichkeit eines Menschen, seine Gedanken und Emotionen, auf eine Datenbank zu überspielen und den natürlichen, sterblichen Körper überflüssig werden zu lassen: »Zu Beginn sieht man einen jungen Mann, der in einer verödeten wüstengleichen Landschaft in einer Kleidung, die vor Sonne und Staub schützt, eine Stadt erreicht. Er betritt ein Haus. Hinter dicken Steinmauern erwartet ihn ein High-Tech-Ingenieur. Androgyne Cyborgwesen empfangen ihn und geleiten ihn – ästhetisch eindrucksvoll gemacht – in einen unterirdischen Bereich, in dem Menschen leblos in Vorrichtungen von der Decke hängen. Der *Held* setzt sich in eine Apparatur, die wie die stilisierte Fassung eines Hinrichtungsstuhls aussieht. Eine überdimensionale Maschine nähert sich seinem Kopf, scannt sein Gehirn und erzeugt grünliche *Seifenblasen* seiner Erinnerung an Liebe, Familie usw., die in den Raum projiziert werden. Trotz seiner emotionalen Überwältigung hat er plötzlich eine Eingebung, kann sich befreien und läuft allein durch eine karge Naturlandschaft, im Schlußbild einen Urschrei ausstoßend. Das zur Wiederbelebung des Naturmythos. *Escape while you can* lautet die Bildunterschrift ...«[19]

Darin geübt, große historische Bögen zu ziehen, bringt Virilio solcherlei hybride, alle ethisch-moralischen Bedenken über Bord werfenden Allmachtsphantasien mit dem faschistischen Gedankengut des (italienischen) Futurismus in Zusammenhang: »Tatsächlich handelt es sich bei alledem um die Verwirklichung des Traums, den die italienischen Futuristen vor einem halben Jahrhundert träumten: Ein menschlicher Körper, der dank der Miniaturisierung von beinahe unsichtbaren Mikromaschinen vollständig durch die Technik gespeist wird. Allerdings ist ein wesentlicher Unterschied in bezug auf die Größenordnung der Geschwindigkeit feststellbar, denn es geht nicht mehr darum, mit

[18] Minsky, Marvin, zitiert nach: Escape while you can, a.a.O.
[19] Ebd.

der Beschleunigung der Motoren zu rivalisieren, indem man den beweglichen Körper des Menschen der Lokomotive oder der elektrischen Turbine anpaßt, deren relative Geschwindigkeit mittlerweile überholt ist, *sondern es wird versucht, den menschlichen Körper an das Zeitalter der absoluten Geschwindigkeit der elektromagnetischen Wellen anzugleichen.* Das echtzeitliche Sende- und Empfangsgerät ersetzt künftig den Hochleistungsmotor, mit dessen Hilfe der reale Raum der Territorien mit größtmöglicher Geschwindigkeit zu durchqueren ist.«[20]

Was dabei buchstäblich auf der Strecke bleibt, ist nach Virilio der Mensch selbst, der im lustvollen Rausch der Geschwindigkeit und Maschinenhörigkeit an der gewaltsamen Zerstörung seiner eigenen natürlichen Lebens-, Arbeits- und Erfahrungswelt arbeitet. Die Folgen dieser Beschleunigungsspirale – Virilio spricht diesbezüglich von einem *Darwinismus der Geschwindigkeit* – muten merkwürdig paradox an: Da das Ziel sämtlicher heutiger Technologien in der Einsparung von Kraft und Energie besteht, drängt alles auf Stillstand und Bewegungslosigkeit hin. Der Mensch wird zusehends immobiler und passiver, ob als Autofahrer, Flugpassagier oder autistisch isoliertes, voyeuristisches Subjekt vor dem heimischen Fernseh- und Computerbildschirm: »Der Behinderte, der heute in seinem Auto, einem technologischen Wunderwerk, herumfährt, ist ein Pionier: das ist unsere Zukunft, mit Prothesen ausgestattete Invaliden sein.«[21] Zugegeben, eine zynische, aber nicht minder treffende Vision des Menschen.

Virilio sieht sich selbst als sozial engagierter *Kunstkritiker der neuen Technologien*, die ihn aber gleichermaßen beängstigen wie faszinieren. In diesem Sinne formulierte er einmal: »Politisch denken und handeln heißt für mich, die Technik und die Geschwindigkeit zu analysieren.«[22] Folglich setzt seine Kernthese die Beschleunigung der neuen audio-visuellen Technologien mit der daraus resultierenden Ohnmacht der klassischen Politik und der Veränderung des gesamten sozialen Verhaltens in Beziehung:

---

20 Virilio, Paul, Die Eroberung des Körpers. Vom Übermenschen zum überreizten Menschen, aus dem Französischen von Bernd Wilcek, München 1994, S. 113.

21 Virilio, Paul, in: Michael Jakob, Aussichten des Denkens, a.a.O., S. 136.

22 Virilio, Paul, Frankfurter Allgemeine Zeitung, Magazin (16.8.1996).

Angesichts der Tatsache, daß Information heute zum tödlichen Waffensystem geworden ist und sich wichtige Daten an wenigen Stellen akkumulieren und von dort aus auch kontrollieren lassen, erkennt Virilio sogar eine Schwächung und Bedrohung der Demokratie, das eventuelle Aufkommen eines *Cyber-Faschismus* orwellscher Dimensionen, und zwar nicht nur mit Hilfe der mittlerweile salonfähigen Videoüberwachung: »Die Macht liegt heute eindeutig bei jenen, die über die wichtigsten Daten in realer Zeit verfügen können. Demokratie heißt aber, teilen, mitteilen zu können, bedeutet, Informationen auszutauschen, und nicht, sie von einer Stelle her allein zu kontrollieren (...) In den USA ist man aber bereits unterwegs zur *kathodischen* Demokratie: man wird über den Fernsehschirm informiert und wählt, mit der persönlichen Magnetkarte ausgestattet, vom Bildschirm aus.«[23]

Hinzu kommt, daß Virilio einen tiefen Graben zwischen der politischen Intelligenz einerseits und der Welt der Technik und der Kriegswissenschaft andererseits feststellt, wie es bereits der Golfkrieg Anfang der 1990er Jahre, und inzwischen auch der Kosovo-Krieg, andeuteten. Dem Golfkrieg mißt Virilio auch in anderer Hinsicht eine besondere Bedeutung bei: »Dieser Krieg hatte etwas neues, insofern er bereits das künftige zivile Leben vorweggenommen hat. (...) Er war der erste Krieg in Echtzeit, alle anderen Kriege hatten mit Zeitverschiebung stattgefunden, und zwar nicht nur was die öffentliche Berichterstattung darüber betrifft, sondern auch die militärischen Informationen selbst. Sonst erhielten die Militärs eine Information erst nach Stunden oder zuweilen nach Tagen. Es mußte erst der Golf-Krieg ausbrechen, damit der Krieg für die Militärs in Echtzeit und für die Öffentlichkeit als Echtzeit-Bluff stattfand. Durch die absolute Geschwindigkeit des Lichts war es ein Weltkrieg. Nicht mehr wie der Zweite Weltkrieg ein extensiver, sondern – aufgrund der Intensität der Echtzeit – ein intensiver Weltkrieg. (...) Die Höchstgeschwindigkeit ist erreicht, jenseits davon gibt es nichts. Dieser Krieg zeigte das Ende der Welt, denn alles war im Augenblick, es gab keine räumliche oder zeitliche Ausdehnung mehr.«[24]

23 Virilio, Paul, in: Michael Jakob, Aussichten des Denkens, a.a.O., S. 126.
24 Virilio, Paul, Revolutionen der Geschwindigkeit, a.a.O., S. 32f.

Trotzdem bleibt Virilio nicht bei einem bloßen kulturpessimistischen Lamento stehen. So postuliert er – sozusagen als *Ultima ratio* – eine Ethik der Wahrnehmungsverweigerung, das Recht des Menschen auf bewußte Blindheit, Kontrolle und Blockierung eines überflüssigen, ja schädlichen Informationsflusses, bei dem die eigentlichen Tatsachen sich allmählich in Nichts auflösen. Ein Phänomen, das bereits Albert Einstein in den 1950er Jahren als *Informationsbombe* bezeichnete und das Virilio als *Ästhetik des Verschwindens* titulierte. Unsere Wahrnehmung baut sich nämlich nicht mehr auf Stabilität auf, sondern alles wird der Flüchtigkeit, der Auflösung und dem Verschwinden untergeordnet. Mit »Verschwinden« meint Virilio deshalb auch nicht den Tod, nicht die Zerstörung, denn sie habe es immer gegeben. Vielmehr spricht er vom Verschwinden dessen, was ist, was existiert, vom Verschwinden als Realeffekt. Statt Flucht in virtuelle, jede echte Sinnlichkeit zerstörende Realitäten – von der *Cybercity*, dem *globalen Dorf*, bis zum *Cybersex* – besteht Virilio hartnäckig auf die Grundzüge leibgebundener menschlicher Wirklichkeit und fordert zum Generalstreik auf, der die Bewegung und Geschwindigkeit wenn nicht lahmzulegen, so doch abzubremsen sucht. Um beispielsweise der Bilderflut via Live-TV und Internet zu entkommen, plädiert Virilio für eine Rückkehr zum langsameren Schrift- und Pressemedium: »Der moderne Mensch ist gekennzeichnet durch sein Leiden unter der Diktatur des Bildschirmes, der das geschriebene Wort zum Opfer fällt. Wir lesen kaum mehr, wir schreiben uns kaum mehr – wir telefonieren statt dessen –, morgen werden wir nicht mehr sprechen! Ich habe Lust zu sagen, es wird das Schweigen der Lämmer sein. (…) Das Schriftliche, die Schrift gegen den Bildschirm! In der Epoche der realen Zeit, der Tyrannei der Direktübertragung kommt es manchmal darauf an, den Stecker herauszuziehen, den Strom abzuschalten (…) auf Datenbanken, Satelliten usw. verzichten und zum Schrift- und Pressewesen zurückzukehren. Es kommt darauf an, Blockiersysteme zu entwickeln, die die Pannen des Informationswesens regeln.«[25]

---

[25] Virilio, Paul, in: Frankfurter Rundschau (2.9.1995) sowie in: Michael Jakob, Aussichten des Denkens, a.a.O., S. 127.

Der Philosoph warnt eindringlich vor den Simulationstechniken, die Nähe, Bewegung, Widerstände und Distanzen in virtuelle Realitäten verwandeln. Menschen würden so nicht nur davon abgehalten, ihr Haus zu verlassen, sondern früher oder später sogar gänzlich überflüssig: »Als Arbeiter werden sie von den Computern ersetzt, als Reisende sind sie von der Telekommunikation zur lächerlichen Gestalt degradiert worden, die In-vitro-Befruchtung macht sie als Zeugende überflüssig, und in der virtuellen Welt des Computers verlieren sie als Partner ihre Daseinsberechtigung.«[26]

Für Virilio geht jeder Neuerwerb, jeder technische Fortschritt zwangsläufig mit einem Verlust einher. So scheint der Verlust sozialer Bindungen mit dem Untergang, mit der Mißachtung des Nächsten eng verbunden. Als Beispiel führt Virilio nicht nur das Heranwachsen einer neuen Kaste von weltfremden Technologiemönchen, sondern auch die sogenannten getrennt lebenden Paare unserer zusehends verstörten Single-Gesellschaft an: »Männer und Frauen, die in getrennten Wohnungen leben, als seien sie bereits geschieden. Und die Kinder lernen dabei ganz nebenbei, ständig zwischen Vater und Mutter hin und her zu pendeln. Und das ist nur der Anfang, denn der Cybersex beweist uns schon, daß man demnächst auf Distanz miteinander verkehren kann, das heißt wirklich seinen Entfernten lieben wie sich selbst, weil die echte Frau, die man hat, langweilig ist und weil Präservative nicht sehr zuverlässig sind. Da haben wir doch ein Universalpräservativ. Wir haben eine Technologie erfunden, mit der man sich über Tausende von Kilometern hinweg lieben kann, ohne sich zu berühren. Ist das nicht eine Metapher des Zerfalls? (...) nicht nur der Trennung von Paaren, sondern der Trennung sozialer Bindungen, ja sogar nicht nur der Trennung zwischen zwei Menschen, sondern des Kopulationsaktes selbst. Ist das nicht bereits ein Effekt der Informationsbombe?«[27] Als ein neuzeitlicher *Defensor matrimonii* fordert Virilio dazu auf, die Bedeutung des Paares als eigentliche Bevölkerungseinheit – beziehungsweise der Familie als der sozia-

---

26 Virilio, Paul, in: Frankfurter Allgemeine Zeitung, Magazin (16.8.1996).

27 Virilio, Paul, in: Die Informationsbombe. Paul Virilio und Friedrich Kittler im Gespräch, ausgestrahlt im Deutsch-Französischen Kulturkanal ARTE, November 1995.

len Kerngruppe schlechthin – wieder neu zu entdecken: »Daß Paare so schnell auseinanderbrechen, daß das, was sie verbindet, so kurzlebig ist, mag mit der enormen Geschwindigkeitssteigerung zu tun haben. Die Ereignisse, die früher vielleicht ein ganzes Leben ausfüllten, geschehen heute in einem Jahr oder noch schneller. Das nützt ab. Um dieser Abnützung entgegenzuwirken, bedarf es eines neuen Rhythmus.«[28]

Virilios Kulturkritik kulminiert in der Forderung nach einer *grauen Ökologie,* die gegen die Verschmutzung der zwischenmenschlichen Beziehungen und der realen Wahrnehmung ankämpft: »Genauso wie es eine Verschmutzung der Erde gibt, gibt es auch eine Verschmutzung, eine Trübung des Bewußtseins von der Ausdehnung der Welt, von den Dimensionen der Welt. Die Grünen, die grüne Bewegung sind für mich die Vorläufer einer anderen, der grauen Ökologie, nicht mehr die Ökologie der Substanzen, sondern der Distanzen, die Ökologie einer zusammengeschrumpften Welt.«[29]

Die wenig wahrscheinliche, aber noch mögliche Rettung der Menschheit setzt für Virilio eine bewußte Selbstzurücknahme des modernen Menschen, eine Preisgabe seines zerstörerischen Herrschaftsanspruches über die Natur voraus, und zwar sowohl in wissenschaftlicher wie auch in alltagspraktischer Hinsicht. Unabdingbar hierfür erscheint Virilio, der sich zum Christentum, genauer gesagt, zum Katholizismus bekennt, auch eine demütige Haltung, eine *Devotio moderna* im säkularen Sinn des Wortes: »Wenn es eine Rettung gibt, dann liegt sie in der Demut des philosophischen, des wissenschaftlichen und auch des politischen Denkens. Wir brauchen heute eine praktikable Demut, nicht die harmlose und gottgefällige Demut der Heiligen, sondern eine radikale wissenschaftliche und philosophische Demut. Wir sind nichts. Die Totalität wird uns immer unzugänglich bleiben. Ein Philosoph, ein Wissenschaftler, der sich zu dieser Demut bekennt, trägt zur Rettung der Menschheit bei. Aber diese Demut hat es immer eher bei den Dichtern gegeben – ich denke an Hölderlin, an Nerval –, oft auch bei den Schriftstellern – bei Kafka, bei Proust –

[28] Virilio, Paul, in: Frankfurter Rundschau (21.12.1995).
[29] Virilio, Paul, in: Michael Jakob, Aussichten des Denkens, a.a.O., S. 121f.

und nur sehr selten bei den Wissenschaftlern und Philosophen. Ich denke, daß die Zukunft der Menschheit in der Demut liegt.«[30]

Doch obgleich Virilio im allgemeinen für einen kritischen Denker gehalten wird und alle seine Bücher kritisch zu nennen sind, gesteht der Philosoph, vielleicht aus einem Ohnmachtsgefühl heraus, ein: »Es stimmt allerdings, daß ich keine Lösung anzubieten habe, und ich würde sogar sagen, daß ich mir das zugute halte. Deshalb nämlich, weil wir das Zeitalter der Meisterdenker (wie Glucksmann sagt) erlebt und den illusionistischen Charakter des totalisierenden Denkens durchschaut haben. Es gibt die *schöne Totalität*, wie Hegel das genannt hat, nicht mehr – es sei denn, in Gott –, und es war illusionär und unwissenschaftlich zu glauben, daß man zu so einer Totalität gelangen könne. Wir haben keine Lösung, weil es gar keine globalen Lösungen gibt, nur episodische, fragmentarische, momentane Lösungen, und an diesen arbeiten wir. (…) Das *Ganze* – das ist der große Bluff der Philosophiegeschichte.«[31]

Auch wenn Virilio keine Patentlösungen unserer vor allem durch die rasende Geschwindigkeit bedingten aktuellen Probleme anzubieten hat, reicht der Wirkungskreis seiner Schriften in die unterschiedlichsten Bereiche hinein: von der Stadtplanung über die Kunst- und Medienwissenschaften bis hin zur Frage, ob die Postmoderne eine Epochenschwelle oder nur eine Modeerscheinung sei. Insbesondere seine Dromologie, das heißt die Kritik der militärischen und technischen Intelligenz, beeinflußte in Frankreich, aber auch im angelsächsischen und deutschen Sprachraum (etwa bei Dietmar Kamper und Friedrich A. Kittler) seit den späten 1970er Jahren die neuere Medientheorie und -geschichte nachhaltig. Namentlich die Diskursanalyse der technischen Medien orientierte sich seither an Virilios Bestimmung der gesellschaftsprägenden Funktion der Medialität der Technik, ihrer Speicher-, Übertragungs- und Berechnungsformen.

Virilios Analyse der Hyperrealität der Echtzeit-Technologien, der Virtualisierung des Körpers und der transpolitischen Strategien des *Kriegs der Sterne* fand in den Arbeiten der historischen

---

30 Virilio, Paul, in: Florian Rötzer, Französische Philosophen im Gespräch, a.a.O., S. 158f.

31 Ebd., S. 157f.

Anthropologie eine ähnlich breite Zustimmung wie Jean Baudrillards *Agonie des Realen.* Denn auch für Baudrillard mutiert das Reale zum Satelliten des Imaginären, gilt die Beschleunigung des Gesellschaftsprozesses ebenso als unaufhaltsam. Gleichwohl distanziert sich Virilio von Baudrillard, vor allem von seiner Simulations-Theorie: »Zu Baudrillard habe ich ein freundschaftliches Verhältnis, auch wenn ich nicht immer seiner Meinung bin. Es gibt einen Neo-Nihilismus bei ihm, der mir nicht gefällt, und trotz allem Interessanten in der Arbeit Baudrillards stört mich, daß er den Begriff *Simulation* so überstrapaziert. Für mich ist die Simulation nur eine Phase in einem Prozeß. Das Reale ist, meiner Meinung nach, produziert; eine gegebene, absolute Wirklichkeit, die das Erkenntnisziel der Philosophie sein könnte, gibt es nicht. Die Wirklichkeit ist das Produkt von Wissenschaft, Technik und Sitten einer bestimmten Gesellschaft zu einem bestimmten Zeitpunkt. (…) Doch zu sagen, alles sei Simulation, finde ich übertrieben.«[32]

An welche Vorläufer und -bilder knüpft der Philosoph mit seinem Kultur- und Zivilisationspessimismus, seiner Technikkritik an? Nun, selbstredend reiht sich Virilio mit seiner Technikkritik in eine lange, sich über drei Jahrhunderte erstreckende Denktradition ein, die etwa von Jean-Jacques Rousseau über Karl Marx bis hin zu Martin Heidegger, Friedrich Georg Jünger und Günther Anders reicht. So machte bereits im 18. Jahrhundert Rousseau als einer der ersten die Technik für den moralischen Niedergang der Menschen verantwortlich, und zwar im schroffen Gegensatz zu seinen vermeintlich aufgeklärten Zeitgenossen, die in der Technik noch eine Säule der menschlichen Vervollkommnung erkennen wollten.

Im 19. Jahrhundert war es dann vornehmlich Marx gewesen, der in der Technik nicht nur eine Entlastung des Menschen von schwerer Arbeit, sondern bedingt durch die einhergehende Produktivitätssteigerung auch den Grund für Arbeitslosigkeit und Armut beziehungsweise Entfremdung sah. Letztere stellt einen zentralen Begriff der Marxschen Theorie dar, der zufolge die Entfremdung der Arbeit dazu führt, daß die eigene Tat des Menschen ihm zu einer fremden, gegenüberstehenden Macht wird, die ihn

32 Ebd., S. 148f.

unterjocht, statt daß er sie beherrscht. Ein Gedanke, den Virilio häufig aufgreift, wenn auch ohne namentliche Nennung seines in Verruf geratenen Schöpfers.

Als weiterer großer Vorläufer von Virilios Technikkritik kann im 20. Jahrhundert Heidegger mit seiner Schrift *Die Technik und die Kehre* von 1962 gelten, der mit seinem bekannten Begriff des *Gestells* die Technik kritisiert, die zum fortschreitenden Vergessen der Seinsbedingungen führt. Zur Erinnerung: Mit *Gestell* faßt Heidegger drei Grundzüge der Technik zusammen, nämlich Herausforderung, Bestand und Bestandssicherung. Die Technik *stellt* die Natur im Sinne von Herausforderung, das heißt, die Natur kann sich nicht entfalten, sondern wird durch das technische *Herstellen* in Dienst *gestellt* und *bestellbar* wie eine Pauschalreise gemacht. Was bestellbar ist, wandelt sich zum verfügbaren Bestand, wie etwa ein Wasserkraftwerk einen Fluß zum Bestand technischer Prozesse degradiert. Die Sicherung dieses Bestands erfordert weitere Technik, so daß die ursprüngliche Herausforderung der Natur zurückschlägt in den sich fortschreibenden, die Natur zunehmend verdeckenden Zwang, der Technik mit neuer Technik zu begegnen.

Neben Heideggers ist auch Friedrich Georg Jüngers Technikkritik zu nennen, an die Virilio anknüpft. So vertritt der Bruder des Schriftstellers Ernst Jünger in seinem 1946 publizierten Groß-essay *Die Perfektion der Technik* die These, daß das Mehr an elementarer Kraft, das der Mensch mit Hilfe der Technik gewonnen hat, sich – unter anderem durch den Raubbau an der Natur – zwangsläufig gegen ihn selbst wenden wird. Die totale Einrichtung der technischen Welt sei gleichbedeutend mit dem Vordringen einer *totalen Zeit,* in der alle Abläufe gleichförmig sind, alle Lebensvorgänge und Institutionen automatisiert werden und die in der Folge auch den Staat in Mitleidenschaft ziehen. Jünger versteht die Technik als den titanischen Aufstand gegen jede Maßordnung, der wegen der Beschränktheit des titanischen Denkens nicht auf vernünftige Ziele bezogen werden könne. Damit widerspricht Jünger auch der Konzeption seines Bruders, indem er den weltbildenden Charakter des in der Technik wirkenden Prinzips, wie es Ernst Jünger in seinem kontrovers diskutierten *Arbeiter*-Essay vertrat, bezweifelt. Ein pessimistischer Grundton, den er mit Virilio gemeinsam hat.

Erstaunliche Parallelen zu Virilios Technikkritik finden sich – um ein letztes Beispiel anzuführen – bei Günther Anders. So sah dieser Erzhumanist und aktive Atomwaffengegner bereits 1956 in seiner Untersuchung über *Die Antiquiertheit des Menschen* mit dem neuen Medium Fernsehen eine Aufhebung des Unterschieds zwischen Schein und Sein, zwischen Wirklichkeit und Bild für gekommen und konstatierte eine bedenkliche Fragmentierung und Punktualisierung des Bewußtseins. Raum und Zeit, schrieb Anders, würden in den neuen Medien durch Omnipräsenz und Simultaneität ersetzt, die Kontinuität des Daseins durch einen *Pointilismus des Existierens* abgelöst; das Ergebnis sei eine *künstlich erzeugte Schizophrenie*, durch die der Mensch gleichsam zum Bürger zweier Welten werde: des expandierenden technischen Universums und des schrumpfenden Raum-Zeit-Gefüges der sinnlichen Erfahrungswelt.

Virilio kann innerhalb der illustren Schar von Technikkritikern eine Sonderstellung für sich in Anspruch nehmen, war er doch der erste, der sich ausschließlich dem zentralen Thema der Geschwindigkeit und ihrer politischen Dimension gewidmet hat, wie er selbst ohne falsche Bescheidenheit von sich sagt: »*Geschwindigkeit und Politik* ist ein kleines, aber wesentliches Buch, denn es fragt zum ersten Mal nach der Geschwindigkeit. Damit führt es in eine völlig neue Welt ein, die noch nie zuvor entdeckt worden ist. Sucht man nach Leuten, deren Denken sich um die Geschwindigkeit gedreht hat, so findet man nicht viele. Da ist natürlich Paul Morand und stellenweise Kerouac, aber das ist Literatur. Für eine politischere Sichtweise der Geschwindigkeit gibt es Marinetti und die italienischen Futuristen; und dann Marshall McLuhan, der einen Schritt in diese Richtung gemacht hat – das ist schon alles. *Geschwindigkeit und Politik* ist nicht so wichtig durch das, was darin gesagt wird, als dadurch, daß es eine Frage aufwirft.«[33]

Trotz seiner Verdienste um die Erforschung der Geschwindigkeit in ihren vielfältigen kulturellen Auswirkungen, sieht sich Virilio auch einer Reihe von Kritikern gegenüber. So wird behauptet, daß er den Fehler allzu kräftiger Generalisierungen begehe und zuweilen selbst zum Opfer seines monomanischen Denkens

---

33 Virilio, Paul/Lotringer, Sylvère, Der reine Krieg, aus dem Französischen von Marianne Karbe und Gustav Rossler, Berlin 1984, S. 44.

würde, das – einer Zwangsvorstellung gleich – in jedem Phänomen von Geschwindigkeit ein zerstörerisches Prinzip wittert: »Näher dem Kult als der Kritik ist seine dromologische Apokalypse so generalisierend, daß Virilio als eine postmoderne Version von Heraklit (›Krieg ist der Vater aller Dinge‹) gelten könnte: ›Geschwindigkeit ist die Mutter aller Dinge (und aller Kriege).‹«[34] So der Geschwindigkeits-Emphatiker Peter Weibel. Hinter der kritischen Grundhaltung zu Erscheinungen wie dem *World Wide Web* wurde Virilio sogar eine Art Altersekel unterstellt. Moniert werden auch die manichäischen beziehungsweise millenaristischen Züge der Dromologie in Virilios Spätwerk. Kay Kirchmann versucht in seiner »dezidiert *kritische(n)* Monographie« *Blicke aus dem Bunker. Paul Virilios Zeit- und Medientheorie aus der Sicht einer Philosophie des Unbewußten*, den »*Casus Virilioensis*« – ungeachtet des »hohen Inspirationscharakter(s) dieses Œuvres« (!) – gar mit den Mitteln der Freudschen Psychoanalyse zu »dekonstruieren«.[35] Im übrigen ein höchst fragwürdiger Ansatz, da (kultur)philosophische Werke wie das vorliegende an den Maßstäben philosophisch-wissenschaftlicher, nicht aber psychologischer Diskurse gemessen werden sollten. Von wissenschaftlicher Seite her – beispielsweise bei Alan Sokal und Jean Bricmont in ihrem Buch *Eleganter Unsinn. Wie die Denker der Postmoderne die Wissenschaften mißbrauchen* – wurde schließlich der Vorwurf laut, daß Virilio physikalische Termini verwechseln und sich eines »pseudowissenschaftlichen Jargons« bedienen würde: »Wir gestehen unsere Sympathie für viele von Virilios politischen und gesellschaftlichen Überzeugungen, aber seine Pseudophysik dient der Sache leider nicht.«[36] Ein Tadel, der aufgrund der dürftigen, allzu spitzfindigen »Beweise« kaum aufrecht erhalten werden kann und Virilios stringenter Theorie insgesamt keinerlei Abbruch tut.

---

[34] Weibel, Peter, Die Beschleunigung der Bilder. In der Chronokratie, Bern 1987, S. 24.

[35] Kirchmann, Kay, Blicke aus dem Bunker. Paul Virilios Zeit- und Medientheorie aus der Sicht einer Philosophie des Unbewußten, Stuttgart, 1998.

[36] Sokal, Alan/Bricmont, Jean, Eleganter Unsinn. Wie die Denker der Postmoderne die Wissenschaften mißbrauchen, ins Deutsche übertragen von Johannes Schwab und Dietmar Zimmer, München, 2001, S. 193.

Die vermeintlichen Schwachpunkte von Virilios Denken analysierend, kommt Stefan Breuer in seinem *Der Nihilismus der Geschwindigkeit* titulierten Essay über den Dromologen zu folgendem Ergebnis: »Zu (den Schwächen) gehört, erstens, die Behauptung, der Geschwindigkeitsraum sei seinem Wesen nach ein militärischer Raum, in dem die Gesetze der politischen Ökonomie ihre Gültigkeit verloren hätten und in dem die Kriegsökonomie zur Ökonomie überhaupt geworden sei (...). Virilio zeigt hier – wie der von ihm häufig zitierte Ernst Jünger – eine Faszination für das Extreme, für den Ausnahmezustand, die ihn nicht selten dazu verführt, Einzelerscheinungen zu hypostasieren und die Frage nach der Vermittlung auszuklammern.«[37] Hinzu käme Virilios leichtfertiger Umgang mit dem Faschismusbegriff, das heißt die Vermengung von durchaus angebrachter Technikkritik mit politischen Kategorien und die Neigung, die von den Medien neu erzeugte Hyperrealität zu totalisieren.

Gleichwohl sind die eindeutigen Stärken Virilios, wie Breuer betont, nicht zu übersehen: »Zu (ihnen) gehört die dichte Beschreibung der technologischen Geschwindigkeit und ihrer nihilistischen Auswirkungen (...), die Verknüpfung solcher Phänomene wie Deurbanisierung und Denationalisierung mit den neuen Medien, die brillante Analyse des Films und der filmischen Wahrnehmung. In keinem Werk der Gegenwart ist mit solcher Intensität und solch bohrender Schärfe dargestellt, was der Beschleunigungszustand aus den Individuen und ihren Beziehungen macht. (...) Die Schlaglichter ..., die er, aus wechselnden Perspektiven und mit unterschiedlichen Mitteln, auf die Gesellschaft des Verschwindens wirft, tauchen diese in ein so grelles Licht, daß ihr nihilistischer Grundzug nicht länger zu übersehen ist. (...) Das Werk Paul Virilios muß als eine Warnung gelesen werden, daß (der Sprung der neuen Technologien) nicht auf eine neue Ebene führt, sondern – ins Nichts.«[38] Wer Ohren hat, der höre ... und ziehe den Stecker!

---

[37] Breuer, Stefan, Die Gesellschaft des Verschwindens. Von der Selbstzerstörung der technischen Zivilisation, Hamburg, 1995, S. 178.

[38] Ebd., S.185.

Literaturhinweise

Virilio, Paul, Bunkerarchäologie (1976), aus dem Französischen übersetzt von Bernd Wilczek, München 1992.
Virilio, Paul, Fahren, fahren, fahren, aus dem Französischen übersetzt von Ulrich Raulf, Berlin 1978.
Virilio, Paul, Geschwindigkeit und Politik. Ein Essay zur Dromologie, aus dem Französischen übersetzt von Ronald Voullié, Berlin 1980.
Virilio, Paul/Lotringer, Sylvère, Der reine Krieg (1983), aus dem Französischen von Marianne Karbe und Gustav Rossler, Berlin 1984.
Virilio, Paul, Der negative Horizont. Bewegung, Geschwindigkeit, Beschleunigung (1984), aus dem Französischen von Brigitte Weidmann, Frankfurt a.M. 1996.
Virilio, Paul, Die Sehmaschine (1988), aus dem Französischen übersetzt von Gabriele Ricke und Ronald Voullié, Berlin 1989.
Virilio, Paul, Rasender Stillstand (1990), aus dem Französischen von Bernd Wilczek, Frankfurt a.M. 1998.
Virilio, Paul, Revolutionen der Geschwindigkeit (1991), aus dem Französischen von Marianne Karbe, Berlin 1993.
Virilio, Paul, Die Eroberung des Körpers. Vom Übermenschen zum überreizten Menschen (1993), aus dem Französischen von Bernd Wilcek, München 1994.
Virilio, Paul, Fluchtgeschwindigkeit (1995), aus dem Französischen von Bernd Wilczek, Frankfurt a.M. 1999.
Virilio, Paul, Krieg und Fernsehen, aus dem Französischen von Bernd Wilczek, Frankfurt a.M., 1997.
Virilio, Paul, Information und Apokalypse. Die Strategie der Täuschung (1998/99), aus dem Französischen von Bernd Wilczek, München 2000.
Virilio, Paul, in: Florian Rötzer, Französische Philosophen im Gespräch. Baudrillard, Castoriadis, Derrida, Lyotard, Serres, Raulet, Levinas, Virilio, mit einem Vorwort von Rainer Rochlitz, München 1987.
Jakob, Michael, Aussichten des Denkens. Gespräche mit Emmanuel Lévinas, George Steiner, Jean Starobinsky, Cioran, Michel Serres, René Girard, Pierre Klossowski, André du Bouchet, Paul Virilio, München 1994.
Breuer, Stefan, Die Gesellschaft des Verschwindens. Von der Selbstzerstörung der technischen Zivilisation, Hamburg, 1995.
Virilio, Paul, in: Die Informationsbombe. Paul Virilio und Friedrich Kittler im Gespräch, ausgestrahlt im Deutsch-Französischen Kulturkanal ARTE, November 1995.
Breuer, Ingeborg/ Leusch, Peter/Mersch, Dieter, Geschwindigkeit ist Gewalt. Paul Virilios Sicht der Moderne, in: Breuer/Leusch/Mersch, Welten im Kopf. Profile der Gegenwartsphilosophie, Frankreich/Italien, Hamburg 1996, S. 219–232.

Kirchmann, Kay, Blicke aus dem Bunker. Paul Virilios Zeit- und Medientheorie aus der Sicht einer Philosophie des Unbewußten, Stuttgart 1998.

Personenregister

Hans-Georg Gadamer bei Mohr Siebeck

Was ist Philosophie?

Neuere Texte zu ihrem Selbstverständnis
Herausgegeben und eingeleitet von Kurt Salamun

Das Lehrbuch bietet eine Auswahl von Texten, in denen bekannte Philosophen des 20. Jahrhunderts ihre Ansichten über Aufgaben und Zweck der Philosophie darlegen. Für die 4. Auflage hat Kurt Salamun das Literaturverzeichnis aktualisiert und einen zusätzlichen Aufsatz ›über konstruktive und kritische Aufgaben der Philosophie‹ angefügt.

»Nicht nur eine Einführung wird hier geboten, sondern zugleich eine Auswahl von Texten zum Selbstverständnis einer Reihe namhafter Philosophen dieses Jahrhunderts, die meist für bestimmte ›Schulen‹, jedenfalls für bedeutende Strömungen der Philosophie unserer Zeit stehen.«
Beiträge zur Schul- und Bildungspolitik (1989), S. 33

4., verbesserte und
erweiterte Auflage 2001.
VIII, 382 Seiten (UTB 1000).
ISBN 3-8252-1000-6
Broschur